2025

최신버전 반영
비대면 시험 대비 프로세스 제공

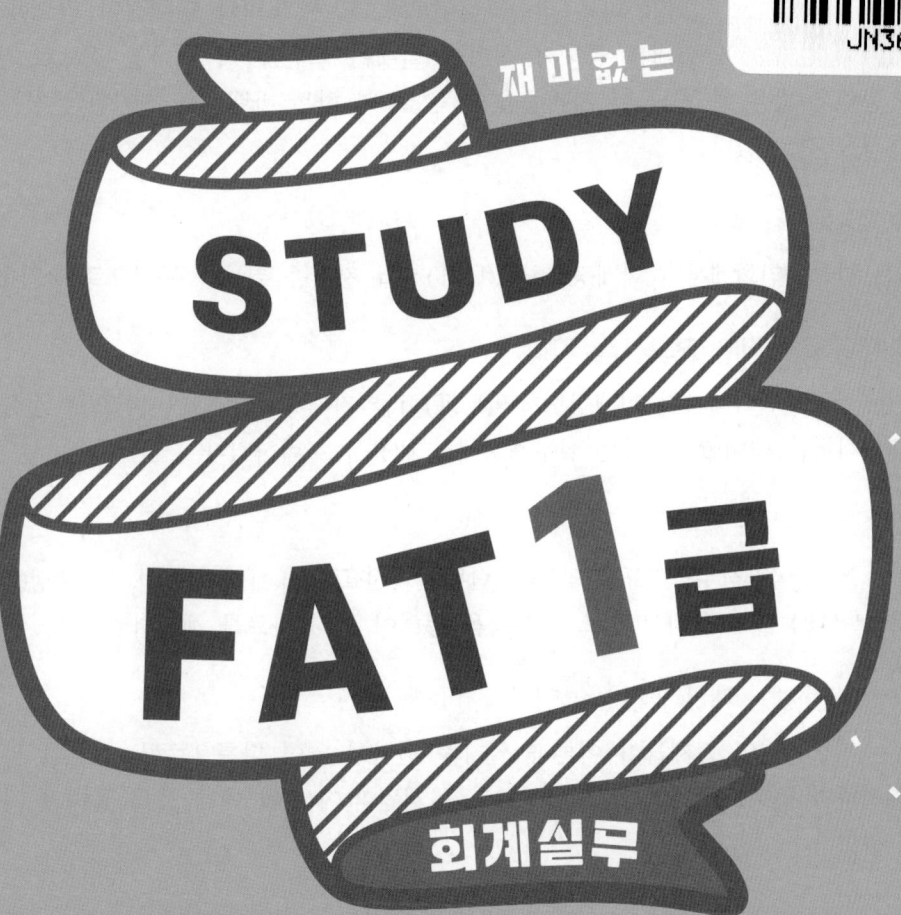

재미없는

STUDY
FAT 1급
회계실무

● 저 자 ●
김재준·김성중·조문기·안형태·이정이·이유선·김민희

배움
도서출판

머리말 Introduction

본서는 회계실무 자격증을 취득하고자 하는 학습자들을 위해 집필되었다. 회계원리 뿐만 아니라 실무지식까지 익혀야 하는 학습과정이므로, 많은 노력과 인내심이 필요할 것이다. 그러나 이러한 노력과 인내를 통해서 성취한 열매는 그만큼 더 달콤할 것으로 생각된다. 본서를 통해서 많은 학습자들이 자격증을 취득했으면 하는 바램으로 집필된 본서는 다음과 같은 특징을 갖고 있다.

(1) 회계실무 1급 취득

본서는 한국공인회계사회 회계정보처리(FAT) 1급 자격증 취득을 목적으로 출간하였다.

(2) 비대면 시험 대비 프로세스 포함

본서는 한국공인회계사회 회계정보처리(FAT) 1급 자격증이 비대면시험으로 전환함에 따라 비대면시험을 대비할 수 있는 실무프로세스 내용을 포함하였다.

(3) NCS(국가직무능력표준) 능력단위 포함

본서는 NCS(국가직무능력표준)의 능력단위인 [전표관리], [결산관리], [회계정보 시스템 운용]의 교육내용을 포함하고 있으며 부록을 통하여 여러 자료를 제공하고 있다.

(4) 예제를 통해 회계원리(이론) 등에서 실기문제 보완

본서는 지금까지의 교재들이 이론과 실기를 연관성 없이 다룸으로써, 실기의 분개 문제 등을 해결하지 못하는 문제점을 보완하고자 회계원리(이론)의 예제 등을 통해서 이를 해결하고자 하였다.

(5) 증빙관리 보완

본서는 기존 교재들이 이론과 이론관련 문제들로만 구성되어 있는 것을 실무의 사용능력을 경험케 하기 위해 증빙관리 등을 보완하였다.

(6) 수업자료 및 NCS 능력단위 자료의 제공

본서는 기출문제 등의 자료는 물론, 최신 개정내용 등 많은 보조자료를 홈페이지(도서출판 배움, www.bobook.co.kr)를 통해서 제공할 것이다.

본서를 저술하고 출간함에 있어 저자들의 격의 없는 토론과 실무자들과의 많은 대화는 교재의 내용의 충실성과 실무(증빙관리) 등을 보완하는데 도움이 되었다. 그럼에도 불구하고, 내용의 부족한 부분이라든지 아직 다루지 못한 사안에 있어서는 지속적으로 개선 및 보완해 나갈 예정이다.

본서가 나오기까지에는 많은 분들의 도움이 있었다. 본서의 집필과정과 검토과정에서 많은 도움을 주신 분들에게 감사의 마음을 전한다. 또한 본서의 도서출판 배움 박성준 대표님과 편집담당 선생님들께 감사를 드린다.

2025년 저자 씀

차례 Contents

Chapter 01 | 재무회계

Part 1. 재무제표   37

    제1절 _ 재무제표   38
        1. 재무제표의 목적   38
        2. 재무제표의 종류와 요소   38

    제2절 _ 재무상태표   39
        1. 재무상태표 개념   39
        2. 재무상태표 양식   39
        3. 재무상태표 작성원칙   40
        4. 재무상태표 구성요소   40
        5. 기초재무상태표와 기말재무상태표의 구성   43

    제3절 _ 손익계산서   44
        1. 손익계산서 개념   44
        2. 손익계산서 양식   44
        3. 손익계산서 작성원칙   45
        4. 손익계산서 구성요소   46

    제4절 _ 자본변동표   48

    제5절 _ 현금흐름표   49

    제6절 _ 주석   51

    제7절 _ 재무제표의 상호관계   52

Part 2. 자 산   59

    제1절 _ 유동자산 – 당좌자산   60
        1. 당좌자산의 정의   60
        2. 당좌자산의 종류   60

3. 현금 및 현금성 자산	61
4. 당좌예금 및 당좌차월	61
5. 수취채권	63

제2절 _ 유동자산 – 재고자산

1. 재고자산의 정의	71
2. 재고자산의 종류	71
3. 재고자산의 취득원가	71
4. 할인, 에누리, 환출(환입)	72
5. 재고자산의 소유권 결정	72
6. 수량결정방법 및 단가결정방법	73
7. 재고자산감모손실	74

제3절 _ 유가증권과 투자자산

1. 유가증권	83
2. 유가증권 외 투자자산	85
3. 공채매입을 통한 유형자산 구입	85

제4절 _ 비유동자산 – 유형자산

1. 유형자산의 정의	89
2. 유형자산의 종류	89
3. 유형자산의 취득원가	89
4. 유형자산의 감가상각	90
5. 유형자산 유지비용	90
6. 유형자산의 회계처리	91

제5절 _ 비유동자산 – 무형자산과 기타비유동자산

1. 무형자산	99
2. 기타비유동자산의 종류	100

Part 3. 부 채   105

제1절 _ 유동부채

1. 유동부채의 정의	106
2. 유동부채의 종류	106

제2절 _ 비유동부채

1. 비유동부채의 정의	107
2. 비유동부채의 종류	107
3. 사채	107

FAT 1급

　　　4. 퇴직급여충당부채　　　　　　　　　　　　　　　　　　　　109

Part 4. 자 본　　　　　　　　　　　　　　　　　　　　　　　　**113**
　　1. 자본의 정의　　　　　　　　　　　　　　　　　　　　　　114
　　2. 자본의 종류　　　　　　　　　　　　　　　　　　　　　　114
　　3. 자본금　　　　　　　　　　　　　　　　　　　　　　　　114
　　4. 주식의 발행　　　　　　　　　　　　　　　　　　　　　　115
　　5. 신주발행비와 미상각잔액　　　　　　　　　　　　　　　　115

Part 5. 수익과 비용　　　　　　　　　　　　　　　　　　　　　**121**
　제1절 _ 수익　　　　　　　　　　　　　　　　　　　　　　　122
　　1. 수익인식기준　　　　　　　　　　　　　　　　　　　　　122
　　2. 수익의 종류　　　　　　　　　　　　　　　　　　　　　　122
　제2절 _ 비용　　　　　　　　　　　　　　　　　　　　　　　123
　　1. 비용의 종류　　　　　　　　　　　　　　　　　　　　　　123

Part 6. 결 산　　　　　　　　　　　　　　　　　　　　　　　　**129**
　제1절 _ 결산정리분개　　　　　　　　　　　　　　　　　　　130
　　1. 미지급비용: 당기에 발생한 비용의 인식　　　　　　　　　131
　　2. 미수수익: 당기에 발생한 수익의 인식　　　　　　　　　　131
　　3. 선급비용: 차기에 귀속하는 비용의 이연　　　　　　　　　132
　　4. 선수수익: 차기에 귀속하는 수익의 이연　　　　　　　　　133
　　5. 소모품: 당기에 사용된 소모품을 소모품비로 계상　　　　134

Chapter 02 | 부가가치세법

Part 1. 부가가치세 총론　　　　　　　　　　　　　　　　　　　**143**
　제1절 _ 부가가치세 개념　　　　　　　　　　　　　　　　　　144
　　1. 조세(세금)의 의의　　　　　　　　　　　　　　　　　　　144

2. 부가가치세의 의의　　　　　　　　　　　　144
　　　3. 부가가치세의 성격　　　　　　　　　　　　145
　　　4. 납세의무자　　　　　　　　　　　　　　　145
　　　5. 납세의무자의 분류　　　　　　　　　　　　145
　　　6. 과세기간　　　　　　　　　　　　　　　　146
　　　7. 납세지 = 사업장　　　　　　　　　　　　　146
　　　8. 사업자 등록　　　　　　　　　　　　　　　148

　제2절 _ 과세거래　　　　　　　　　　　　　　　　149
　　　1. 재화의 공급　　　　　　　　　　　　　　　149
　　　2. 용역의 공급　　　　　　　　　　　　　　　151
　　　3. 재화의 수입　　　　　　　　　　　　　　　152

　제3절 _ 거래시기와 거래장소　　　　　　　　　　　153
　　　1. 재화의 거래시기　　　　　　　　　　　　　153
　　　2. 용역의 거래시기　　　　　　　　　　　　　153
　　　3. 공급시기의 특례　　　　　　　　　　　　　154
　　　4. 거래 장소　　　　　　　　　　　　　　　　154

Part 2. 영세율과 면세　　　　　　　　　　　　　　159

　제1절 _ 영세율　　　　　　　　　　　　　　　　　160
　　　1. 영세율의 의의　　　　　　　　　　　　　　160
　　　2. 영세율 적용대상　　　　　　　　　　　　　160

　제2절 _ 면세　　　　　　　　　　　　　　　　　　161
　　　1. 면세의 의의　　　　　　　　　　　　　　　161
　　　2. 면세 적용대상　　　　　　　　　　　　　　162
　　　3. 미가공 식료품　　　　　　　　　　　　　　163
　　　4. 주택 · 건물 · 토지의 공급 및 임대　　　　　163
　　　5. 면세의 포기　　　　　　　　　　　　　　　163

　제3절 _ 영세율과 면세의 비교　　　　　　　　　　164

Part 3. (전자)세금계산서　　　　　　　　　　　　167

　　　1. (전자)세금계산서 의의　　　　　　　　　　168
　　　2. 세금계산서의 종류　　　　　　　　　　　　168
　　　3. 세금계산서의 기재사항　　　　　　　　　　169
　　　4. 세금계산서의 발급　　　　　　　　　　　　169

FAT 1급

    5. 영수증의 발급   170
    6. 신용카드매출전표 등의 발급시 세금계산서 발급의무 면제   170
    7. 발급시기   170

Part 4. 과세표준과 납부세액   **175**

  제1절 _ 과세표준   176
    1. 과세표준의 의의   176
    2. 과세표준의 범위   176
    3. 과세표준 포함 여부에 따른 분류   177
    4. 과세표준에서 공제하지 않는 금액   177

  제2절 _ 납부세액   178
    1. 납부세액의 계산구조   178
    2. 매입세액   178
    3. 공제받지 못할 매입세액   179

  제3절 _ 신고와 납부   180
    1. 신고와 납부기간   180
    2. 환급   180

Chapter 03 | 실기

Part 1. 기초정보의 이해   **187**

  제1절 _ 재무회계 프로그램 구성   191

  제2절 _ 기초정보관리의 이해   193
    1. 환경설정   193
    2. 회사등록   195
    3. 거래처등록   198
    4. 업무용승용차등록(고정자산 등록)   201
    5. 계정과목 및 적요등록   203
    6. 전기분 재무상태표   204

	7. 전기분 손익계산서	206
	8. 전기분 이익잉여금처분계산서	206
	9. 거래처별 초기이월	207

Part 2. 회계정보처리(I) — 223

제1절 _ 증빙관리 — 225
    1. 증빙의 종류 — 227
    2. 정규영수증 수취 특례 — 236
    3. 계정과목별 지출증빙 — 237
    4. 급여관리 — 239
    5. 어음에 의한 자금관리 — 241
    6. 통장거래정리 — 242

제2절 _ 거래자료 입력 — 242
    1. 거래 자료의 입력 — 242

Part 3. 회계정보처리(II) — 275

제1절 _ 매입매출전표 입력 — 280
    1. 매출거래의 과세유형 — 281
    2. 매입거래의 과세유형 — 282

제2절 _ 전자세금계산서 발급 및 전송프로세스 — 284

제3절 _ 부가가치세신고서 및 부속서류 — 289
    1. 부가가치세신고서 — 289
    2. 세금계산서합계표 — 292
    3. 계산서합계표 — 293
    4. 신용카드매출전표발행집계표 — 294
    5. 신용카드매출전표등 수령금액합계표 — 294
    6. 매입세액불공제내역 — 295

제4절 _ 결산 — 337

Part 4. 회계정보분석 — 353

제1절 _ 제장부 조회 — 355
    1. 일/월계표 — 355
    2. 합계잔액시산표 — 356
    3. 계정별원장 — 356

FAT 1급

4. 거래처원장	356
5. 총계정원장	356
6. 현금출납장	357
제2절 _ 자금관리	360
1. 일일자금명세(경리일보)	360
2. 예적금현황	360
3. 받을어음현황	361
4. 지급어음현황	361
5. 어음집계표	361
제3절 _ 재무제표 조회	364
1. 재무상태표	364
2. 손익계산서	365
3. 영수증수취명세서	366

Chapter 04 | 기출문제 풀어보기

Part 1. 시험따라잡기	369
Part 2. 기출문제 풀어보기	423
기출문제 73회 (주)닥터스킨(회사코드 3173)	424
기출문제 74회 (주)대우전자(회사코드 3174)	445
기출문제 75회 (주)이루테크(회사코드 3175)	464
기출문제 76회 (주)단발머리(회사코드 3176)	485
기출문제 77회 (주)운동하자(회사코드 3177)	505
기출문제 78회 (주)오르막길(회사코드 3178)	523

Chapter 05 | 부록

Part 1. 연습문제   545

    제1절 _ 회계 이론 풀이   546
       제1장 재무제표   546
       제2장 자산   548
       제3장 부채   556
       제4장 자본   557
       제5장 수익과 비용   558
       제6장 결산   559

    제2절 _ 부가가치세 이론 풀이   561
       제1장 부가가치세 총론   561
       제2장 영세율과 면세   562
       제3장 (전자)세금계산서   562
       제4장 과세표준과 납부세액   563

Part 2. 기출문제풀이   565

    기출문제 73회 (주)닥터스킨(회사코드 3173)   566
    기출문제 74회 (주)대우전자(회사코드 3174)   576
    기출문제 75회 (주)이루테크(회사코드 3175)   584
    기출문제 76회 (주)단발머리(회사코드 3176)   592
    기출문제 77회 (주)운동하자(회사코드 3177)   602
    기출문제 78회 (주)오르막길(회사코드 3178)   611

AT 자격시험 안내

AT(Accounting Technicians)자격시험 개요

1. AT 자격시험 신설배경

한국공인회계사회는 유능한 회계실무자(AT "Accounting Technicians")를 양성하여 투명경제의 기반을 확립하고자 AT중 FAT 및 TAT 자격시험을 도입하였음.

본 자격시험은
- 이론에 치우치지 않는 실무중심의 인력을 양성하며,
- 전산·정보화된 회계 및 세무 실무에 즉시 투입 가능한 인력을 양성하고,
- 더 나아가 회계와 경영분석, 세무 컨설팅 등 다양한 분야에서 기업이 필요로 하는 인재를 양성하는데 기여할 것임.

> **AT 자격시험이란?**
> 한국공인회계사회는 영국을 필두로 세계 여러 국가의 회계사단체에서 운영하고 있는 AT(Accounting Technicians) 시험 중 FAT와 TAT시험을 우선 도입하여 시행하고, 추후 그 결과에 따라 나머지 과목에 대한 추가 시험 도입여부를 검토할 계획으로 있음.
>
> AT(Accounting Technicians) 자격시험의 구성
> - FAT: 회계정보처리(Financial Accounting Technicians)
> - TAT: 세무정보처리(Tax Accounting Technicians)
> - MAT: 원가정보처리(Management Accounting Technicians)
> - CMAT: 자금정보처리(Cash Management Accounting Technicians)
> - PAT: 급여정보처리(Payroll Accounting Technicians)
> - NAT: 비영리정보처리(Non-for-profit Accounting Technicians)

2. 자격신설의 목적

- 개인의 자질을 개발하고, 조직에 기여하는 회계실무자 배출
- 인재양성을 통한 고용창출과 기업의 회계인력 확보에 기여
- 평생 직업교육을 제공하여 환경변화에 적응하는 직업인 양성

3. AT 자격시험의 종목 및 등급

- FAT 2급
- FAT 1급
- TAT 2급
- TAT 1급

4. 종목 및 등급별 검증기준

종목 및 등급	검정기준
FAT 2급	• 회계기본 순환과정을 이해하고 증빙관리 및 상거래활동에서 발생하는 회계정보의 활용능력을 평가
FAT 1급	• 재무회계의 기본과정을 이해하고 전자세금계산서관리 및 부가가치세신고를 수행 할 수 있으며, 상기업에서 발생하는 재고관리 및 매출원가 정보 관리능력을 평가
TAT 2급	• 재무회계와 부가가치세 수정신고 등의 수행능력과 소득세 원천징수의 전자신고를 통한 세무정보 분석능력을 평가
TAT 1급	• 제조업과 건설업, 도소매업 등 업종별 세무정보관리의 수행능력을 종합적으로 평가(부가가치세신고, 소득세신고, 법인세신고)

5. 종목 및 등급별 평가범위

종목 및 등급		구성
FAT 2급	이론(30%)	• 재무회계
	실기(70%)	• 기초정보관리, 거래자료입력, 전표수정, 결산, 자료조회
FAT 1급	이론(30%)	• 재무회계, 부가가치세
	실기(70%)	• 기초정보관리, 거래자료입력, 부가가치세, 결산, 자료조회
TAT 2급	이론(30%)	• 재무회계, 부가가치세, 소득세(근로소득 원천징수)
	실기(70%)	• 거래자료입력, 부가가치세관리, 결산, 원천징수
TAT 1급	이론(30%)	• 재무회계, 부가가치세, 소득세(원천징수), 법인세
	실기(70%)	• 거래자료입력, 부가가치세관리, 결산, 원천징수, 법인조정

AT 자격시험 안내

6. 응시자격 : 제한없음

7. 검정방법
- 검정방법 : 이론 30%, 실기 70% 동시진행 (※실기 프로그램: 더존 Smart A(iPLUS)
- 합격기준 : 100점 만점으로 70점 이상 취득시 합격

8. 응 시 료 : 등급별 각 39,000원

9. 시험합격자에 대한 혜택 : 구직활동 지원
- 시험합격자를 위한 별도의 구인구직 사이트 개설
- KICPA 회원, 주요 경제단체, 고객회사와 연계하여 자격시험 합격자의 구직활동 지원 계획

10. 2025년 FAT 자격시험 시행계획

구분	제79회	제80회	제81회	제82회	제83회	제84회	제85회	제86회	제87회
원서접수	2.6~2.12	3.6~3.12	4.3~4.9	6.5~6.11	7.3~7.9	8.7~8.13	10.10~10.16	11.6~11.12	12.4~12.10
사전 테스트	2.18~2.22	3.18~3.21	4.15~4.18	6.17~6.20	7.15~7.18	8.19~8.22	10.21~10.24	11.18~11.21	12.16~12.19
시험일자	2.22(토)	3.22(토)	4.19(토)	6.21(토)	7.19(토)	8.23(토)	10.19(토)	11.22(토)	12.20(토)
합격자 발표	2.28(금)	3.28(금)	4.25(금)	6.27(금)	7.25(금)	8.29(금)	10.31(금)	11.28(금)	12.27(금)
시험등급	FAT 1,2급 TAT 1,2급	FAT 1급 TAT 2급	FAT 1,2급 TAT 1,2급	FAT 1,2급 TAT 1,2급	FAT 1급 TAT 2급	FAT 1,2급 TAT 1,2급	FAT 1,2급 TAT 1,2급	FAT 1급 TAT 2급	FAT 1,2급 TAT 1,2급

11. 비대면시험 응시방법

① AT자격 비대면시험 수험자 가이드(요약본)

- 시험환경 / 부정행위 기준 / 카메라표준설정

구분	안내사항
수험자 필수 확인사항 (사전테스트 미완료자 & 본테스트 지각자 응시료 미반환)	① <u>시험전날 오후 6시까지 사전테스트를 완료</u>하시기 바랍니다. (사전테스트 미완료 시 본테스트 응시불가) ② <u>시험시작 60분전까지 본테스트에 입실</u>하여 감독관으로부터 신분확인* 및 환경점검을 받으시기 바랍니다. (시험시작 20분전까지[KST기준] 미입실시 본테스트 응시불가) * 유효신분증(유효신분증이 아닌 경우 응시불가!!!) - [공통] 주민등록증, 운전면허증, 여권, 공무원증, 장애인카드, 임시신분증(주민등록증 발급신청확인서) - [중·고생] 학생증, 청소년증, 생활기록부 사본(학교장 직인 필수), 재학증명서(NEIS 발급분에 한하며, 발급기관 직인 필수) (신분증에 사진·생년월일 필수) - [외국인] 외국인등록증, 국내거소신고증, 영주증 ③ 시험시작 전에 Ⓐ더존교육용프로그램 SmartA(최신버전)과 Ⓑ등급별 수험용데이터설치파일을 순서대로 수험자 PC에 설치해두시기 바랍니다. 미리 설치하지 않고 시험시작 후 설치하여 소요되는 시간은 추가시간 미부여 ④ 시험시작 전에 스마트폰은 [화면켜짐상태유지], [화면잠금해제], [방해금지모드]를 설정하고, 전원이 OFF되지 않도록 충전선을 연결하시기 바랍니다.
비대면시험 진행절차	**사전테스트** → 테스트 초대 메일 링크 접속 → 더존프로그램 & 수험용데이터파일 설치 및 사전점검 → 화상기기 화면 공유 및 웹캠 연결 → 유효신분증* 제출/ 휴대폰연결 사전(체험)테스트 실시* : 수험자는 본테스트 1일 전 오후 6시까지 사전테스트 필수 실시 (사전테스트 미완료자 본테스트 응시불가) ※ 수험자는 시험환경과 동일한 환경에서 사전테스트를 체험하여 비대면시험 방식에 익숙해지고, 시험당일 발생할 수 있는 오류상황에 대비할 수 있습니다. **본테스트** → 테스트 초대메일 링크 접속 (시험일 1시간 전) → 테스트 준비 (화상기기설정, 수험용데이터파일 설치) → [감독관] 수험자 신분확인 및 시험환경점검 → 시작시각에 [테스트 시작] 누르기

AT 자격시험 안내

구분	안내사항			
비대면시험 환경 권장사양* (주의!) 필수장비가 권장사양보다 낮은 경우 응시가 원활하지 않을 수 있으며, 이 경우 수험자의 귀책사유에 해당됨	**시험장소**			
	응시가능	정숙이 유지되는 1인1실의 독립공간(자택, 개인사무실, 스터디카페 1인실 등)		
	응시불가	2인이상이 동시 이용하는 공간불가(카페, PC방, 도서관, 학원, 학교 등) 단, 학원·학교 교실에서 1인만 응시하는 경우 가능		
	필수장비			
	구분	PC	스마트폰	
	운영체제	Windows 10 or 11[MacPC, 태블릿PC는 불가]	Android 5.0 이상 iOS13.0 이상	
	CPU	QuadCore(4코어) 이상	-	-
	RAM	8GB 이상	-	-
	브라우저	크롬(Chrome 최신버전)	Chrome	Safari
	기타장비	마이크기능이 있는 웹캠, 모니터, 휴대폰거치대	-	-
	인터넷속도	50Mbps 이상 (유선권장)	50Mbps 이상	
부정행위 기준* 부정행위자는 경미한 과실의 경우당해시험을 취소하고, 중과실 또는 고의의 경우 2년간 AT자격검정응시자격을 정지	주변환경	• 시험 응시 현장에 응시자 본인 외 금지 (2인이상 응시 금지-공공장소, 카페, PC방 등) • 책상 위에서 시험 응시 / 모자, 마스크, 이어폰(헤드셋) 착용 금지 • 스마트워치, 디지털카메라, 전자사전, 통신(블루투스) 기능 있는 전자기기 소지 및 착용금지 • 듀얼모니터, 공학용 또는 윈도우 계산기, 태블릿PC 사용 금지 • 시험감독관으로부터 확인받은 A4백지 1장, 필기구 1개, 사칙연산용 계산기(&더존프로그램내 계산기)만 허용 • 책상 위에 허용된 물품 외 다른 물품 비치 금지(테스트 접속 전 깨끗이 정리 필수) • 휴대폰카메라는 수험자의 양손, 얼굴 측면, 책상위, 모니터가 보이도록 각도 설정 필수		
	응시중	• 시험중 자리 이탈 및 화장실 이용 불가 / 음료, 간식, 껌 등의 음식물 섭취 불가 • 타 사이트 접속 및 외부 프로그램 사용 금지(인터넷검색, 엑셀, 카카오톡, 줌, 공학용 계산기 등) • 의심행동금지(손을 화면밖으로 이탈, 시선을 모니터와 필기종이 외에 다른 곳을 보는 움직임 등) • 휴대폰 통화, 타인과 대화 또는 주변 대화 소리가 들리는 경우 • 응시화면(모니터, 웹캠, 스마트폰)이 모두 끊길 경우 • 감독관의 메시지와 지시에 응하지 않을 경우 • 컨닝행위(손바닥 필기, 참고자료, 컨닝페이퍼, 듀얼모니터 사용 등 모든 부정한 행위) • 문제 및 답안지를 복사/캡처/녹화/촬영하여 유출하는 행위		

구분		안내사항
시험응시환경 (카메라화면표 준설정)	웹캠화면	• 고사실 조명 밝기를 조절하여 응시자 얼굴의 인식이 가능하도록 조정 • 응시자의 얼굴 전체가 나와야 하며, 얼굴의 일부분이 가려지지 않도록 조정 (아래 그림 참조)
	스마트폰화면	• 응시자 좌측 또는 우측에 1m거리와 높이는 약 0.8m정도로 설치합니다. (아래 그림 참조) • 스마트폰은 가로로 거치하며 그림과 같이 응시자의 얼굴(측면)과 손, pc화면, 책상 위가 모두 보여져야 합니다

② AT자격 비대면시험 진행 매뉴얼

- 화상기기 설정 / 더존프로그램&수험용파일 설치 / 답안작성 / 장애해결방법 -

① 시험 접속하기

1) 크롬브라우저로 초대메일의 [응시페이지바로가기]를 클릭하여 시험프로그램 접속(메일 미수신시 스팸 메일함 확인)

※ 입실기준시간(입실가능시간 & 서버시간) 확인!!

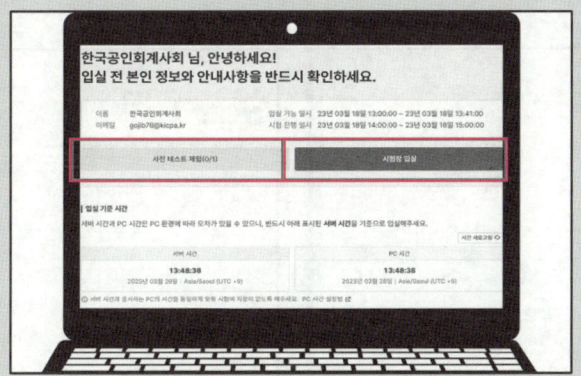

AT 자격시험 안내

② 안내 페이지 확인하기

1) 테스트 안내사항을 확인(시험시간 등 시험과 관련한 내용들을 꼼꼼하게 확인)
2) ② [이용 동의] 버튼을 클릭

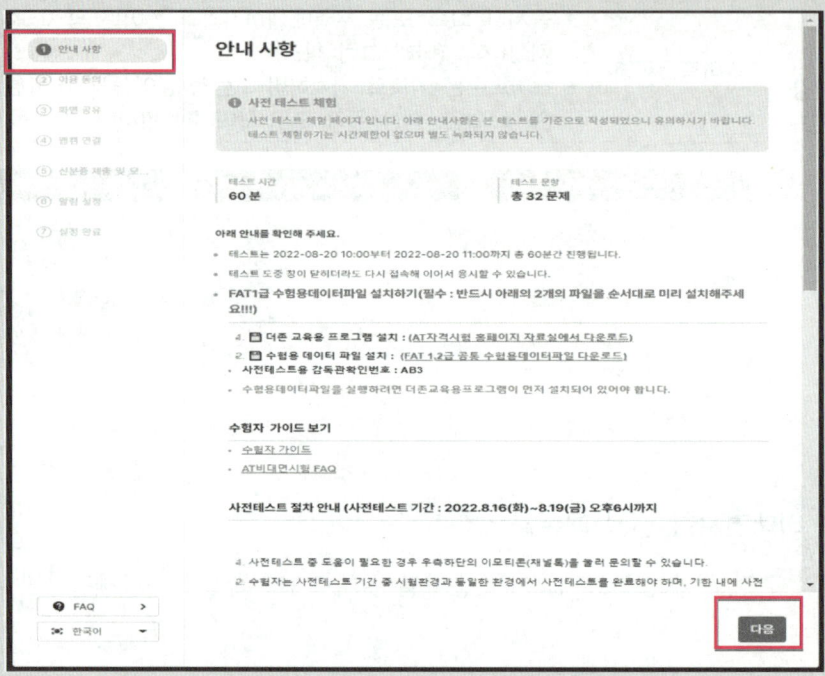

③ 시험규정 & ④이용동의_체크

1) 시험규정-유의사항 확인 후 [체크박스]를 클릭
2) 응시자서약과 개인정보수집동의 확인 후 [체크박스]를 클릭

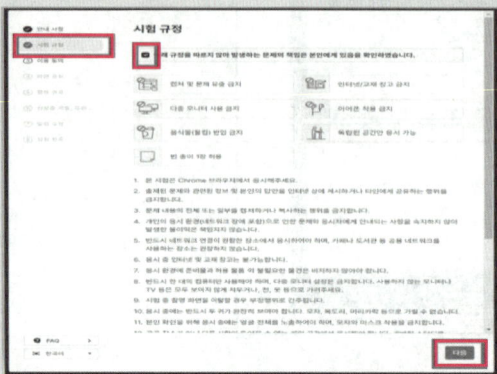
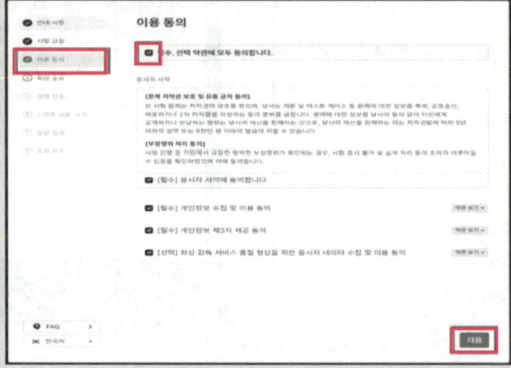

⑤ 화상기기 설정 (화면공유)

1) [화면공유하기] 클릭 > [내 전체 화면] 선택 > [공유] 클릭 주의!! 다중 모니터 사용 불가(1개 모니터만 사용가능), [내 전체화면] 외 '애플리케이션 창, Chrome 탭' 선택 시 부정행위 간주

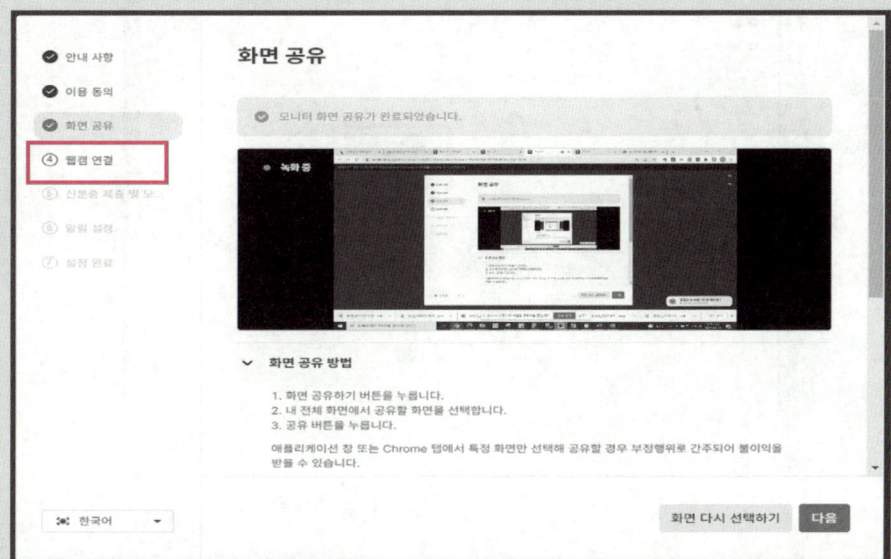

⑥ 화상기기 설정 (웹캠연결)

1) [웹캠연결하기] 클릭 > 카메라&마이크 사용권한 [허용] 클릭

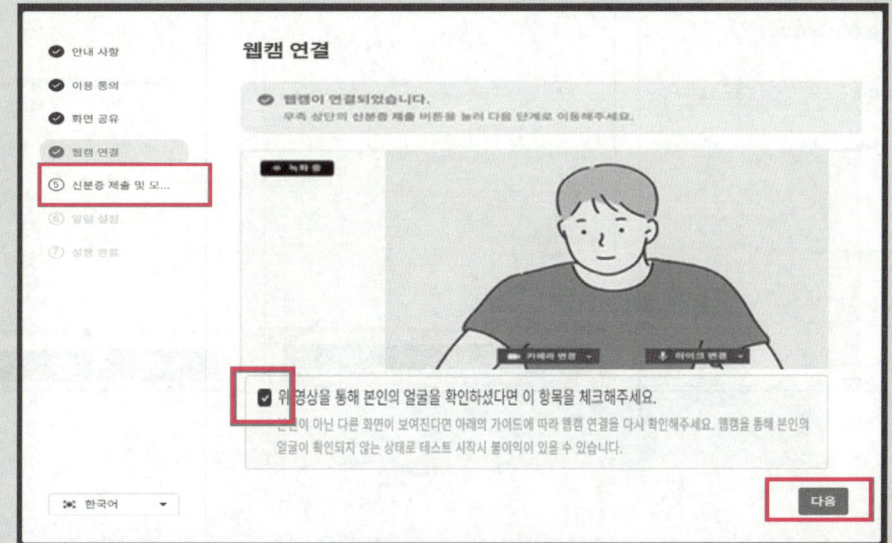

AT 자격시험 안내

⑦ 화상기기 설정 (신분증 제출)

1) 모바일카메라로 QR코드 스캔 > [모니토앱] 다운로드 및 실행

2) [신분증 제출방식] 선택 : 주민등록증, 운전면허증, 내국인여권, 외국인 등록증, 기타 신분증 中 클릭 > [신분증 촬영] 클릭 > [제출] 클릭

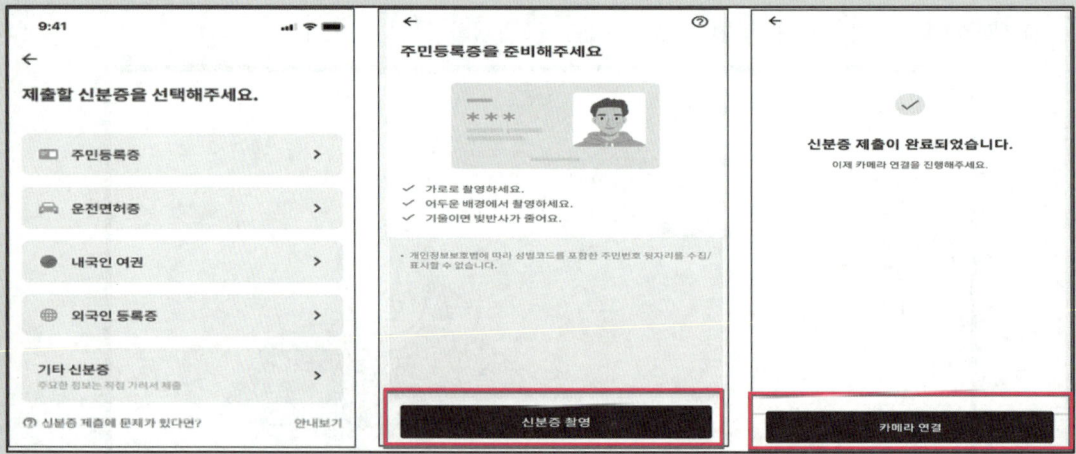

⑧ 주변환경 확인 (주변환경 촬영 후 업로드)

1) [주변환경 촬영] 전 사전안내 유의사항을 확인하고 안내문구를 숙지 후 촬영을 시작

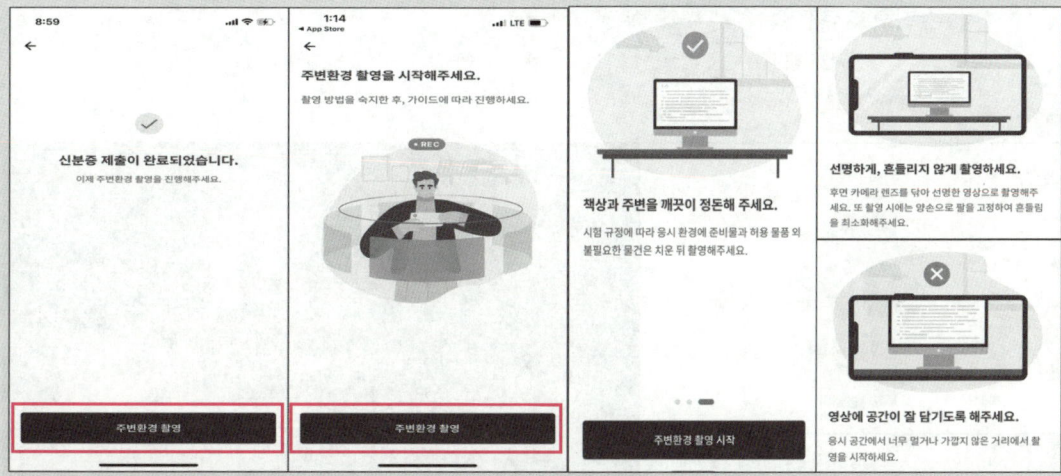

⑧-1 360° 촬영

1) 화면 중앙영역에 모니터 화면을 위치시킨 후 촬영을 시작, [캡처버튼]을 누르고 3초간 대기후 다음 단계로 이동
2) 정면을 기준으로 90°씩 방향을 전환하며 우측면→후면→좌측면 순서로 촬영

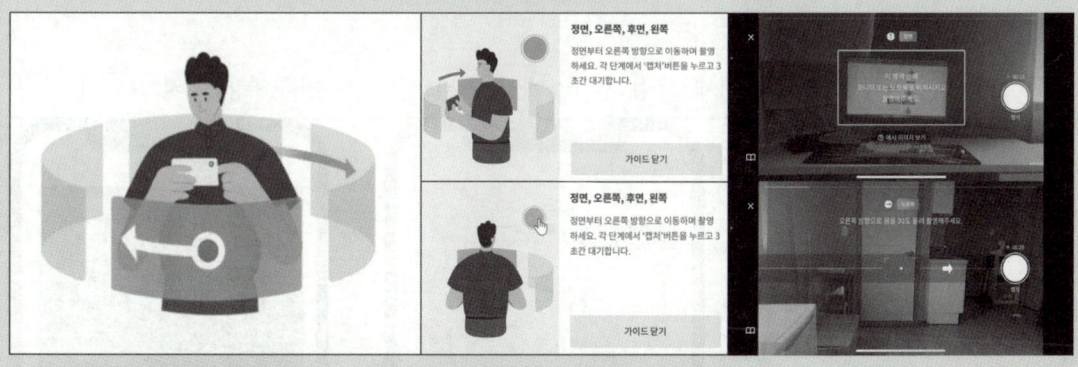

AT 자격시험 안내

⑧-2 수직 촬영

1) 정면 노트북 또는 모니터를 기준으로 천장까지 수직으로 촬영 후 다시 정면에서 바닥까지 수직으로 촬영

★ 업로드 영상이 부정확한 경우 감독관은 영상재촬영을 요구하거나 수험자의 휴대폰카메라로 실시간 환경점검을 진행할 수 있음

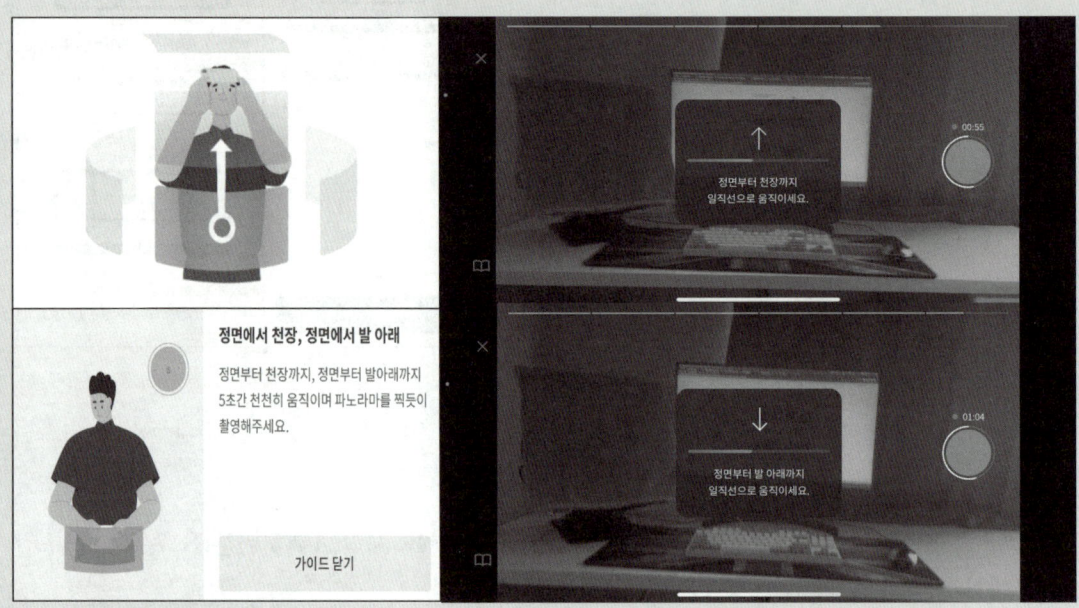

⑨ 화상기기 설정 (스마트폰 연결하기)

1) 모바일폰을 가로로 거치대에 고정 후 [카메라 연결] 클릭 > 안내내용 숙지 후 [x] 클릭

⑨-1 화상기기 설정 (스마트폰 화면공유 연결이 안됐을 때)

1) 스마트폰 카메라/마이크의 연결을 거부한 경우나 화상연결이 끊긴 경우 새로고침 후 재연결합니다.
2) 연결이 잘 안되는 경우 PC화면의 [도움말]을 클릭하여 참고합니다

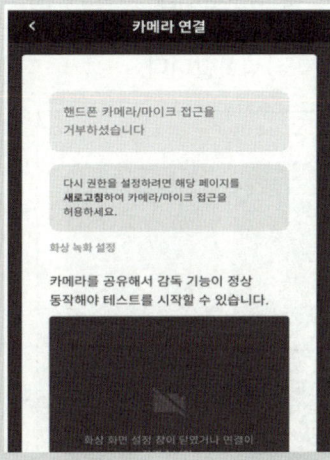  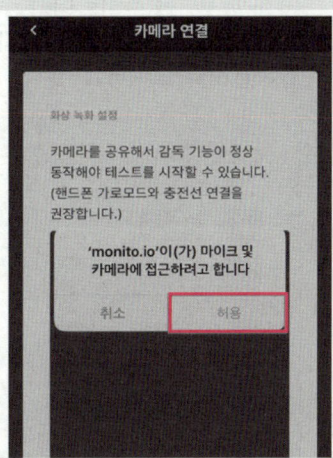

⑨-2 스마트폰 기본설정 : 화면켜짐상태유지 / 화면잠금해제

모니토앱이 켜져 있는 상황에서는 모바일 카메라가 자동으로 켜짐 상태를 유지하므로, 해당 기능은 설정하지 않으셔도 됩니다.

AT 자격시험 안내

⑨-3 스마트폰 기본설정 : 방해금지모드 설정

Android

- 핸드폰 공유 설정 링크 접속에 필요한 크롬 앱 을 준비합니다.
- 제어센터를 열고 하단 이미지와 같이 방해금지를 활성화합니다.

iOS

- 핸드폰 공유 설정 링크 접속에 필요한 사파리 를 준비합니다.
- 제어센터를 열고 하단 이미지와 같이 방해금지를 활성화합니다.

⑨-4 스마트폰 기본설정

방해금지모드 설정 (IOS세부설정)1) 설정 > [집중모드] 메뉴로 이동 > [방해금지 모드]에서 [사람] 메뉴로 이동2) [전화수신허용]을 없음으로 변경하고, [반복적으로 걸려온 전화 허용]을 OFF 설정

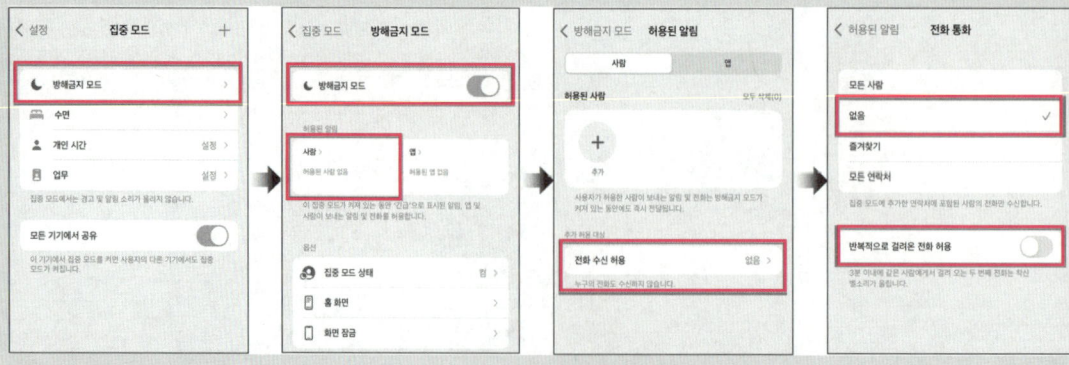

⑩ 브라우저 알림 설정 [Windows]

1) [알림사용설정] 내용 하단의 컴퓨터 설정 관련 내용을 읽고 안내사항을 따라 설정합니다.
2) [브라우저 알림]으로 전송된 인증번호 4자리를 입력합니다.
3) 권한 요청 창에서 [허용] 버튼을 클릭합니다.

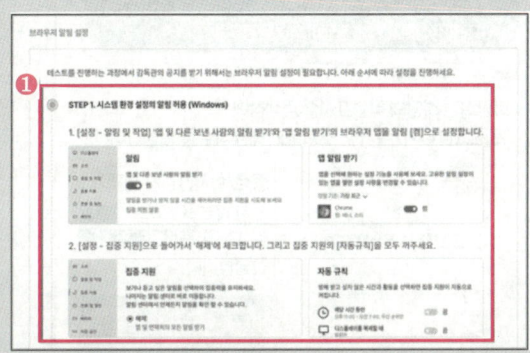
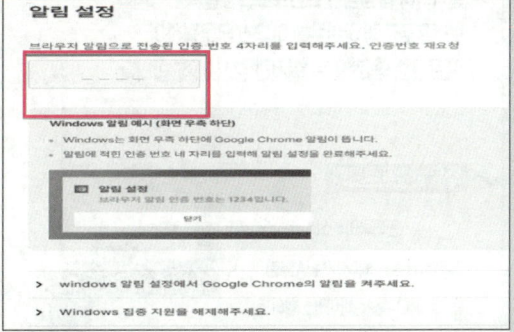

⑪ 화상기기 설정완료 : [체험시작] & [시험시작]

1) 화상기기가 정상적으로 연결된 경우 왼쪽 목록에 연결표시 ●가 보여집니다.
2) [채팅]과 [공지사항] 알림음이 잘 들리는지 확인합니다.
3) 응시자의 실시간 [화상연결상태]를 통해 응시에 원활한지 확인할 수 있습니다.
4) [체험시작] 버튼을 누르면 사전테스트를 시작할 수 있습니다. (시험당일에는 [시험시작] 버튼이 활성화됩니다.)

※ 화상기기가 정상적으로 연결되지 않은 경우 왼쪽 목록에 미연결표시가 보여집니다.

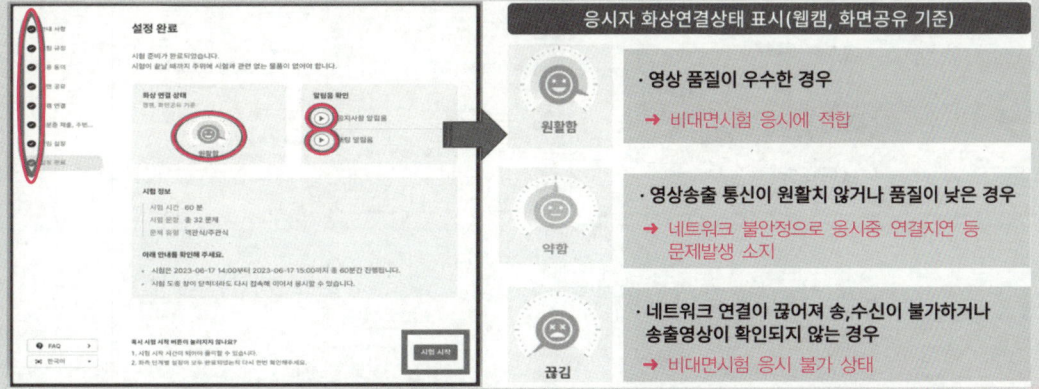

AT 자격시험 안내

⑫ 더존교육용프로그램(SmartA(iplus)) 설치전 응시용PC 사전점검하기

PC에 설치된 보안프로그램 사전점검

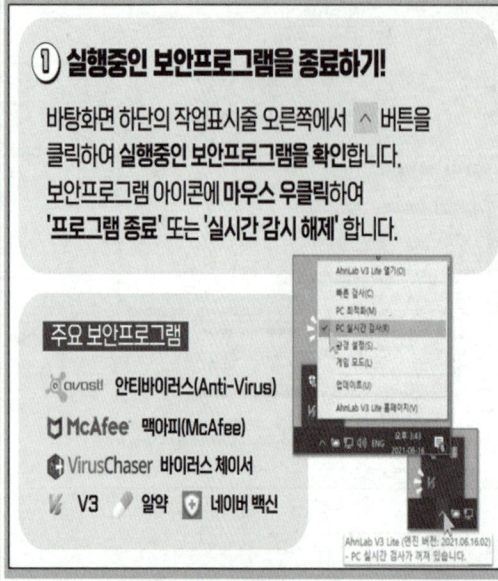

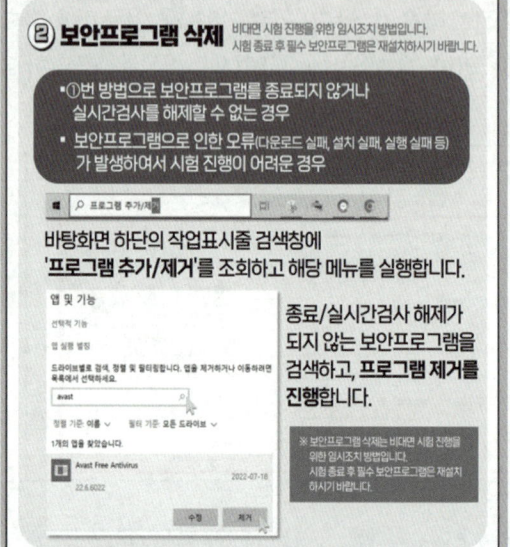

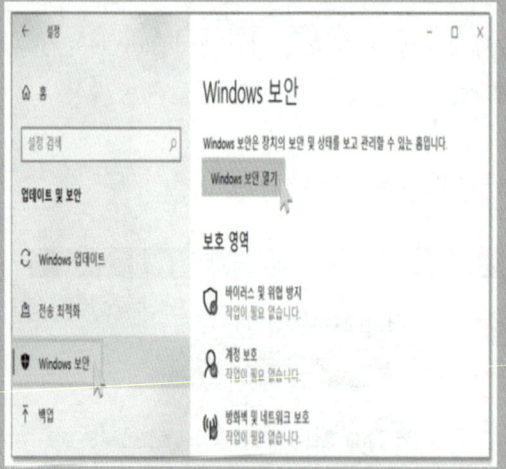

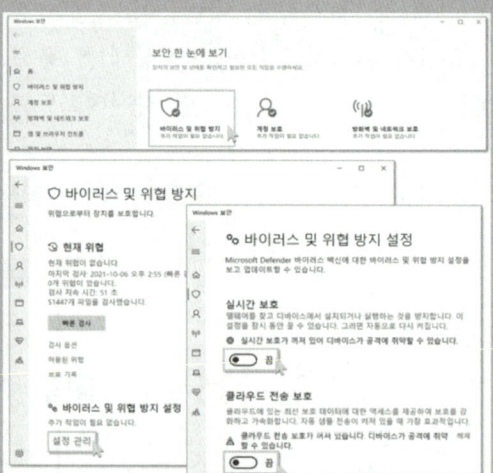

⑬ 더존교육용프로그램(SmartA(iplus)) 설치하기 [최신버전으로 설치 필수!]

1) AT자격시험 홈페이지에 접속 > 자료실의 [교육용프로그램]을 최신버전으로 다운로드합니다.

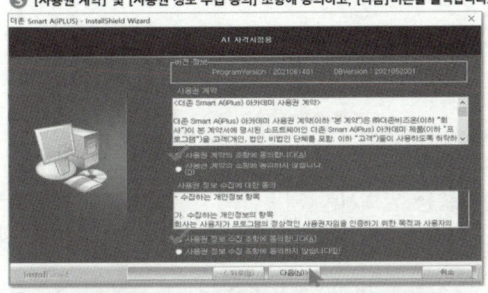

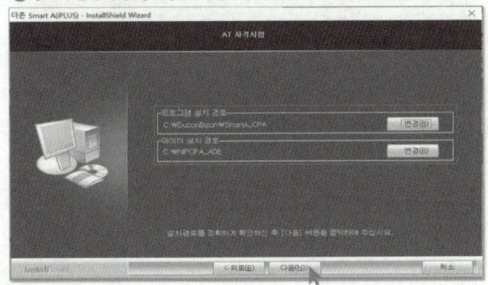

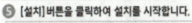

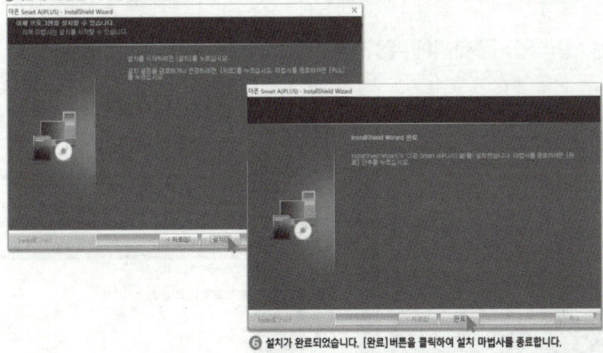

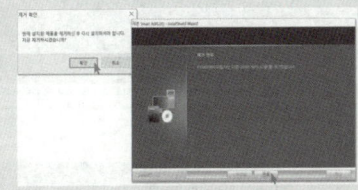

※ PC에 기존에 설치된 [더존SmartA교육용프로그램]이 있는 경우 반드시 오른쪽과 같이 프로그램을 제거 후 다시 설치해야 합니다.

* 응시자는 최신버전의 더존교육용프로그램을 설치하였는지 반드시 확인 후 응시해야 합니다.
(구버전으로 응시한 답안이 모범답안과 다른경우 정답으로 인정되지 않음)

AT 자격시험 안내

⑭ 등급별 수험용데이터파일 설치 및 답안작성하기

1. ①안내사항화면에서 [수험용 데이터 설치파일]을 다운로드

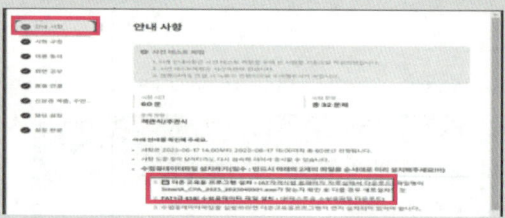

2. OOOX.exe 파일을 실행 → 설치
   ※ 더존교육용프로그램이 미리 설치되어 있어야 수험용데이터파일이 정상적으로 실행됩니다.

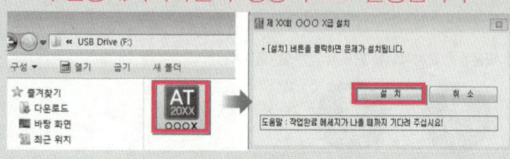

3. 수험생 유의사항 자동실행 → 정독 후 [확인]

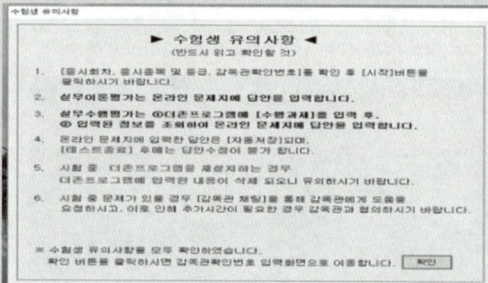

4. 로그인 화면 자동실행
   → [감독관 확인번호] 입력 후 [시작]버튼 클릭
   (시작버튼 클릭후 ENTER키를 누르지 마세요!!!)

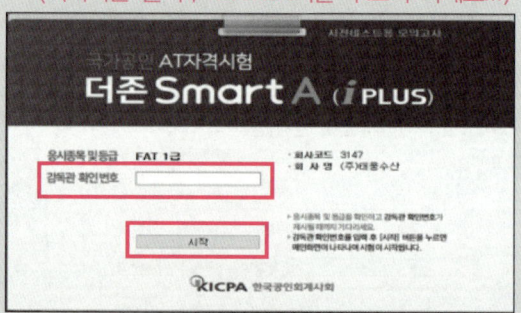

5. 실무이론평가 문제는 온라인 문제지에 답안을 직접 입력합니다. (보기 ①~④ 중 선택)

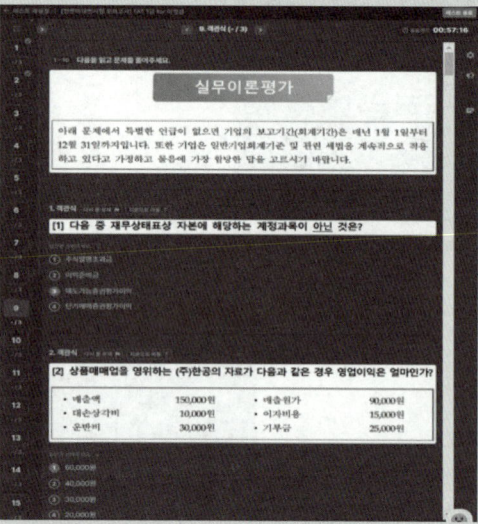

6. 실무수행평가 문제는 ①더존프로그램에 [수행과제]를 풀이 입력후, ② 입력된 정보를 조회하여 온라인 문제지에 [회계정보조회·분석문제] 답안을 직접 입력합니다.

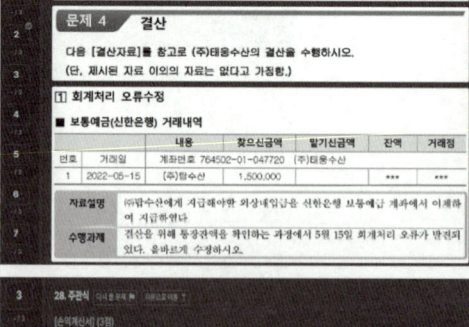

7. 실무수행 평가문제 답안입력 유의사항 (더존프로그램에 입력한 수행과제는 채점하지 않습니다)

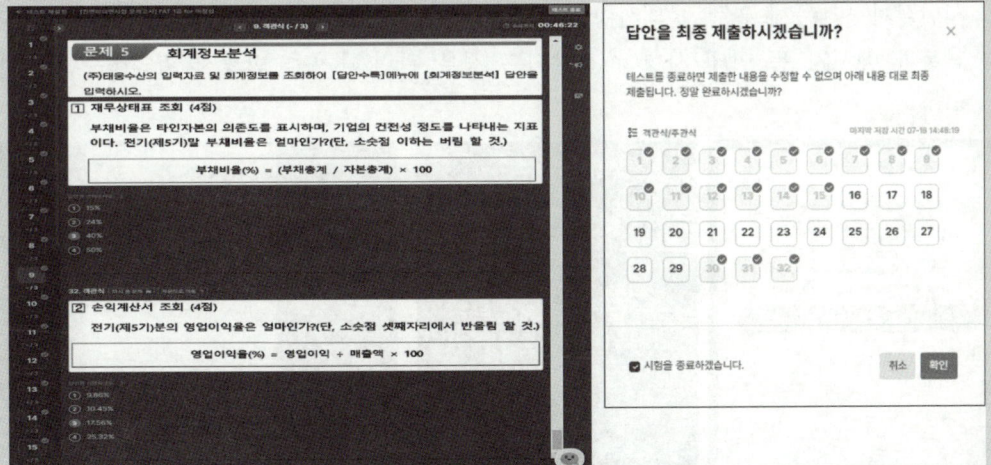

8. 모든 문제 풀이 후 온라인 문제화면 우측상단의 [테스트 종료]버튼을 눌러 시험을 종료할 수 있습니다. 답안을 모두 작성하였는지 확인하고, [시험을 종료하겠습니다.] 항목에 체크한 후 [확인] 버튼을 눌러 종료합니다.(파란색 ✓ 체크표시가 안되어 있으면 답안작성을 하지 않은 문항입니다.)
★ 수험자가 입력한 답안은 자동저장되며, [테스트 종료] 후에는 시험의 재접속 및 답안수정이 불가합니다.

AT 자격시험 안내

⑮ 화상기기 설정 or 더존교육용프로그램 관련 장애발생시 해결방법

추가 안내   테스트 설정화면 좌측하단의 [FAQ] 버튼을 누르면 테스트접속에 대한 내용을 확인할 수 있습니다.

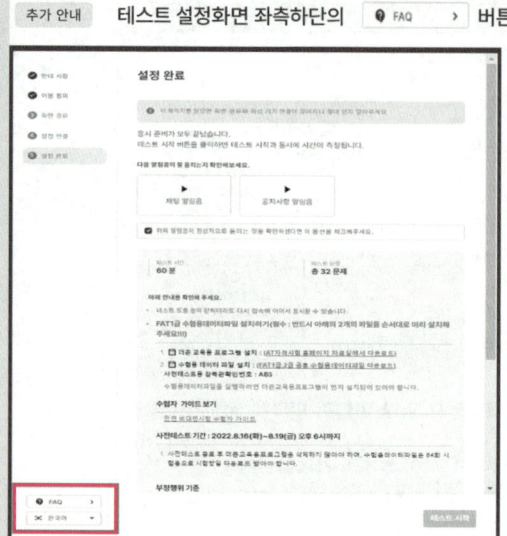 

■ 감독관 장애문의하기 or 채팅하기

1. 온라인 시험 환경설정 및 더존프로그램 관련 문의사항이 있는 경우 우측 하단의 아이콘 [장애문의]을 통해 문의합니다.
2. 시험절차 및 문제 관련 문의사항이 있는 경우 [감독관 채팅]을 클릭하여 문의합니다.
3. 감독관 메시지 등 안내 사항이 전달되는 경우 관련 내용을 반드시 확인해주시기 바랍니다.

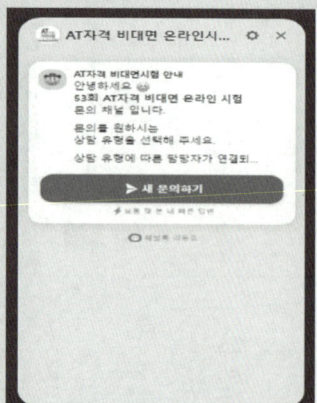  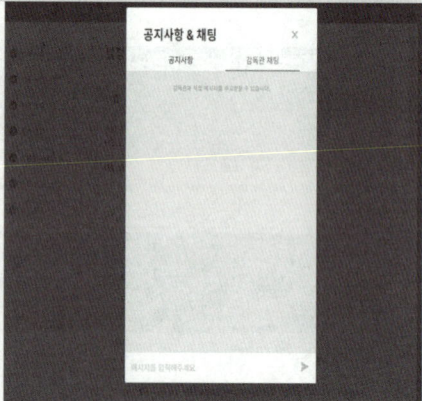

■ 시험화면에서 화상기기설정 확인방법

1. 정상적으로 모든 화상기기가 연결된 경우 오른쪽 메뉴에서 각 기기의 화면을 확인할 수 있습니다.
2. 화면이 정상적으로 보이지 않는 경우 바로 재연결을 진행할 수 있습니다.

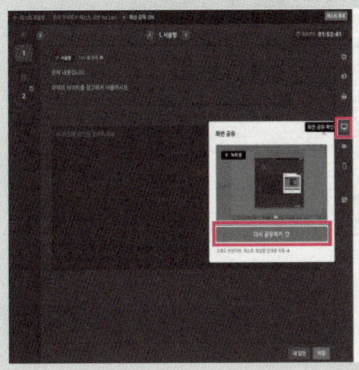  

■ 듀얼모니터 사용으로 시험중단시 해결방법

2개 이상의 모니터가 연결된 경우 시험장 입실이 불가하오니 주 모니터를 제외한 모니터의 연결을 해제해야 합니다.

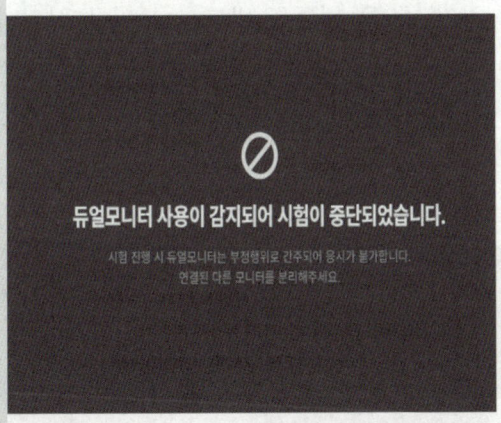

데스크탑 컴퓨터 (desktop computer)

2개 이상의 모니터가 연결된 경우

주 모니터를 제외한 다른 모니터의 케이블 연결 해제

노트북 (laptop)

보조 모니터가 연결된 경우

- 보조 모니터의 케이블 연결 해제

or

- 보조모니터를 주모니터로 설정
  (설정방법 다음페이지 참고)

응시 중에 주 모니터를 제외한 다른 모니터의 케이블을 연결하는 경우에도 시험은 중단되며, 시험종료 후 녹화영상 판독결과에 따라 부정행위 처리될 수 있습니다.

AT 자격시험 안내

■ 노트북 사용 시 보조모니터를 주 모니터로 사용하기 위한 설정방법

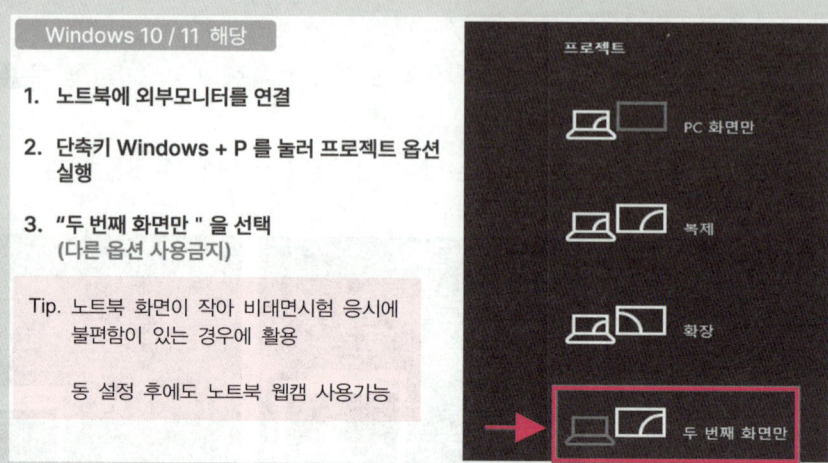

3 AT자격 비대면시험 (사전·본)테스트 실시 절차

① 사전테스트 실시하기

1) ①안내사항화면에서 더존교육용프로그램과 수험용데이터파일을 다운로드,설치 후 ⑧ 설정완료 화면에서 [체험시작] 버튼을 눌러 사전테스트를 실시합니다.
2) 테스트 체험 후 화면 우측상단의 [체험하기 종료] 버튼을 반드시 눌러야 사전테스트를 완료한 것으로 인정됩니다.
3) 사전테스트 완료 여부는 [체험하기 종료] 버튼을 누른 후 초대메일의 [응시페이지 바로가기]를 누르면 확인할 수 있습니다.

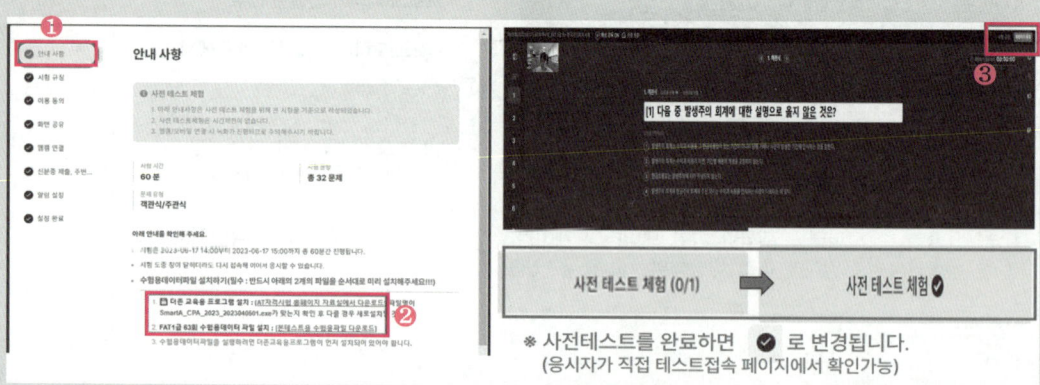

② 본테스트 실시하기

(주의!) 시험 1일전 오후 6시까지 사전테스트를 완료한 수험자만 본테스트 응시가능

★ 사전테스트 미완료자&본테스트 지각자 응시료 미반환

교시	등급	신분확인/환경점검	시험시간
1교시	FAT 2급 TAT 2급	09:00~10:00 (60분)	10:00~11:00(60분) 10:00~11:30(90분)
2교시	FAT 1급 TAT 1급	13:00~14:00 (60분)	14:00~15:00(60분) 14:00~15:30(90분)

테스트 접속 및 설정 (시험시작 60분전)	• 시험시작60분전에 크롬브라우저를 실행 후 테스트 초대메일을 통하여 본테스트에 접속합니다. • 화상기기설정 안내사항 숙지 후 사전동의를 진행합니다. • 화상기기 설정 / 신분증 촬영 및 제출 등을 진행합니다. • 안내사항화면에서 【등급별 수험용데이터설치파일】을 다운받아 실행합니다. ＊ 더존교육용프로그램(최신버전)과 수험용데이터설치파일을 미리 설치하지 않고 시험시간에 설치하여 소요되는 시간은 추가시간 미부여
응시자 입실마감 (시험시작 20분전, KST 기준)	• 응시자는 시험시작 20분전까지 시험준비를 마쳐야 하며, 해당 시각 이후에는 테스트 접속이 불가합니다. 원활한 신분확인 및 환경점검을 위해 60분전에 입실하여 주시기 바랍니다.
신분확인 및 환경점검	• 테스트 설정완료 후 감독관의 신분확인과 시험환경확인을 위해 응시자는 착석하여 대기합니다. • 감독관은 신분확인 및 시험환경 확인을 위해 응시자에게 휴대폰 또는 웹캠카메라를 비추도록 요구할 수 있으며, 이때 응시자는 감독관의 요구에 반드시 응해야 합니다. ※ 시험환경확인사항 : 이어폰 착용, 손, 메모지, 계산기, 책상 위 금지물품, 다중모니터, 시험장소 등
테스트 진행	• 시험정각에 [시험시작] 버튼을 누르면 시험이 시작되며, [감독관확인번호]는 전체 공지사항으로 안내됩니다. • 더존교육용프로그램이 아닌 수험용데이터 실행 아이콘 을 더블 클릭 후 [감독관확인번호]를 입력합니다. • 응시자는 시험규정에 맞추어 응시해야 하며, 부정행위가 발견될 경우 시험을 일시중단하거나 종료처리될 수 있습니다.

Chapter 01

재무회계

Accounting Technicians
FAT 1급

제1장 _ 재무제표
제2장 _ 자산
제3장 _ 부채
제4장 _ 자본
제5장 _ 수익과 비용
제6장 _ 결산

FAT 1급
Accounting Technicians

PART 01
재무제표

제1절 재무제표
제2절 재무상태표
제3절 손익계산서
제4절 자본변동표
제5절 현금흐름표
제6절 주석
제7절 재무제표의 상호관계

01 재무제표

제1절 _ 재무제표

1 재무제표의 목적

재무제표는 회계정보시스템의 주요 산출물인 회계정보를 기업의 이해관계자들에게 전달하는 가장 중요한 수단이다. 일반적으로 이해관계자들이 요구하는 회계정보는 재무상태, 경영성과, 현금흐름 및 자본변동에 관한 정보이다.

2 재무제표의 종류와 요소

종류	요소
재무상태표	자산, 부채, 자본
손익계산서	비용, 수익
자본변동표	소유주의 투자, 소유주에 대한 분배
현금흐름표	영업활동, 투자활동, 재무활동으로 인한 현금흐름
주석	정량적 기준에 의해 작성되는 위 재무제표에서 나타낼 수 없는 정성적인 설명과 방향성에 대한 정보

제2절 _ 재무상태표

1 재무상태표 개념

재무상태표는 일정시점 현재 기업의 재무상태에 관한 정보를 제공하는 재무보고서이며 재무제표 중 유일한 정태적 보고서다.

2 재무상태표 양식

재무상태표의 작성양식에는 보고식과 계정식이 있으며, 회계기준에서 제시하고 있는 재무상태표 양식은 보고식이다.

보고식		계정식			
재무상태표		**재무상태표**			
영우상사 20x1년 12월31일 현재 (단위 : 천원)		영우상사 20x1년 12월 31일 현재 (단위: 천원)			
계정과목	금액	계정과목	금액	계정과목	금액
자산	200	자산	200	부채	100
자산총계	200			자본	100
부채	100	자산총계	200	부채 및 자본총계	200
부채총계	100				
자본	100				
자본총계	100				
부채 및 자본 총계	200				

★ 재무상태표 등식: 자산 = 부채 + 자본

3 재무상태표 작성원칙

구분	내용
구분표시의 원칙	재무상태표에 기재될 계정과목들은 그 종류와 성격에 따라 적절히 분류하여, 일정한 구분원칙에 따라 표시함으로써 그 시점의 재무상태를 명확하게 보여야 한다.
총액표시의 원칙	자산과 부채 및 자본은 총액에 의하여 기재함을 원칙으로 한다.
1년 및 정상적인 영업주기 기준	자산과 부채는 1년 및 정상적인 영업주기 기준으로 하여 유동항목과 비유동항목으로 구분한다.
유동성배열의 원칙	재무상태표에 기재하는 자산과 부채의 항목배열은 현금화의 가능성이 높은 순서대로 배열한다.
잉여금 구분의 원칙	자본의 구성항목 중 잉여금은 발생원천을 구분하여 자본거래에서 발생한 자본잉여금과 손익거래에서 발생한 이익잉여금을 구분하여 표시하여야 한다.
특정비용 이연의 원칙	장래의 기간의 수익과 관련이 있는 특정한 비용은 차기 이후의 기간에 배분하여 처리하기 위하여 재무상태표에 자산으로 기재할 수 있다.
미결산항목과 대조계정의 표시금지 원칙	가지급금 또는 가수금 등의 미결산항목은 그 내용을 나타내는 적절한 과목으로 표시하고, 대조계정 등의 비망계정은 재무상태표의 자산 또는 부채 항목으로 표시하여서는 아니 된다.

4 재무상태표 구성요소

가. 자산

자산이란 기업이 소유하고 있는 여러 가지 재화와 채권을 말한다. 즉, 과거의 거래나 사건의 결과로서 현재 기업실체에 의해 지배되고 미래의 경제적 효익을 창출할 것으로 기대되는 자원을 말한다.

1) 유동자산

유동자산은 재무상태표 작성일로부터 1년 이내에 현금화하거나 사용할 목적으로 보유하는 자산을 의미한다.

2) 비유동자산

비유동자산은 1년 이상에 걸쳐 현금화하거나 사용할 목적으로 보유하는 자산을 의미한다.

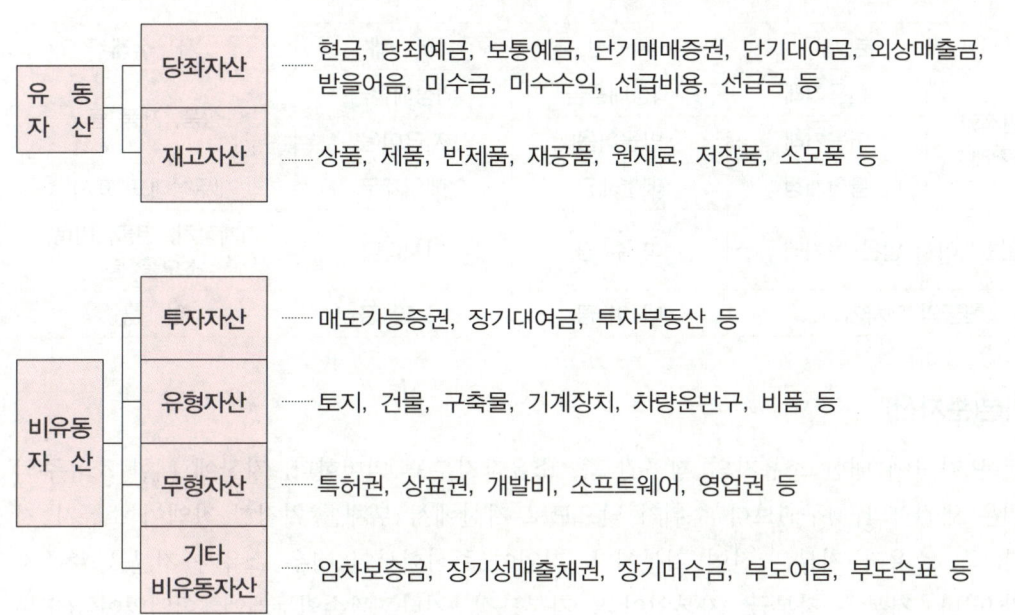

나. 부채

기업이 경영활동 과정에서 타인으로부터 금전을 빌리거나 상품을 매입한 경우, 장래에 갚아야 할 채무 또는 의무가 생기는데 이를 부채라고 한다.

1) 유동부채

유동부채는 재무상태표 작성일로부터 1년 이내에 상환해야 할 채무를 의미한다.

2) 비유동부채

비유동부채는 재무상태표 작성일로부터 1년 이상에 걸쳐 상환해야 할 채무를 의미한다.

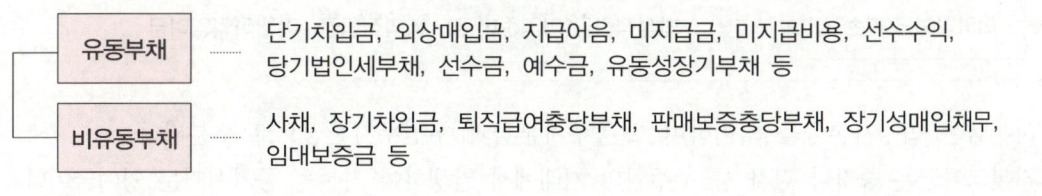

➡ 일반적인 상거래와 일반적이지 않은 상거래의 외상거래

구 분		자 산	부 채	사 례
일반적인 상거래	신용거래	외상매출금	외상매입금	상품, 제품 등
	어음거래	받을어음	지급어음	
	통합계정	매출채권	매입채무	재무상태표 표시
일반적이지 않은 상거래		미 수 금	미지급금	기계장치, 건물, 비품, 소모품 등
현금의 대차거래		대 여 금	차 입 금	현 금

다. 자본(순자산)

자본은 자산에 대한 소유자의 청구권 즉, 소유자지분을 의미한다. 자산에 대한 소유주의 청구권은 채권자의 청구권보다 순위가 낮으므로 자산에서 부채를 차감한 잔액이 소유자 지분이다. 즉, 소유자 지분은 잔여 지분이다. 기업이 주식회사인 경우 소유자 지분을 주주지분이라 한다. 자본은 자본금, 자본잉여금, 자본조정, 기타포괄손익누계액, 이익잉여금(또는 결손금)으로 구분한다.

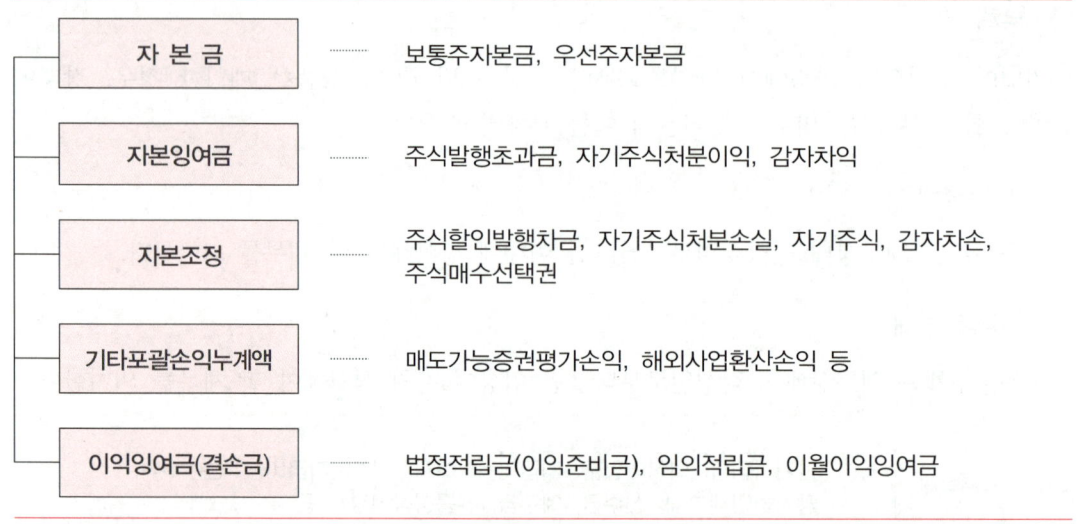

1) 자본금은 법정자본금을 의미하며, 보통주자본금과 우선주자본금으로 구분된다.
2) 자본잉여금은 증자나 감자 등 주주와의 거래에서 발생하여 자본을 증가시키는 잉여금이다.
3) 자본조정은 당해 항목의 성격으로 보아 자본거래에 해당하나 최종 납입된 자본으로 볼 수 없거나 자본의 가감 성격으로 자본금이나 자본잉여금으로 분류할 수 없는 항목이다.
4) 이익잉여금(또는 결손금)은 손익계산서에 보고된 손익과 다른 자본 항목에서 이입된 금액의 합계액에서 주주에 대한 배당, 자본금으로의 전입 및 자본조정 항목의 상각 등으로 처분된 금액을 차감한 잔액이다.

5 기초재무상태표와 기말재무상태표의 구성

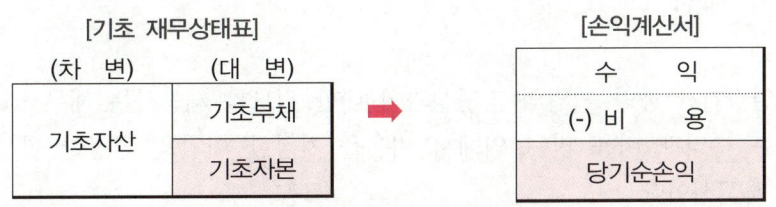

기초자산 = 기초부채 + 기초자본
기초자본 = 기초자산 - 기초부채

당기순손익 > 0 → 수익 - 비용 = 당기순이익
당기순손익 < 0 → 수익 - 비용 = 당기순손실

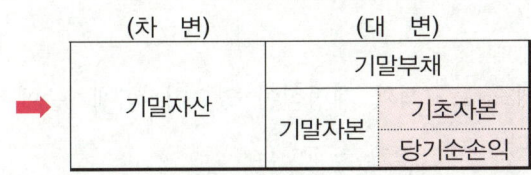

기말자산 = 기말부채 + 기말자본
       = 기말부채 + 기초자본 + 당기순이익 (- 당기순손실) + 기중출자금(-기중인출금)

제3절 _ 손익계산서

1 손익계산서 개념

손익계산서는 일정기간 동안 기업의 경영성과에 대한 정보를 제공하는 재무보고서로 한 회계기간에 속하는 수익과 비용 및 수익에서 비용을 차감한 이익을 일정한 형식에 따라 나타내는 동태적 보고서이다.

2 손익계산서 양식

재무상태표의 작성양식에도 보고식과 계정식이 있으며, 회계기준에서 제시하고 있는 손익계산서 양식은 보고식이다.

보고식		계정식			
손익계산서		손익계산서			
강우상회 제5기 20x1년1월1일부터12월31일까지 (단위: 천원)		강우상회 제5기 20x1년1월1일부터12월31일까지 (단위: 천원)			
계정과목	금액	계정과목	금액	계정과목	금액
수익	200	비용	70	수익	200
비용	70	**당기순이익**	130		
당기순이익	130		200		200

➡ 손익계산서 구분표시 양식

손익계산서

강우상회 제5기 20x1년1월1일부터12월31일까지 (단위: 천원)

	순매출액(총매출액-매출환입및에누리-매출할인)		100
	상품매출		100
(-)	매출원가		10
	상품매출원가		10
	기초재고	20	
(+)	당기순매입(총매입액+제비용-매입환출및에누리-매입할인)	30	
(-)	기말재고	40	
	매출총손익		90
(-)	판매비와관리비		40
	영업손익		50
(+)	영업외수익		30
(-)	영업외비용		10
	법인세차감전순손익		70
(-)	법인세등		10
	당기순손익		60

③ 손익계산서 작성원칙

구분	내용
발생주의와 실현주의 원칙	모든 수익과 비용은 그것이 발생한 기간에 정당하게 배분되도록 처리하여야 한다. 다만, 수익은 실현시기를 기준으로 계상하고 미실현수익은 당기의 손익계산에 산입하지 아니함을 원칙으로 한다.
수익·비용 대응의 원칙	수익과 비용은 그 발생원천에 따라 명확하게 분류하고 각 수익 항목과 이에 관련되는 비용 항목을 대응표시하여야 한다.
총액표시의 원칙	수익과 비용은 총액에 의하여 기재함을 원칙으로 하고 수익 항목과 비용 항목을 직접 상계함으로써 그 전부 또는 일부를 포괄손익계산서에서 제외하여서는 아니 된다.
구분표시의 원칙	손익계산서는 매출총손익, 영업손익, 법인세비용차감전 순손익(법인세비용차감전계속사업손익), 계속사업손익, 중단사업손익, 당기순손익으로 구분표시하여야 한다. 다만, 제조업·판매업 및 건설업 이외의 기업에 있어서는 매출총손익의 구분표시를 생략할 수 있다.

4 손익계산서 구성요소

가. 수익

수익이란 재화의 판매 또는 용역의 제공과 같은 기업의 주요 경영활동을 통해 얻게 되는 경제적 효익의 유입을 말한다. 수익의 발생은 자산(부채)을 증가(감소)시킴으로써 자본(소유자 지분)을 증가시킨다. 다만, 주주의 지분참여로 인한 자본 증가는 수익에 포함하지 않고 기업에 귀속되는 경제적 효익의 유입만을 포함한다.

1) 영업수익

기업의 주된 영업활동에서 발생한 제품, 상품, 용역 등의 총매출액에서 매출할인, 매출환입, 매출에누리 등을 차감한 금액이다.

2) 영업외수익

기업의 주된 영업활동이 아닌 활동으로부터 발생한 수익과 차익으로서 중단사업손익에 해당하지 않는 것으로 한다. 영업외수익에는 이자수익, 임대료 등이 있다.

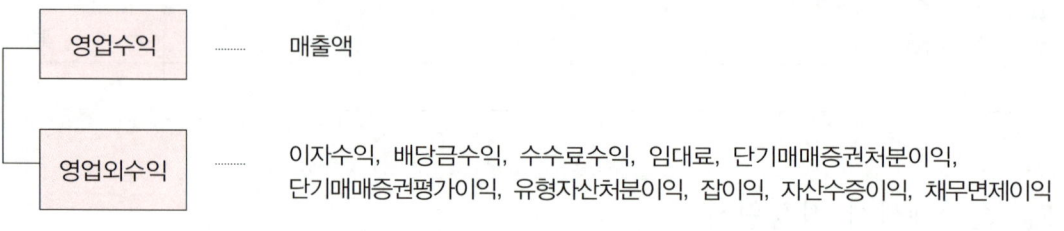

영업수익 ········ 매출액

영업외수익 ········ 이자수익, 배당금수익, 수수료수익, 임대료, 단기매매증권처분이익, 단기매매증권평가이익, 유형자산처분이익, 잡이익, 자산수증이익, 채무면제이익

나. 비용

비용이란 재화의 판매 또는 용역의 제공과 같은 기업의 주된 수익 창출을 위해 희생·소비된 경제적 가치의 유출로, 자산(부채)을 감소(증가)시킴으로써 자본을 감소시킨다. 비용은 기업이 재화의 생산·판매, 용역의 제공으로 지급하는 화폐액이라 할 수 있다. 즉, 비용은 기업의 주요 경영활동의 결과로서 발생하였거나 발생할 현금유출액을 나타낸다.

1) 영업비용

가) 매출원가: 상품, 제품 등의 매출액에 대응되는 원가로서 판매된 상품 또는 제품 등에 대한 매입원가 또는 제조원가이다.

나) 판매비와관리비: 제품, 상품, 용역 등의 판매활동과 기업의 관리활동에서 발생하는 비용으로서 매출원가에 속하지 아니하는 모든 영업비용을 포함한다.

2) 영업외비용

기업의 주된 영업활동이 아닌 활동으로부터 발생한 비용과 차손으로서 중단사업손익에 해당하지 않는 것으로 한다. 영업외비용에는 이자비용 등이 있다.

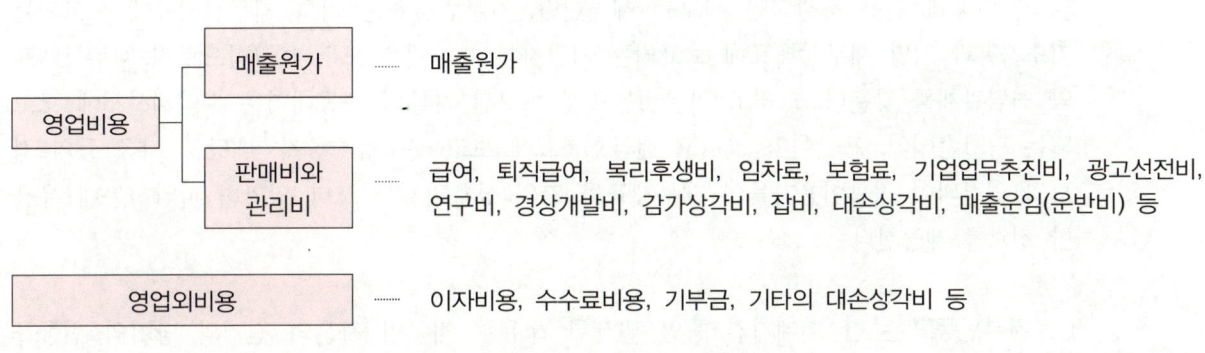

제4절 _ 자본변동표

　자본변동표는 자본의 크기와 그 변동에 관한 정보를 제공하는 재무보고서로서 자본을 구성하고 있는 자본금, 자본잉여금, 자본조정, 기타포괄손익누계액, 이익잉여금(또는 결손금)의 변동에 관한 포괄적인 정보를 제공한다. 자본변동표는 기초 재무상태표에 보고되는 기초자본과 기말 재무상태표에 보고되는 기말자본의 잔액을 모두 보고함으로써 재무상태표와 연결관계를 갖는다. 그리고 자본변동표에 보고된 자본의 변동내역은 손익계산서에 보고되는 당기순이익, 포괄이익 그리고 현금흐름표에 보고되는 유상증자, 배당금 지급 등의 정보와 연결되어 정보이용자들이 재무제표들 간의 상호관계를 보다 명확히 파악하는데 유용한 정보를 제공한다.

① 자본변동표는 한 회계기간 동안 발생한 소유주 지분인 자본의 전기와 당기의 변동을 표시하는 재무보고서로서, 자본을 구성하고 있는 지배기업의 소유주에 귀속되는 주식발행 자본금과 적립금 그리고 소수주주지분의 변동내용에 대한 정보를 제공한다.
② 자본변동표는 기업의 수익성과 장기지급능력을 평가할 수 있는 정보를 제공한다. 즉, 자기자본수익률, 배당률, 주가대이익비율(P/E비율), 장부가액대이익비율(B/E비율), 주당 장부가치 등의 계산에 필요한 정보를 제공한다.
③ 자본변동표의 적립금에서 당기순이익은 이익잉여금의 원천으로 미처분이익잉여금에 가산되어 표시되므로 손익계산서와 재무상태표를 연결하여 준다.
④ 이익잉여금에 표시된 당기순이익, 배당 등의 이익잉여금의 처분에 대한 정보를 제공하여 순자산의 변동과 배당정책 등을 설명함으로써 전반적인 기업의 경영성과 및 경영전략을 평가할 수 있는 유용한 정보를 제공한다.

➡ **자본변동표**

(주)기철　　　　　20×1년 1월 1일부터 20×1년 12월 31일까지　　　　(단위: 원)

구 분	자본금	자본잉여금	자본조정	기타포괄손익누계액	이익잉여금	합 계
20×1. 1. 1.(보고금액)						
회계정책변경누적효과						
전기오류수정						
수정후 이익잉여금	×××	×××	(×××)	×××	×××	×××
연차배당					(×××)	(×××)
이익준비금적립					×××	×××
처분 후 이월이익잉여금	×××	×××				×××
중간배당					×××	×××
유상증자						
당기순이익						
기타포괄손익대체						
총포괄이익						
20×1. 12. 31.	×××	×××	×××	×××	×××	×××

제5절 _ 현금흐름표

　기본 재무제표 중 손익계산서는 일정기간 동안 기업의 경영성과에 관한 정보를 제공하고, 재무상태표는 결산일 현재의 재무상태에 관한 정보를 제공한다. 자본변동표는 일정기간 동안 자본의 변동내역에 관한 정보를 제공한다. 그러나 이와 같은 재무제표가 제공해주지 못하는 중요한 정보가 현금흐름에 관한 정보이다.

　현금흐름표는 일정기간 동안 현금유입과 현금유출에 관한 정보를 제공하며, 일정기간 동안의 영업활동을 통한 현금창출에 관한 정보, 자금조달을 위한 재무활동 및 투자활동에 관한 현금흐름의 정보를 제공한다.

① 현금흐름표는 재무회계의 기본적인 목적인 미래 현금흐름의 크기, 시기와 불확실성에 대한 평가에 유용한 정보를 제공한다. 재무상태표, 손익계산서, 이익잉여금처분계산서에서 부분적으로 현금흐름의 정보를 얻을 수 있으나 현금흐름표는 현금유입과 현금유출, 즉 현금흐름에 대해 자세하고 포괄적인 정보를 제공한다.
② 현금흐름표의 주된 목적은 회계기간 동안 현금유입인 현금수입과 현금유출인 현금지출에 대한 내용을 설명함으로써 재무정보이용자에게 현금의 변동에 대한 유용한 정보를

제공하는 것이다.
③ 현금흐름표는 경영활동을 영업활동, 투자활동과 재무활동으로 구분하고 회계기간 동안 각 활동별로 현금의 원천, 운용과 순증감을 나타내어 기업의 순현금 증감에 대한 정보를 제공한다.
④ 현금흐름표는 재무상태표와 함께 기업의 유동성, 지급능력 및 재무적 유연성에 대한 정보를 제공함으로써 재무적 건전성의 평가에 유용한 정보를 제공한다.

다음은 현금흐름표의 주요 구분이다.

➡ 현금흐름표의 구분

구 분	유입(+)	유출(-)
영업활동	• 재화의 판매, 용역 제공 • 매출채권 회수 • 선수금, 선수수익 회수	• 재화와 용역 취득 • 매입채무 지급 • 선급금, 선급비용 지급 • 종업원급여 지급, 법인세 납부
투자활동	• 대여금 · 미수금 회수 • 금융자산 · 유형자산 · 무형자산의 처분 • 미수이자, 배당수익 회수*	• 대여금 대여 • 금융자산 · 유형자산 · 무형자산 취득
재무활동	• 차입금 차입 • 사채발행 • 주식발행	• 차입금 상환 • 사채 상환 • 유상감자, 주식 취득 • 미지급이자와 배당금 지급*

* 영업활동에 속할 수도 있음

➡ **현금흐름표**

(주)기철   20×1년 1월 1일부터 20×1년 12월 31일까지   (단위: 원)

과 목	제 XX기	
Ⅰ. 영업활동 현금흐름		×××
영업활동 현금유입액		
매출처로부터의 현금유입	×××	
영업활동 현금유출액		
매입처에 대한 현금유출	(×××)	
Ⅱ. 투자활동 현금흐름		(×××)
투자활동 현금유입액		
유형자산의 처분	×××	
투자활동 현금유출액		
유형자산의 취득	(×××)	
Ⅲ. 재무활동 현금흐름		×××
재무활동 현금유입액		
단기차입금	×××	
재무활동 현금유출액		
배당금지급	(×××)	
Ⅳ. 현금의 증가		×××
Ⅴ. 기초의 현금		×××
Ⅵ. 기말의 현금		×××

제6절 _ 주석

① 주석은 재무제표의 본문에 있는 항목이 기업의 재무상태와 재무성과에 대하여 불완전한 정보를 제공하는 경우에 추가적인 정보를 제공한다. 재무제표의 작성기준 및 중요한 거래와 회계사건의 회계처리에 적용한 회계정책 및 재무제표의 본문에 표시되지 않는 사항으로서 재무제표를 이해하는 데 필요한 추가 정보를 포함한다.
② 주석의 표시는 재무제표의 이해를 제고하고, 재무제표의 본문 항목이 기업의 재무상태와 성과에 대한 완전한 정보를 제공하기 위한 것이다.
③ 주석은 재무제표의 본문 항목과 이와 관련된 주석과 상호 연결하는 기호 등을 표시하여 재무제표의 항목을 상세히 부연하여 설명한다.
④ 주석은 재무제표의 본문 항목에 관한 설명이나 금액의 세부내역뿐 아니라 우발상황 또는 약정사항과 같이 재무제표에 인식되지 않는 항목에 대한 추가 정보를 포함한다.

- 주석은 다음의 사항을 포함한다.
① 재무제표 작성기준 및 중요한 거래와 회계사건의 회계처리에 적용한 회계정책
② 기업회계기준에서 주석공시를 요구하는 사항
③ 재무제표의 본문에 표시하지 않는 사항으로서 재무제표를 이해하는 데 필요한 추가정보

제7절 _ 재무제표의 상호관계

다음 그림은 재무상태표, 손익계산서와 현금흐름표는 동일한 거래나 사건의 서로 다른 측면을 반영하므로 상호 연관성이 있음을 보여주고 있다.
이와 같이 이들 각각의 재무제표는 차별적인 정보를 제공하나, 하나의 재무제표가 이용자의 정보수요를 충족시키는 데 필요한 정보를 제공하지 못하며, 상호 보완하여 이용자의 정보수요를 충족시킨다.

➡ 재무제표의 연계

	현금흐름표	
	영업활동 현금흐름	
	투자활동 현금흐름	
	재무활동 현금흐름	
	현금의 증감	

재무상태표(기초)	자본변동표	재무상태표(기말)
현　금	증자와 감자	현　금
＋ 기　타	당기순이익과 기타포괄손익	＋ 기　타
총자산	자본변동	총자산
－ 부　채		－ 부　채
자　본		자　본

	손익계산서	
	수　익	
	비　용	
	당기순이익	
	기타포괄손익	
	총포괄이익	

연/습/문/제

01.
다음 중 재무제표 정보의 특성과 한계에 대한 설명으로 옳지 <u>않은</u> 것은? (FAT1급, 3회)
① 재무제표는 화폐단위로 측정된 정보를 주로 제공한다.
② 재무제표는 대부분 과거에 발생한 거래나 사건에 대한 정보를 나타낸다.
③ 재무제표는 추정에 의한 측정치는 포함되지 않는다.
④ 재무제표는 특정 기업실체에 관한 정보를 제공하며, 산업 또는 경제전반에 관한 정보를 제공하지는 않는다.

02.
다음 중 재무상태표의 유동부채와 비유동부채 분류기준으로 옳지 <u>않은</u> 것은? (FAT1급, 6회)
① 일반적으로 보고기간종료일로부터 1년 이내에 상환해야 하는 부채는 유동부채로 분류한다.
② 비유동부채 중에서 보고기간종료일부터 1년 이내에 자원의 유출이 예상되는 부분은 유동부채로 분류한다.
③ 정상적인 영업주기 내에 소멸할 것으로 예상되는 매입채무와 미지급비용 등은 보고기간 종료일부터 1년 이내에 결제되지 않더라도 유동부채로 분류한다.
④ 단기차입금 및 유동성장기차입금 등은 보고기간종료일부터 1년 이내에 결제되어야 하므로 영업주기와 관계없이 비유동부채로 분류한다.

03.
다음 중 재무상태표에 관한 설명으로 옳지 않은 것은? (FAT1급, 71회)
① 유동자산 중 당좌자산에는 보통예금, 선급금, 미수금 등이 있다.
② 임대보증금은 비유동자산으로 구분한다.
③ 유형자산에는 토지, 건물, 건설중인자산 등이 있다.
④ 자본은 자본금, 자본잉여금, 자본조정, 기타포괄손익누계액 및 이익잉여금(또는 결손금)으로 구분한다.

04.

다음 중 재무상태표에 대한 설명으로 옳지 않은 것은? (FAT1급, 11회)
① 현금및현금성자산은 별도 항목으로 구분하여 표시한다.
② 자본잉여금은 법정적립금과 임의적립금으로 구분하여 표시한다.
③ 자본금은 보통주 자본금과 우선주 자본금으로 구분하여 표시한다.
④ 자산과 부채는 원칙적으로 상계하여 표시하지 않는다.

05.

손익계산서에 표시되는 계정과목이 아닌 것은? (FAT1급, 16회)
① 개발비   ② 기부금
③ 보험료   ④ 임대료

06.

다음 재무상태표상 자산 계정과목을 유동성배열법에 의해 배열한 것으로 옳은 것은? (FAT1급, 17회)

가. 보통예금   나. 임차보증금   다. 상품   라. 외상매출금

① 가 - 다 - 라 - 나   ② 다 - 가 - 나 - 라
③ 가 - 라 - 다 - 나   ④ 라 - 나 - 가 - 다

07.

다음 중 발생주의 회계에 대한 설명으로 옳지 않은 것은? (FAT1급, 39회)
① 발생주의 회계는 수익과 비용을 그 현금유출입이 있는 기간이 아니라 당해 거래나 사건이 발생한 기간에 인식하는 것을 말한다.
② 발생주의 회계는 수익과 비용의 이연, 기간별 배분의 개념을 포함하지 않는다.
③ 현금흐름표는 발생기준에 따라 작성되지 않는다.
④ 발생주의 회계와 현금주의 회계의 주된 차이는 수익과 비용을 인식하는 시점이 다르다는 데 있다.

08.

다음 중 재무상태표의 자본 항목이 아닌 것은? (FAT1급, 39회)
① 감자차익   ② 주식발행초과금
③ 미지급배당금   ④ 자기주식처분이익

09.

다음 중 재무제표 표시에 대한 설명으로 옳지 <u>않은</u> 것은? (FAT1급, 41회)
① 재무제표는 계속기업을 전제로 작성하는 것이다.
② 중요하지 않은 항목은 성격이나 기능이 유사한 항목과 통합해서 표시할 수 있다.
③ 재무제표는 당기 재무제표와 전기 재무제표를 함께 표시해야 한다.
④ 당기에 재무제표 항목의 분류를 변경했더라도 전기 항목은 재분류하면 안된다.

10.

다음의 재무제표 보고양식에 관한 대화 중 옳지 <u>않은</u> 대답을 하고 있는 사람은? (FAT1급, 42회)

① 강부장　　　　　　　　② 조과장
③ 오대리　　　　　　　　④ 김사원

11.

다음 중 손익계산서에 대한 설명으로 옳은 것은? (FAT1급, 43회)
① 자본의 크기와 변동에 관한 정보를 제공한다.
② 수익과 비용은 각각 총액으로만 보고해야 한다.
③ 일정 기간 기업실체에 대한 현금유입과 현금유출에 대한 정보를 제공하는 재무보고서이다.
④ 당해 회계기간의 경영성과를 나타낼 뿐만 아니라 기업의 미래현금흐름과 수익창출능력 등의 예측에 유용한 정보를 제공한다.

12.

다음 중 회계처리 시 대변에 재무상태표 계정과목이 나타나는 거래가 <u>아닌</u> 것은? (FAT1급, 43회)

① 기말 결산 시 특허권에 대한 무형자산상각비 100,000원을 계상하다.
② 외상으로 매입한 상품 대금 5,000,000원을 보통예금 계좌에서 이체하다.
③ (주)한공의 외상매출금 5,000,000원을 어음으로 받다.
④ 구입 시 전액 비용처리한 소모품에 대하여 기말 결산 시 미사용액 100,000원을 계상하다.

13.

다음 자료를 토대로 (주)한공의 매출총이익을 계산하면 얼마인가? (FAT1급, 44회)

• 기초상품 120,000원	• 기말상품 80,000원	• 총매입액 800,000원
• 매입할인 80,000원	• 매입환출 20,000원	• 총매출액 1,100,000원
• 매출할인 55,000원	• 매출에누리 30,000원	

① 250,000원
② 275,000원
③ 300,000원
④ 305,000원

14.

다음 중 회계정보이용자에 따른 재무회계의 정보제공 목적으로 옳지 <u>않은</u> 것은? (FAT1급, 54회)

① 경영자의 수탁책임 평가에 필요한 정보 제공
② 고객을 위한 상품별 원가 정보 제공
③ 투자 및 신용 의사결정에 필요한 정보 제공
④ 재무상태, 경영성과, 현금흐름 및 자본변동에 대한 정보 제공

15.

다음은 (주)한공의 20x2년도 기말 재무제표에 나타난 계정과목과 금액의 일부이다. 이 자료를 토대로 계산한 손익계산서상 영업이익은 얼마인가? (FAT1급, 54회)

• 매출액	1,300,000원	• 잡이익	10,000원
• 매출원가	800,000원	• 퇴직급여	80,000원
• 개발비	30,000원	• 법인세비용	25,000원
		• 복리후생비	100,000원

① 265,000원
② 275,000원
③ 290,000원
④ 320,000원

16.
다음은 회계정보의 질적 특성에 대한 설명이다. 이 중 옳은 것만 고른 것은? (FAT1급, 54회)

> 가. 매출채권에 대손충당금을 설정하는 것은 목적적합성을 고려한 것이다.
> 나. 재무제표 정보가 정보이용자의 의사결정에 차이를 가져올 수 있다면 그 정보는 목적적합한 정보이다.
> 다. 회계정보를 미래 재무정보 예측에 활용하려면 신뢰성을 더욱 강조해야 한다.
> 라. 목적적합성이 높은 정보는 신뢰성도 항상 높다.

① 가, 나   ② 나, 다
③ 다, 라   ④ 나, 라

17.
다음이 설명하고 있는 회계정보의 질적특성으로 옳은 것은? (FAT1급, 55회)

> 회계정보는 정보이용자가 기업실체의 과거, 현재 또는 미래 사건의 결과에 대한 예측을 하는 데 도움이 되거나 또는 그 사건의 결과에 대한 정보이용자의 당초 기대치(예측치)를 확인 또는 수정할 수 있게 함으로써 의사결정에 차이를 가져올 수 있어야 한다.

① 신뢰성   ② 목적적합성
③ 비교가능성   ④ 효익과 비용의 균형

18.
다음 중 손익계산서에 대한 설명으로 옳지 않은 것은? (FAT1급, 56회)
① 일정기간 동안 기업실체의 경영성과에 대한 정보를 제공한다.
② 기업의 미래현금흐름과 수익창출능력 등의 예측에 유용한 정보를 제공한다.
③ 판매비와관리비는 상품, 용역 등의 판매활동과 기업의 관리활동에서 발생하는 비용으로 매출원가에 속하지 아니하는 모든 영업비용을 포함한다.
④ 수익과 비용은 각각 순액으로 보고하는 것을 원칙으로 한다.

19.

다음 중 (주)한공의 재무상태표에 대한 설명으로 옳지 <u>않은</u> 것은? (FAT1급, 56회)

재무상태표

(주)한공　　　　　　　　　20x2년 12월 31일 현재　　　　　　　　(단위: 원)

현금및현금성자산	50,000	매 입 채 무	300,000
매 출 채 권	700,000	장 기 차 입 금	1,000,000
상 품	400,000	퇴 직 급 여 충 당 부 채	200,000
투 자 부 동 산	100,000	자 본 금	200,000
건 물	500,000	이 익 잉 여 금	50,000
	1,750,000		1,750,000

① 유동자산은 750,000원이다.　　　② 투자자산은 100,000원이다.
③ 비유동부채는 1,200,000원이다.　④ 자본은 250,000원이다.

20.

다음 자료를 토대로 기초자본과 비용총액을 계산하면 얼마인가?(자본거래는 없는 것으로 가정한다.) (FAT1급, 58회)

- 기초자산　2,500,000원　　・기초부채　1,200,000원
- 기말자본　1,600,000원　　・수익총액　　800,000원

　　　　기초자본　　　　비용총액
① 　　900,000원　　　300,000원
② 　　900,000원　　　500,000원
③ 　1,300,000원　　　300,000원
④ 　1,300,000원　　　500,000원

PART 02 자 산

제1절 유동자산 - 당좌자산
제2절 유동자산 - 재고자산
제3절 유가증권과 투자자산
제4절 비유동자산 - 유형자산
제5절 비유동자산 - 무형자산과
　　　　　　　　　　기타비유동자산

02 자산

제1절 _ 유동자산 - 당좌자산

1 당좌자산의 정의

당좌자산은 재무상태표일로부터 1년 이내에 현금화 할 수 있는 유동자산 중 신속히 현금화 할 수 있는 자산이다.

2 당좌자산의 종류

구분	내용
현금및현금성자산	현금, 당좌예금, 보통예금
유가증권	단기매매증권
수취채권	외상매출금, 받을어음, 미수금, 선급금, 단기대여금
기타의 당좌자산	미수수익, 선급비용

3 현금 및 현금성 자산

구분	내용
현금	일상생활에서 현금은 한국은행에서 발행한 통화만을 의미하는 말이다. 그러나 회계에서 현금으로 처리되는 것에는 지폐나 동전 등의 통화는 물론이고 통화 대신으로 사용할 수 있는 통화대용증권들이 포함된다.(현금, 양도성예금증서, 자기앞수표, 우편환증서 등)
현금성자산	현금성자산이란 큰 거래비용 없이 현금으로 전환이 쉽고 이자율 변동에 따라 가치가 쉽게 변하지 않는 금융상품으로서 취득 당시 만기가 3개월 이내인 것을 말한다. (취득당시 만기가 3개월 이내에 도래하는 채권, 취득당시 상환일까지의 기간이 3개월 이내인 상환우선주, 취득당시 3개월 이내에 환매조건인 환매채, 초단기 수익증권)
예금·적금	기업은 현금관리 측면에서 현금 그 자체의 보유를 최소화하고 현금과 같이 유동성이 높은 예금이나 시장성 유가증권 등의 형태로 보유하는 것이 보다 바람직하다. 따라서 현금 형태를 취하고 있지는 않으나 현금과 거의 동일한 성격을 지닌 자산들이 존재하게 되는데 바로 예금과 현금성자산이다.(보통예금, 당좌예금)

➡ 현금과부족

현금과부족 계정은 현금의 실제보유액과 장부상의 현금계정잔액이 일시적으로 일치하지 않는 경우에 그 차액을 임시로 회계처리하기 위한 계정이다. 현금과부족 계정은 임시계정으로 재무제표에 보고되지 않는 것이 원칙이다. 따라서 추후에 불일치하였던 차액의 원인이 밝혀지면 그에 따라 회계처리 한다. 원인이 끝내 밝혀지지 않는 경우에는 결산일에 손익계산서상 영업외손익인 잡이익 또는 잡손실로 처리한다.

➡ 현금과부족의 회계처리

구 분	차이 발생시	원인 확인	원인 미확인
실제보유액<현금계정잔액	(차) 현금과부족 (대) 현 금	(차) 비 용 (대) 현금과부족	(차) 잡 손 실 (대) 현금과부족
실제보유액>현금계정잔액	(차) 현 금 (대) 현금과부족	(차) 현금과부족 (대) 수 익	(차) 현금과부족 (대) 잡 이 익

4 당좌예금 및 당좌차월

가. 당좌예금

당좌예금은 기업이 수시로 예입 및 인출을 할 수 있는 무이자의 예금으로, 지출을 위하여 은행에 가서 자금을 인출함이 없이 수표(당좌수표)를 발행하여 즉시 지출할 수 있는 편리한 예금이다. 당좌예금거래를 위해서는 사전에 은행과 당좌거래약정을 체결해야 하며, 이후 기업은 현금이나 타인발행수표 등을 예금하게 된다. 은행은 기업에게 당좌수표용지를 교부해 주고, 기업에서는 현금지출이 필요한 경우 당좌수표용지에 지출에 필요한 금액을 적어 거래 상대방에 주면 된다.

회사가 당좌수표를 발행하여 지급하면 당좌예금 계정의 대변에 기록하여 당좌예금 잔액을 감소시키고, 현금이나 타인발행수표를 예금하면 당좌예금 계정의 차변에 기록하여 당좌예금 잔액을 증가시킨다.

➡ 수표의 회계처리

구 분	수표를 받거나 줄 때		당좌예금 계좌에 입금할 때
	수취할 때	지급할 때	
자기앞수표	(차) 현금 (대) 대변	(차) 차변 (대) 현금	(차) 당좌예금 (대) 대변
타인발행 당좌수표			
당점발행 당좌수표*	–	(차) 차변 (대) 당좌예금	–

* '당점발행 당좌수표'란 기업 자신이 발행한 당좌수표를 의미한다.

나. 당좌차월

기업은 당좌예금 잔고 내에서 수표를 발행할 수 있으며, 이를 초과하여 발행하는 경우에는 부도수표로서 은행에서 지급이 거절되며 기업은 형사 및 민사상의 책임을 지게 되고 파산하게 된다. 기업은 일시적인 자금 융통상의 문제로 부도가 되는 것을 막기 위해서 담보 등의 설정에 의해 일정한도까지 당좌예금의 잔액을 초과하여 수표를 발행할 수 있도록 은행과 당좌차월약정을 맺고, 당좌예금의 잔액을 초과하여 수표를 발행할 경우 당좌차월이라는 부채 계정을 설정한다. 당좌차월은 일종의 은행으로부터의 차입금이므로 이자를 지급하게 된다.

당좌차월의 회계처리방법은 기중에는 당좌차월이라는 별도의 계정을 사용하는 대신에 모든 계정을 당좌예금 계정에 기록하고, 기말에 당좌예금 계정의 잔액이 차변에 있으면 당좌예금으로, 대변에 있으면 단기차입금(당좌차월)으로 기록한다.

5 수취채권

가. 매출채권과 기타의 수취채권

구분	내용
매출채권	주된 영업활동에서 발생하는(일반적인 상거래) 채권을 말하며, 회계기준에서는 재무상태표를 작성할 때 매출채권이라는 단일계정을 이용하여 외상매출금과 받을어음의 금액을 통합하여 표시하도록 요구하고 있다. (외상매출금, 받을어음)
기타의 수취채권	주된 영업활동과 관련이 없는(일반적인 상거래가 아닌) 거래에서 나타나는 수취채권이며, 매출채권과 더불어 만기가 1년 이내의 기타의 수취채권은 유동자산으로 분류된다. (단기대여금, 미수금, 선급금, 가지급금)

나. 수취채권의 구분

자산		특 징	부 채	
매출채권	외상매출금	상품 매출시 외상거래	매입채무	외상매입금
	받을어음	상품 매출시 어음거래		지급어음
대여금		금전의 대여	차입금	
미수금		상품 이외 매출시 외상거래	미지급금	
선급금		상품 매입 전에 대금 일부지급	선수금	
가지급금		미확정된 임시계정	가수금	

다. 수취채권의 대손

　기업이 보유하는 매출채권의 회수가 불가능하게 되는 경우에 발생하는 손실을 대손이라 하며, 매출채권 뿐만 아니라 기타 수취채권 또한 회수가 불가능하게 될 경우에도 대손 처리한다.

구분	내용
매출채권의 대손처리	대손상각비(판매비와관리비)
기타의 수취채권의 대손처리	기타의대손상각비(영업외비용)

1) 대손충당금

매출채권이 발생한 기간에 해당 매출채권으로부터 발생할 것으로 예상되는 대손가능금액을 추정·평가하여 당해기간의 비용으로 처리하여 대손충당금 계정을 설정한다. 즉, 대손충당금이란 회수가 불확실한 매출채권 금액으로 매출채권의 차감계정이다.

* K-IFRS에서는 2019년부터 대손상각비는 '손상차손'으로, 대손충당금은 '손실충당금' 계정과목으로 사용한다.

2) 대손의 회계처리

구분	내용
대손의 설정	① 추정된 대손금액(100원) > 대손충당금 계정 잔액(30원) (차) 대손상각비　　　　70　　(대) 대손충당금　　　　70 ② 추정된 대손금액(100원) < 대손충당금 계정 잔액(120원) (차) 대손충당금　　　　20　　(대) 대손충당금환입　　20
대손의 발생	① 대손충당금 잔액(100원) > 대손 발생금액(70원) (차) 대손충당금　　　　70　　(대) 매출채권(외상매출금)　70 ② 대손충당금 잔액(100원) < 대손 발생금액(120원) (차) 대손충당금　　　100　　(대) 매출채권(외상매출금)　120 　　대손상각비　　　　20 ③ 대손충당금 잔액(0원) < 대손 발생금액(100원) (차) 대손상각비　　　100　　(대) 매출채권(외상매출금)　100
대손의 회수	① 전기에 대손 처리한 채권을 당기에 현금으로 회수 시 (차) 현금　　　　　　100　　(대) 대손충당금　　　100

3) 매출채권의 양도

매출채권을 타인에게 양도하는 경우에는 매각거래 또는 차입거래로 구분할 수 있다.

매각거래	매출채권을 차감하여 자금을 조달할 수 있고, 매출채권의 장부가액과 현금수령액의 차액을 매출채권처분손실로 인식한다. (차) 매출채권처분손실　　xxx　　(대) 받을어음(또는 외상매출금)　xxx 　　현　　　금　　　　xxx
차입거래	매출채권을 담보로 자금을 조달할 수 있으며, 자금조달 방법으로는 팩터링, 어음할인 등이 있다.

연/습/문/제

01.

다음 자료에 의한 외상매출금 회수액은 얼마인가? (FAT1급, 8회)

· 외상매출금 전기이월액	1,000,000원
· 기중 대손처리액	100,000원
· 기중 매출액 (전액 외상)	3,000,000원
· 외상매출금 차기이월액	1,600,000원

① 100,000원 ② 1,000,000원
③ 1,600,000원 ④ 2,300,000원

02.

다음 (주)세무의 외상매출금 계정에 대한 설명으로 옳지 않은 것은? (FAT1급, 12회)

외상매출금

(주)세무			
6/ 1 전월이월	300,000원	6/18 매 출	200,000원
6/25 매 출	5,000,000원	6/30 현 금	3,500,000원

① 5월 말 외상매출금 미회수액은 300,000원이다.
② 6월 18일 상품 200,000원을 외상으로 매출하다.
③ 6월 25일 상품 5,000,000원을 외상으로 매출하다.
④ 6월 말 외상매출금 미회수액은 1,600,000원이다.

03.

선생님의 질문에 옳은 답변을 한 학생은 누구인가? (FAT1급, 18회)

① 승민 ② 민경
③ 지성 ④ 윤희

04.

다음은 정수기제조판매업을 영위하고 있는 ㈜한공의 20x1년 자료이다. 20x1년말 재무상태표상 미수금 금액은 얼마인가?(단, 기중 외상판매대금의 회수는 없는 것으로 가정한다. (FAT1급, 29회)

- 20x1.1.1. 기초미수금 300,000원
- 20x1.3.1. 정수기 외상판매액 500,000원
- 20x1.5.10. 사무실중고가구 외상판매액 100,000원

① 300,000원 ② 400,000원
③ 800,000원 ④ 900,000원

05.

다음 자료를 토대로 ㈜한공의 20x1년 손익계산서에 계상될 대손상각비는 얼마인가? (FAT1급, 31회)

- 20x1년 1월 1일 대손충당금 기초잔액은 3,000원임
- 20x1년 3월 1일 전기 대손처리되었던 매출채권 10,000원이 회수되었음.
- 20x1년 12월 31일 기말매출채권 금액은 450,000원이며, 매출채권의 잔여만기 및 대손설정율은 다음과 같음(채권의 잔여만기별 대손율을 달리하는 정책을 수립하고 있음.)

잔여만기	기말매출채권	대손추정율
30일	100,000원	1%
60일	200,000원	2%
90일	150,000원	10%

① 20,000원 ② 10,000원
③ 17,000원 ④ 7,000원

06.

다음 중 약속어음에 대한 설명으로 옳지 않은 것은? (도소매업의 경우를 가정한다.) (FAT1급, 39회)
① 상품판매로 이음을 받은 경우에는 매출채권으로 기록한다.
② 토지나 비품을 처분하고 어음을 받은 경우에는 미수금으로 기록한다.
③ 약속어음의 발행인은 어음상의 채무자가 되며 어음의 수취인은 어음상의 채권자가 된다.
④ 자금을 대여하고 어음을 수령하는 경우에 어음상의 채권은 매출채권으로 기록한다.

07.

다음은 (주)한공의 상품판매 관련 자료이다. (주)한공의 5월 20일자 회계처리로 옳은 것은? (FAT1급, 41회)

- 5월 20일에 (주)세무에 상품 3,000,000원을 판매하고, 5월 10일에 받은 계약금 300,000원을 제외한 잔액을 5월 20일에 어음으로 수령하였다.

① (차) 받을어음　　　　　3,000,000원　　(대) 상품매출　　　　3,000,000원
② (차) 선 수 금　　　　　　 300,000원　　(대) 상품매출　　　　3,000,000원
　　　받을어음　　　　　2,700,000원
③ (차) 현　　　금　　　　　 300,000원　　(대) 상품매출　　　　3,000,000원
　　　받을어음　　　　　2,700,000원
④ (차) 선 급 금　　　　　　 300,000원　　(대) 상품매출　　　　3,000,000원
　　　받을어음　　　　　2,700,000원

08.

다음은 (주)한공의 외상매출금 및 대손관련 자료이다. 20x1년말 결산 시 추가로 계상할 대손충당금은 얼마인가? (FAT1급, 41회)

- 외상매출금 기초잔액　　　100,000,000원
- 대손충당금 기초잔액　　　　1,000,000원
- 당기 외상매출금 대손발생액　500,000원
- 외상매출금 기말잔액　　　　70,000,000원
- 결산시 외상매출금 잔액의 1%를 대손충당금으로 설정

① 150,000원　　　　② 200,000원
③ 225,000원　　　　④ 250,000원

09.

다음은 (주)한공의 받을어음에 대한 대손충당금 계정이다. 결산일 현재 1,000,000원의 받을어음에 대하여 3%의 대손을 예상할 때 (가)와 (나)에 들어갈 금액으로 옳은 것은? (FAT1급, 42회)

대손충당금

| 4/5 받을어음 | 8,000 | 1/1 전기이월 | 20,000 |
| 12/31 차기이월 | (가) | 12/31 대손상각비 | (나) |

	(가)	(나)
①	22,000원	10,000원
②	30,000원	18,000원
③	38,000원	26,000원
④	50,000원	38,000원

10.

다음은 (주)한공의 외상매출금 계정이다. 이를 통해 알 수 있는 내용으로 옳은 것은? (FAT1급, 43회)

		외상매출금			
1/ 1	전기이월	3,000,000	1/ 5	당좌예금	2,000,000
4/ 8	상품매출	5,000,000	3/ 7	대손충당금	90,000
6/10	상품매출	2,000,000	7/ 8	대손상각비	110,000
			12/31	차기이월	7,800,000
		10,000,000			10,000,000

① 기중 대손 발생액은 200,000원이다.
② 외상매출금 당기 회수액은 2,200,000원이다.
③ 당기말 외상매출금 미회수잔액은 3,000,000원이다
④ 전기말 외상매출금의 대손 예상액은 110,000원이었다.

11.

다음은 (주)한공의 외상매출금 대손 관련 자료이다. 이를 토대로 기초 대손충당금 잔액을 계산하면 얼마인가? (FAT1급, 44회)

- 당기중 거래처 (주)공인의 파산으로 외상매출금 20,000원이 회수불능하여 대손처리하다.
- 당기말 수정전시산표의 대손충당금 잔액은 40,000원이다.
- 당기말 외상매출금의 현재 잔액 8,000,000원에 대하여 1%의 대손을 예상하다.

① 20,000원   ② 40,000원
③ 60,000원   ④ 80,000원

12.

다음 거래에서 매출채권은 얼마인가? (FAT1급, 54회)

- 상품 1,000개를 개당 5,000원에 판매하고, 2,000,000원은 약속어음으로 받고, 잔액은 2개월 후에 받기로 하다. 운반비 50,000원은 현금으로 지급하다.

① 2,000,000원   ② 3,000,000원
③ 5,000,000원   ④ 5,050,000원

13.

도매업을 영위하고 있는 (주)한공은 20x2년 3월 10일 (주)서울의 파산으로 단기대여금 2,000,000원의 회수가 불가능하게 되었다. 이 거래로 인하여 (주)한공이 손익계산서에 계상해야 하는 계정과목과 금액은 얼마인가?(단, 3월 10일 이전에 설정된 단기대여금에 대한 대손충당금 잔액은 800,000원이다.) (FAT1급, 55회)

① 대손상각비   1,200,000원   ② 기타의대손상각비   1,200,000원
③ 대손상각비   2,000,000원   ④ 기타의대손상각비   2,000,000원

14.
다음은 도매업을 영위하는 (주)한공의 비용 계정과목에 관한 설명이다. (가)와 (나)에 해당하는 계정과목으로 옳은 것은? (FAT1급, 56회)

- 매출채권의 대손에 대비하여 대손충당금을 설정할 때 반영하는 비용 계정과목은 (가)이다.
- 단기대여금의 대손에 대비하여 대손충당금을 설정할 때 반영하는 비용 계정과목은 (나)이다.

	(가)	(나)
①	대손상각비	대손상각비
②	대손상각비	기타의대손상각비
③	기타의대손상각비	대손상각비
④	기타의대손상각비	기타의대손상각비

15.
다음 대화 내용에서 밑줄 친 (㉮)의 회계처리시 나타나는 차변 계정과목을 모두 고르면? (FAT1급, 57회)

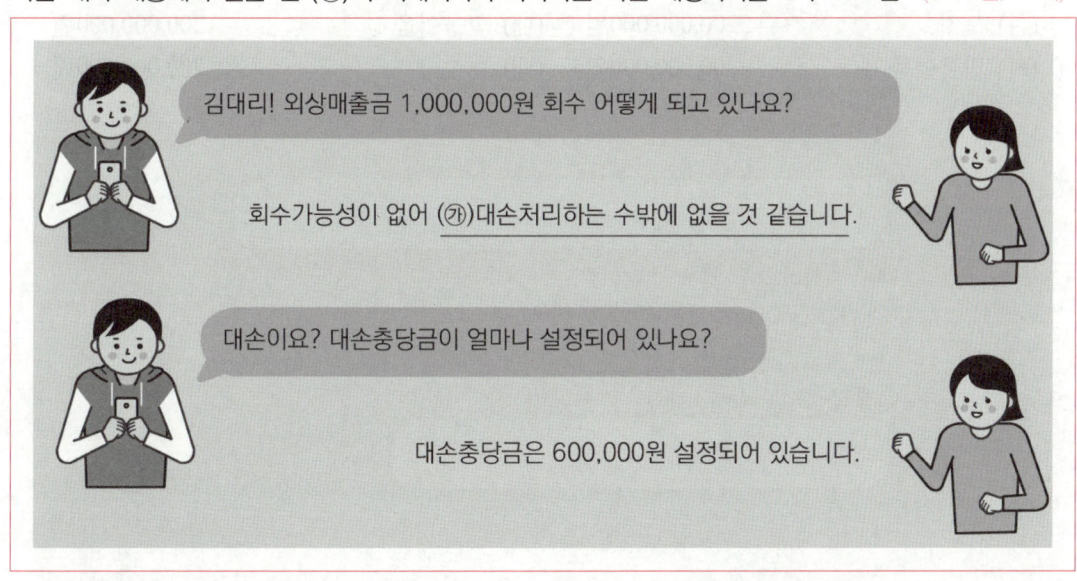

① 대손상각비, 대손충당금 ② 대손충당금
③ 대손상각비 ④ 대손충당금, 대손충당금환입

16.

(주)한공은 전기에 대손처리한 외상매출금 500,000원을 당기에 현금으로 회수하였다. 이 경우 올바른 회계처리는? (FAT1급, 57회)

① (차) 외상매출금　　　　500,000원　　(대) 대손충당금　　　　500,000원
② (차) 대손충당금　　　　500,000원　　(대) 대손상각비　　　　500,000원
③ (차) 현금　　　　　　　500,000원　　(대) 대손충당금　　　　500,000원
④ (차) 현금　　　　　　　500,000원　　(대) 대손상각비　　　　500,000원

17.

(주)한공은 유형자산인 토지(장부금액: 200,000,000원)를 200,000,000원에 처분하고 대금을 약속어음으로 받았다. 이 거래를 다음과 같이 분개했다면, 이를 올바르게 수정하는 회계처리는?
(FAT1급, 57회)

(차) 받을어음　　　　200,000,000원　　(대) 토지　　　　200,000,000원

① (차) 외상매출금　　　200,000,000원　　(대) 받을어음　　　200,000,000원
② (차) 미수금　　　　　200,000,000원　　(대) 받을어음　　　200,000,000원
③ (차) 토지　　　　　　200,000,000원　　(대) 받을어음　　　200,000,000원
④ (차) 받을어음　　　　200,000,000원　　(대) 미수금　　　　200,000,000원

제2절 _ 유동자산 - 재고자산

1. 재고자산의 정의

재고자산은 정상적인 영업과정에서 판매를 위하여 보유하거나 생산과정에 있는 자산 및 생산 또는 서비스 제공과정에 투입될 원재료나 소모품의 형태로 존재하는 자산을 말한다.

2. 재고자산의 종류

➡ 상기업과 제조기업의 재고자산의 비교

구 분	의 의	계정과목
상기업의 재고자산	판매를 목적으로 보유하고 있는 자산	재고자산 계정 또는 상품계정(단일 계정)
제조기업의 재고자산	판매를 위하여 보유하거나 생산과정에 있는 자산 및 생산과정에 투입될 원재료	원재료, 재공품, 반제품, 제품

3. 재고자산의 취득원가

재고자산은 일반적으로 취득원가로 기록한다. 상기업에 대한 재고자산의 취득원가는 매입원가이고 제조기업의 경우에는 제조원가를 의미한다. 본 장에서는 상기업을 대상으로 서술하므로 재고자산의 취득원가는 곧 매입원가이다.

취득원가는 재고자산을 판매가능한 상태로 하여 판매가능한 장소로 옮기는 데 소요된 모든 지출액을 의미한다. 따라서 취득원가에는 매입가격은 물론이고 매입시 소요된 직접부대비용 등도 포함된다는 점에 유의하여야 한다.

여기서 직접부대비용이란 운반비, 하역비, 설치비, 창고비, 등기비용 등을 말한다.

취득원가 = 매입가격 + 직접부대비용* - 매입에누리와 환출, 매입할인

* 직접부대비용: 매입시 운송비, 하역비, 설치비, 창고비, 등기비용 등

4 할인, 에누리, 환출(환입)

구분	내용
매입할인	상품의 구매자가 판매자가 제시한 할인기간 내 매입채무를 상환할 경우 거래대금을 할인해 주는 제도이다.
매입에누리와 환출	구입된 상품이 하자 등(파손 및 변질된 상품, 주문과 다른 상품 등)을 이유로 구입대금의 일부를 할인받기도 하는데 이를 매입에누리라고 하며, 구입된 상품이 하자 등을 이유로 상품을 반품하게 되는데 이를 매입환출이라 한다.
매출할인	판매자가 매출채권의 조기회수를 위해 정해진 할인기간 내 거래처가 일찍 대금을 지급하면 그 거래처에 대해 가격을 할인해 주는 제도이다.
매출에누리와 환입	판매한 상품에 하자가 있어 판매대금의 일부를 깎아 주거나 상품을 반품받게 되는데 이를 매출에누리와 환입이라 한다.

★ 순매입액과 순매출액
  순매입액 = 총매입액 - 매입할인 - 매입에누리와 환출 + 매입운임
  순매출액 = 총매출액 - 매출할인 - 매출에누리와 환입
★ 매출원가
  매출원가 = 기초재고액 + 당기순매입액 - 기말상품재고액

5 재고자산의 소유권 결정

구분	내용			
미착상품	미착상품은 현재 운송중에 있는 매입상품을 말한다. 재고자산의 소유권			
	구 분	선적지	선적지~목적지 (미착상품)	목적지
	선적지 인도조건	판매자	매입자	
	도착지 인도조건	판매자		매입자
위탁상품 (적송품)	제조업자 또는 도매업자가 판매대리인의 역할을 하는 소매업자에게 재고자산을 위탁하여 판매하는 방법이 위탁판매이며, 종합상사와 인터넷 쇼핑몰을 통한 판매 등이 있다.			

6 수량결정방법 및 단가결정방법

가. 수량결정방법

구분	내용
계속기록법	- 상품 입출고시 계속적으로 기록하여 기말 재고는 매입 수량에서 판매 수량을 차감하여 계산한다. - 판매수량이 적을 경우 적합하다. - 이동평균법 사용 　기초재고 + 당기매입 – 실제출고량 = 기말재고
실지재고 조사법	- 상품 입고 시에만 기록하며 기말 재고자산의 수량을 직접조사해서 당기 판매 수량을 확인한다. - 판매수량 많을 경우 적합하다. - 총평균법을 사용한다. 　기초재고 + 당기매입 – 기말재고 = 당기출고량

➡ **수량과 단가 결정방법에 따른 구분**

단가 \ 수량	계속기록법	실지재고조사법
선입선출법	선입 ⇨ 매출원가 구성	후입 ⇨ 기말재고액 구성
평 균 법	매입시마다 평균원가 변경(이동) (이동평균법)	기말결산정리시 총평균 산출 (총평균법)

나. 단가결정방법

구분	내용
개별법	판매된 상품과 재고로 남아있는 상품의 취득단가를 개별적으로 평가하는 가장 정확한 방법으로, 소량의 이질적인 상품에 적절하다.
선입선출법(F.I.F.O)	먼저 매입된 상품이 먼저 판매되므로, 먼저 매입된 상품이 매출원가를 구성하고 나중에 매입된 상품이 기말재고액을 구성한다.
후입선출법(L.I.F.O)	나중에 매입된 상품이 먼저 판매되므로, 나중에 매입된 상품이 매출원가를 구성하고 먼저 매입된 상품이 기말재고액을 구성한다.
평균법 (총평균법, 이동평균법)	기초에 보유한 재고자산과 회계기간 중에 매입한 재고자산이 구별 없이 평균적으로 판매된다고 원가흐름을 가정하여 평균원가를 사용하는 방법이다.

➡ **물가 상승 시 크기 비교**

매출원가	선입선출법 < 이동평균법 < 총평균법 < 후입선출법
기말재고, 이익(당기순이익, 매출총이익)	선입선출법 > 이동평균법 > 총평균법 > 후입선출법

7 재고자산감모손실

재고자산의 실지 재고량이 장부상 재고량보다 작은 경우의 차액을 말한다.

정상적 감모	매출원가로 처리
비정상적 감모	재고자산감모손실(영업외비용)로 처리

연/습/문/제

01.
다음 설명의 (㉮), (㉯)의 내용으로 옳은 것은? (FAT1급, 1회)

> 건물을 정상적인 영업과정에서 판매할 목적으로 취득하면 (㉮)으로, 장기간 사용할 목적으로 취득하면 (㉯)으로 처리한다.

	㉮	㉯
①	유형자산	투자자산
②	재고자산	투자자산
③	투자자산	재고자산
④	재고자산	유형자산

02.
다음은 실지재고조사법에 의해 기록된 (주)세무의 9월 매입과 매출자료이다. 총평균법에 의한 9월 말 재고자산 매출원가는 얼마인가? (단, 재고자산감모손실과 재고자산평가손실은 없다)
(FAT1급, 3회)

일자	구분	입고 수량	입고 단가	출고 수량	재고 수량
9.01	월초재고	100개	200원		100개
9.07	매 입	100개	300원		200개
9.15	매 출			200개	-
9.23	매 입	200개	350원		200개
9.30	월말재고				200개

	재고자산	매출원가
①	50,000원	70,000원
②	70,000원	50,000원
③	60,000원	60,000원
④	70,000원	60,000원

03.
다음은 실지재고조사법에 의해 기록된 (주)세무의 3월 매입과 매출자료이다. 선입선출법에 의한 3월말 재고자산과 매출원가는 얼마인가? (단, 재고자산감모손실과 재고자산평가손실은 없다)
(FAT1급, 4회)

일자	구분	입고		출고	재고
		수량	단가	수량	수량
3.01	월초재고	100개	200원		100개
3.10	매 입	200개	300원		300개
3.18	매 출			250개	50개
3.30	매 입	100개	350원		150개
3.31	월말재고				150개

	재고자산	매출원가
①	43,125원	71,875원
②	50,000원	65,000원
③	65,000원	50,000원
④	71,875원	43,125원

04.
다음은 (주)세무의 상품매출과 상품매입에 관한 자료이다. 매출총이익은 얼마인가? (FAT1급, 5회)

- 기초상품재고는 없다.
- 상품매입수량: 150개 (개당 매입원가 100원)
- 매입운반비: 3,000원
- 상품매출수량: 100개 (개당 매출단가 200원)

① 5,000원 ② 6,500원
③ 8,000원 ④ 10,000원

05.

다음은 (주)세무의 재고자산 매입과 관련된 강보애부장과 김민섭대리의 대화내용이다. 다음 대화에서 (가), (나)에 해당하는 계정과목으로 알맞은 것은? (FAT1급, 6회)

	(가)	(나)
①	매입에누리	매입환출
②	매입환출	매입에누리
③	매입할인	매입환출
④	매입에누리	매입할인

06.

재고실사 결과 비정상적인 재고자산 감모손실이 발생한 경우, 이를 손익계산서상 어디로 분류하여야 하는가? (FAT1급, 8회)

① 매출원가 ② 판매비와관리비
③ 영업외비용 ④ 영업외수익

07.

재고자산의 취득원가에 포함시켜야 하는 항목을 <보기>에서 고른 것은? (FAT1급, 10회)

[보기]
가. 취득과정에서 발생한 하역료 나. 판매 시의 운송비용
다. 수입관세 라. 보유과정에서 발생한 보험료

① 가, 나 ② 나, 다
③ 가, 다 ④ 나, 라

08.
다음 중 재고자산에 관한 설명으로 옳지 않은 것은? (FAT1급, 12회)
① 재고자산평가를 위한 수량결정방법으로 계속기록법, 실지재고조사법이 있다.
② 재고자산의 매입원가는 매입금액에 매입운임, 하역료 및 보험료 등 취득과정에서 정상적으로 발생한 부대원가를 가산한다.
③ 재고자산의 가치하락으로 인해 발생하는 평가손실은 매출원가에 가산한다.
④ 재고자산의 비정상적인 원인으로 인해 발생하는 재고자산감모손실은 매출원가에 가산한다.

09.
다음은 도매업을 영위하고 있는 (주)세무의 4월 상품 관련 자료이다. 4월의 매출원가는 얼마인가? (단, 선입선출법을 적용한다.) (FAT1급, 14회)

- 월초 상품재고　　　　　　　　　　1,000개 (단위당 100원)
- 4월 5일　　　　　　　　　　　　　매입 2,000개(단위당 120원)
- 4월 25일　　　　　　　　　　　　매출 2,500개
- 감모 손실　　　　　　　　　　　　100개(모두 정상 감모이다)

① 280,000원　　　　　　　　② 290,000원
③ 292,000원　　　　　　　　④ 300,000원

10.
다음 자료에 의하여 감모된 재고자산에 대한 회계처리로 옳은 것은? (단, 감모된 재고자산은 모두 정상적인 감모에 해당한다.) (FAT1급, 17회)

- 상품 장부재고수량: 120개 (단위당 원가: 100원, 단위당 시가: 200원)
- 상품 실제재고수량: 100개

① (차) 매 출 원 가　　　　　　　　2,000　　(대) 상 품　　　　　　2,000
② (차) 매 출 원 가　　　　　　　　4,000　　(대) 상 품　　　　　　4,000
③ (차) 재고자산감모손실(영업외비용) 2,000　　(대) 상 품　　　　　　2,000
④ (차) 재고자산감모손실(영업외비용) 4,000　　(대) 상 품　　　　　　4,000

11.

다음 자료를 이용하여 A상품의 2월 말 상품재고액을 계산하면 얼마인가? (재고자산 평가는 총평균법에 의한다.) (FAT1급, 39회)

A 상 품 재 고 장

(단위: 개, 원)

날짜		적요	인 수 란			인 도 란		
			수량	단가	금액	수량	단가	금액
2	1	전월이월	300	100	30,000			
	10	매 입	500	200	100,000			
	12	매 출				200		
	20	매 입	200	400	80,000			
	25	매 출				200		

① 50,000원
② 84,000원
③ 126,000원
④ 160,000원

12.

다음 자료를 토대로 상품의 매입금액을 계산하면 얼마인가? (FAT1급, 41회)

- 20x1년 1월 2일 상품 구입을 위한 계약금 100,000원을 지급
- 20x1년 1월 5일 상품 매입과정에서 운반비 5,000원 및 운반보험료 1,000원 지급
- 20x1년 1월 20일 상품 구입을 위한 잔금 1,000,000원 지급

① 1,005,000원
② 1,006,000원
③ 1,105,000원
④ 1,106,000원

13.

다음 자료를 이용하여 (주)한공의 매출총이익을 계산하면 얼마인가? (FAT1급, 41회)

- 기초상품재고액   1,000,000원
- 당기매입운임   150,000원
- 매입할인   50,000원
- 당기매입액   2,000,000원
- 기말상품재고액 1,500,000원
- 당기상품매출액 3,000,000원

① 1,400,000원
② 1,600,000원
③ 1,800,000원
④ 2,000,000원

14.

다음 자료를 토대로 계산한 기말상품 재고액은 얼마인가?(단, 원가흐름의 가정은 선입선출법을 적용한다.) (FAT1급, 42회)

- 기초 상품 재고액: 30,000원(100개 × 300원)
- 당기 상품 매입액: 320,000원(1,000개 × 320원)
  - 이와 별도로 상품 매입과정에서 운반비가 총 28,000원 발생하였고, 매입할인 15,000원이 발생하였다.
- 당기 상품 판매량: 980개
  - 기말상품의 실제 수량은 115개이며, 수량 부족 중 2개는 정상적인 것으로 판단된다.

① 37,950원　　　　　　　　　② 38,295원
③ 38,961원　　　　　　　　　④ 39,960원

15.

다음 자료를 기초로 상품의 기말재고액을 계산하면 얼마인가? (FAT1급, 43회)

- 총매출액:　　　　　600,000원　　• 매출환입:　　　　　　50,000원
- 매출총이익:　　　　150,000원　　• 기초재고액:　　　　 200,000원
- 당기매입액:　　　　400,000원　　• 상품매입시 운반비:　　20,000원
- 매입환출:　　　　　 10,000원　　• 매입에누리:　　　　　10,000원

① 200,000원　　　　　　　　② 250,000원
③ 300,000원　　　　　　　　④ 350,000원

16.

다음은 (주)한공의 재고자산 관련 자료이다. 기말에 인식할 재고자산평가손실은 얼마인가?
(FAT1급, 43회)

- 재고자산평가손실 인식 전 기말상품재고액 100,000원
- 기초 재고자산평가충당금 잔액 8,000원
- 기말재고자산의 순실현가능가치 72,000원

① 20,000원　　　　　　　　　② 28,000원
③ 36,000원　　　　　　　　　④ 40,000원

17.

다음 거래에 대한 회계처리로 옳은 것은? (FAT1급, 44회)

- (주)한공은 상품 1,000,000원을 매입하고 500,000원은 다음 달에 지급하기로 하였다.
- 상품매입대금 잔액 500,000원은 (주)세무로부터 매출대금으로 수령한 어음을 배서양도하여 지급하였으며, 운반비 100,000원은 현금지급하였다.

①	(차) 상　품	1,000,000원	(대) 매입채무		1,100,000원
	운반비	100,000원			
②	(차) 상　품	1,100,000원	(대) 외상매입금		500,000원
			지급어음		500,000원
			현　　금		100,000원
③	(차) 상　품	1,100,000원	(대) 외상매입금		500,000원
			받을어음		500,000원
			현　　금		100,000원
④	(차) 상　품	1,000,000원	(대) 외상매입금		500,000원
	운반비	100,000원	받을어음		500,000원
			현　　금		100,000원

18.

다음 자료를 토대로 기말상품재고액을 계산하면 얼마인가? (FAT1급, 55회)

• 매출액	5,000,000원	• 기초상품재고액	500,000원
• 매입액	4,000,000원	• 매출총이익	800,000원

① 200,000원　　　　　　　　　　② 300,000원
③ 500,000원　　　　　　　　　　④ 700,000원

19.

다음은 (주)한공의 20x2년 10월 상품 재고장이다. (주)한공이 재고자산평가시 선입선출법을 적용할 경우에 10월말 재고자산은 얼마인가? (FAT1급, 56회)

일자	구분	수량	단가
10월 1일	월초 재고	150개	1,200원
10월 11일	매입	300개	1,400원
10월 21일	매출	250개	
10월 29일	매입	200개	1,300원

① 520,000원　　　　　　　　　　② 540,000원
③ 560,000원　　　　　　　　　　④ 580,000원

20.
다음 자료를 토대로 기말상품재고액을 계산하면 얼마인가? (FAT1급, 58회)

• 매출액	6,000,000원	• 기초상품재고액	4,000,000원
• 매입액	2,000,000원	• 매출총이익	1,000,000원

① 5,000,000원 ② 4,000,000원
③ 3,000,000원 ④ 1,000,000원

제3절 _ 유가증권과 투자자산

1 유가증권

가. 유가증권의 정의

유가증권은 재산권을 나타내는 증권으로 투자수익을 얻을 목적으로 취득한 지분증권(주식)과 채무증권(사채)으로 구분된다. 유가증권은 취득시점에서 단기매매증권, 만기보유증권, 매도가능증권 중의 하나로 분류된다.

나. 유가증권의 분류

➡ 유가증권의 분류

구 분	증권 구분		분류기준	재무상태표 일반적 표시
	지분증권	채무증권		
단기매매증권	O	O	단기차익 & 빈번한 거래	유동자산
매도가능증권	O	O	다른 증권에 해당하지 않는 경우	투자자산
만기보유증권	×	O	만기까지 보유할 의도 & 능력	

다. 유가증권의 취득원가

단기매매증권의 취득원가는 취득당시 제공한 대가의 공정가액으로 측정한다. 즉, 단기매매증권의 매입대금만 자산의 취득원가에 포함하고 매입과 관련된 매입수수료, 중개수수료, 양도세 및 인지세, 등록세 등과 같은 모든 매입부대비용은 취득한 연도의 비용(영업외비용)으로 인식한다. 제공한 대가의 시장가격이 없는 경우에는 취득한 유가증권의 시장가격으로 취득원가를 측정한다. 제공한 대가와 취득한 유가증권 모두 시장가격이 없는 경우에는 공정가액을 추정하여 취득원가를 측정한다.

취득원가 = 매입가격(시장가격 또는 공정가액*)

* 공정가액: 합리적인 판단력과 거래의사가 있는 독립된 당사자간에 거래될 수 있는 교환가격

라. 단기매매증권의 회계처리

구분	내용
취득	취득시 매입부대비용이 발생한 경우 (차) 단기매매증권　　　　　xxx　　(대) 현금　　　　　　　　xxx 　　　수수료비용(영업외비용)　xxx
평가	공정가액>장부가액 (차) 단기매매증권　　　　　xxx　　(대) 단기매매증권평가이익　xxx 공정가액<장부가액 (차) 단기매매증권평가손실　xxx　　(대) 단기매매증권　　　　　xxx
처분	처분가액>장부가액 (차) 현금　　　　　　　　　xxx　　(대) 단기매매증권　xxx(장부금액) 　　　　　　　　　　　　　　　　　　　　단기매매증권처분이익　xxx 처분가액<장부가액 (차) 현금　　　　　　　　　xxx　　(대) 단기매매증권　xxx(장부금액) 　　　단기매매증권처분손실　xxx

* 영업외비용으로 처리

마. 단기매매증권과 매도가능증권 회계처리 비교

구분	단기매매증권	매도가능증권
20x1.1.1. 취득 1,000원 구입 (비용 100원)	(차) 단기매매증권　　1,000 　　(대) 현금　　　　　1,100 　　　　수수료비용　　　100	(차) 매도가능증권　　1,100 　　(대) 현금　　　　　1,100
20x1.12.31. 평가 (900원)	(차) 단기매매증권평가손실　100 　　(대) 단기매매증권　　100	(차) 매도가능증권평가손실　200 　　(대) 매도가능증권　　200
20x2.12.31. 평가 (1,200원)	(차) 단기매매증권　　　300 　　(대) 단기매매증권평가이익　300	(차) 매도가능증권　　　300 　　(대) 매도가능증권평가손실　200 　　　　매도가능증권평가이익　100

➡ 단기매매증권과 매도가능증권의 회계처리 요약

구분	취득원가	기말평가	배당금수익 (이자수익)	처분 계산식	처분 인식
단기매매증권	매입가격	평가손익 ➡ 손익계정	영업외수익	처분대가 − 장부금액	처분손익 ➡ 손익계정
매도가능증권	매입가격 + 취득부대비용	평가손익 ➡ 기타포괄손익		처분대가 − 장부금액	

2 유가증권 외 투자자산

구분	내용
투자부동산	영업활동과는 무관하게 투자 목적으로 소유하는 토지 건물 등의 부동산을 말한다.
장기금융상품	만기가 1년 이후에 도래하는 금융상품을 말한다.(장기성예금, 특정현금과예금)
장기대여금	회수기간이 1년 이후에 도래하는 장기성 대여금을 말한다.

3 공채매입을 통한 유형자산 구입

회사는 공채를 매입하는 경우 매입 당시의 공정가치는 '단기매매증권'으로 처리하고, 액면금액과 공정가치의 차이는 해당자산의 원가에 가산하는 방식으로 회계처리 하고 있다.

1. 본사 업무용으로 사용하기 위하여 구입한 차량을 등록하면서 법령에 의거한 공채를 액면금액으로 매입하고 대금 450,000원을 현금으로 지급하였다.
2. 회사는 공채를 매입하는 경우 매입 당시의 공정가치는 '단기매매증권'으로 처리하고, 액면금액과 공정가치의 차이는 해당자산의 취득원가에 가산하는 방식으로 회계처리하고 있다.
3. 공채의 매입당시 공정가치는 400,000원이다.

   분개: (차) 단기매매증권　　　　400,000원　　(대) 현금　　　　　　　450,000원
   　　　　 차량운반구　　　　　 50,000원

연/습/문/제

01.
다음은 (주)세무가 보유하고 있는 매도가능증권(주식)에 대한 내용이다. 20x2년 12월 2일 주식매각거래로 인해 20x2년 손익계산서에 영향을 미치는 계정 및 금액으로 올바른 것은? (FAT1급, 5회)

- 20x1년 9월 4일: 100주를 주당 1,300원에 취득
- 20x1년 12월 31일: 주당 공정가치 1,400원
- 20x2년 12월 2일: 100주를 주당 1,100원에 매각하고 현금 수령

① 매도가능증권처분손실 30,000원
② 매도가능증권처분손실 20,000원
③ 매도가능증권평가이익 10,000원
④ 매도가능증권평가손실 20,000원

02.
(주)세무는 20x1년초에 (주)아영의 주식 100주를 주당 20,000원에 취득하였다. 20x1년 12월 31일 (주)아영의 주식의 시장가치가 주당 22,000원이고, 20x2년 12월 31일 (주)아영의 주식의 시장가치가 주당 18,000원이다. (주)세무가 (주)아영의 주식을 단기매매증권으로 분류한 경우와 매도가능증권으로 분류한 경우에 각각 20x2년의 당기손익에 미치는 영향으로 옳은 것은? (FAT1급, 7회)

	단기매매증권으로 분류	매도가능증권으로 분류
①	400,000원 감소	영향 없음
②	400,000원 감소	400,000원 감소
③	200,000원 감소	영향 없음
④	200,000원 감소	200,000원 감소

03.
제조업을 영위하는 (주)세무의 매도가능증권의 회계처리와 관련된 설명으로 옳지 않은 것은?
(FAT1급, 20회)

① 취득 시 발생한 부대비용은 취득원가에 포함한다.
② 장기간에 걸쳐 보유할 목적으로 취득한 유가증권이다.
③ 매도가능증권평가손실은 영업외비용 항목으로 분류한다.
④ 매도가능증권처분이익은 영업외수익 항목으로 분류한다.

04.

다음 중 단기매매증권에 대한 설명으로 옳은 것은? (FAT1급, 39회)

① 단기매매증권은 비유동자산에 해당한다.
② 단기매매증권의 취득 시 발생한 부대비용은 취득원가에 포함한다.
③ 단기매매증권에 대한 미실현보유손익은 당기손익항목으로 처리한다.
④ 만기까지 보유할 적극적인 의도와 능력이 있는 경우에 단기매매증권으로 분류한다.

05.

다음은 (주)한공의 단기매매증권 처분과 관련된 자료이다. 20x1년 12월 1일 단기매매증권처분손익은 얼마인가? (FAT1급, 42회)

- 20x1년 4월 1일 (주)공인의 주식 1,000주를 1주당 5,000원에 단기투자목적으로 취득하고 매입수수료 15,000원을 포함하여 현금으로 지급하였다.
- 20x1년 12월 1일 4월 1일 취득한 주식 전부를 1주당 5,500원에 처분하고 대금은 보통예금으로 수령하였다.

① 단기매매증권처분이익 485,000원
② 단기매매증권처분손실 485,000원
③ 단기매매증권처분이익 500,000원
④ 단기매매증권처분손실 500,000원

06.

다음 자료에 대한 회계처리로 옳은 것은? (FAT1급, 44회)

- (주)한공은 유가증권시장에 상장되어 있는 (주)공인의 주식 1,000주를 1주당 7,000원에 장기보유목적으로 취득하였다.
- (주)공인 주식의 1주당 액면금액은 5,000원이며 거래수수료는 200,000원을 지급하였다.

① (차) 매도가능증권　7,000,000원　(대) 현금　7,000,000원
② (차) 매도가능증권　7,200,000원　(대) 현금　7,200,000원
③ (차) 만기보유증권　7,000,000원　(대) 현금　7,000,000원
④ (차) 만기보유증권　7,200,000원　(대) 현금　7,200,000원

07.

다음 자료에 의한 회계처리 시 차변 계정과목과 금액으로 옳은 것은? (FAT1급, 55회)

> (주)한공은 유가증권시장에 상장되어 있는 (주)국제의 주식 1,000주를 1주당 6,000원(1주당 액면금액 5,000원)에 취득하고, 거래수수료 100,000원을 지급하였다.(회사는 주식을 장기보유목적으로 취득하였다.)

	계정과목	금 액
①	단기매매증권	5,000,000원
②	매도가능증권	5,100,000원
③	단기매매증권	6,000,000원
④	매도가능증권	6,100,000원

08.

다음 중 단기매매증권에 관한 설명으로 옳지 않은 것은? (FAT1급, 56회)
① 단기매매증권은 단기 매매차익 실현을 목적으로 취득하며, 시장성 유무와는 무관하다.
② 단기매매증권의 취득과 관련된 부대비용은 당기비용으로 인식한다.
③ 단기매매증권은 기말에 공정가치로 평가한다.
④ 단기매매증권평가손익은 당기손익으로 인식한다.

09.

다음은 (주)한공이 보유하고 있는 단기매매증권 관련 자료이다. 취득원가는 얼마인가? (FAT1급, 57회)

> • (주)서울의 주식 100주를 주당 12,000원(액면 10,000원)에 취득하였다.
> • 취득수수료로 지급한 금액은 10,000원이다.

① 1,000,000원　　② 1,010,000원
③ 1,200,000원　　④ 1,210,000원

10.

다음 거래에 대한 회계처리 시 차변 계정과목과 금액으로 옳은 것은? (FAT1급, 58회)

> (주)한공은 유가증권시장에 상장되어 있는 (주)공인의 주식 1,000주를 1주당 7,000원(1주당 액면금액 5,000원)에 취득하고, 거래수수료 200,000원을 지급하였다.(회사는 주식을 장기보유목적으로 취득하였다.)

	계정과목	금 액
①	단기매매증권	7,000,000원
②	매도가능증권	7,000,000원
③	단기매매증권	7,200,000원
④	매도가능증권	7,200,000원

제4절 _ 비유동자산 – 유형자산

1 유형자산의 정의

유형자산은 물리적 형체가 있는 자산으로서 재화의 생산, 용역의 제공, 타인에 대한 임대 또는 자체적으로 사용할 목적으로 보유하고, 1년을 초과하여 사용할 것이 예상되는 자산이다. 유형자산은 고객에게 판매할 목적으로 보유하는 것이 아니라 기업활동에 사용할 목적으로 취득하여 보유하는 자산이다. 또한 장기간 사용할 목적인 비유동자산이다.

2 유형자산의 종류

구분	내용
토지	대지, 임야, 전답, 잡종지 등
건물	건물, 냉난방, 전기, 통신 및 기타의 건물부속설비 등
구축물	건물과는 별개로 설치된 구조물로서 교량, 궤도, 갱도, 정원설비 및 기타의 토목설비 또는 공작물 등
기계장치	기계장치, 운송설비(콘베이어, 호이스트, 기중기 등)와 기타의 부속설비
차량운반구	철도차량, 자동차 및 기타의 육상운반구 등
비품	컴퓨터, 에어컨 등의 집기비품
건설중인자산	유형자산의 건설을 위한 재료비, 노무비 및 경비로 하되, 건설을 위하여 지출한 도급금액 등을 포함

3 유형자산의 취득원가

유형자산의 취득원가는 자산을 취득하기 위하여 자산의 취득시점이나 건설시점에서 지급한 현금 및 현금성자산 또는 제공하거나 부담할 기타 대가의 공정가액을 말한다.

취득원가 = 매입가격 + 직접부대비용* – 매입할인

* 직접부대비용: 매입시 운송비, 하역비, 설치비, 창고비, 등기비용, 보험료, 세금 등

4 유형자산의 감가상각

유형자산은 시간이 흐를수록 사용 혹은 기술 발전에 의한 진부화로 가치가 감소하게 된다. 이에 정확한 손익 산출을 위해 유형자산의 취득원가를 일정기간에 걸쳐 합리적으로 배분하여 비용으로 인식하는 것을 감가상각이라 한다. 하지만 토지는 시간의 흐름과 관련 없이 가치가 줄어들지 않기에 건설중인자산과 함께 감가상각을 하지 않는다.

가. 감가상각비 결정요소

구분	내용
취득원가	취득에 소요되는 부대비용을 포함 한 자산의 매입대가
잔존가액	내용연수 종료시점의 추정 가치
내용연수	- 자산을 사용할 수 있는 예상 기간 - 자산으로 얻을 수 있는 생산량 또는 비슷한 수량

나. 감가상각방법

구분	계산방법
정액법	$\dfrac{\text{취득원가} - \text{잔존가액}}{\text{내용연수}}$
정률법	(취득원가-감가상각누계액) X 상각률(정률)
연수합계법	(취득원가-잔존가액) X $\dfrac{\text{내용연수의 역순}}{\text{내용연수의 합}}$
생산량비례법	(취득원가-잔존가액) X $\dfrac{\text{당기 생산량}}{\text{추정 생산량}}$

5 유형자산 유지비용

유형자산은 취득 이후 사용하고 있는 내용연수 기간 중에도 그 자산과 관련된 여러 가지 지출이 발생한다. 이러한 지출을 자산으로 회계처리(자본화)하는가, 아니면 당기의 비용으로 회계처리하느냐에 따라 재무상태표와 손익계산서에 미치는 효과가 다르다.

➡ **자본적 지출과 수익적 지출**

구 분	자본적 지출	수익적 지출
개 념	지출의 경제적 효익이 미래까지 미치는 지출로 관련 유형자산의 가액(취득원가)을 증가	지출의 경제적 효익이 당기에 끝나는 지출로 비용 처리
구분기준	내용연수연장 새로운 생산공정의 채택 생산능력의 증대 원가절감과 품질향상	원상회복 기존의 조업능률유지

6 유형자산의 회계처리

보유 중 지출	자본적 지출	(차) 유형자산	×××	(대) 현금		×××
	수익적 지출	(차) 수선비* * 차량운반구에 대한 지출은 차량유지비로 처리	×××	(대) 현금		×××
감가상각비 설정		(차) 감가상각비	×××	(대) 감가상각누계액		×××
유형자산의 처분		① 장부가액 > 처분가액 (차) 감가상각누계액 　현금 　유형자산처분손실	××× ××× ×××	(대) 유형자산		×××
		② 장부가액 < 처분가액 (차) 감가상각누계액 　현금	××× ×××	(대) 유형자산 　유형자산처분이익		××× ×××

연/습/문/제

01.
(주)세무는 20x1년 1월 1일 기계장치를 3,000,000원에 현금으로 구입하였다. 20x1년 12월 31일 결산시 정액법에 의한 감가상각비는 얼마인가? (단, 내용연수 5년, 잔존가액 500,000원, 결산 연 1회이다.) (FAT1급, 2회)
① 700,000원
② 600,000원
③ 500,000원
④ 250,000원

02.
다음 중 유형자산에 대한 설명으로 옳지 않은 것은? (FAT1급, 3회)
① 유형자산의 취득원가는 자산의 구입가격 뿐 아니라 취득 부대비용을 포함한다.
② 유형자산의 취득 후 생산능력 증대를 위한 지출은 기간비용으로 처리한다.
③ 유형자산에서 발생한 자본적지출을 수선비로 잘못 처리한 경우 당기순이익이 과소계상된다.
④ 정률법에 의한 감가상각액은 매기간 감소한다.

03.
(주)세무는 20x1년 1월 1일에 차량운반구를 650,000원에 취득하였다. 이 차량운반구의 잔존가치는 50,000원, 내용연수는 5년으로 추정되었으며, 감가상각은 정액법을 사용하였다. (주)세무가 20x2년 9월 30일에 이 차량운반구를 400,000원에 처분한 경우, 유형자산처분손익은 얼마인가? (단, 감가상각은 월할상각한다.) (FAT1급, 4회)
① 유형자산처분손실 40,000원
② 유형자산처분손실 160,000원
③ 유형자산처분손실 250,000원
④ 유형자산처분이익   40,000원

04.
(주)세무는 자동차판매를 주업으로 하는 (주)성민으로부터 영업용 자동차를 1,000,000원에 취득하고 3개월 만기어음을 발행하였다. 이러한 거래가 두 회사의 재무제표에 미치는 영향으로 올바르게 묶인 것은? (FAT1급, 5회)

	(주)세무	(주)성민
①	유형자산의 증가	매출채권의 증가
②	재고자산의 증가	유형자산의 감소
③	미지급금의 증가	미수금의 증가
④	재고자산의 증가	매출의 발생

05.

다음은 (주)세무의 20x3년 기초시점의 본사건물 관련계정이다. (FAT1급, 5회)

건물	
1/1 기 초 1,000,000원	

건물감가상각누계액	
	1/1 기 초 300,000원

(주)세무는 20x3년 12월 31일 본사건물을 800,000원에 매각하였다. 매각시점의 유형자산처분손익은 얼마인가? (단, 건물의 내용연수 10년이고, 정액법으로 상각하며, 잔존가치는 없다)

① 유형자산처분손실 100,000원
② 유형자산처분손실 200,000원
③ 유형자산처분이익 200,000원
④ 유형자산처분이익 300,000원

06.

(주)세무는 다음과 같이 건물을 처분하였다. 20x2년도에 (주)세무의 건물처분으로 인한 영향을 옳게 설명한 것은? (FAT1급, 6회)

- 취득시점일: 20x1년 1월 1일
- 취득원가: 20,000,000원
- 감가상각방법: 정률법(40%)
- 내용연수: 4년
- 처분시점: 20x2년 12월 31일
- 처분가액: 5,000,000원
- 처분가액은 6개월 후에 수령하기로 한다.
- (주)세무는 처분시점까지 감가상각을 정상적으로 처리하였다.

① 감가상각누계액이 12,000,000원 감소한다.
② 매출채권이 5,000,000원 증가한다.
③ 당기순이익이 2,200,000원 감소한다.
④ 미수금이 5,000,000원 감소한다.

07.

다음은 (주)세무의 유형자산에 관한 자료이다. (FAT1급, 7회)

가. 20x1년 7월 1일에 상품 보관 창고 1동을 10,000,000원에 취득하고, 중개수수료 200,000원과 함께 현금으로 지급하였다.
나. 20x1년 7월 1일에 취득세 500,000원과 등기료 300,000원을 현금으로 지급하였다.
다. 내용연수 10년, 잔존가치는 0원, 감가상각방법은 정액법이며 월할상각한다.
라. 20x1년도 감가상각비는 적정하게 계상되었다.

20x2년 12월 31일의 감가상각누계액은 얼마인가?
① 1,000,000원
② 1,100,000원
③ 1,500,000원
④ 1,650,000원

08.

다음 자료에 의하면 20x2년 감가상각비는 얼마인가? (FAT1급, 9회)

- 20x1년 1월 1일에 영업용 차량을 10,000,000원에 구입하였다.
- 감가상각은 연 1회, 정률법(상각률: 20%)으로 한다.

① 1,000,000원 ② 1,600,000원
③ 2,000,000원 ④ 3,600,000원

09.

다음 중 감가상각 대상자산에 해당하지 <u>않는</u> 것은? (FAT1급, 18회)

① 사무실에서 사용하는 복사기
② 본사 사옥으로 사용 중인 건물
③ 관리부 업무용으로 사용 중인 차량
④ 투자목적으로 취득하여 보유 중인 건물

10.

다음 중 유형자산의 취득 후 지출에 대한 설명으로 옳지 <u>않은</u> 것은? (FAT1급, 35회)

① 수익적지출을 자본적지출로 처리하면 해당 회계연도의 순이익이 과소계상된다.
② 자본적지출을 수익적지출로 처리하면 비용이 과대계상된다.
③ 수익적지출을 자본적지출로 처리하면 자산총계가 과대계상된다.
④ 자본적지출을 수익적지출로 처리하면 자본총계가 과소계상된다.

11.

다음은 (주)한공의 기계장치 대장의 일부이다. 이를 토대로 계산한 20x2년도 결산 시 감가상각비는 얼마인가? (FAT1급, 39회)

기계장치 대장			
관 리 번 호	A-01	관 리 책 임	생산부장
취 득 일	20x1년 1월 1일	처 분 금 액	미처분
취 득 금 액	10,000,000원	잔 존 가 치	0원
내 용 연 수	10년	상 각 방 법	정률법(25%)

① 1,000,000원 ② 1,875,000원
③ 2,000,000원 ④ 2,500,000원

12.
다음 자료를 토대로 20x2년 유형자산처분이익을 계산하면 얼마인가? (FAT1급, 41회)

- 20x1년 7월 1일 기계장치를 3,500,000원에 취득하였다.
  (내용연수 5년, 정액법, 잔존가치 500,000원, 월할상각)
- 20x2년 1월 1일 기계장치를 3,300,000원에 처분하였다.

① 0원 ② 50,000원
③ 100,000원 ④ 200,000원

13.
다음은 (주)한공의 기계장치에 대한 자료이다. 20x2년 결산 시 손익계산서에 표시될 감가상각비는 얼마인가? (FAT1급, 42회)

- 20x1년 1월 1일 기계장치를 1,000,000원에 취득하였다.
  (내용연수 5년, 정률법, 상각률 45%, 잔존가치 50,000원)

① 190,000원 ② 200,000원
③ 247,500원 ④ 450,000원

14.
다음 중 유형자산의 취득원가에 포함되는 항목은? (FAT1급, 43회)
① 토지 취득시 납부한 취득세
② 보유하고 있는 건물의 재산세
③ 화물운송용으로 사용하고 있는 차량운반구의 당기분 자동차보험료
④ 사용 중인 기계장치의 현상유지를 위한 부품교체비

15.
다음은 (주)한공이 취득한 비품 관련 자료이다. 20x3년도 결산 후 비품의 장부금액은 얼마인가? (FAT1급, 43회)

- 취득일: 20x1년 1월 1일
- 내용연수: 5년
- 감가상각 방법은 정액법이며, 월할상각한다.
- 취득원가: 1,000,000원
- 잔존가치: 100,000원

① 360,000원 ② 400,000원
③ 460,000원 ④ 540,000원

16.

다음 자료를 토대로 유형자산처분이익을 계산하면 얼마인가? (FAT1급, 44회)

- 20x1. 7. 1. 건물을 100,000,000원에 취득하였다.
  (잔존가치 10,000,000원, 내용연수 30년, 정액법 월할상각)
- 20x2. 6. 30. 위의 건물을 105,000,000원에 처분하였다.

① 3,000,000원 ② 4,000,000원
③ 5,000,000원 ④ 8,000,000원

17.

다음 (주)한공의 거래 중 자본적 지출로 처리할 금액은 총 얼마인가? (FAT1급, 44회)

(10월) 지출 내역서		결재	대리	과장	부장
			한국	공인	회계

날짜	내 역	금 액(원)	비 고
10/11	화물트럭 엔진오일 교환	150,000	
10/15	건물 증축비	2,000,000	
10/19	사무실 형광등 교체비	200,000	
10/25	건물의 엘리베이터 설치비	3,000,000	
	합 계	5,350,000	

① 2,000,000원 ② 2,150,000원
③ 3,200,000원 ④ 5,000,000원

18.

다음은 (주)한공의 재무상태표 일부와 비품 취득 관련 자료이다. 이에 대한 설명으로 옳은 것은?
(FAT1급, 54회)

재 무 상 태 표
제2(당)기 20x2.12.31. 현재
제1(전)기 20x1.12.31. 현재

(주)한공 (단위: 원)

과 목	제2기	제1기
유형자산		
비품	4,000,000	4,000,000
감가상각누계액	(1,440,000)	(720,000)

- 20x1년 1월 1일 비품을 4,000,000원에 취득하였다(내용연수 5년).

① 비품의 잔존가치는 400,000원이다.
② 비품의 당기말 장부금액은 4,000,000원이다.
③ 감가상각방법은 정률법을 적용하고 있다.
④ 당기 손익계산서에 계상된 감가상각비는 1,440,000원이다.

19.

다음은 (주)한공의 기계장치 관련 자료이다. 20x2년 6월 30일에 기록될 유형자산처분손익은 얼마인가? (FAT1급, 56회)

- 20x1년 12월 31일: 취득원가 5,000,000원, 감가상각누계액 2,000,000원
- 20x2년 6월 30일: 2,300,000원에 처분함.
- 정액법 상각(내용연수 5년, 잔존가치 없음, 월할상각)

① 유형자산처분손실 200,000원
② 유형자산처분이익 200,000원
③ 유형자산처분손실 300,000원
④ 유형자산처분이익 300,000원

20.
다음은 김과장과 이대리의 대화이다. (가)의 내용으로 옳은 것은? (FAT1급, 58회)

① 감가상각비 ② 자본적 지출
③ 수선비   ④ 손상차손

제5절 _ 비유동자산 – 무형자산과 기타비유동자산

1 무형자산

가. 무형자산의 정의

무형자산은 물리적 형체가 없는 자산으로서 재화의 생산, 용역의 제공, 타인에 대한 임대 또는 자체적으로 사용할 목적으로 보유하고, 1년을 초과하여 사용할 것이 예상되는 자산이다. 무형자산은 식별가능하고, 통제 가능성이 있는 미래 경제적 효익이 있는 자산이다.

구분	내용
식별가능성	식별가능성은 자산을 분리 또는 분할하여 매각, 이전, 라이선스, 임대 교환할 수 있거나, 자산이 계약상 또는 다른 법적 권리로부터 발생된다.
통제	통제는 무형자산의 미래 경제적 효익을 확보할 수 있고 그 효익에 대한 제3자의 접근을 제한할 수 있음을 의미한다. 무형자산의 통제는 일반적으로 특허권과 저작권 등의 등록에 의해 보장되는 법적 권리로부터 나오며, 법적 권리가 없는 경우에는 통제를 입증하기 어렵다.
미래 경제적 효익	무형자산의 미래 경제적 효익은 재화의 매출, 용역수익, 원가절감 또는 자산의 사용에 따른 기타 효익의 형태로 발생되며, 궁극적으로 미래 순현금의 유입으로 나타난다.

나. 무형자산의 종류

구분	내용
영업권	기업간의 매수합병에서만 인식
산업재산권	독점적·배타적 권리(특허권, 실용신안권, 지적재산권, 상표권)
개발비	신제품 등의 개발 비용으로 미래 이익창출에 기여하는 것
컴퓨터 소프트웨어	중요한 소프트웨어만 무형자산(중요하지 않으면 비용으로 처리)
임차권리금	건물 등을 임대할 경우 보증금이외의 금액을 지불한 것

다. 무형자산의 상각

구분	내용
상각대상금액	무형자산의 취득원가에서 잔존가액을 차감한 잔액을 말하며, 무형자산의 잔존가액은 없는 것으로 한다.
상각기간	법령이나 계약에 정해진 경우를 제외하고는 20년을 초과할 수 없다.
상각방법	정액법, 정률법, 연수합계법, 생산량비례법 등이 있다. 다만, 합리적인 상각방법을 정할 수 없는 경우에는 정액법을 사용한다.

2 기타비유동자산의 종류

구분	내용
보증금	임차보증금, 전세금, 전신전화가입권, 영업보증금 등이 있으며 수익이 발생하지 않는 계정이다.
장기성매출채권	일반적 상거래에서 발생한 장기의 매출채권 등이 있다.
장기미수금	대금을 1년 이후에 받기로 한 미수금이다.

연/습/문/제

01.
다음 중 무형자산에 해당하는 것만을 고른 것은? (FAT1급, 1회)

| (가) 특허권 | (나) 영업권 | (다) 장기대여금 |
| (라) 산업재산권 | (마) 기계장치 | (바) 매출채권 |

① (가), (나), (다)　　　② (나), (라), (마)
③ (라), (마), (바)　　　④ (가), (나), (라)

02.
무형자산상각에 관한 설명으로 옳지 않은 것은? (FAT1급, 8회)
① 무형자산의 상각기간은 독점적·배타적인 권리를 부여하고 있는 관계 법령이나 계약에 정해진 경우를 제외하고는 20년을 초과할 수 없다.
② 무형자산의 상각방법에는 정액법, 정률법, 연수합계법, 생산량비례법 등이 있다.
③ 무형자산의 상각은 자산이 사용가능한 때부터 시작한다.
④ 무형자산의 합리적인 상각방법을 정할 수 없는 경우에는 정률법을 사용한다.

03.
㈜한공제약은 20x1.7.1. 신약 관련 특허권을 2,000,000원에 취득하였다. 20x1년 인식해야할 무형자산상각비는 얼마인가?(단, 정액법, 내용연수 10년, 월할상각을 가정함.) (FAT1급, 10회)
①　10,000원　　　　　② 　50,000원
③ 100,000원　　　　　④ 200,000원

04.
무형자산 상각에 대한 설명으로 옳지 않은 것은? (FAT1급, 14회)
① 무형자산의 잔존가치는 없는 것을 원칙으로 한다.
② 무형자산의 소비 행태를 반영한 정액법, 정률법 등 다양한 상각방법을 사용할 수 있다.
③ 무형자산의 합리적인 상각방법을 정할 수 없는 경우에는 정률법을 사용한다.
④ 법령이나 계약에 정해진 경우를 제외하고는 상각기간은 20년을 초과할 수 없다.

05.
다음은 (주)세무가 기말 현재 보유하고 있는 특허권 계정에 대한 자료이다. 이에 대한 설명으로 옳지 <u>않은</u> 것은? (FAT1급, 16회)

특허권			
1/1 전기이월	3,500,000원	12/31 무형자산상각비	500,000원
		〃 차기이월	3,000,000원
	3,500,000원		3,500,000원

· 당기 결산일: 20x4년 12월 31일　　· 특허권 취득일: 20x1년 1월 1일
· 상각방법: 정액법　　　　　　　　· 잔존가치: 없음
· 내용연수: 10년

① 특허권 취득원가는 3,500,000원이다.
② 특허권의 연간 상각비는 500,000원이다.
③ 결산 정리 후 특허권의 장부금액은 3,000,000원이다.
④ 결산일의 특허권 상각분개는 (차) 무형자산상각비 500,000원 (대) 특허권 500,000원이다.

06.
다음 중 무형자산에 대한 설명으로 옳은 것은? (FAT1급, 42회)
① 정률법으로 상각할 수도 있다.
② 물리적 형체가 없는 판매용 자산은 무형자산으로 분류한다.
③ 소프트웨어를 구입하는데 지출한 금액은 개발비로 분류한다.
④ 내부적으로 창출한 영업권은 무형자산에 기록한다.

07.
다음은 무형자산에 대한 대화내용이다. 잘못 설명하고 있는 사람은? (FAT1급, 55회)

① 김한국
② 이공인
③ 정사회
④ 박회계

FAT 1급
Accounting **T**echnicians

PART 03 부채

제1절 유동부채
제2절 비유동부채

03 부채

제1절 _ 유동부채

1 유동부채의 정의

유동부채란 기업의 정상적인 영업주기 내에 상환 등을 통하여 소멸할 것이 예상되는 매입채무와 미지급비용 등의 부채와 재무상태표일(회계기말)로부터 1년 이내에 상환되어야 하는 단기차입금 등의 부채를 말한다.

2 유동부채의 종류

구분	내용
단기차입금	차입금 계정은 권리와 의무의 이행시기가 1년 이내에 도래하는가 아니면 1년 이후에 도래하는가에 따라 단기차입금(유동부채)과 장기차입금(비유동부채)으로 나누어 회계처리한다.
매입채무	일반적 상거래에서 발생한 외상지급액(외상매입금, 지급어음)이다.
미지급금	일반적인 상품거래 이외의 자산을 매입하였으나 미지급한 경우에는 미지급금 계정으로 회계처리한다.
미지급비용	발생된 비용으로서 미지급분(미지급급여, 미지급이자 등)을 미지급비용으로 처리한다.
선수수익	결산시 계상되는 수익의 차기 이연분(선수이자, 선수임대료 등)을 선수수익으로 회계처리한다.
선수금	상품을 주문받고 상품대금의 일부를 계약금으로 받은 경우 선수금으로 회계처리한다.
예수금	종업원 급여 지급시 원천징수하는 소득세, 의료보험료 등은 예수금으로 회계처리한다.
유동성장기부채	비유동부채 중 1년 이내에 상환될 것들을 유동성장기부채로 회계처리한다.
가수금	현금 등의 수입이 있었는데 어떠한 사유에 의하여 이루어진 수입인가가 불명확하여 어떤 계정으로 처리하여야 하는지 판단할 수 없는 경우에는 이를 임시적으로 가수금 계정에 처리한다.

제2절 _ 비유동부채

1 비유동부채의 정의

재무상태표 작성일 현재 상환기간이 1년 이후에 도래하는 부채를 의미한다.

2 비유동부채의 종류

구분	내용
사채	주식회사가 다수의 일반대중으로부터 장기간 거액의 자금을 조달하기 위해 이자와 원금상환 등 확정채무 사항이 표시되어 있는 증권을 발행하고 일정 기간마다 이자를 지급함과 동시에 일정시기에 원금을 상환할 것을 계약하고 차입한 비유동부채를 말한다.
장기차입금	기업은 사채발행 이외에도 은행 등 금융기관으로부터 거액의 자금을 장기간 차입한다. 1년 이상의 기간 동안 자금을 차입하므로 장기차입금으로 기록한다.
퇴직급여충당부채	종업원의 퇴직금 지급에 대비하여 매년 일정금액을 전입하여 설정해야 하는 부채를 의미한다.
장기성매입채무	1년 이후에 지급기한이 도래하는 일반적 상거래에서 발생한 장기의 외상매입금과 지급어음은 통합하여 장기성매입채무로 재무상태표에 기록한다.
임대보증금	자산 등을 임대하고 임차인으로 부터 수령한 보증금액을 말한다.

3 사채

가. 사채의 의의

사채는 주식회사가 다수의 일반대중으로부터 장기간, 거액의 자금을 조달하기 위해 이자와 원금상환 등 확정채무 사항이 표시되어 있는 증권을 발행하고 일정 기간마다 이자를 지급함과 동시에 일정시기에 원금을 상환할 것을 계약하고 차입한 비유동부채를 말한다.

나. 사채관련 주요용어

구분	내용
발행일과 만기일	- 발행일은 사채를 사채발행회사가 일반투자대중을 대상으로 발행한 일자를 말하며, 만기일은 사채의 액면가액인 원금을 상환하는 일자를 의미한다.
액면가액	- 만기일에 상환하기로 약속한 금액을 액면가액(원금)이라고 한다. - 기업은 만기일에 액면가액을 투자자들에게 상환한다. 일반적으로 사채의 액면가액은 1구좌당 10,000원 이상으로 균일해야 한다.
이자지급일	- 사채는 장기간 자금을 조달하여 사용하는 장기부채이므로 사채 발행회사는 원금을 상환하는 만기 이전에 정기적으로 기간경과에 따른 이자를 지급한다는 약속을 한 날짜가 이자지급일이다.
액면이자율과 액면이자	- 사채의 표면(액면)에 기록되어 있는 이자율로 사채 발행회사가 일정한 기간마다 지급하기로 약속한 이자를 결정하는 이자율을 말한다. 즉, 액면이자율에 의하여 사채 발행회사가 사채권자에게 현금으로 지급할 이자금액인 액면이자가 결정된다. 약속된 이자 지급일에 지급할 액면이자는 현금이자가 된다.
시장이자율	- 말 그대로 자본시장에서 결정된 이자율을 말한다.
사채발행비	- 사채 발행에는 사채권 인쇄비, 사채모집광고비, 사채발행수수료 등 사채발행비가 발생한다.

다. 사채의 발행

구분	내용
할인발행	액면(표시)이자율 < 시장이자율 (차) 현금* 450,000 (대) 사채** 500,000 사채할인발행차금 50,000
할증발행	액면(표시)이자율 > 시장이자율 (차) 현금* 550,000 (대) 사채** 500,000 사채할증발행차금 50,000
액면발행	액면(표시)이자율 = 시장이자율 (차) 현금 500,000 (대) 사채 500,000

* 발행금액
** 액면금액

4 퇴직급여충당부채

가. 퇴직급여충당부채의 의의

1년 이상 근무한 종업원의 퇴직시에 생길 큰 비용을 대비하여 적립되는 부채의 성질을 가진 충당금이다.

나. 퇴직급여충당부채의 회계처리

구분	내용			
퇴직급여충당부채 설정	(차) 퇴직급여	×××	(대) 퇴직급여충당부채	×××
퇴직금 지급	① 퇴직금 > 퇴직급여충당부채 (차) 퇴직급여 　　퇴직급여충당부채	 ××× ×××	 (대) 예수금 　　현금	 ××× ×××
	② 퇴직금 < 퇴직급여충당부채 (차) 퇴직급여충당부채	 ×××	 (대) 예수금 　　현금	 ××× ×××

다. 퇴직연금제도

구분	내용
확정급여형 (DB)	- 근로자가 지급받을 퇴직급여 수준이 사전에 결정되어져 있는 경우이며, 운영책임은 회사(사업주)가 지기에 안전성이 높다고 볼 수 있다. - 회계처리 　(차) 퇴직연금운용자산　×××　(대) 현금　×××
확정기여형 (DC)	- 사용자가 납부할 부담금을 확정하고 그 금액을 근로자가 금융기관과 협의하여 정할 수 있는 경우이며, 퇴직급여는 고정되어 있지 않다. - 회계처리 　(차) 퇴직급여　×××　(대) 현금　×××

연/습/문/제

01.
(주)세무는 종업원 박진형 씨가 퇴사하여 퇴직금 6,000,000원을 보통예금계좌에서 지급하였다. 박진형 씨의 퇴사직전 (주)세무의 퇴직급여충당부채는 10,000,000원이다. 박진형 씨 퇴직금 지급에 대한 분개로 옳은 것은? (FAT1급, 3회)

	차 변		대 변	
①	퇴직급여충당부채	6,000,000	보통예금	4,000,000
②	퇴직급여충당부채	4,000,000	보통예금	4,000,000
③	퇴직급여충당부채	10,000,000	보통예금	10,000,000
④	보통예금	4,000,000	퇴직급여충당부채	4,000,000

02.
(주)세무는 이수환이 퇴사하여 퇴직금 10,000,000원을 보통예금계좌에서 지급하였다. 이 거래를 회계처리한 후 나타나는 결과로 옳은 것은? (단, 종업원 퇴사직전 퇴직급여충당부채 잔액은 7,000,000원이다) (FAT1급, 4회)

① 자산이 증가한다.   ② 부채가 감소한다.
③ 자본금이 증가한다.   ④ 이익잉여금이 증가한다.

03.
다음 대화내용을 보고 밑줄친 부분에 해당하는 계정과목으로 옳은 것은? (FAT1급, 7회)

① 선급금   ② 세금과공과
③ 예수금   ④ 선급비용

04.

다음 중 비유동부채에 해당되는 것을 모두 고른 것은? (FAT1급, 8회)

| 가. 유동성장기부채 | 나. 부가세예수금 |
| 다. 퇴직급여충당부채 | 라. 사채 |

① 가, 나   ② 나, 다
③ 다, 라   ④ 가, 라

05.

다음 각 거래의 회계처리시 차변에 나타날 계정과목으로 옳은 것은? (FAT1급, 9회)

(가) (주)세무는 제품을 2,000,000원에 판매하기로 하고 계약금 200,000원을 현금으로 받았다.
(나) 김수영 대리가 퇴사하여 퇴직금 4,000,000원을 보통예금 계좌에서 지급하였다. 퇴사일 현재 퇴직급여충당부채 잔액은 5,000,000원이었다.
(다) 거래처에 상품 5,000,000원을 외상으로 판매하였다.

	(가)	(나)	(다)
①	선수금	퇴직급여충당부채	외상매출금
②	현금	퇴직급여충당부채	외상매출금
③	선수금	현금	상품매출
④	현금	현금	상품매출

06.

가수금으로 회계처리했던 100,000원이 상품매출 주문에 대한 계약금으로 판명된 경우 회계처리로 옳은 것은? (FAT1급, 10회)

① (차) 가수금　　100,000　　(대) 선수금　　100,000
② (차) 가수금　　100,000　　(대) 미수금　　100,000
③ (차) 선수금　　100,000　　(대) 가수금　　100,000
④ (차) 미수금　　100,000　　(대) 가수금　　100,000

07.

(주)세무는 다음과 같은 조건으로 자금을 차입하였다. 20x1년 12월 31일 비유동부채에 계상된 차입금은 얼마인가? (FAT1급, 11회)

· 차입일자: 20x1년 1월 1일　　· 차입금: 24,000,000원
· 차입기간: 3년　　　　　　　· 상환조건: 매년말 균등분할상환

①　2,000,000원　　②　8,000,000원
③　16,000,000원　　④　24,000,000원

08.

다음 20x2년 말 재무상태표에 계상된 부채 중 유동부채로 분류되지 않는 것은? (FAT1급, 12회)

① 20x2년 3월말에 지급하기로 한 외상매입금
② 20x1년 5월말에 차입하였으며 그 상환기간이 1년인 차입금
③ 20x3년 7월말에 만기일이 도래하는 장기차입금
④ 20x1년 12월말에 설정한 퇴직급여충당부채

09.

(주)세무의 퇴직급여충당부채 계정에 기입된 5월 18일 거래를 추정한 것으로 옳은 것은? (FAT1급, 19회)

퇴직급여충당부채	
5/18 현 금 3,000,000원	1/1 전기이월 10,000,000원

① 당기분 퇴직급여 추산액 3,000,000원을 계상하다.
② 당기에 지급했던 퇴직급여 중 과다지급액 3,000,000원을 현금으로 회수하다.
③ 종업원이 퇴직하여 퇴직급여 3,000,000원을 현금으로 지급하다.
④ 퇴직급여충당부채 추산액의 초과금 3,000,000원을 현금으로 회수하다.

10.

다음 중 유동부채에 해당되지 않은 것은? (FAT1급, 28회)

① 매입채무
② 단기차입금
③ 미지급법인세
④ 퇴직급여충당부채

11.

다음 중 유동부채가 발생하는 거래에 해당하는 것은? (FAT1급, 55회)

① 급여 지급 시 근로소득세를 원천징수하였다.
② 상품을 주문하고 계약금을 현금으로 지급하였다.
③ 상품을 외상으로 판매하였다.
④ 기말에 퇴직급여충당부채를 추가로 설정하였다.

12.

다음 중 유동부채 계정과목이 나타나는 거래가 아닌 것은? (FAT1급, 58회)

① 급여 지급 시 근로소득세를 원천징수하다.
② 상품을 주문하고 계약금을 현금으로 지급하다.
③ 결산일 현재 장기차입금의 상환기일이 3개월 이내로 도래하여 유동성대체하다.
④ 거래처로부터 내용 불명의 금액이 보통예금계좌로 입금되다.

PART 04 자 본

1. 자본의 정의
2. 자본의 종류
3. 자본금
4. 주식의 발행
5. 신주발행비와 미상각잔액

04 자본

1 자본의 정의

자본은 자산에서 부채를 차감하고 남은 금액이며 잔여액이며 소유주지분 또는 순자산이라고도 한다.

2 자본의 종류

구분		내용
납입자본	자본금	보통주자본금, 우선주자본금
	자본잉여금	주식발행초과금, 기타자본잉여금(자기주식처분이익), 감자차익 등
기타 자본 구성 요소	자본조정	자기주식, 주식할인발행차금, 주식매수선택권, 출자전환채무, 감자차손, 자기주식처분손실, 전환권대가, 신주인수권대가 등
	기타포괄 손익누계액	매도가능증권평가손익, 해외사업환산손익, 현금흐름위험회피, 파생상품평가손익, 재평가잉여금 등
이익잉여금		법정적립금(이익준비금), 임의적립금(배당평균적립, 사업확장적립금, 감채적립금), 미처분이익잉여금(또는 미처리결손금) 등

3 자본금

가. 자본금

개인기업에서 자본금계정은 기업주가 최초 영업을 개시할 때 원시출자액을 시작으로 기중출자액과 기업주 인출액, 당기순손익을 처리하는 계정이다.

4 주식의 발행

구분	내용			
할인발행	액면가액(500,000원) > 발행가액(450,000원)			
	(차) 현금* 주식할인발행차금	450,000 50,000	(대) 자본금**	500,000
할증발행	액면가액(500,000원) < 발행가액(550,000원)			
	(차) 현금*	550,000	(대) 자본금** 주식발행초과금	500,000 50,000
액면발행	액면가액(500,000원) = 발행가액(500,000원)			
	(차) 현금	500,000	(대) 자본금	500,000

* 발행금액
** 액면금액

5 신주발행비와 미상각잔액

가. 신주발행비 30,000원을 현금으로 지급 한 경우

구분	내용			
할인발행	액면가액(500,000원) > 발행가액(450,000원)			

	(차) 현금
	     주식할인발행차금
		450,000
		 80,000
			(대) 자본금
			     현금
				500,000
				 30,000

할증발행	액면가액(500,000원) < 발행가액(550,000원)			
	(차) 현금	520,000	(대) 자본금 주식발행초과금	500,000 20,000

나. 미상각잔액이 있는 경우

구분	내용			
할인발행	- 액면가액(500,000원) > 발행가액(450,000원) - 주식발행초과금 30,000원 있는 경우			
	(차) 현금 　　주식발행초과금 　　주식할인발행차금	450,000 30,000 20,000	(대) 자본금	500,000
할증발행	- 액면가액(500,000원) < 발행가액(550,000원) - 주식할인발행차금 30,000원 있는 경우			
	(차) 현금	550,000	(대) 자본금 　　주식할인발행차금 　　주식발행초과금	500,000 30,000 20,000

연/습/문/제

01.
(주)세무가 자본증자를 위해 액면 5,000원의 주식을 6,000원에 발행한 경우, 올바르게 분개된 것은? (FAT1급, 2회)

① (차) 현금 6,000 (대) 자본금 5,000
　　　　　　　　　　　　　　주식발행초과금 1,000
② (차) 현금 6,000 (대) 자본금 6,000
③ (차) 현금 6,000 (대) 자본금 5,000
　　　　　　　　　　　　　　주식할인발행차금 1,000
④ (차) 현금 5,000 (대) 자본금 5,000

02.
다음의 설명에 해당하는 자본항목은? (FAT1급, 7회)

- 상법에 규정된 법정적립금으로 분류된다.
- 상법에 따라 자본금의 2분의 1이 될 때까지 매 결산기 이익배당액의 10분의 1 이상을 적립하여야 한다.
- 결손금을 보전하거나 자본금의 전입으로 사용할 수 있다.

① 감채적립금　　　　　　② 이익준비금
③ 배당평균적립금　　　　④ 결손보전적립금

03.
(주)세무가 보통주 1,000주(액면금액 주당 500원)를 주당 400원에 현금 발행한 경우 재무제표에 미치는 영향으로 옳은 것은? (FAT1급, 12회)

① 자본의 감소　　　　　　② 자산의 증가
③ 수익의 증가　　　　　　④ 비용의 감소

04.
다음은 (주)세무의 보통주식 발행에 관한 설명으로 옳지 않은 것은? (FAT1급, 13회)

- 주식발행일: 20x1년 12월 31일
- 1주당 액면금액: 10,000원
- 1주당 발행금액: 15,000원
- 발행주식수: 100주
- 주식발행대금은 주식발행일에 전액 현금으로 납입되었고, 신주발행비 100,000원은 현금으로 지출하였다.
- 주식발행 전 주식발행초과금과 주식할인발행차금 잔액은 없었다.

① 자본금이 1,000,000원 증가한다.
② 주식발행초과금이 400,000원 증가한다.
③ 주식할인발행차금이 100,000원 증가한다.
④ 자본총액은 1,400,000원 증가한다.

05.
다음 중 기타포괄손익누계액에 해당하는 계정과목으로 옳은 것은? (FAT1급, 16회)
① 단기매매증권처분이익　　② 외환차익
③ 매도가능증권평가이익　　④ 자산수증이익

06.
다음은 (주)세무의 주식 발행에 대한 내용이다. 이에 대한 설명으로 옳지 않은 것은?
(FAT1급, 18회)

- 발행주식수 : 보통주 500주 (1주당 액면금액 5,000원)
- 발행금액 : 5,000,000원
- 주식발행비 : 20,000원 (현금지급)
- 주식발행비를 차감한 잔액은 당좌예금으로 입금되었다.

① 유동자산이 증가한다.　　② 자본금이 증가한다.
③ 자본잉여금이 증가한다.　④ 영업외비용이 증가한다.

07.

(주)한공은 자본증자를 위해 보통주 1,000주를 주당 6,000원(액면금액 주당 5,000원)에 발행하고, 주식대금은 현금으로 납입받았다. 자본증자일 현재 주식할인발행차금의 잔액이 없다고 가정할 때 주식발행에 대한 회계처리로 옳은 것은? (FAT1급, 42회)

① (차) 현금　　　　　6,000,000원　　(대) 자본금　　　　　　　6,000,000원

② (차) 현금　　　　　6,000,000원　　(대) 자본금　　　　　　　5,000,000원
　　　　　　　　　　　　　　　　　　　　주식발행초과금　　　1,000,000원

③ (차) 현금　　　　　6,000,000원　　(대) 자본금　　　　　　　5,000,000원
　　　　　　　　　　　　　　　　　　　　주식할인발행차금　　1,000,000원

④ (차) 현금　　　　　5,000,000원　　(대) 자본금　　　　　　　5,000,000원

08.

주식의 발행에 관한 다음 설명 중 (가)와 (나)에 들어갈 자본의 분류로 옳은 것은? (FAT1급, 43회)

- 주주로부터 현금을 수령하고 주식을 발행하는 경우에 주식의 발행금액이 액면금액보다 크다면 그 차액을 주식발행초과금으로 하여 (가)으로 회계처리한다.
- 주주로부터 현금을 수령하고 주식을 발행하는 경우에 주식의 발행금액이 액면금액보다 작다면 그 차액을 주식발행초과금의 범위 내에서 상계처리하고, 미상계된 잔액이 있는 경우에는 (나)의 주식할인발행차금으로 회계처리한다.

	(가)	(나)
①	자본금	자본조정
②	자본조정	자본잉여금
③	자본조정	기타포괄손익누계액
④	자본잉여금	자본조정

09.

다음 기사를 통해 알 수 있는 사실로 묶인 것은?(주식발행 전 주식발행초과금과 주식할인발행차금 잔액은 없는 것으로 가정한다.) (FAT1급, 55회)

> (주)한공은 사업다각화를 위해 태양광산업에 진출할 것을 결정하고, 이사회결의에 따라 보통주 500주를 주당 12,000원(액면금액 10,000원)에 현금 발행하여 자금을 마련하였다.
> - 이하 생략-
>
> (2022년 5월 11일, 대한경제신문)

㉠ (주)한공의 자본잉여금이 증가한다.
㉡ (주)한공의 자산이 증가한다.
㉢ (주)한공의 부채가 증가한다.
㉣ (주)한공의 이익잉여금이 증가한다.

① ㉠, ㉡
② ㉡, ㉢
③ ㉢, ㉣
④ ㉠, ㉣

PART 05
수익과 비용

제1절 수익
제2절 비용

05 수익과 비용

제1절 _ 수익

1 수익인식기준

'수익'은 통상적인 경영활동에서 발생하는 경제적 효익의 총유입을 말하며, 자산의 증가 또는 부채의 감소로 나타난다.

회계기준에서는 수익인식기준으로 실현주의를 채택하고 있다. 실현주의는 첫째, 수익이 실현되었거나 또는 실현가능하고 둘째, 수익이 획득되었으면 수익을 인식하는 기준이 된다.

구 분	인식기준	수익인식 조건(각 구분별로 모두 만족해야 함)
재화의 판매	인도기준	① 수익금액을 신뢰성 있게 측정할 수 있다. ② 거래와 관련된 경제적 효익의 유입 가능성이 높다. ③ 거래와 관련하여 발생했거나 발생할 원가를 신뢰성 있게 측정할 수 있다. ④ 재화의 소유에 따른 유의적인 위험과 보상이 구매자에게 이전된다. ⑤ 판매자는 판매된 재화의 소유권과 결부된 통상적 수준의 지속적인 관리상 관여를 하지 않을 뿐만 아니라 효과적인 통제를 할 수 없다.
용역의 제공	진행기준	① 수익금액을 신뢰성 있게 측정할 수 있다. ② 거래와 관련된 경제적 효익의 유입 가능성이 높다. ③ 이미 발생한 원가 및 거래의 완료를 위한 원가를 신뢰성 있게 측정할 수 있다. ④ 보고기간 말에 그 거래의 진행률을 신뢰성 있게 측정할 수 있다.

2 수익의 종류

구 분	계 정 과 목
매 출 액	총매출액 – (매출할인, 매출환입, 매출에누리액)
영업외 수익	이자수익, 배당금수익(주식배당 제외), 임대료, 단기투자자산처분이익, 단기 투자자산평가이익, 외환차익, 외화환산이익, 지분법이익, 장기투자증권손상차손환입, 투자자산처분이익, 유형자산처분이익, 사채상환이익, 전기오류수정이익

제2절 _ 비용

1 비용의 종류

비용의 분류	계정과목
매출원가	판매된 상품 또는 제품 등에 대한 매입원가 또는 제조원가
판매비와 관리비	급여, 퇴직급여, 명예퇴직금, 복리후생비, 임차료, 기업업무추진비, 감가상각비, 무형자산상각비, 세금과공과, 광고선전비, 연구비, 경상개발비, 대손상각비 등 매출원가에 속하지 아니하는 모든 영업비용
영업외비용	이자비용, 기타의 대손상각비, 단기투자자산처분손실, 단기투자자산평가손실, 재고자산감모손실(비정상적으로 발생한 재고자산감모손실에 한함), 외환차손, 외화환산손실, 기부금, 지분법손실, 장기투자자산손상차손, 투자자산처분손실, 유형자산처분손실, 사채상환손실, 전기오류수정손실
법인세비용	계속사업손익에 대응하여 발생한 법인세비용

연/습/문/제

01.
다음 중 영업외비용에 해당하는 것은? (FAT1급, 2회)
① 주식발행초과금　　　　② 매출원가
③ 매도가능증권평가손실　④ 이자비용

02.
다음은 도매업을 영위하고 있는 (주)세무의 경영성과에 대한 대화이다. (㉮)에 들어갈 항목으로 옳은 것은? (FAT1급, 5회)

① 매출원가　　　　② 급여
③ 여비교통비　　　④ 이자비용

03.

다음은 (주)세무의 20x1년 수익·비용과 관련된 자료이다. (FAT1급, 6회)

· 매출원가	1,550,000원	· 매출액	2,500,000원
· 매입액	1,500,000원	· 급여	300,000원
· 광고선전비	100,000원	· 복리후생비	50,000원
· 이자비용	30,000원	· 이자수익	80,000원

(주)세무의 20x1년 영업손익을 계산하면 얼마인가?

① 영업손실 500,000원
② 영업손실 950,000원
③ 영업이익 500,000원
④ 영업이익 950,000원

04.

(주)세무의 20x1년 당기순이익은 4,000,000원이었으나 다음의 회계처리 오류가 발견되었다. 오류사항을 반영한 후 당기순이익은 얼마인가? (FAT1급, 12회)

> 가. 임차료 미지급분 300,000원 계상 누락
> 나. 단기매매증권평가손실 200,000원 계상 누락
> 다. 건물에 대한 감가상각비 400,000원 이중 계상

① 3,500,000원
② 3,700,000원
③ 3,800,000원
④ 3,900,000원

05.

다음 중 도매업을 영위하는 기업의 손익계산서상 영업이익에 영향을 미치지 않는 거래는?
(FAT1급, 16회)

① 본사 건물에 대한 감가상각비를 비용으로 계상하였다.
② 단기대여금에 대한 대손충당금을 설정하였다.
③ 직원들의 단합을 위하여 회식비를 지급하였다.
④ 명절선물을 구입하여 거래처에 증정하였다.

06.

다음 중 손익계산서에 반영되는 계정으로 옳지 않은 것은? (FAT1급, 17회)

① 단기매매증권평가이익
② 단기매매증권처분이익
③ 매도가능증권평가이익
④ 매도가능증권처분이익

07.

다음 중 수익이 실현된 것으로 볼 수 없는 것은? (FAT1급, 20회)

① 상품을 외상으로 판매한 경우
② 건물의 임대차계약을 체결한 경우
③ 제품을 장기할부조건으로 판매한 경우
④ 대여금에 대한 기간이 경과하여 이자가 발생된 경우

08.

다음 중 손익계산서 상 당기순손익에 영향을 주는 계정과목이 아닌 것은? (FAT1급, 39회)

① 외화환산손익
② 유형자산처분손익
③ 매도가능증권평가손익
④ 단기매매증권처분손익

09.

다음 중 손익계산서상 판매비와관리비에 해당하지 않는 계정과목은 무엇인가? (FAT1급, 42회)

① 감가상각비
② 복리후생비
③ 경상연구개발비
④ 기타의 대손상각비

10.

당기의 지출관련 자료가 다음과 같을 때 판매비와관리비는 얼마인가?(도소매업을 가정한다.)
(FAT1급, 43회)

• 상품 매입 시 운반비 100,000원	• 영업부서 회식비 300,000원
• 상품 매출 시 운반비 200,000원	• 은행 차입금에 대한 이자 50,000원

① 350,000원
② 500,000원
③ 600,000원
④ 650,000원

11.

당기에 지출한 자료가 다음과 같을 때 판매비와관리비는 얼마인가? (FAT1급, 44회)

급여	1,000,000원	세금과공과금	800,000원
복리후생비	400,000원	단기매매증권평가손실	600,000원
기부금	500,000원	잡손실	200,000원

① 1,800,000원
② 1,900,000원
③ 2,200,000원
④ 2,400,000원

12.

다음은 (주)한공의 업무일지의 일부이다. (가)와 (나)를 회계처리할 때 차변 계정과목으로 옳은 것은? (FAT1급, 57회)

일자	20x2년 10월 25일
업무내용	1. 수해 이재민 지원금 전달 행사 ① 시간: 10시 ~ 12시 ② 장소: 본사 강당 ③ 비용: 5백만원 (가) 2. 직원 체육 대회 ① 시간: 2시 ~ 6시 ② 장소: 올림픽공원 ③ 비용: 3백만원 (나) ⋮

업무일지

	(가)	(나)
①	광고선전비	접대비(기업업무추진비)
②	기부금	복리후생비
③	기부금	접대비(기업업무추진비)
④	접대비(기업업무추진비)	복리후생비

13.

다음 자료를 토대로 (주)한공(도매업)의 판매비와관리비를 계산하면 얼마인가? (FAT1급, 58회)

- 급 여   8,000,000원
- 이자비용   400,000원
- 세금과공과 900,000원
- 수도광열비   200,000원
- 접대비(기업업무추진비) 2,000,000원
- 잡 손 실   100,000원

① 11,100,000원   ② 11,200,000원
③ 11,500,000원   ④ 11,600,000원

FAT 1급
Accounting **T**echnicians

PART 06
결 산

1. 미지급비용: 당기에 발생한 비용의 인식
2. 미수수익: 당기에 발생한 수익의 인식
3. 선급비용: 차기에 귀속하는 비용의 이연
4. 선수수익: 차기에 귀속하는 수익의 이연
5. 소모품: 당기에 사용된 소모품을 소모품비로 계상

06 결 산

제1절 _ 결산정리분개

발생주의에 의하면 결산일에 예금에 대한 이자를 아직 현금을 받지 않았더라도 이자수익이 이미 발생한 것이며, 그로 인해 받을 자산이 존재하게 된다. 하지만 기중 거래에 따른 회계처리에서는 이러한 사항들이 누락되거나 반영되어 있지 않다. 이러한 사항을 조정하여 정리하는 회계처리가 결산정리(수정) 분개 및 전기이다. 즉, 결산정리(수정)사항은 결산일에 반영되지 않은 계정과목 및 금액을 정확하게 조정해야 할 사항을 말한다.

계정과목 및 잔액을 재무제표에 정확하게 보고하기 위해서는 기말 결산시점에서 조정하기 위한 결산정리(수정) 분개가 필요하다. 즉, 결산정리(수정) 분개란 결산일에 자산·부채·자본과 수익·비용을 정확한 금액으로 조정하기 위한 결산정리(수정)를 장부에 반영하기 위한 분개이다. 회계기말에 수행하는 결산정리분개의 유형은 다음과 같다.

➡ **FAT1급에서 다루는 주요 결산정리사항**

구분	내용
손익의 인식과 이연	선급비용, 선수수익, 미수수익, 미지급비용의 계상
소모품 정리	소모품 등 미사용액의 정리
가계정 정리	현금과부족, 가지급금, 가수금 정리
유가증권 평가	단기매매증권평가손익 계상
장기부채 유동성 정리	유동성장기부채 계상
퇴직급여충당부채 설정	퇴직급여충당부채 계상
대손충당금 설정	대손충당금 계상
유형자산의 감가상각	감가상각누계액 계상
무형자산의 감가상각	무형자산상각비 계상 및 무형자산 장부금액 차감
상품 정리	상품매출원가 계상

1 미지급비용: 당기에 발생한 비용의 인식

기중에 발생하여 당기의 손익계산서에 계상되어야 할 비용인데, 기중에 해당 비용과 관련된 구체적인 거래가 발생하지 않았기 때문에 기중에는 인식하지 못한 비용을 결산 때에 결산정리(수정) 분개를 통하여 인식하는 경우를 말한다. 이러한 항목들이 결산일에 파악되면 인식된 금액을 해당 비용 계정의 차변에 기록하면서 동시에 부채 계정인 미지급비용 계정의 대변에 기록한다.

➡ 기말 결산정리(수정) 분개

| (차) 비 용 ××× (대) 미지급비용 ××× |

미지급비용에는 미지급이자, 미지급임차료, 미지급보험료 등이 있다.

2 미수수익: 당기에 발생한 수익의 인식

기중에 발생하여 당기의 손익계산서에 계상되어야 할 수익인데, 기중에 해당 수익과 관련된 구체적인 거래가 발생하지 않았기 때문에 기중에는 인식하지 못한 수익을 결산 때에 결산정리(수정) 분개를 통하여 인식하는 경우를 말한다. 이러한 항목들이 결산일에 파악되면 인식된 금액을 해당 수익 계정의 대변에 기록하면서 동시에 자산 계정인 미수수익 계정의 차변에 기록한다.

➡ 기말 결산정리(수정) 분개

미수수익에는 미수이자, 미수임대료 등이 있다.

3. 선급비용: 차기에 귀속하는 비용의 이연

1) 기중에 선급비용(자산)으로 회계처리하는 경우

기중에 비용의 발생보다 비용 항목의 (현금)지급이 먼저 이루어진 경우 미리 지급한 금액만큼 미래에 경제적 효익(자산)을 가져다 줄 것이다. 이 경우 거래발생일 당시에 (현금)지급과 동시에 자산인 선급비용으로 기록한다.

기말 결산일에는 기중에 자산으로 인식된 금액 중에 당기에 귀속되는 비용만큼을 결산정리(수정) 분개를 통하여 당년도 자산에서 제외시키고 당기분 비용으로 인식한다.

➡ 기중 분개

(차) 선 급 비 용	×××	(대) 현 금	×××

➡ 기말 결산정리(수정) 분개

(차) 비 용	×××	(대) 선 급 비 용	×××

선급비용에는 선급이자, 선급임차료, 선급보험료 등이 있다.

2) 기중에 비용으로 회계처리하는 경우

기중에 비용 항목의 (현금)지급이 먼저 이루어진 경우 미리 지급한 금액 모두를 거래발생일 당시에 (현금)지급과 동시에 비용으로 기록한다.

기말 결산일에는 기중에 비용으로 인식된 금액 중에서 차기에 귀속되는 비용만큼을 결산정리(수정) 분개를 통하여 당년도 비용에서 제외시키고 선급비용(자산)으로 인식한다.

➡ 기중 분개

(차) 비 용	×××	(대) 현 금	×××

➡ 기말 결산정리(수정) 분개

(차) 선 급 비 용	×××	(대) 비 용	×××

4 선수수익: 차기에 귀속하는 수익의 이연

1) 기중에 선수수익(부채)으로 회계처리하는 경우

기중에 수익의 발생보다 수익 항목의 (현금)수입이 먼저 이루어진 경우 미리 받은 금액만큼 미래에 서비스를 제공해 주어야 하는 의무(부채)가 발생된다. 이 경우 거래발생일 당시에 (현금)수취와 동시에 부채인 선수수익으로 기록한다.

기말 결산일에는 기중에 부채로 인식된 금액 중에 당기에 귀속되는 수익만큼을 결산정리(수정) 분개를 통하여 당년도 부채에서 제외시키고 당기분 수익으로 인식한다.

➡ 기중 분개

| (차) 현 금 | ××× | (대) 선 수 수 익 | ××× |

➡ 기말 결산정리(수정) 분개

| (차) 선 수 수 익 | ××× | (대) 수 익 | ××× |

선수수익에는 선수이자, 선수임대료 등이 있다.

2) 기중에 수익으로 회계처리하는 경우

기중에 수익 항목의 (현금)수입이 먼저 이루어진 경우 미리 받은 금액 모두를 거래발생일 당시에 (현금)수취와 동시에 수익으로 기록한다.

기말 결산일에는 기중에 수익으로 인식된 금액 중에 차기에 귀속되는 수익만큼을 결산정리(수정) 분개를 통하여 당년도 수익에서 제외시키고 동시에 선수수익(부채)으로 인식한다.

➡ 기중 분개

| (차) 현 금 | ××× | (대) 수 익 | ××× |

➡ 기말 결산정리(수정) 분개

| (차) 수 익 | ××× | (대) 선 수 수 익 | ××× |

5 소모품: 당기에 사용된 소모품을 소모품비로 계상

1) 기중에 소모품(자산)으로 회계처리하는 경우

기중에 소모품을 구입하게 되면 우선 소모품(자산)으로 계상하고, 기말에는 남아있는 소모품을 조사하여 사용된 소모품을 비용인 소모품비(비용)과 소모품의 감소로 기록한다.

선급비용의 회계처리와 동일한 논리이다.

➡ 기중 분개

| (차) 소 모 품 | ××× | (대) 현 금 | ××× |

➡ 기말 결산정리(수정) 분개

| (차) 소 모 품 비 | ××× | (대) 소 모 품 | ××× |

2) 기중에 소모품비(비용)으로 회계처리하는 경우

기중에 소모품을 구입하게 되면 모두 소모품비(비용)로 계상하고, 기말 결산일에는 남아있는 소모품을 조사하여 그 금액을 소모품(자산)으로 기록하고 동시에 소모품비(비용)의 감소로 회계처리 한다.

➡ 기중 분개

| (차) 소 모 품 비 | ××× | (대) 현 금 | ××× |

➡ 기말 결산정리(수정) 분개

| (차) 소 모 품 | ××× | (대) 소 모 품 비 | ××× |

➡ 결산정리(수정) 분개의 유형

구 분	정 의	분 류	기중분개		결산정리(수정) 분개
미지급비용	당기 비용의 인식	부채	—		(비용 / 미지급비용)
미수수익	당기 수익의 인식	자산	—		(미수수익 / 수익)
선급비용	차기 비용의 이연	자산	1)	(선급비용 / 현금)	(비용 / 선급비용)
			2)	(비용 / 현금)	(선급비용 / 비용)
선수수익	차기 수익의 이연	부채	1)	(현금 / 선수수익)	(선수수익 / 수익)
			2)	(현금 / 수익)	(수익 / 선수수익)
소모품	차기 비용의 이연	자산	1)	(소모품 / 현금)	(소모품비 / 소모품)
			2)	(소모품비 / 현금)	(소모품 / 소모품비)

* 기중 분개는 현금거래를 가정

연/습/문/제

01.
(주)세무는 20x1년 4월 1일 1년분 보험료 1,200,000원을 현금지급하고 다음과 같이 회계처리 하였다. (FAT1급, 1회)

| (차) 보험료 | 1,200,000 | (대) 현금 | 1,200,000 |

20x1년 12월 31일에 행할 결산정리 분개로 옳은 것은? (단, 월할 계산한다고 가정한다)
① (차) 선급비용　　　　 300,000　　 (대) 보험료　　　　 300,000
② (차) 보험료　　　　　 900,000　　 (대) 미지급비용　　 900,000
③ (차) 선급비용　　　　 900,000　　 (대) 보험료　　　　 900,000
④ (차) 보험료　　　　　 300,000　　 (대) 미지급비용　　 300,000

02.
(주)세무는 20x1년 9월 1일 정기예금 2,000,000원을 적립하였다. 20x1년 12월 31일에 행할 결산정리 분개로 옳은 것은? (미수이자는 월할 계산할 것) (FAT1급, 2회)
(만기 20x2년 8월 31일, 연 이자율 12%, 이자는 만기시 원금과 함께 수령)
① (차) 선수수익　　　　 40,000　　 (대) 이자수익　　 40,000
② (차) 미수수익　　　　 80,000　　 (대) 이자수익　　 80,000
③ (차) 이자수익　　　　 80,000　　 (대) 선수수익　　 80,000
④ (차) 이자수익　　　　 40,000　　 (대) 미수수익　　 40,000

03.
비용과 수익의 이연과 관련된 계정과목으로 옳은 것은? (FAT1급, 8회)
① 선급보험료, 선수수수료　　　　② 미수이자, 선수수수료
③ 선급임차료, 미수임대료　　　　④ 미지급급여, 선수이자

04.
다음 자료에 의한 결산조정 후 당기순이익은 얼마인가? (FAT1급, 9회)

- 결산조정 전 당기순이익　　10,000,000원
- 결산조정사항
  (1) 보험료 선급분 1,000,000원　　(2) 이자 미지급분 2,000,000원

① 7,000,000원　　　　　　　② 8,000,000원
③ 9,000,000원　　　　　　　④ 10,000,000원

05.

다음 소모품 관련 자료에 의해 20x1년 결산시점 회계처리로 옳은 것은? (20x1년 기초재고는 없으며, 구입 시 소모품비 계정으로 회계처리하였다) (FAT1급, 10회)

- 20x1년 3월 1일 소모품 200,000원을 현금구입하였다.
- 20x1년 12월 31일 소모품 미사용액은 100,000원이었다.

① (차) 소모품   200,000   (대) 소모품비   200,000
② (차) 소모품   100,000   (대) 소모품비   100,000
③ (차) 소모품비   100,000   (대) 소모품   100,000
④ (차) 소모품비   200,000   (대) 소모품   200,000

06.

다음 중 이익을 증가시키는 결산정리사항으로 옳은 것은? (FAT1급, 11회)

가. 이자수익으로 인식한 단기대여금 이자 수취액 중 차기분 계상
나. 구입 시 비용처리한 미사용 소모품에 대한 소모품 계상
다. 임차료 미지급분 계상
라. 비용으로 계상한 보험료 지급액 중 차기분 계상

① 가, 나   ② 가, 다
③ 나, 다   ④ 나, 라

07.

손익의 결산정리사항에 대한 회계처리 시 관련 계정의 증감 변화가 바르게 연결된 것은?
(FAT1급, 18회)

① 보험료 미경과분 계상 – 미지급비용 증가
② 이자수익 미수분 계상 – 미수수익 증가
③ 임대료 미수분 계상 – 선수수익 증가
④ 이자비용 미지급액 계상 – 선급비용 증가

08.

다음은 ㈜한공의 결산정리 누락사항이다. 이를 수정하지 않을 경우 재무제표에 미치는 영향은?
(FAT1급, 38회)

- 기말 결산 시 특허권에 대한 당기분 상각을 누락하였다.

① 유동자산이 과대계상된다.
② 무형자산이 과소계상된다.
③ 당기순이익이 과소계상된다.
④ 비유동자산이 과대계상된다.

09.

다음과 같은 결산 회계처리 누락이 20x1년도 손익계산서에 미치는 영향으로 옳은 것은? (FAT1급, 39회)

> (주)한공은 20x1년 11월 1일에 가입한 1년 만기 정기예금 20,000,000원(연이율 3%, 월할계산)에 대한 이자 경과분(미수분)을 계상하지 않았다.

① 당기순이익 100,000원 과소계상
② 당기순이익 100,000원 과대계상
③ 당기순이익 600,000원 과소계상
④ 당기순이익 600,000원 과대계상

10.

다음 중 아래 항목과 관련한 결산분개가 누락될 경우 손익계산서에 미치는 영향으로 옳은 것은? (단, 임대수익은 월할계산할 것.) (FAT1급, 41회)

> • 10월 1일 임대계약을 맺고 현금으로 받은 1년분 임대료 3,600,000원을 전액 임대수익으로 인식하였다.

① 당기순이익 900,000원 과소 계상
② 당기순이익 900,000원 과대 계상
③ 당기순이익 2,700,000원 과소 계상
④ 당기순이익 2,700,000원 과대 계상

11.

다음 자료에 의한 20x1년 기말 결산분개로 옳은 것은? (FAT1급, 43회)

> • 20x1년 1월 1일 사무실에서 사용할 복사용지 100,000원을 현금으로 구입하고, 소모품비로 전액 비용처리하였다.
> • 20x1년 12월 31일까지 소모품 사용액은 70,000원이다.

① (차) 소모품   30,000원   (대) 소모품비   30,000원
② (차) 소모품   70,000원   (대) 소모품비   70,000원
③ (차) 소모품비   30,000원   (대) 소모품   30,000원
④ (차) 소모품비   70,000원   (대) 소모품   70,000원

12.

다음 중 결산 시 자본에 영향을 주지 않는 거래는? (FAT1급, 44회)
① 건물에 대한 감가상각비를 계상하다.
② 상품판매에 대한 매출원가를 인식하다.
③ 미지급금을 보통예금계좌에서 이체하여 지급하다.
④ 기간 경과분에 대한 미수이자를 계상하다.

13.

다음 자료를 토대로 결산정리 후 당기순이익을 계산하면 얼마인가? (FAT1급, 44회)

> • 결산정리 전 당기순이익 7,000,000원
> • 결산정리사항
>   (1) 기간 경과분 이자 미지급금액 3,000,000원
>   (2) 기간 미경과분 임대료 선수금액 2,000,000원

① 2,000,000원 ② 6,000,000원
③ 8,000,000원 ④ 12,000,000원

14.

다음은 (주)한공의 임차료 관련 자료이다. 기말에 수행할 결산정리분개로 옳은 것은?(월할상각 가정) (FAT1급, 58회)

> 20x1년 5월 1일 사무실을 임차하고 1년분 임차료 3,600,000원을 현금으로 지급한 후 다음과 같이 회계처리하였다.
> (차) 임차료   3,600,000원   (대) 현금   3,600,000원

① (차) 미지급비용 2,400,000원 (대) 임차료 2,400,000원
② (차) 선급비용   2,400,000원 (대) 임차료 2,400,000원
③ (차) 선급비용   1,200,000원 (대) 임차료 1,200,000원
④ (차) 미지급비용 1,200,000원 (대) 임차료 1,200,000원

Accounting Technicians
FAT 1급

Chapter 02
부가가치세법

제1장 _ 부가가치세 총론
제2장 _ 영세율과 면세
제3장 _ (전자)세금계산서
제4장 _ 과세표준과 납부세액

FAT 1급
Accounting Technicians

PART 01 부가가치세 총론

제1절 부가가치세 개념
제2절 과세거래
제3절 거래시기와 거래장소

01 부가가치세 총론

제1절 _ 부가가치세 개념

1 조세(세금)의 의의

조세란 국가 또는 지방자치단체가 나라의 살림살이를 꾸려나가는데 필요한 경비를 충당하기 위해 일반국민에게 개별적인 대가를 지급하지 않고 강제적으로 징수하는 금전 또는 재물을 말한다.

➡ 세금부과기준

소득	재산	소비
소득세 법인세	재산세 종합부동산세	부가가치세 개별소비세

2 부가가치세의 의의

- 부가가치세(Value added tax: VAT)란 재화나 용역이 생산되거나 유통되는 모든 거래단계에서 생성되는 부가가치를 과세대상으로 하는 간접세를 말한다.
- 부가가치란 각 거래 단계에서 사업자가 독자적으로 창출한 가치의 증분이다.

제조	도매	소매
100 매출	100매입	130 매입
부가가치 = 100	130 매출	200 매출
	부가가치 = 30	부가가치 = 70

3 부가가치세의 성격

구분	내용
간접세	법률상 납세의무자는 사업자이지만 그 세액은 다음 단계로 전가되어 최종소비자에게 귀착된다. (납세자≠담세자)
일반소비세	원칙적으로 모든 재화나 용역의 소비행위에 대하여 과세한다.
물세	각 사람의 담세력을 고려하지 않고 수입이나 재산 그 자체에 대하여 부과하는 조세를 말한다.
다단계과세방식	각 거래단계에서 창출한 부가가치에 과세한다.
전단계세액공제법	매출세액에서 매입세액을 차감하여 납부세액을 계산하여 과세하는 방법이다.
소비지국과세원칙	국제거래 되는 재화에 대하여 소비지국에서 과세권을 행사하는 방법이다. 즉, 생산지국에서는 부가세를 전액 공제 또는 환급하여 부담을 완전히 제거하고, 수입할 때 세관장에게 부가세를 부과한다.
면세제도	부가가치세의 역진성문제를 완화하기 위한 제도이다.

4 납세의무자

부가가치세의 납세의무자는 국세를 납부할 의무가 있는 '사업자'와 '재화를 수입하는 자'를 의미한다.

구분	내용
사업자	영리목적의 유무에 관계없이 사업상 독립적으로 재화 또는 용역을 공급하여 제공하는 자는 부가가치세를 신고·납부할 의무가 있다.
재화를 수입하는 자	사업자 여부와 용도 및 목적에 관계없이 재화를 수입재화에 대하여 부가가치세를 신고·납부할 의무가 있다.

5 납세의무자의 분류

납세의무자인 과세사업자는 직전연도 공급대가 합계 1억 400만원* 기준으로 일반과세자와 간이과세자로 나누어진다.

구 분		납세의무 여부	영세율 적용 여부
사업자	과세사업자 일반과세자	○	○
	과세사업자 간이과세자*	○**	○
	면세사업자***	×	×
재화를 수입하는 자		○	×

* 단, 과세유흥장소 및 부동산임대업 사업자는 직전연도 공급대가 4,800만원 미만의 경우에만 간이과세자로 본다.
** 해당연도 공급대가 합계액이 4,800만원 미만의 경우 부가가치세 납세의무가 면제된다.
*** 면세사업자가 면세를 포기하면 영세율 적용 대상 거래에 한해 영세율을 적용 받을 수 있다.

6 과세기간

구 분		제1기				제2기			
법인 사업자		예정	1월 1일~ 3월 31일	확정	4월 1일~ 6월 30일	예정	7월 1일~ 9월 30일	확정	10월 1일~ 12월 31일
개인사업자	일반과세자	1월 1일 ~ 6월 30일				7월 1일 ~ 12월 31일			
	간이과세자	1월 1일 ~ 12월 31일							
유형전환자		7월 1일 ~ 12월 31일							
신규사업자*		사업개시일 ~ 6월 30일				사업개시일 ~ 12월 31일			
폐 업 자		1월 1일 ~ 폐업일				7월 1일 ~ 폐업일			

* 사업개시 전에 사업자등록을 한 경우 사업개시일 대신 '등록일(등록신청일)'을 사용한다.
※ 부가가치세 예정·확정신고납부 기한은 각 과세기간이 끝난 후 25일(폐업의 경우 폐업일이 속한 달의 다음달 25일) 이내이다.

7 납세지 = 사업장

　납세의무자가 납세의무 등을 이행하고 과세권자가 조세를 부과하는 등의 기준이 되는 장소로, 현행 부가가치세법은 원칙적으로 '사업장'을 납세지로 정하고 있으며, 사업장이 없는 경우에는 사업자 등록지 또는 주소지를 납세지로 본다.

가. 사업장 범위

1) 업종별 사업장

업종		사업장
제조업		최종제품을 완성하는 장소
건설업·운수업·부동산매매업	법인	법인 등기부상 소재지
	개인	업무총괄장소
부동산임대업		부동산 등기부상 소재지
무인자동판매업		업무총괄장소

2) 직매장, 하치장, 임시사업장

구분	내용
직매장	판매시설을 갖춘 장소이며 별개의 사업장으로 본다.
하치장	재화를 보관하거나 관리하기 위하여 시설을 갖춘 곳이므로 사업장으로 보지 않는다.
임시사업장	기존사업장 외에 각종 박람회 등 행사가 개최되는 장소에서 임시사업장을 개설하는 경우이며 기존사업장에 포함하여 신고 납부한다.

나. 사업장별 과세원칙

각 사업장은 독립된 하나의 과세단위로 사업장별로 사업자등록, (전자)세금계산서 발급과 수취, 과세표준과 세액의 계산, 신고와 납부(환급), 경정과 징수 등이 이루어진다.

다. 사업장별 과세원칙의 예외

1) 주사업장 총괄납부

사업장이 둘 이상 있는 경우에는 주사업장총괄납부를 신청하여 주된 사업장 관할세무서장에게 부가가치세액을 일괄납부하거나 환급받을 수 있는 제도이다.

구분	내용	
신청	총괄납부 신청 시기	총괄납부시기
	기존사업자: 총괄납부하고자 하는 과세기간 20일 전에 주사업장총괄납부신청서를 제출	총괄납부하고자 하는 과세기간
포기	주사업장에서 총괄하여 납부하는 자가 총괄납부를 포기하고 각 사업장별로 납부하고자 하는 경우, 과세기간 개시일 20일 전까지 주된 사업장 관할 세무서장에게 '총괄납부 포기신청서'를 제출해야 하며, 세무서장의 승인을 받아야 한다.	

2) 사업자단위과세

사업자단위로 등록한 사업자는 그 사업자의 본점 또는 주사무소에서 총괄하여 신고 납부할 수 있다. 이 경우 그 사업자의 본점 또는 주사무소는 신고 납부와 관련하여 부가가치세법을 적용할 때 각 사업장으로 본다.

구분	내용
신청	이미 각 사업장별로 등록한 사업자가 사업자단위로 등록하려면 사업자단위과세사업자로 적용받으려는 과세기간 개시 20일 전까지 등록하여야 한다.
포기	포기하려고 하면 납부하려는 과세기간이 시작하기 20일 전에 사업자단위과세포기신고서를 사업자단위과세적용사업장 관할세무서장에게 제출하여야 한다. 그리고 사업자단위과세적용사업장 관할세무서장은 처리결과를 지체 없이 해당 사업자와 종된 사업장의 관할세무서장에게 통지하여야 한다.

※ 주사업장총괄납부는 납부만 가능하며, 사업자단위과세는 신고와 납부 모두 가능하다.

8 사업자 등록

가. 등록절차

사업자는 사업장별로 사업개시일로부터 20일 이내에 관할세무서장에게 등록신청을 해야 한다. 신규사업자는 사업개시일 전이라도 사업자 등록신청이 가능하다.

등록신청을 하면 사업장 관할세무서장은 신청일로부터 3일 이내에 사업자등록증을 신청자에게 발급하여야 하나, 사업장시설이나 사업현황을 확인하기 위해 5일 이내로 연장가능하다.

또한 등록정정 사유가 발생하면 등록정정신고를 하여야 하며, 세무서장은 신청일로부터 당일 또는 3일 이내에 사업자등록증을 재발급한다.

나. 미등록에 대한 제재

1) 매입세액 불공제

사업자등록을 하기 전에 발생한 매입세액은 매출세액에서 공제할 수 없다. 단, 해당 매입세액이 있는 시기가 속하는 과세기간이 끝난 후 20일 이내에 사업자등록을 신청 할 경우 등록신청일로부터 공급시기가 속하는 과세기간개시일까지 역산한 기간 이내의 매입세액은 공제받을 수 있다.

1월1일 ~ 6월30일 기간에 발생한 사업자등록 전의 매입세액	7월20일까지 사업자등록
7월1일 ~ 12월31일 기간에 발생한 사업자등록 전의 매입세액	다음해 1월20일까지 사업자등록

2) 미등록 및 허위등록 가산세

사업개시일부터 20일 이내에 등록을 신청하지 아니한 경우에는 사업개시일부터 등록을 신청한 날의 직전일까지의 공급가액의 1%에 상당하는 가산세를 부과한다.

제2절 _ 과세거래

전단계세액공제법을 채택하고 있는 부가가치세(VAT)는 부가가치에 직접 과세하는 것이 아니라, 재화 또는 용역의 공급가액에 의하여 산출된 매출세액에서 매입세액을 차감함으로써 간접적으로 과세를 실현하게 된다. 즉, 부가가치세법은 ① 재화의 공급 및 ② 용역의 공급을 과세대상으로 보고 이에 대해 부가가치세를 과세하게 된다. 또한 소비지국 과세원칙에 의해, ③ 재화의 수입도 부가가치세의 과세대상이다.

1 재화의 공급

재화의 공급이란 계약상 또는 법률상의 모든 원인에 의하여 대가를 받고 재화를 인도 또는 양도하는 것이다.

가. 재화의 범위

재화란 재산적 가치가 있는 모든 유체물과 무체물을 말한다.

구 분	재화의 종류	예 외(재화 아님)
유체물	상품, 제품, 원료, 기계, 건물, 기타 모든 유형적 물건	수표, 어음, 상품권
무체물	동력, 열과 기타 관리할 수 있는 자연력 또는 권리 등	

나. 재화의 실지공급

재화의 실지공급에는 계약상의 원인과 법률상의 원인이 있다. 계약상의 원인에는 매매계약, 가공계약, 교환계약 및 현물출자가 포함된다.

구 분		재화의 실지공급	예 외(과세대상 아님)
계약상	매매계약	현금판매, 외상판매, 할부판매, 장기할부판매, 조건부판매, 기한부판매, 위탁판매 기타 매매계약	
	가공계약	주요자재의 전부 또는 일부를 부담하고 상대방으로부터 인도받은 재화를 공작하여 새로운 재화를 만들어 인도	주요자재를 전혀 부담하지 않으면 용역의 공급
	교환계약	재화의 인도대가로서 다른 재화를 인도받거나 용역을 제공받는 것	
	현물출자	현금이 아닌 토지 등을 포함한 현물로 출자하는 것	
법률상		수용(사업시행자가 인도(양도)하고 철거하는 경우)	공매, 강제경매, 담보권 실행 위한 경매, 법률에 의한 경매

다. 재화의 공급의제(=간주공급)

재화의 구입시 과세사업으로 매입세액공제를 받았으나 최종소비단계에서 부가가치세를 부담하지 아니하는 거래를 방지하기 위한 것으로, 다음의 경우에 재화의 공급으로 의제(간주)한다.

구 분		내 용	예 외(과세대상 아님)
자가공급	면세사업에 전용*	자기사업과 관련하여 생산(취득)한 재화를 자기 면세사업을 위해 사용(소비)	
	비영업용 소형승용차*	자기사업과 관련하여 생산(취득)한 재화를 비영업용 소형승용자동차로 사용하거나 그 유지에 사용(소비)	
	판매목적 타사업장 (직매장) 반출	자기사업과 관련하여 생산(취득)한 재화를 타인에게 직접 판매할 목적으로 다른 사업장(하치장 아님)에 반출하는 것	· 주사업장총괄납부(세금계산서를 발급하면 재화의 공급) 및 사업자단위과세
개인적 공급*		자기사업과 관련하여 생산(취득)한 재화를 사업과 직접 관계없이 사용(소비)	· 작업복, 직장체육비
사업상 증여*		자기사업과 관련하여 생산(취득)한 재화를 자기의 고객이나 불특정 다수인에게 증여	· 견본품, 광고선전물
폐업시의 잔존재화*		사업을 폐지하는 때 잔존하는 재화	

* 생산(취득)시 매입세액이 불공제된 경우에는 공급의제 아님

라. 재화의 공급으로 보지 않는 경우

다음의 경우에는 재화의 공급으로 보지 아니하므로 부가가치세 과세대상이 아니다.

구 분	내 용
① 담보제공	질권·저당권·양도담보 목적으로 동산, 부동산 및 부동산상의 권리 제공하는 것
② 사업양도	사업장별 사업에 관한 모든 권리와 의무를 포괄적으로 승계시키는 것
③ 조세의 물납	상속세, 증여세, 지방세, 종합부동산세를 사업용 자산으로 물납하는 것
④ 공매와 경매	공매, 강제경매, 담보권 실행 위한 경매, 법률(민사집행법)에 의한 경매
⑤ 수용	재화의 소유자가 해당 재화를 철거하는 조건으로 대가를 받는 경우

2 용역의 공급

용역의 공급이란 계약상 또는 법률상 모든 원인에 의하여 역무를 제공하거나 소유권을 이전하지 아니하고 재화·시설물 또는 권리를 사용하게 하는 것을 말한다.

용역의 공급	예 외(과세대상 아니거나 재화의 공급)
① 건설업, 숙박 및 음식점업, 운수업, 방송통신 및 정보서비스업, 금융업 및 보험업, 부동산업 및 임대업, 기타 서비스업의 모든 역무 및 그 밖의 행위의 제공	
② 개인서비스업처럼 역무를 제공하는 것	고용 관계에 의한 근로의 제공
③ 부동산임대업처럼 재화·시설물을 사용하게 하는 것	
④ 특허권 등의 대여처럼 권리를 사용하게 하는 것, 산업상·상업상 또는 과학상의 지식·경험 또는 숙련에 관한 정보를 제공하는 것	
⑤ 인도받은 재화에 자기가 주요자재를 전혀 부담하지 않고* 단순히 가공만 하여 주는 것	자기가 주요자재의 전부 또는 일부를 부담하여* 공작을 가하여 새로운 재화를 생산하는 것(재화의 공급)
⑥ 건설업에 있어서 건설업자가 건설자재의 전부 또는 일부를 부담*하는 것	
⑦ 사업자가 대가를 받지 않고 특수관계인에게 사업용 부동산의 임대용역을 공급하는 것	대가를 받지 않고 타인에게 용역을 공급 (용역의 무상제공)

* 일반적으로 자재를 전부 또는 일부 부담하면 재화의 공급이나, 건설업은 예외적으로 용역의 공급에 해당한다.

3 재화의 수입

가. 의의

재화의 수입이란 다음에 해당하는 물품을 우리나라에 인취하는 것을 말하며 보세구역을 경유하는 것은 보세구역으로부터 인취하는 것을 말한다. 여기서 인취란 재화를 인도받아 반입하는 행위를 지칭한다.

1) 외국으로부터 우리나라에 도착한 물품. 또한 외국의 선박에 의해 공해에서 체포된 수산물도 재화의 수입으로 본다.
2) 수출신고가 수리된 물품

나. 재화의 수입이 아닌 경우

1) 수출신고가 수리된 물품으로, 선적 또는 기적되지 아니한 물품을 보세구역으로부터 인취하는 것
2) 외국에서 보세구역으로 재화를 반입하는 것

제3절 _ 거래시기와 거래장소

재화와 용역의 거래시기는 재화와 용역의 공급을 어느 과세기간에 귀속시킬 것인가의 판단기준으로 거래시기가 속하는 과세기간이 종료하는 때에 납세의무가 성립되어 (전자)세금계산서를 발급하게 된다.

1 재화의 거래시기

거래형태	거래시기
① 현금판매, 외상판매, 할부판매 　상품권 등을 현금(외상)으로 판매한 후 상품권 등이 현물과 교환	재화가 인도되거나 이용가능하게 되는 때 재화가 인도되는 때
② 재화의 공급으로 보는 가공	가공된 재화를 인도하는 때
③ 장기할부판매*	대가의 각 부분을 받기로 한 때
④ 완성도기준지급, 중간지급조건부로 재화를 공급 　전력 기타 공급단위를 구획할 수 없는 재화의 계속적 공급	
⑤ 반환조건부, 동의조건부, 기타 조건부 및 기한부 판매	조건성취 또는 기한경과로 판매가 확정되는 때
⑥ 자가공급, 개인적 공급, 사업상 증여	재화가 사용(소비)되는 때
⑦ 폐업시 잔존재화	폐업하는 때
⑧ 무인판매기를 이용한 재화공급	현금을 인취하는 때
⑨ 내국물품의 외국반출 또는 중계무역방식의 수출 　원양어업 및 위탁판매수출 　위탁가공무역방식으로 수출 또는 외국인도수출	선(기)적일 재화의 공급가액이 확정되는 때 외국에서 해당 재화가 인도되는 때
⑩ 사업자가 보세구역 내에서 수입재화를 공급	수입신고수리일
⑪ 위탁판매 또는 대리인에 의한 매매	수탁자 또는 대리인의 공급기준 적용

* 2회 이상 분할하여 대가를 받고, '인도기일 다음달 - 최종부불금지급기일'이 1년 이상인 경우에 해당한다.

2 용역의 거래시기

용역의 거래시기는 역무가 제공되거나 재화, 시설물 또는 권리가 사용되는 때를 지칭한다.

거래형태	거래시기
① 통상적 공급	역무의 제공이 완료되는 때
② 완성도기준지급·중간지급·장기할부 또는 기타조건부용역 공급단위를 구획할 수 없는 용역의 계속적 공급	대가의 각 부분을 받기로 한 때
③ ①과 ②에 해당하지 않는 경우	역무의 제공이 완료되고 그 공급가액이 확정되는 때
④ 부동산임대용역을 공급하는 경우의 전세금 또는 간주임대료 2과세기간 이상에 걸쳐 부동산임대용역을 공급한 후 받는 안분 계산된 임대료 2과세기간 이상에 걸쳐 용역을 제공하고 그 대가를 선불로 받는 경우*	예정신고기간 또는 과세기간의 종료일

* 스포츠센터(헬스클럽장) 운영사업의 연회비, 상표권 사용대가, 노인복지시설의 수영장 및 헬스클럽장 이용대가는 부가가치세 과세 대상이며, 대가의 수령 시점 또는 용역의 제공 시점에 따라 과세된다. 단, 노인복지시설의 경우 공익적 목적의 비영리 법인 등이 운영하는 경우에는 면세 대상이 될 수 있다.

3 공급시기의 특례

거래형태	거래시기
폐업전 공급한 재화 또는 용역의 공급시가가 폐업일 이후에 도래하는 경우	폐업일
공급시기가 되기 전에 세금계산서를 발급하는 경우	발급하는 때
공급시기 이후에 세금계산서를 발급하는 경우	공급받는 자는 매입세액공제를 받으나, 과세기간 경과 후 발급하는 경우 공급받는 자는 매입세액공제가 되지 않는다.

4 거래 장소

재화·용역의 거래장소는 재화·용역의 공급이 우리나라의 과세권이 미치는 거래인지 여부를 판단하는 기준이 되는 장소이다.

구 분		거래장소
재화	① 재화의 이동 필요	재화의 이동이 시작되는 장소
	② 재화의 이동 불필요	재화의 거래시기에 재화가 있는 장소
용역	③ 일반적인 경우	역무가 제공되거나 재화·시설물 또는 권리가 사용되는 장소
	④ 국제운송(사업자가 비거주자 또는 외국법인)	여객의 탑승 또는 화물 적재 장소*

* 사업자가 거주자 또는 내국법인인 경우의 공급장소는 '③ 일반적인 경우'와 동일하다.

연/습/문/제

01.

다음 중 부가가치세 과세거래에 해당하는 것을 모두 고르면? (FAT1급, 39회)

> 가. 세금을 사업용 자산으로 물납하는 경우
> 나. 소형승용차를 중고차 매매상에게 유상으로 처분하는 경우
> 다. 양도담보의 목적으로 부동산을 제공하는 경우
> 라. 상표권을 유상으로 양도하는 경우

① 가, 다 ② 나, 다
③ 나, 라 ④ 가, 라

02.

다음 중 부가가치세법상 재화의 공급시기로 옳은 것은? (FAT1급, 41회)
① 외상판매의 경우: 대가를 수령하는 때
② 재화의 공급으로 보는 가공의 경우: 재화의 가공이 완료되는 때
③ 무인판매기를 이용하여 재화를 공급하는 경우: 재화가 이동되는 때
④ 장기할부판매의 경우: 대가의 각 부분을 받기로 한 때

03.

다음 중 부가가치세법상 사업자등록에 대하여 바르게 설명하고 있는 사람은? (FAT1급, 41회)

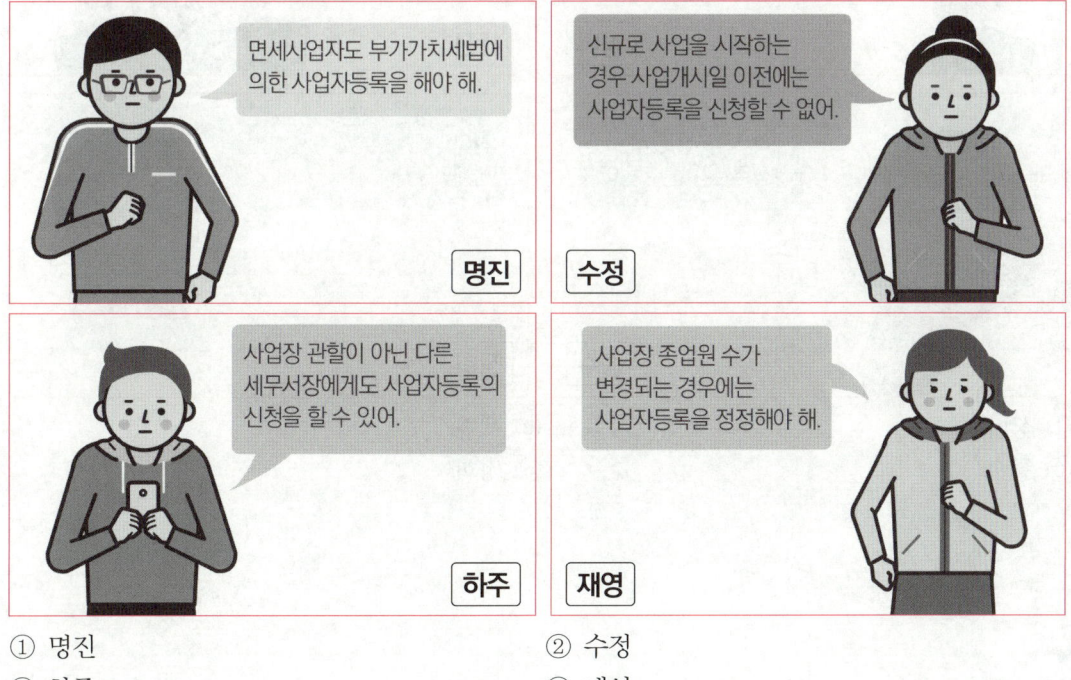

① 명진 ② 수정
③ 하주 ④ 재영

04.

다음 중 부가가치세가 과세되는 거래가 <u>아닌</u> 것은? (FAT1급, 41회)

① 상품권의 판매 ② 저작권의 양도
③ 특허권의 대여 ④ 전기의 공급

05.

다음 중 부가가치세법상 납세의무자에 대해 <u>잘못</u> 설명하고 있는 사람은? (FAT1급, 42회)

① 상미 ② 세진
③ 종수 ④ 정희

06.

다음 중 부가가치세 납세의무에 대하여 바르게 설명하고 있는 사람은? (FAT1급, 43회)

① 상민
② 현우
③ 준희
④ 재영

07.

다음 중 부가가치세법상 과세대상에 해당하는 것은? (FAT1급, 43회)
① 담보의 제공
② 기계장치의 매각
③ 매출채권의 양도
④ 상품권의 양도

08.

다음 중 부가가치세법상 재화와 용역의 공급시기에 대해 바르게 설명한 사람은? (FAT1급, 44회)

① 민성
② 혜림
③ 승진
④ 유정

09.

다음 중 부가가치세법상 과세기간과 납세지에 대한 설명으로 옳지 않은 것은? (FAT1급, 44회)
① 신규사업자의 최초 과세기간은 사업개시일부터 그 날이 속하는 과세기간의 종료일까지로 한다.
② 직매장과 하치장은 사업장으로 본다.
③ 사업자가 폐업하는 경우의 과세기간은 폐업일이 속하는 과세기간의 개시일부터 폐업일까지로 한다.
④ 부동산임대업의 사업장은 부동산 등기부상의 소재지가 원칙이다.

10.

다음 중 부가가치세 공급시기로 옳지 않은 것은? (FAT1급, 55회)
① 현금판매: 재화가 인도되는 때
② 외상판매: 현금을 수취하는 때
③ 장기할부판매: 대가의 각 부분을 받기로 한 때
④ 내국물품의 국외반출: 수출재화의 선(기)적일

PART 02
영세율과 면세

제1절 영세율
제2절 면세
제3절 영세율과 면세의 비교

02 영세율과 면세

제1절 _ 영세율

1 영세율의 의의

영세율이란 일정한 재화 또는 용역의 공급에 대하여 영의 세율을 적용하는 제도를 말한다. 영세율을 적용받는 사업자는 매출세액을 '0'으로 하고 이미 부담한 전단계까지의 모든 매입세액을 환급하여 제거한다. 따라서 이러한 영세율제도를 '완전면세제도'라고 부른다.

> 납부(환급)세액 = 매출세액(0) - 매입세액 = 매출액 × 0 % - 매입액 × 10 %

2 영세율 적용대상

구 분	대 상	예 외
부가가치세법	① 수출하는 재화	국외의 사업자에게 견본품을 무상으로 반출하는 것은 제외
	② 국외에서 제공하는 용역	
	③ 선박 또는 항공기의 외국항행 용역	
	④ 국내에서 비거주자 또는 외국법인에게 공급하는 일정한 재화와 용역	그 대금을 외국환은행을 통해서 원화로 받는 것에 한함
	⑤ 수출재화 임가공용역	사업자가 부가가치세를 별도로 적은 세금계산서를 발행하면 제외
	⑥ 외항을 항행하는 선박, 항공기 또는 원양어선에 공급하는 재화 또는 용역	사업자가 부가가치세를 별도로 적은 세금계산서를 발행하면 제외
	⑦ 외교공관, 영사기관, 국제연합, 미국군 등에 공급하는 재화 또는 용역	

구 분	대 상	예 외
조세특례제한법	① 방위산업체가 공급하는 방위산업물자	
	② 국군부대 또는 기관에 공급하는 석유류	
	③ 국가, 지방자치단체 및 도시철도공사 등에 공급하는 도시철도 건설용역	
	④ 국가 및 지방자치단체에 공급하는 사회 기반시설 또는 건설용역	
	⑤ 장애인용 보장구 등 (의수족, 휠체어, 보청기 등)	
	⑥ 농업용, 축산업용, 임업용, 어업용 기자재	

제2절 _ 면세

1 면세의 의의

면세란 일정한 재화 또는 용역의 공급에 대하여 부가가치세 납세의무를 면제하는 제도를 말한다. 면세는 해당 단계에서 적용된 매출세액은 과세하지 않으나 전단계에 이미 과세된 매입세액에 대해서는 환급되지 않으므로, 면세 대상의 재화 또는 용역의 공급에 창출된 부가가치에 대해서만 부분적으로 납세의무를 면제해주는 제도라 볼 수 있다.

$$납부(환급)세액 = 매출세액(0) - 매입세액(0) = 매출액 \times 0\% - 매입액 \times 0\%$$

2 면세 적용대상

구 분	면세 적용대상	예외(과세대상)
기초 생활 필수품	• 국산과 외국산 미가공식료품(식용)* • 국산 비식용 미가공 농·축·수·임산물 • 수돗물, 연탄과 무연탄 • 여성용 위생용품, 영유아용 기저귀와 분유 • 주택과 부수토지의 임대, 국민주택(건설용역 포함)** • 대중교통 여객운송용역	• 외국산 비식용 미가공 농·축·수·임산물(예. 바다낚시 미끼인 갯지렁이 등) • 생수, 유연탄 • 건물과 토지의 임대** • 항공기, 고속(전세)버스, 택시, 고속철도, 자동차대여, 특수자동차, 특종선박
국민 후생 및 문화	• 의료보건용역과 혈액 (약사의 의약품 조제용역 포함) • 산후조리원 • 기초생활수급자가 기르는 동물 진료용역은 면세 • 학원, 강습소 등의 교육용역 • 우표, 인지, 증지, 복권, 공중전화 • 도서(대여), 신문, 잡지, 관보, 뉴스통신 • 예술창작품, 예술행사, 문화행사 • 도서관·과학관·박물관·미술관·동물원·식물원 입장	• 의약품 판매, 미용목적 성형수술, 애완동물진료 • 무도학원, 자동차운전학원 • 수집용 우표, 복권과 상품권 등의 대행용역 • 방송 및 광고 • 골동품
부가가치 구성 요소 용역	• 토지의 공급** • 저술가, 작곡가 등의 인적용역 • 금융·보험용역	• 건물의 공급**
기타	• 국가·지방자치단체 등이 공급하는 재화·용역 • 국가·지방자치단체 등이 무상 공급하는 재화·용역 • 공익을 목적의 단체가 공급하는 재화 또는 용역	• 우정사업조직의 방문소포 용역 • 유상공급

* '3. 미가공식료품'에서 상세히 설명
** '4. 주택·건물·토지의 공급 및 임대'에서 상세히 설명

3 미가공 식료품

내 용(면세)	사 례(면세)	예 외(과세)
① 식용 농·축·수·임산물과 소금의 원생산물, 1차 가공품과 부산물, 단순 혼합 ② 김치, 두부 등 단순 가공식료품 ③ 쌀에 식품첨가물 첨가, 코팅, 버섯균 배양	김치, 단무지, 젓갈, 두부, 메주, 간장, 된장, 고추장	• 판매목적으로 관입 또는 병입 • 포장김치 • 메밀묵, 도토리묵 • 조리된 김, 쥐치, 오징어 • 떡, 인삼차

4 주택·건물·토지의 공급 및 임대

구 분	주택과 건물	토 지
면 세	○ 국민주택의 공급 및 건설용역 ○ 주택의 임대	○ 토지의 공급 ○ 주택 부수토지의 임대
과 세	○ 건물의 공급 및 임대	○ 토지의 임대

5 면세의 포기

부가가치세가 면세되는 재화·용역의 공급에 대해 영세율 적용을 받고자 할 때 면세를 포기할 수 있도록 하고 있는데 이를 면세포기라 한다. 또한 면세를 포기하려는 사업자는 면세포기신고에 의해 과세업자로 전환되며 면세포기를 신고한 날부터 3년간은 면세를 적용받지 못한다. 다음은 부가가치세법에서 규정하고 있는 면세포기의 대상이다.

① 영세율 적용대상이 되는 재화·용역
② 학술연구단체 또는 기술연구단체가 학술(기술)연구와 관련하여 공급하는 재화·용역

제3절 _ 영세율과 면세의 비교

구 분	영세율	면세
① 목 적	소비지국 과세원칙, 수출촉진	부가가치세의 역진성 완화
② 대 상	수출재화 등	기초생활필수품 등
③ 면세정도	완전면세	불완전면세
④ 매출세액	없음	없음
⑤ 매입세액	공제됨(=전액 환급됨)	공제되지 아니함
⑥ 사 업 자	과세사업자임	과세사업자 아님
⑦ 협력의무	있음(세금계산서 발급 등)	없음(매입처별세금계산서합계표 제출과 대리납부 의무는 있음)

연/습/문/제

01.
다음 중 부가가치세가 면세되는 재화는? (FAT1급, 42회)

① 커피

② 딸기잼

③ 상추

④ 아이스크림

02.
다음의 재화나 용역의 공급 중 부가가치세 면세대상이 <u>아닌</u> 것은? (FAT1급, 44회)
① 시내버스 여객운송용역　　　　② 수돗물
③ 수집용 우표　　　　　　　　　④ 토지

03.

다음 중 부가가치세 면세 대상 재화 또는 용역에 해당하는 것은? (FAT1급, 54회)

생수의 공급 ①

② 택시에 의한 여객운송용역

유아용 기저귀의 공급 ③

④ 고속철도에 의한 여객운송용역

04.

다음 중 부가가치세가 면세되는 재화 또는 용역의 공급을 모두 고르면? (FAT1급, 57회)

가. 미가공 식료품	나. 고속철도에 의한 여객운송 용역
다. 화물운송 용역	라. 박물관 입장권
마. 수돗물	

① 가, 나, 마   ② 가, 다, 라
③ 가, 다, 마   ④ 가, 라, 마

PART 03
(전자)세금계산서

1. (전자)세금계산서의 의의
2. 세금계산서의 종류
3. 세금계산서의 기재사항
4. 세금계산서의 발급
5. 영수증의 발급
6. 신용카드매출전표 등의 발급시 세금계산서 발급의무 면제
7. 발급시기

03 (전자)세금계산서

1 (전자)세금계산서 의의

세금계산서란 사업자가 과세되는 재화 또는 용역을 공급할 때 공급받는 자로부터 부가가치세를 거래징수하고 이 사실을 증명하기 위하여 발급하는 증서를 말하며, 공급받은 자는 이러한 세금계산서를 통해서 매입세액 공제를 받을 수 있게 된다.

2 세금계산서의 종류

구 분		발급의무자
세금계산서	세금계산서[*]	사업자가 공급받는 자에게 발급
	전자세금계산서[**]	
	수입세금계산서	세관장이 재화의 수입자에게 발급
	매입자발행세금계산서	매입자가 발급
영 수 증	신용카드매출전표	간이과세자 또는 최종소비자와 거래하는 사업자가 발급
	현금영수증	
	영수증	영세사업자 등이 발급

[*] 직전연도 공급대가 4,800만원 미만인 간이과세자는 세금계산서를 발급의무가 없다. 하지만 2023년 7월 1일 이후 재화나 용역을 공급할 때 전자세금계산서 발급세액공제가 적용된다(건당 200원, 연간한도 100만원).
[**] 모든 법인사업자는 전자세금계산서 발급이 의무이며, 개인사업자의 경우 2024년 7월 1일부터 직전 연도 과세분 및 면세분 공급가액 합계액이 8,000만 원 이상인 경우 전자세금계산서 발급이 의무이다.

3 세금계산서의 기재사항

세금계산서에는 전부(일부)가 기재되지 않거나 사실과 다르면 세금계산서로서의 효력이 인정되지 않는 필요적 기재사항과 세금계산서의 효력에 영향을 미치지 않는 임의적 기재사항이 있다.

필요적 기재사항(생략하면 효력 상실)	임의적 기재사항
① 공급하는 자의 등록번호와 성명 또는 명칭 ② 공급받는 자의 등록번호 ③ 공급가액과 부가가치세액 ④ 작성연월일	① 공급하는 자의 주소 ② 공급받는 자의 상호·성명·주소 ③ 공급품목의 단가와 수량 ④ 공급연월일 등

4 세금계산서의 발급

세금계산서의 발급의무자는 납세의무자로 등록한 사업자이므로 원칙적으로는 사업자등록을 한 일반과세업자만이 발급할 수 있으므로 면세업자는 세금계산서를 발급할 수 없다.

세금계산서와 영수증의 발급의무 면제	예 외
① 택시운송 사업자, 노점·행상을 하는 자, 무인자동판매기업자, 전력을 공급받은 명의자 등이 공급하는 재화·용역	
② 소매, 목욕 및 미용업 등을 영위하는 자가 공급하는 재화·용역	소매업의 경우, 공급받는 자가 요구하면 세금계산서 발급
③ 공급의제(간주공급)* 되는 재화	판매목적 타사업장(직매장) 반출은 발급의무
④ 부동산임대용역 중 간주임대료	
⑤ 영세율 적용대상이 되는 재화·용역	
⑥ 전자서명법에 따른 전자 서명 인증서를 발급하는 용역	공급받는 사업자가 요구하면 세금계산서 발급
⑦ 국내사업장이 없는 비거주자(외국법인)에게 공급하는 재화·용역	

* 자가공급, 개인적 공급, 사업상 증여, 폐업시의 잔존재화

5 영수증의 발급

영수증 발급대상 사업	영수증만 발급 (세금계산서 발급 금지)	공급받는 자의 요구시 세금계산서 발급
① 직전연도 공급대가 4,800만원 이하 간이과세자		○
② 소매업, 음식점업, 숙박업		○
③ 목욕, 미용업 등	○	
④ 일반 여객운송업	○	
⑤ 전세버스 운송사업		○
⑤ 입장권발행 영위 사업	○	
⑥ 무도학원, 자동차운전학원사업	○	
⑦ 변호사·공인회계사 등 전문적 인적용역을 공급하는 사업		○*
⑧ 우정사업조직이 소포우편물을 배달하는 용역을 공급하는 사업		○
⑨ 주로 사업자가 아닌 소비자에게 재화 또는 용역을 공급하는 사업		○

* 사업자에게 공급하는 경우에는 세금계산서만 발급해야 한다.

6 신용카드매출전표 등의 발급시 세금계산서 발급의무 면제

영수증 발급대상자로서 공급받는 자가 요구시 발급의무가 있는 사업자가 부가가치세가 과세되는 재화 또는 용역을 공급하고 신용카드매출전표 등을 발급한 경우에는 세금계산서를 발급하지 않는다.

7 발급시기

사업자는 세금계산서를 재화나 용역의 공급시기에 재화나 용역을 공급받는 자에게 발급하여야 한다. 예외적으로, 거래시기가 도래하기 전 또는 거래시기 후 발급한 것으로 보는 특례가 있다.

구분	내용
거래시기 전 특례	사업자가 재화 또는 용역의 거래시기가 도래하기 전에 재화나 용역에 대한 대가의 전부 또는 일부를 받고, 이와 동시에 그 받은 대가에 대하여 세금계산서 또는 영수증을 발급하면 그 세금계산서 등을 발급하는 때를 각각 그 재화나 용역의 공급시기로 본다.
거래시기 후 특례	원칙적으로 공급시기 후에 세금계산서를 발급하는 것은 인정되지 아니한다. 다만, 다음의 경우에는 재화 또는 용역의 공급일이 속하는 달의 다음달 10일(그 날이 공휴일 또는 토요일인 경우에는 바로 그 다음 영업일)까지 세금계산서를 발급할 수 있다. • 거래처별로 1역월의 공급가액을 합계하여, 해당 월의 말일자를 발행일자로 하여 세금계산서를 발급하는 경우 • 거래처별로 1역월 이내에서 사업자가 임의로 정한 기간의 공급가액을 합계하여 그 기간의 종료일자를 발행일자로 하여 세금계산서를 발급하는 경우 • 관계증빙서류 등에 의하여 실제거래사실이 확인되는 경우로서 해당 거래일자를 발행일자로 하여 세금계산서를 발급하는 경우

연/습/문/제

01.

다음 중 부가가치세법상 세금계산서의 필요적 기재사항이 아닌 것은? (FAT1급, 39회)
① 공급하는 사업자의 등록번호와 성명 또는 명칭
② 공급단가와 수량
③ 공급가액과 부가가치세액
④ 작성연월일

02.

다음 중 부가가치세법상 세금계산서 발급 의무 면제대상이 아닌 것은? (FAT1급, 42회)
① 택시운송 사업자가 공급하는 용역
② 노점을 하는 사람이 공급하는 재화
③ 무인 자동판매기를 통해 공급하는 재화
④ 내국신용장에 의하여 공급하는 재화

03.

다음 중 부가가치세법상 전자세금계산서에 대한 설명으로 옳은 것은? (FAT1급, 42회)
① 법인사업자는 공급가액과 관계없이 전자세금계산서를 발급해야 한다.
② 개인사업자는 전자세금계산서 발급 의무가 없다.
③ 전자세금계산서 발급일이 속하는 달의 말일까지 전자세금계산서 발급명세를 국세청장에게 전송해야 한다.
④ 전자세금계산서 발급명세를 전송한 경우에도 5년간 세금계산서를 보관해야 한다.

04.

다음 중 부가가치세법상 세금계산서의 발급의무가 있는 것은? (FAT1급, 43회)
① 거래처에 판매장려품을 지급하는 경우
② 영수증 발급대상 사업자가 신용카드매출전표를 발급한 경우
③ 항공기에 의하여 외국항행용역을 제공하는 경우
④ 내국신용장에 의해 수출업자에게 재화를 공급하는 경우

05.
다음 중 일반과세자의 세금계산서(또는 전자세금계산서)에 대하여 틀린 설명을 하는 사람은?
(FAT1급, 55회)

① 김과장　　　　　　　　　　② 이대리
③ 박사원　　　　　　　　　　④ 한주임

06.
다음 중 부가가치세법상 전자세금계산서에 대한 설명으로 옳지 않은 것은? (FAT1급, 57회)
① 전자세금계산서는 공인인증시스템을 거쳐 정보통신망으로 발급하는 세금계산서를 말한다.
② 전자세금계산서의 의무발급 대상자는 법인사업자만 해당한다.
③ 전자세금계산서를 지연전송한 경우 가산세를 부과한다.
④ 전자세금계산서를 발급하였을 때에는 전자세금계산서 발급일의 다음 날까지 전자세금계산서 발급명세서를 국세청장에게 전송하여야 한다.

FAT 1급
Accounting Technicians

PART 04 과세표준과 납부세액

제1절 과세표준
제2절 납부세액
제3절 신고와 납부

04 과세표준과 납부세액

제1절 _ 과세표준

1 과세표준의 의의

과세표준이란 세법에 의해 직접적으로 세액산출의 기초가 되는 과세물건의 수량 또는 가액을 말한다. 부가가치세법에서 재화 또는 용역의 공급에 대한 부가가치세의 과세표준은 '공급가액'을 의미하며, 이러한 공급가액은 부가가치세가 포함되지 않는다는 면에서 부가가치세가 포함된 공급대가와는 구별되어야 한다.

2 과세표준의 범위

과세표준은 대가의 형태에 따라 각각 다른 금액을 과세표준으로 하며, 자세한 것은 다음과 같다.

아래의 부당대가란 특수관계자와의 거래에 있어서 재화 또는 용역의 공급가액에 대한 조세의 부담을 부당하게 감소시킬 것으로 인정되는 시가보다 낮은 대가를 의미한다.

구 분		과세표준
금 전	대가가 금전인 경우	그 대가
	대가가 금전 이외인 경우	자기가 공급한 재화 또는 용역의 시가
부당대가 (특수관계자)	부당하게 낮은 대가를 받은 경우	자기가 공급한 재화 또는 용역의 시가
	부당하게 대가를 받지 않은 경우	자기가 공급한 재화의 시가*
외국통화	거래시기 도래 전에 원화로 환가한 경우	그 환가한 금액
	거래시기 이후에 외국통화를 그대로 보유하거나 지급받는 경우	거래시기의 기준환율 또는 재정환율로 환산한 금액

* 용역의 무상공급은 과세대상이 아니므로 과세표준도 없다.

③ 과세표준 포함 여부에 따른 분류

과세표준에는 대가관계에 있는 모든 금전적 가치가 있는 것을 포함하며, 과세표준에 포함하지 않는 금액은 과세표준에 가산되지 않는 금액으로 다음과 같다.

과세표준에 포함되는 것	과세표준에 포함되지 않는 것 (= 과세표준에 가산되지 않는 금액)
대가의 일부로 받는 운송비, 포장비 및 하역비 등 마일리지 결제상당액, 판매장려물품	매출에누리액, 매출환입액, 매출할인액
공급받는 자에게 도달 후에 파손·훼손·멸실된 재화의 가액	공급받는 자에게 도달 전에 파손·훼손·멸실된 재화의 가액
개별소비세, 교통세, 주세, 교육세, 환경세, 농어촌특별세	부가가치세, 국고보조금과 공공보조금
할부판매의 이자상당액	대가의 지연지급에 의한 연체이자
일반적 용기대금, 포장비용	반환조건부 용기대금, 포장비용 및 반환보증금
대가와 함께 받는 종업원의 봉사료	대가와 구분하여 기재된 봉사료
부동산임대료와 함께 대가로 받는 관리비	부동산임대료와 구분 징수하는 보험료, 수도료, 공공요금

④ 과세표준에서 공제하지 않는 금액

대손금, 판매장려금, 하자보증금 등은 과세표준에서 공제하지 않으며, 이러한 금액을 착오로 과세표준에서 차감(공제)한 경우에는 다시 가산해 주어야 한다.

제2절 _ 납부세액

1 납부세액의 계산구조

부가가치세법은 매출세액에서 매입세액을 공제하여 납부(환급)세액을 산출한다.

	매 출 세 액	과세표준 × 세율 + 예정신고누락분 ± 대손세액*
(−)	매 입 세 액	= 세금계산서 등의 매입세액 + 기타공제 매입세액 − 공제받지 못할 매입세액
	납 부 세 액	= 매출세액 − 매입세액
(−)	세 액 공 제	신용카드매출전표 발급 등에 대한 세액공제 전자세금계산서 발급·전송에 대한 세액공제 전자신고에 대한 세액공제
(+)	가 산 세 액	예정신고 미환급세액 및 예정고지세액
	차가감 납부세액	= 납부세액 ± 가산·공제세액

* 공급자

2 매입세액

매입세액이란 재화 또는 용역을 공급받을 때 거래징수당한 부가가치세액으로 납부세액의 계산시 공제된다. 매입세액이 매출세액에서 공제되기 위해서는 자기의 과세사업을 위하여 사용되었거나 사용될 재화 또는 용역의 공급 또는 재화의 수입에 대한 세액이여야 한다.

매입세액은 세금계산서 등의 매입세액을 기초 금액으로 하여 기타 공제매입세액을 가산하고 공제받지 못할 매입세액 등을 차감하여 구한다. 자세한 것은 다음 도표와 같다.

구 분		내 용
매입세액 공제액	세금계산서 등의 매입세액	① 매입처별세금계산서합계표상의 매입세액 ② 매입자발행 세금계산서에 의한 매입세액 ③ 신용카드매출전표에 의한 매입세액
	기타공제 매입세액	① 의제매입세액 ② 재활용폐자원 등 매입세액 ③ 재고매입세액 ④ 과세사업전환매입세액 ⑤ 변제대손세액*
(一) 공제받지 못할 매입세액		① 매입세액 불공제 ② 공통매입세액 면세사업분 ③ 대손처분받은 세액*
매입세액		= 세금계산서 등의 매입세액 + 기타공제 매입세액 − 공제받지 못할 매입세액

* 공급받은 자

3 공제받지 못할 매입세액

매입세액 불공제	예 외(매입세액공제)
세금계산서 미수취 또는 불성실기재	
매입처별세금계산서합계표 미제출 및 불성실기재	과세표준 수정신고서, 기한후과세표준신고서 또는 경정청구서와 함께 제출
사업과 직접 관련이 없는 지출에 대한 매입세액	
비영업용 소형승용자동차의 구입, 임차 및 유지에 관한 매입세액 (8인승 이하의 승용차, 배기량 1,000cc 초과, 지프형 승용차, 캠핑용자동차, 125cc 초과 이륜자동차 등)	- 배기량 1,000cc 이하 경차(개별소비세 제외 차량) - 렌터카업, 운수업, 자동차 판매업 등 해당 차량을 직접 영업에 사용하는 경우
기업업무추진비 등의 지출에 대한 매입세액	복리후생비
면세사업관련 매입세액	
토지(면세)관련 매입세액	
사업자등록을 하기 전의 매입세액	사업 개시일 이전 20일 이내 등록한 경우, 일정 요건 충족 시 일부 공제 가능

기타:
1. 세금계산서 발급불가사업자: 면세사업자
2. 세금계산서 발급 불가업종
  1) 목욕, 이발, 미용업
  2) 여객운송업 (전세버스운송사업자 제외)
  3) 입장권을 발행하여 영위하는 사업	

제3절 _ 신고와 납부

1 신고와 납부기간

부가가치세 과세기간은 1년을 6개월 단위로 양분한 제1기(1.1.~6.30.)와 제2기(7.1.~12.31.)로 구분하며, 각 과세기간 중 첫 3개월(1/4분기, 3/4분기)동안의 기간을 예정신고기간으로 정하고 있다. 사업자는 과세기간 또는 예정신고기간의 종료 후 25일 이내에 각 사업장 관할세무서장에게 과세표준을 신고하고 납부·환급 절차를 거치게 된다.

구 분		신고기간	신고기한
제 1 기	예정신고기간	1월 1일 ~ 3월 31일	4월 25일
	과 세 기 간	1월 1일 ~ 6월 30일	7월 25일
제 2 기	예정신고기간	7월 1일 ~ 9월 30일	10월 25일
	과 세 기 간	7월 1일 ~ 12월 31일	다음해 1월 25일

2 환급

구분	내용
일반환급	관할세무서장은 각 과세기간별로 환급세액이 발생하면 확정신고기한 경과 후 25일 이내에 과세표준과 환급세액을 신고하면 과세당국은 그 확정신고기한 경과 후 30일 이내에 사업자에게 환급하여야 한다. 즉, 예정신고기간과 과세기간에 대한 환급세액 모두 확정신고시 납부할 세액에서 정산해야 한다.
조기환급	환급세액이 확정되기 전에 확정신고 등의 절차에 의해 환급세액이 확정될 때 정산할 것을 전제로 미리 환급하는 제도로 사업자의 자금압박을 덜어주려는 세제지원정책이다. 1) 대상 ① 영세율이 적용되는 경우 ② 사업설비(감가상각자산)를 신설·취득·확장 또는 증축하는 경우 2) 절차 예정신고기간 또는 과세기간 최종 3월 중 매월 또는 매 2월을 조기환급기간(3, 6, 9, 12월은 제외)이라 하며, 조기환급기간 종료일로부터 25일 이내에 과세표준과 환급세액을 신고하면 과세당국은 각 조기환급기간별로 해당 조기환급신고기한 경과 후 15일 이내에 사업자에게 환급하여야 한다.

연/습/문/제

01.

다음 자료를 토대로 (주)한공의 20x1년 제1기 부가가치세 예정신고기간(20x1.1.1. ~20x1.3.31.)의 부가가치세 과세표준을 계산하면 얼마인가? 단, 주어진 자료의 금액은 부가가치세가 포함되어 있지 않은 금액이며, 세금계산서 등 필요한 증빙서류는 적법하게 발급하였거나 수령하였다. (FAT1급, 39회)

가. 대가의 일부로 받는 운송보험료·산재보험료	1,000,000원
나. 장기할부판매 또는 할부판매 경우의 이자상당액	2,500,000원
다. 대가의 일부로 받는 운송비·포장비·하역비	4,500,000원
라. 재화의 공급과 직접 관련되지 아니하는 국고보조금 수령액	5,000,000원

① 5,500,000원 ② 6,000,000원
③ 8,000,000원 ④ 9,500,000원

02.

다음 자료를 토대로 제조업을 영위하는 일반과세자 (주)한공의 20x1년 제1기 부가가치세 예정신고 시 부가가치세 납부세액을 계산하면 얼마인가? 단, 세금계산서는 적법하게 수수하였고 주어진 자료 외에는 고려하지 않는다. (FAT1급, 39회)

| 가. 제품 공급대가: 11,000,000원 |
| 나. 매입세액: 700,000원(영업부서에서 사용할 2,000cc 중고승용차에 대한 매입세액 200,000원 포함) |

① 300,000원 ② 400,000원
③ 500,000원 ④ 600,000원

03.

다음의 자료를 토대로 20x1년 제1기 확정신고시 매출세액에서 공제받을 수 <u>없는</u> 매입세액을 계산하면 얼마인가?(단 세금계산서는 적법하게 수취하였다.) (FAT1급, 41회)

일 자	거 래 내 용	부가가치세액
4월 19일	사업용 원재료 매입	1,000,000원
4월 26일	대표이사 주택 수리	1,500,000원
5월 3일	공장부지 조성을 위한 자본적 지출	5,000,000원
6월 25일	기계장치 구입	2,000,000원

① 3,500,000원 ② 6,500,000원
③ 7,000,000원 ④ 8,500,000원

04.
다음 자료를 토대로 (주)한공(과자제조업)의 20x1년 제2기 예정신고 시 부가가치세 과세표준을 계산하면 얼마인가?(단, 주어진 자료의 금액은 부가가치세가 포함되지 않은 금액이다.) (FAT1급, 42회)

일자	거래내용	금액
7월 2일	외상판매액(대금 회수약정일: 2022년 2월 10일)	20,000,000원
7월 16일	담보로 제공한 건물가액	30,000,000원
9월 19일	비상장주식의 양도대금	15,000,000원

① 20,000,000원　　② 35,000,000원
③ 45,000,000원　　④ 50,000,000원

05.
다음 자료를 이용하여 (주)한공의 20x1년 제2기 확정신고시 부가가치세 과세표준을 계산하면 얼마인가? (FAT1급, 43회)

일 자	거 래 내 용	금 액
10월 28일	사업용 건물에 부과된 조세의 물납	7,000,000원
11월 14일	거래처에 제공한 판매장려품의 원가 (매입세액공제분임. 시가: 9,000,000원)	5,000,000원
12월 2일	사업용 화물트럭의 매각	1,000,000원

① 6,000,000원　　② 8,000,000원
③ 10,000,000원　　④ 13,000,000원

06.
다음은 한공기업(전자제품제조업)의 20x1년 제2기 부가가치세 확정신고 관련 매입내역이다. 이 중 매입세액을 공제받을 수 없는 금액은 얼마인가?(단, 세금계산서는 적법하게 수취하였고, 매입세액을 공제받기 위한 절차를 모두 이행하였다.) (FAT1급, 43회)

> 가. 제품 운반용 화물트럭(1톤) 구입비용: 7,000,000원
> 나. 거래처 접대용 선물 구입비용: 2,000,000원
> 다. 토지 조성을 위한 공사비용: 6,000,000원

① 6,000,000원　　② 7,000,000원
③ 8,000,000원　　④ 13,000,000원

07.

다음 중 부가가치세 과세표준에 포함되는 것은? (FAT1급, 44회)
① 국가에 무상으로 공급한 재화
② 매출에누리
③ 할부판매의 이자상당액
④ 공급에 대한 대가의 지급 지체로 받는 연체이자

08.

다음 자료를 토대로 완구제조업을 영위하는 (주)한공의 20x1년 제2기 확정신고기간 부가가치세 납부세액을 계산하면 얼마인가?(단, 매입세액을 공제받기 위한 절차는 모두 이행하였다.) (FAT1급, 44회)

가. 완구의 국내 공급가액:	80,000,000원
나. 완구의 해외 직수출액:	20,000,000원
다. 원재료 구입 시 매입세액:	4,000,000원
라. 접대비 관련 매입세액:	1,000,000원

① 3,000,000원　　② 4,000,000원
③ 5,000,000원　　④ 6,000,000원

09.

다음은 (주)한공의 20x1년 제1기 부가가치세 확정신고 자료이다. 확정신고시 납부할 부가가치세액은 얼마인가? (FAT1급, 54회)

가. 과세표준: 550,000,000원(영세율 해당액 100,000,000원 포함)
나. 매입세액: 21,000,000원(토지조성 관련 매입세액 1,000,000원과 접대비 지출에 관련된 매입세액 2,000,000원 포함)

① 22,000,000원　　② 24,000,000원
③ 27,000,000원　　④ 34,000,000원

10.

다음 중 부가가치세 신고·납부 및 환급에 대한 설명으로 옳지 않은 것은? (FAT1급, 54회)
① 법인사업자는 예정신고기간이 끝난 후 25일 이내에 예정신고기간에 대한 과세표준과 납부세액 또는 환급세액을 신고·납부하여야 한다.
② 폐업의 경우 폐업일부터 25일 이내에 신고·납부하여야 한다.
③ 영세율이 적용되는 경우에는 조기환급을 받을 수 있다.
④ 개인사업자는 휴업 또는 사업부진 등으로 인하여 각 예정신고기간의 공급가액 또는 납부세액이 직전 과세기간의 공급가액 또는 납부세액의 1/3에 미달하는 경우 예정신고·납부 할 수 있다.

Accounting Technicians
FAT 1급

Chapter 03

실기

제1장 _ 기초정보의 이해
제2장 _ 회계정보처리(Ⅰ)
제3장 _ 회계정보처리(Ⅱ)
제4장 _ 회계정보분석

FAT 1급
Accounting Technicians

PART 01
기초정보의 이해

제1절 재무회계 프로그램 구성
제2절 기초정보관리의 이해

01 기초정보의 이해

[제2절 기초정보관리의 이해]에서 가능한 능력단위

분류번호: 0203020115_14v2

능력단위 명칭: 회계정보 시스템 운용

능력단위 정의: 회계정보 시스템 운용이란 원활한 재무보고를 위하여 회계 관련 DB마스터 관리, 회계프로그램 운용, 회계정보를 활용하는 능력이다.

능력단위요소	수 행 준 거
0203020115_14v2.1 회계 관련 DB마스터 관리하기	1.1 DB마스터 매뉴얼에 따라 계정과목 및 거래처를 관리할 수 있다. 1.2 DB마스터 매뉴얼에 따라 비유동자산의 변경 내용을 관리할 수 있다. 1.3 DB마스터 매뉴얼에 따라 개정된 회계 관련 규정을 적용하여 관리할 수 있다. 【지 식】 ○ 계정과목 체계 ○ 회계 관련 규정 【기 술】 ○ 회계프로그램 활용 능력 【태 도】 ○ 법률 준수 태도
0203020115_14v2.2 회계프로그램 운용하기	2.1 회계프로그램 매뉴얼에 따라 프로그램 운용에 필요한 기초 정보를 입력·수정할 수 있다. 2.2 회계프로그램 매뉴얼에 따라 정보 산출에 필요한 자료를 입력·수정할 수 있다. 【지 식】 ○ 회계프로그램 운용 ○ 회계순환과정 ○ 각종 회계장부 ○ 재무제표 【기 술】 ○ 해당 거래에 대한 회계처리 능력 ○ 회계프로그램 활용 능력

능력단위요소	수행준거
	【태 도】 ○ 적극적인 협업 태도 ○ 회계 관련 규정 준수 태도

본 장에서는 실무교육프로그램에서 기본적으로 입력해야 하는 정보에 대해 알아보기로 한다.

'FAT1급' 자격시험에서는 환경설정, 회사등록, 거래처등록, 계정과목 및 적요등록, 전기분재무상태표, 전기분손익계산서, 전기분잉여금처분계산서, 거래처별초기이월로 구분하여 자료를 수정하거나 추가입력 후 [실무수행평가]를 통해 입력 결과를 확인하게 된다.

AT 백데이터 다운로드 및 설치방법

1. 도서출판 배움 홈페이지(www.bobook.co.kr)에 접속한다.

2. 홈페이지 교재실습/백데이터 자료실을 클릭한다.

3. 교재실습/백데이터 자료실 → [2025 FAT1grade DB] 백데이터를 선택하여 다운로드 한다.

4. 다운로드한 파일을 선택 후 실행하면 [내컴퓨터 → C:\NIPCPA_ADB → DATA]에 자동으로 복구 저장된다.

5. 한국공인회계사회 자격시험 AT 프로그램 을 실행한다.

    실행화면에서 회사코드를 검색하여 로그인하면 된다.

    - 본문실습 DB: 1100. ㈜명월과자 ~ 3000. ㈜강우제과, 4000. ㈜강우제과
    - 기출문제 DB: 3173. ㈜닥터스킨 ~ 3178. ㈜오르막길

6. 웹하드(www.webhard.co.kr) 다운로드 방법

① 오른쪽 상단의 [로그인] 버튼을 클릭하여 아이디와 비밀번호를 입력한다.

   [아이디: bobookcokr / 비밀번호: book9750] (아이디, 비밀번호 모두 소문자)

② 게스트폴더 → [2025 FAT1grade DB] 폴더에서 백데이터 선택하여 다운로드 한다.

③ 이외의 사항은 위와 동일하다.

제1절 _ 재무회계 프로그램 구성

전체메뉴			
재무회계			
기초정보관리	**전표입력/장부**	**고정자산등록**	**결산/재무제표 Ⅰ**
환경설정 회사등록 거래처등록 업무용승용차등록 계정과목및적요등록 전기분 재무상태표 전기분 손익계산서 전기분 원가명세서 전기분 이익잉여금처분계산서 거래처별초기이월	일반전표입력 매입매출전표입력 일/월계표 합계잔액시산표 적요별원장 계정별원장 거래처원장 전표출력 분개장 총계정원장 현금출납장 매입매출장 세금계산서(계산서)수수현황 차량비용현황(업무용승용차)	고정자산등록 고정자산관리대장 미상각분감가상각계산 양도자산감가상각계산 원가경비별감가상각명세서 월별감가상각비계상	결산자료입력 합계잔액시산표 재무상태표 손익계산서 제조원가명세서 이익잉여금처분계산서 결산부속명세서 영수증수취명세서
부가가치세 Ⅰ	**부가가치세 Ⅱ**	**금융/자금관리**	**데이터관리**
부가가치세신고서 세금계산서합계표 계산서합계표 신용카드매출전표발행집계표 신용카드매출전표등 수령금액 합계표(갑) 매입세액불공제내역	전자세금계산서 발행 및 내역관리 국세청전자세금계산서 검증및전표처리 전자세금계산서 발급세액공제신고서 부가가치세전자신고 국세청전자신고변환(실무교육용) 국세청전송(실무교육용)	일일자금명세(경리일보) 예적금현황 받을어음현황 지급어음현황 어음집계표 통장거래정리입력 통장거래내역	데이터 백업 백업데이터 복구 회사코드변환(회사코드/기수) 코드변환(거래처/계정과목/사원/부서) 데이터체크/매입매출/자금관리자료정리 마감후이월

구분		내용
기초정보관리	기초정보등록	환경설정, 회사등록, 거래처등록, 계정과목 및 적요등록으로 구분하며 특히 환경설정에서는 회사 또는 실무자의 상황에 맞도록 미리 입력방법을 결정할 수 있다.
	전기분 재무제표 자료 이월	전기분 재무상태표, 전기분 손익계산서, 전기분 이익잉여금처분계산서, 전기분 제조원가명세서(제조업), 거래처별초기이월로 구분하여 입력한다.
전표입력 / 장부	전표입력	부가가치세 신고와 관련이 있는지의 여부에 따라 일반전표입력과 매입매출전표입력으로 구분하여 입력한다.
	제장부	입력된 전표에 의해 일/월계표, 합계잔액시산표, 총계정원장 등이 자동으로 작성되며, 원하는 정보의 조회가 가능하다.
고정자산등록		고정자산을 등록하여 관리하고 감가상각비를 자동 계상하는 메뉴로 [고정자산등록]에 각 계정과목별로 정보를 입력한다. 또한, 자동으로 작성된 감가상각비명세서를 통해 결산에 자동 반영할 수 있게 된다.
결산 / 재무제표 Ⅰ	결산자료입력	일반전표에 직접 입력하는 수동결산자료와 달리, 금액을 입력한 후에 [전표추가(F3)]키를 통하여 자동결산이 이루어지는 메뉴이다.
	재무제표 작성	전표입력에 의하여 자동으로 재무제표가 작성되며, 이익잉여금처분계산서의 [전표추가]키를 통하여 손익계정이 자동 마감된다.

구분		내용
	영수증수취명세서	적격증빙을 수취하지 못한 일반경비 건당 3만원 이상(기업업무추진비는 건당1만원 이상) 거래에 대해 영수증수취명세서를 작성한다.
부가가치세 Ⅰ	부가가치세신고서	매입매출전표에 입력된 거래가 과세기간별로 자동 작성된다.
	세금계산서합계표	매입매출전표에 입력된 거래가 매출처별, 매입처별로 구분되어 과세기간별로 자동 작성된다.
부가가치세 Ⅱ	전자세금계산서 발행 및 내역관리	매입매출전표입력에 입력된 데이터 중 '전자입력'을 제외한 전자세금계산서를 발행할 때 쓰이는 메뉴이다.
	국세청전자세금계산서 검증 및 전표처리	국세청 'e세로'의 전자세금계산서 데이터를 불러와 매입매출전표입력에 입력된 자료와 비교하여 검증할 수 있다.
금융 / 자금관리	일일자금명세 (경리일보)	일일 자금의 변동 내역을 한 눈에 볼 수 있는 메뉴로 자금관리가 수월하다.
	예적금현황	각종 예금과 적금에 대한 상세 내역을 조회하고 관리할 수 있다.
	받을어음현황, 지급어음현황, 어음집계표	전표상에 입력된 어음에 대한 상세 내역을 조회하고 관리할 수 있다.
데이터관리	데이터 백업	입력된 자료를 저장매체에 백업할 수 있다.
	백업데이터 복구	저장매체 등의 자료를 복구하여 사용할 수 있다.
	데이터체크	입력후의 오류를 상세하게 조회하고 관리할 수 있다.
	마감후이월	회계기간이 종료 후 차기로 자료를 이월시키는 기능으로, 이후 추가작업이 불가능하게 된다.

제2절 _ 기초정보관리의 이해

1 환경설정

회사의 기본적인 시스템 환경을 설정하기 위한 메뉴로 이미 등록된 회사코드로 재로그인하여 설정한다.

가. 전체모듈의 환경설정

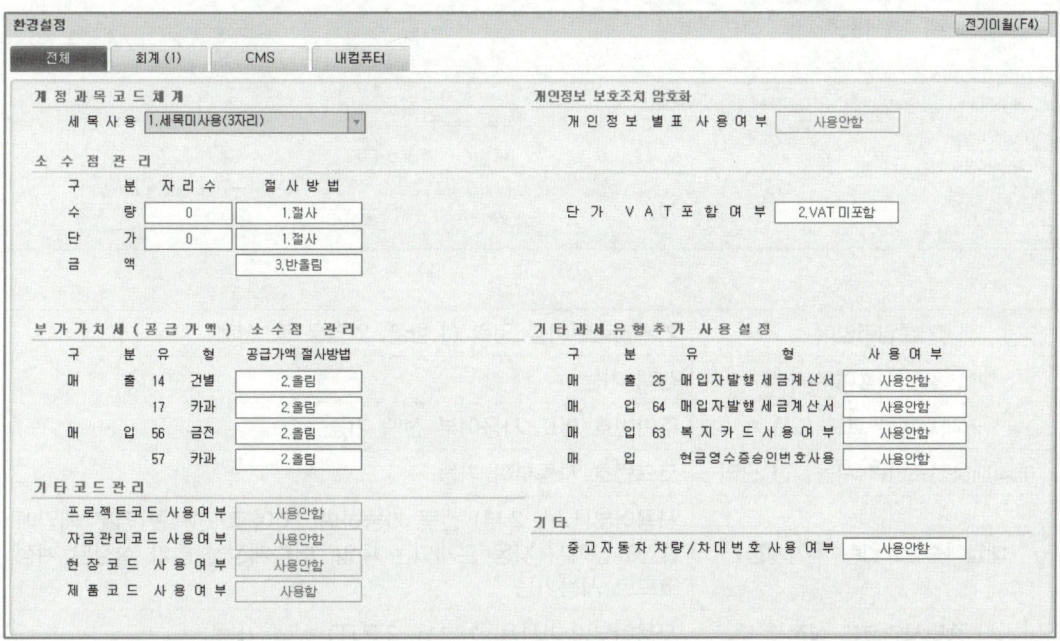

계정과목코드체계	세목사용(5자리)는 교육용 프로그램에서는 지원하지 않는 기능
소수점관리	전표입력 및 물류/생산관리의 입출고 입력 시 수량, 단가, 금액의 자릿수(0~6)와 절사방법(1.절사, 2.올림, 3.반올림) 선택 가능
부가가치세(공급가액)소수점 관리	유형별 공급가액 절사방법 선택 가능
기타과세유형 추가사용설정	기타과세유형 추가사용 여부(1.여, 0.부) 선택 가능
기타코드관리	프로젝트코드 사용여부(1.여, 0.부) 선택 가능
기타	중고자동차 차량 / 차대번호 사용여부(1.여, 0.부) 선택 가능

나. 회계모듈의 환경설정

기본입력언어	기본입력언어를 입력 (1.한글, 2.영문 중 선택)
증빙사용여부	선택 가능
거래처등록 코드 도움	주민번호 별도 사용여부 선택 가능
매입매출전표입력 자동설정 관리	코드번호 자동부여 가능
매입매출전표입력 추가계정	사용여부(1.여, 2.부) 선택 가능하며, '1.여'로 선택한 경우 매입매출전표입력시 자동 분개되는 매입, 매출계정을 추가 설정된 계정코드로 사용가능
중단사업코드 설정	사용여부(0.미사용, 1.부서, 2.PJT) 선택 가능
글꼴크기 설정	글꼴크기(1.작은 글꼴, 2.큰 글꼴) 선택 가능
전표체크펜 원장 표시 여부	선택 가능

Key Point

FAT 1급의 경우 '제조업'이 아니기 때문에 '3.매입매출전표입력 추가계정'의 사용은 필요하지 않음

다. 내컴퓨터의 환경설정

2 회사등록

 이미 입력되어 있는 자료를 이용하지 않는다면 [회사등록]을 먼저 입력해야만 입력된 자료를 바탕으로 다른 데이터 작업을 할 수 있다. [회사등록]에 입력된 내용은 프로그램운용 전반에 반영되기 때문에 '사업자등록증'을 토대로 정확하게 입력해야 한다.

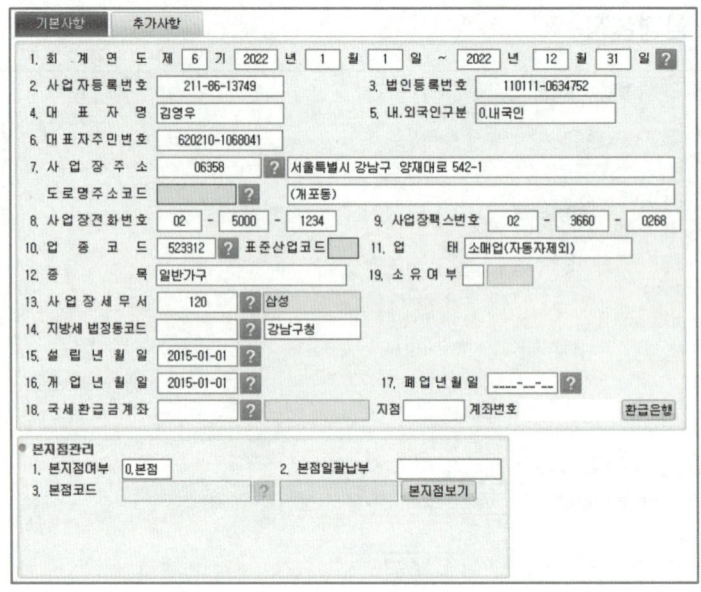

가. 코드와 구분

회사코드	회사코드는 임의로 정하여 입력하며 0101부터 9999까지 사용이 가능하다.
회 사 명	사업자등록증의 회사명을 입력한다.
구 분	법인사업자는 '0'번, 개인사업자는 '1'번을 입력한다. 입력하지 않을 경우 법인 업자가 자동으로 선택되어서 입력된다.
사 용	0.사용, 1.미사용 중 선택하여 입력한다.

> **Key Point**
> FAT 1급의 경우 법인사업자를 대상으로 한다.

나. 기본사항

회계연도	등록하는 회사의 기수와 회계연도를 입력한다. 개업한 연도를 1기로 인식한다.
사업장등록번호	사업자등록증을 참고하여 정확히 입력한다. 잘못 입력한 경우에는 붉은색으로 표시된다. 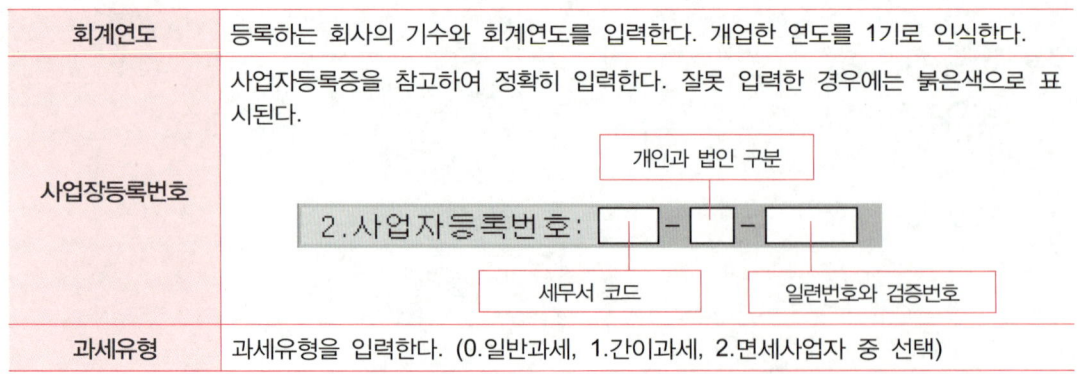
과세유형	과세유형을 입력한다. (0.일반과세, 1.간이과세, 2.면세사업자 중 선택)

대표자명	사업자등록증의 대표자 성명을 입력한다. 영문의 경우에는 읽혀지는 그대로 한글로 입력하면 된다.
거주 구분	대표자의 거주 여부를 입력한다. (0.거주, 1.비거주 중 선택)
대표자 주민번호	사업자등록증의 대표자 주민등록번호를 입력한다. 잘못 입력한 경우 붉은색으로 표시된다.
대표자 구분	통상적으로 '1.정상'을 선택하여 입력한다. (0.부여오류 ~ 10.종중단체 중 선택)
사업장주소	사업장 주소를 입력하는 난으로 [?]키를 이용하여 주소를 검색하면 우편번호가 자동으로 입력된다. 사업장이란 현재 회사의 물적 설비가 있으면서 재화나 용역의 판매가 계속적이나 반복적으로 일어나는 장소를 의미한다.
사업장전화번호	사업장 전화번호를 입력한다.
사업장FAX번호	사업장 FAX번호를 입력한다.
업종코드	iPLUS에서 추가된 기능으로 [?]키를 이용하여 검색한다. 업종세부 명칭을 정확하게 입력하려면 화면 하단의 [업종]을 [업종세부]로 변경한다.
업태	업종코드에 의해 자동 반영된다.
종목	업종코드에 의해 자동 반영된다.
사업장세무소	사업자등록번호에 의해 자동으로 부여되며, 수정 또는 직접 입력할 경우에는 [?]나 [F2]키를 이용하여 사업장 관할세무서를 검색하여 입력한다.
소득구분	대표자의 소득구분을 30.부동산, 40.사업, 00.비사업자 중에 입력한다.
사업장지방소득세	사업장의 지방소득세(주민세) 납세지명을 입력하는 난으로, 사업자등록번호에 의해 자동 부여된다.
사업장동코드	사업장주소의 법정동을 입력하는 난으로, 사업자등록번호에 의해 자동 부여된다.
개업년월일	사업자등록증의 개업년월일을 입력한다.
폐업년월일	폐업시 폐업년월일을 입력한다.
국세환급금계좌	국세환급금계좌 정보를 입력한다.

➡ **사업자등록번호**

구분		내용
개인사업자	01~79	과세사업자
	80	아파트관리사무소 등
	89	법인이 아닌 종교단체
	90~99	면세사업자
법인사업자	81, 86, 87	영리법인의 본점
	82	비영리법인의 본.지점
	84	외국법인의 본.지점
	85	영리법인의 지점

➡ **본지점 관리**

본점 일괄납부 여부를 판단하기 위하여 본·지점을 구분, 입력하는 곳으로 [인사급여 원천징수 이행상황신고서]에 자동 반영된다.

3 거래처등록

빈번한 거래가 이루어지는 거래처의 경우 [거래처등록]에 등록해 놓으면 거래처원장이나 외상매출금 또는 외상매입금 등의 계정별원장을 관리하기 편리할 것이다. 즉, [거래처등록]은 채권, 채무 관계에 있는 거래처 정보를 입력하는 곳으로 일반거래처와 금융거래처 및 카드거래처를 구분하여 입력한다. 거래처별 주요항목 입력내용 및 방법은 다음과 같다.

거래처별 주요항목 입력내용 및 방법		
거래처 구분	주요 항목	입력내용 및 방법
일반거래처	코드	'101~97999' 중 임의적으로 선택하여 입력한다.
	사업자등록번호	0.사업자등록번호, 1.주민등록번호, 2.외국인번호 중 선택하여 입력한다.
	구분	거래처의 유형을 0.전체, 1.매출, 2.매입 중 선택하여 입력한다.
금융거래처	코드	'98000~99599' 중 임의적으로 선택하여 입력한다.
	금융기관명	거래하고 있는 금융기관명을 입력한다.
	계좌번호	금융상품의 계좌번호를 입력한다.
카드거래처	코드	'99600~99999' 중 임의적으로 선택하여 입력한다.
	카드(사)명	거래하고 있는 카드(사)명을 입력한다.
	카드(가맹점)번호	카드(가맹점)번호를 입력한다.
	구분	1.매출(가맹점), 2.매입(법인구매카드)를 구분하여 입력한다.

'전표입력메뉴'에서 거래처 등록(입력)을 반드시 해야 하는 경우	
자산 항목	부채 항목
매출채권 (외상매출금, 받을어음) 미수금, 선급금, 대여금, 가지급금 등	매입채무 (외상매입금, 지급어음) 미지급금, 선수금, 차입금, 가수금 등

신용카드로 결제한 경우의 거래처는 해당 신용카드사가 된다.
[금융/자금관리]를 위해서는 예금과 관련한 은행명도 입력해야 한다.

➥ 일반거래처 등록 확인

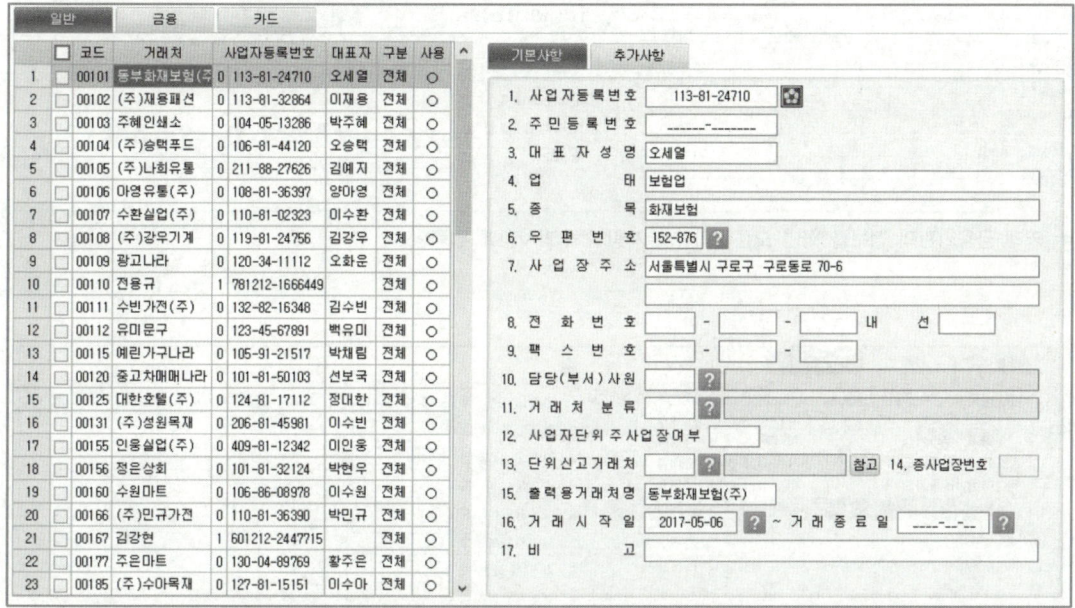

☞ 거래처의 사업자등록증을 토대로 화면 오른쪽 기본사항과 추가사항을 입력함

➡ **금융거래처 등록 확인**

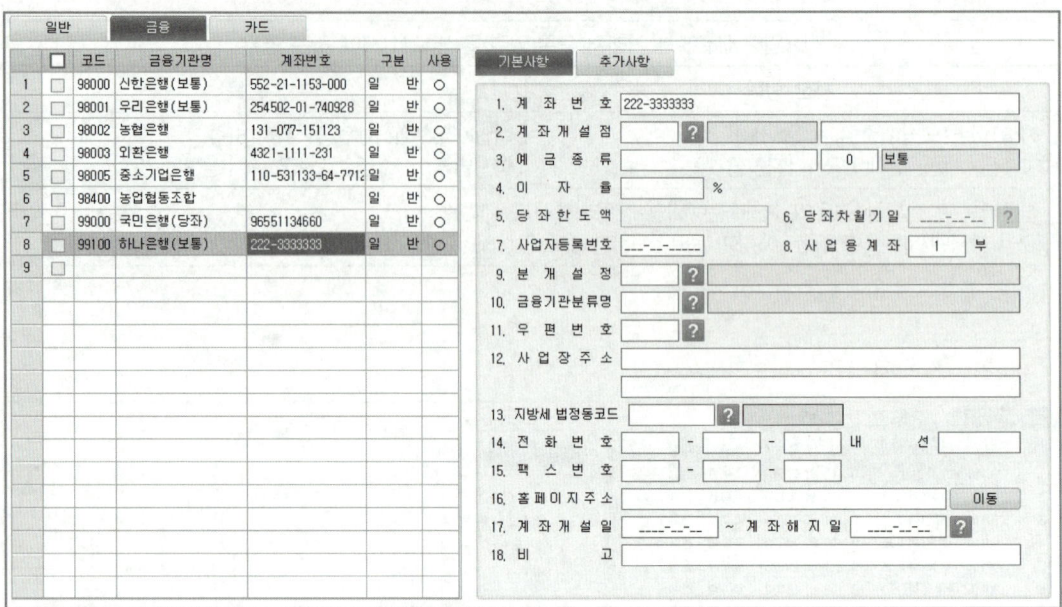

☞ 거래 금융기관의 정보를 화면 오른쪽의 기본사항과 추가사항에 입력함

➡ **카드거래처 등록 확인**

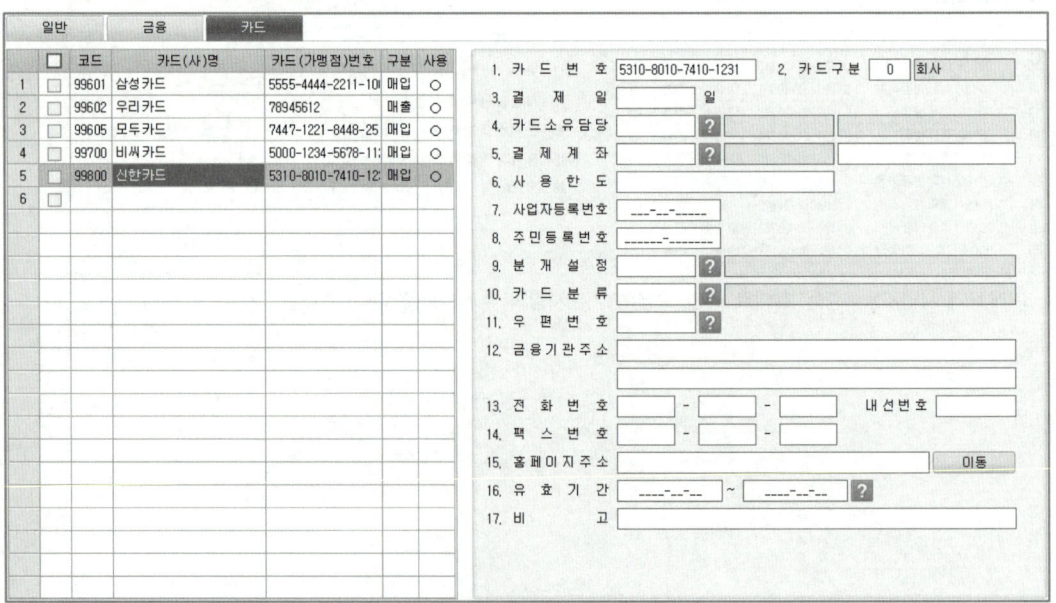

☞ 거래 카드사의 정보를 화면 오른쪽 기본사항과 추가사항을 입력함

4 업무용승용차등록(고정자산 등록)

업무용승용차의 취득과 유지를 위하여 지출한 비용 즉, 유류비·보험료·차량수선비·자동차세 등을 관리항목으로 관리하기 위하여 업무용승용차를 등록해야 한다.(업무용승용차 등록 전 고정자산등록을 먼저 실시해야한다.)

이 때, 업무용승용차는 법인 소유이거나 법인이 리스 또는 임차하여 업무에 사용하는 승용차를 의미한다. 따라서 종업원 소유의 차량을 업무에 사용하고 차량유지비 등을 지급 받는 경우에는 업무용승용차로 보지 않는다.

구분	내용
적용대상	개발소비세법 제1조 제2항 제3호에 해당하는 승용자동차(리스·렌트 차량 포함) 예외: 배기량 1,000cc 이하 차량, 운수업, 자동차판매업, 자동차임대업(렌트회사), 시설대여업(리스회사), 운전학원업 등에서 사용하는 자동차
적용시기	개인의 경우 복식부기의무자 중 성실신고확인대상사업자에 대하여 '16년부터 적용하고, 성실신고확인대상사업자 외 복식부기의무자는 '17년부터 확대 적용
자동차보험	2016.4.1. 이후 임직원전용자동차보험도 가입 의무화
비용처리	감가상각비, 임차료, 유류비, 보험료, 수선비, 자동차세, 통행료 및 금융리스부채에 대한 이자비용 등 업무용승용차의 취득·유지를 위하여 지출한 비용
감가상각	'16.1.1 이후 개시하는 사업연도(과세기간)에 취득하는 업무용승용차는 5년 정액법으로 균등 강제 상각(한도 800만원)

*출처: 2020년 업무용승용차 관련비용의 세무처리

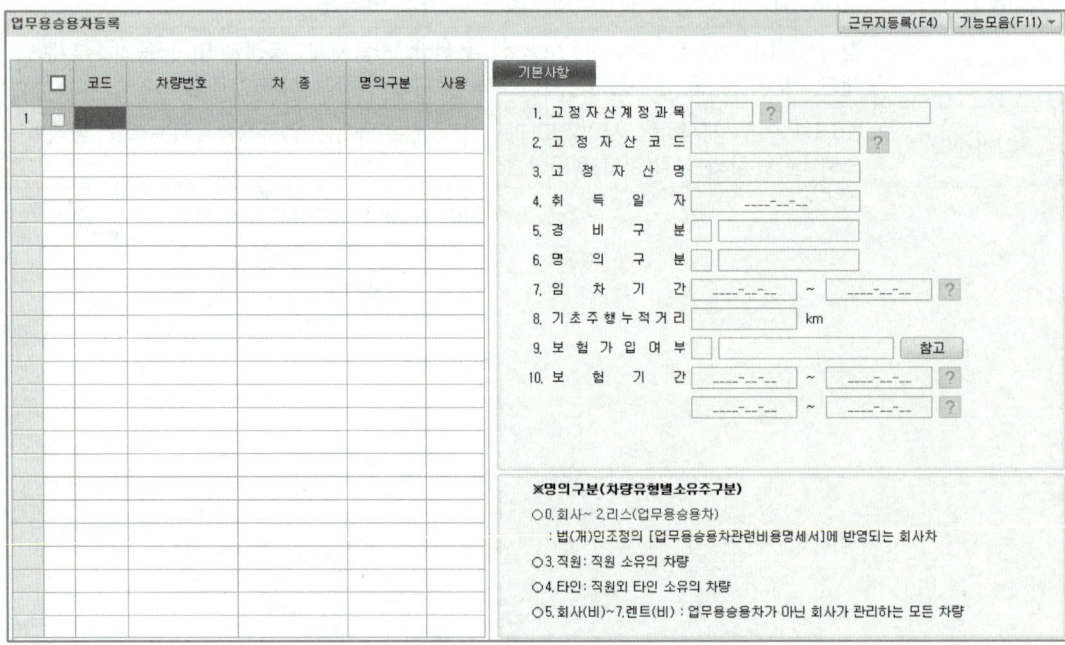

5 계정과목 및 적요등록

더존 iPLUS 프로그램에는 일반기업회계기준에 의해 일반적으로 많이 사용하는 계정과목과 적요를 미리 입력해 두고 있다. 만약 회사 특성상 다른 계정과목이나 적요를 사용하는 경우에는 코드체계내의 범위에 임의적으로 입력할 수 있도록 하여 업무의 효율을 높이고 있다.

계정과목은 101번부터 999번까지의 코드로 구성되어 있으며 중요성에 따라 검정색과 빨강색으로 구분하여 사용하고 있다. 빨강색 계정과목은 'Ctrl + F1'키를 동시에 눌러 입력해야만 수정이 가능하다.

또한 왼쪽의 코드체계를 클릭하면 해당 코드체계 내의 계정과목을 손쉽게 관리할 수 있다.

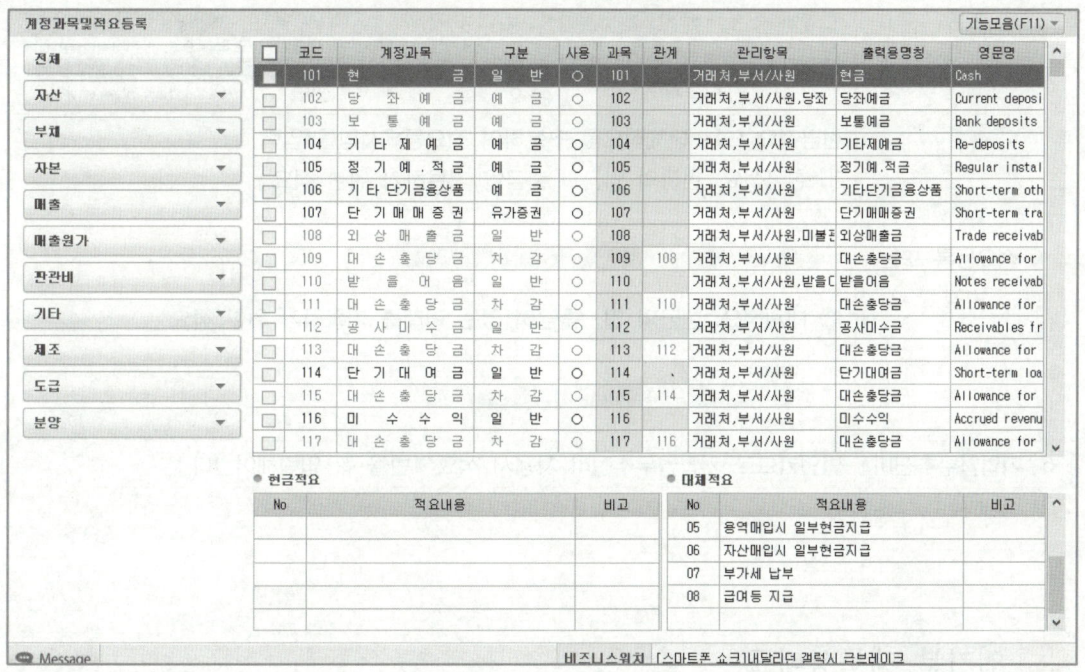

계정과목과 적요등록 방법

1. 검정색 계정과목 수정	계정과목에 커서를 놓고, 수정하고자 하는 계정과목을 바로 입력하면 된다.
2. 빨강색 계정과목 수정	비교적 중요한 계정과목으로 별도의 명령이 필요하다. 계정과목에 커서를 놓고, 'Ctrl+ F1'키를 동시에 클릭하여 계정명을 변경해야 한다.
3. 계정과목 신규 등록	계정과목 코드 체계를 참고하여 해당 코드번호 내의 [회사설정계정과목]이라고 입력되어 있는 부분에 커서를 놓고, 수정하고자 하는 계정과목을 바로 입력하면 된다
4. 적요등록 또는 변경	현금적요 또는 대체적요를 구분하여 적요등록사항을 입력 ① 현금적요: 현금의 입금과 출금을 기록하기 위한 적요 ② 대체적요: 현금의 입·출금이 없는 거래를 기록하기 위한 적요
5. 기업업무추진비	법인카드로 기업업무추진비 사용시 적요 1번을 꼭 입력해야한다.

6 전기분 재무상태표

FAT1급 자격시험에서 보여주는 전기분 재무제표 중 전기분 재무상태표는 전기의 자산, 부채, 자본 등 재무상태표 요소를 나타낸다. 전기분 재무상태표의 '기말상품재고액'은 전기분 손익계산서의 '매출원가'에 자동반영이 되며, 재무상태표에 기입되는 금액은 '거래처별 초기이월'의 기초 자료가 된다.

	코드	계정과목	차변	대변
7	110	받을어음	6,000,000	
8	114	단기대여금	18,000,000	
9	146	상품	35,000,000	
10	202	건물	10,000,000	
11	208	차량운반구	35,330,000	
12	209	감가상각누계액		15,000,000
13	212	비품	6,000,000	
14	213	감가상각누계액		2,350,000
15	251	외상매입금		75,000,000
16	252	지급어음		30,000,000
17	253	미지급금		2,500,000
18	254	예수금		7,383,000
19	260	단기차입금		22,400,000
20	264	유동성장기부채		30,000,000
21	293	장기차입금		60,000,000
22	295	퇴직급여충당부채		16,300,000
23	331	자본금		749,322,000
24	375	이월이익잉여금		228,490,000
25	962	임차보증금	30,000,000	
26				
		합계	1,242,897,000	1,242,897,000
		차액		0

자산
1. 유동자산　1,157,415,000
　당좌자산　1,122,415,000
　재고자산　35,000,000
2. 비유동자산　63,980,000
　투자자산
　유형자산　33,980,000
　무형자산
　기타비유동자산　30,000,000
　자산총계　1,221,395,000

부채
3. 유동부채　167,283,000
4. 비유동부채　76,300,000
　부채총계　243,583,000

자본
5. 자본금　749,322,000
6. 자본잉여금
7. 자본조정
8. 기타포괄손익누계액
9. 이익잉여금　228,490,000
　자본총계　977,812,000
　부채/자본총계　1,221,395,000

가지급금/가수금
가지급금 / 가수금
대표
기타

1. 코드번호와 금액을 순서대로 입력하고 코드번호를 모르는 경우는 코드난에 계정과목 중 두 글자를 입력하여 조회한다.
2. 코드번호와 금액을 입력하면 오른쪽 항목별합계액에 자동 집계된다. 금액을 입력하는 경우 [+]키를 이용하면 천원단위가 자동 입력된다. 즉, 0이 자동적으로 세 개(000) 표시되면서 천원단위를 나타내게 된다.
3. 자산의 경우에는 차변, 부채와 자본의 경우에는 대변에 합계액이 집계된다. 이때 유의할 점은 자산의 차감계정인 경우 대변에 집계된다는 것이다.
4. 당기순이익은 이미 차기이월이익잉여금에 포함되어 있으므로 별도로 입력하지 않는다.
5. 정확히 입력이 되면 대차 차액이 발생하지 않으며, 만약 대차 차액이 발생하면 반드시 오류를 찾아내어 수정해야 한다.

7 전기분 손익계산서

	코드	계정과목명	금액
1	401	상 품 매 출	580,000,000
2	451	상 품 매 출 원 가	367,500,000
3	801	급 여	11,000,000
4	811	복 리 후 생 비	21,000,000
5	812	여 비 교 통 비	12,700,000
6	813	접 대 비	2,500,000
7	814	통 신 비	5,600,000
8	815	수 도 광 열 비	3,800,000
9	817	세 금 과 공 과 금	4,200,000
10	818	감 가 상 각 비	1,540,000
11	821	보 험 료	3,570,000
12	822	차 량 유 지 비	2,900,000
13	824	운 반 비	2,300,000
14	830	소 모 품 비	800,000
15	901	이 자 수 익	9,000,000
16	931	이 자 비 용	3,000,000

항목별합계액

1. 매 출		580,000,000
2. 매 출 원 가		367,500,000
3. 매 출 총 이 익		212,500,000
4. 판 매 비 와 관 리 비		71,910,000
5. 영 업 이 익		140,590,000
6. 영 업 외 수 익		9,000,000
7. 영 업 외 비 용		3,000,000
8. 법인세비용차감전계속사업손익		146,590,000
9. 계속사업손익법인세비용		0
10. 계 속 사 업 이 익		146,590,000
11. 중 단 사 업 손 익		0
12. 당 기 순 이 익		146,590,000
주 당 이 익		0

1. 손익계산서도 재무상태표와 마찬가지로 계정과목과 금액을 입력하면 화면 오른쪽 합계액은 자동으로 집계된다.
2. '상품매출원가'를 더블 클릭하면 다음과 같은 화면이 나오며, 기말상품재고액은 전기분 재무상태표의 '상품'금액이 자동 반영되므로 주의한다.
3. '전기분 손익계산서'의 '당기순이익'이 '전기분 이익잉여금처분계산서'에 자동 반영된다.

8 전기분 이익잉여금처분계산서

전기분 잉여금처분계산서에서는 미처분이익잉여금(=전기이월미처분이익잉여금 + 당기순이익 등)의 이익잉여금 처분내역을 입력한다.

결산 기준	제 5 기	결산 기준 시작일	-01-01	결산 기준 종료일	-12-31	처분 확정 일자	-----------	

과목	계정코드 및 과목명		금액	
I. 미처분이익잉여금				228,490,000
1. 전기이월미처분이익잉여금			81,900,000	
2. 회계변경의 누적효과	369	회 계 변 경 의 누 적 효 과		
3. 전기오류수정이익	370	전 기 오 류 수 정 이 익		
4. 전기오류수정손실	371	전 기 오 류 수 정 손 실		
5. 중간배당금	372	중 간 배 당 금		
6. 당기순이익			146,590,000	
II. 임의적립금 등의 이입액				
1.				
2.				
합 계				228,490,000
III. 이익잉여금처분액				
1. 이익준비금	351	이 익 준 비 금		
2. 기업합리화적립금	352	기 업 합 리 화 적 립 금		
3. 배당금				
가. 현금배당	265	미 지 급 배 당 금		
나. 주식배당	387	미 교 부 주 식 배 당 금		
4. 사업확장적립금	356	사 업 확 장 적 립 금		
5. 감채 적립금	357	감 채 적 립 금		
6. 배당평균적립금	358	배 당 평 균 적 립 금		
IV. 차기이월 미처분이익잉여금				228,490,000

9 거래처별 초기이월

[거래처별초기이월]은 채권이나 채무로 인한 거래처별 채권.채무 잔액을 관리하는 메뉴이다. 채권과 채무의 금액은 재무상태표상의 채권.채무 잔액과 일치해야 하며, 거래처등록이 선행되어야 한다. 채권과 채무에 해당하는 계정과목의 오른쪽에 거래처 코드와 금액을 입력하여 차액을 없앤다.

	코드	계정과목	전기분재무상태표	차 액	거래처합계금액		코드	거래처	금액
1	101	현금	152,000,000	152,000,000					
2	102	당좌예금	220,000,000		220,000,000				
3	103	보통예금	285,367,000		285,367,000				
4	105	정기적금	30,000,000		30,000,000				
5	108	외상매출금	415,200,000		415,200,000				
6	109	대손충당금	4,152,000	4,152,000					
7	110	받을어음	6,000,000		6,000,000				
8	114	단기대여금	18,000,000		18,000,000				
9	146	상품	35,000,000	35,000,000					
10	202	건물	10,000,000	10,000,000					
11	208	차량운반구	35,330,000	35,330,000					
12	209	감가상각누계액	15,000,000	15,000,000					
13	212	비품	6,000,000	6,000,000					
14	213	감가상각누계액	2,350,000	2,350,000					
15	251	외상매입금	75,000,000		75,000,000				
16	252	지급어음	30,000,000	22,200,000	7,800,000				
17	253	미지급금	2,500,000		2,500,000				
18	254	예수금	7,383,000	7,383,000					
19	260	단기차입금	22,400,000		22,400,000				
20	264	유동성장기부채	30,000,000		30,000,000				
21	293	장기차입금	60,000,000	60,000,000					
22	295	퇴직급여충당부채	16,300,000	16,300,000					
23	331	자본금	749,322,000	749,322,000			합 계		0
24	375	이월이익잉여금	228,490,000	228,490,000			차 액		152,000,000

기초정보관리 실전문제

Accounting Technicians

다음 (주)명월과자(1100)의 자료를 이용하여 기초정보를 수정 또는 입력하라.
☞ 홈페이지 자료실에서 '2025 FAT1grade DB'를 다운받아 설치한 후 풀이할 것.

1. [환경설정] 수정

수행과제	1) (주)명월과자(1100)는 빵류 및 과자류를 도·소매하는 법인기업으로 매출 기본계정에 대하여 '상품매출' 계정을 사용하고자 한다. [환경설정]의 기본설정계정을 수정 등록하시오. 2) 당사는 카드매출시 발생하는 채권은 '외상매출금' 계정으로, 카드매입시 발생하는 채무는 '미지급금'으로 회계처리 하고 있다. [환경설정]의 신용카드 기본설정계정을 수정 등록하시오.

2. [회사등록] 수정

수행과제	[회사등록]메뉴의 국세환급금계좌 등록을 수행하시오. (은행명: 국민은행, 지점명: 서대문, 계좌: 730225-88-115)

3. [거래처등록] - 사업자등록증에 의한 거래처 수정

자료설명	매입처 ㈜대박디저트의 사업자등록증에 정정사항이 있어 사업자등록증 사본을 받았다.
수행과제	1. 사업자등록증의 변경내용을 확인하여 정정하시오. 2. 메일주소를 등록하시오.

4. [업무용승용차 등록] 수정

자료설명	당사는 업무용승용차를 등록하여 차량유지비 등을 관리하고자 한다.
수행과제	1. [계정과목 및 적요등록] 메뉴에 업무용 승용차 관련비용을 등록하시오. 2. [고정자산등록] | 계정과목	차량운반구
코드	1100
자산명	본사 업무용 차량
취득일자	2023.1.1.
상각방법	정액법
기초가액	15,000,000원
전기말상각누계액	6,000,000원
내용연수	5년
경비구분	본사 | 3. [업무용승용차등록] | 코드	500
차량번호	37누5807
차종	테슬라
명의구분	회사
사용	○
기초주행거리	500km
보험가입여부	업무전용자동차보험(법인)
보험기간	2025.1.1.~2025.12.31.	

5. [계정과목및적요등록] 수정

자료설명	1. 당사는 상품 포장박스를 상품과 함께 재고관리하고자 재고자산코드범위에 계정과목을 등록하고 관련 적요를 등록하여 상시 적용하고자 한다. 2. 무형자산의 계정과목 중 '235.디자인권'을 '235.의장권'으로 수정하여 사용하기로 한다. 3. 당사는 일반 미수금을 '미수금'으로, 카드매출 시 발생하는 미수금을 '카드미수금'으로 구분하여 표시하고자 한다. 4. 당사는 정부시책으로 지급되는 수소차량 구입과 관련한 정부보조금을 신청하고자 한다. 5. 수출상품을 일반상품과 구분하여 관리하기 위해 재고자산 코드범위에 계정과목과 표준코드를 등록하려고 한다.

수행과제	1. '165.건설용지' 계정을 '165.포장용기'로 수정하고, 대체적요를 등록하시오.
	  • 대체적요 1. 포장용기 구입시 보통예금 계좌이체 지급
	  • 대체적요 2. 포장용기 구입시 운반비 보통예금 계좌이체 지급
	2. '235.디자인권' 계정을 '의장권'으로 수정하시오.
	3. '126.회사설정계정과목'을 '126.카드미수금'으로 정정등록하고, 현금적요와 대체적요를 등록하시오. (계정구분: 3.일반)
	  • 현금적요 1. 카드매출시 미수금액 입금
	  • 대체적요 1. 카드매출시 미수금액 발생
	4. '219.회사설정계정과목'을 '219.정부보조금'으로 수정하시오.
	  (구분: 4. 차감, 관계: 208.차량운반구)
	5. '173.회사설정계정과목' 계정을 '173.수출상품' 계정으로 수정하시오.
	  (구분: 1.일반재고, 표준코드: 045.상품)

6. [전기분 재무제표] 입력 수정

손 익 계 산 서
제4(당)기 2024년 1월 1일부터 2024년 12월 31일까지
제3(전)기 2023년 1월 1일부터 2023년 12월 31일까지

(주)명월과자 (단위: 원)

과 목	제4(당)기 금액		제3(전)기 금액	
Ⅰ. 매 출 액		290,000,000		177,000,000
상 품 매 출	290,000,000		177,000,000	
Ⅱ. 매 출 원 가		150,000,000		107,740,000
상 품 매 출 원 가		150,000,000		107,740,000
기 초 상 품 재 고 액	10,000,000		19,920,000	
당 기 상 품 매 입 액	165,000,000		97,820,000	
기 말 상 품 재 고 액	25,000,000		10,000,000	
Ⅲ. 매 출 총 이 익		140,000,000		69,260,000
Ⅳ. 판 매 비 와 관 리 비		43,310,000		21,745,000
급　　　　　여	16,000,000		12,000,000	
복 리 후 생 비	2,100,000		950,000	
여 비 교 통 비	1,500,000		650,000	
기업업무추진비	2,000,000		700,000	
통　　신　　비	3,600,000		450,000	
수 도 광 열 비	2,300,000		375,000	
전　　력　　비	4,100,000		120,000	
감 가 상 각 비	3,240,000		700,000	
수　　선　　비	1,570,000		1,200,000	
차 량 유 지 비	3,400,000		3,600,000	
운　　반　　비	1,300,000		500,000	
소 모 품 비	2,200,000		500,000	
Ⅴ. 영 업 이 익		96,690,000		47,515,000
Ⅵ. 영 업 외 수 익		3,400,000		2,100,000
이 자 수 익	3,400,000		2,100,000	
Ⅶ. 영 업 외 비 용		4,700,000		800,000
이 자 비 용	4,700,000		800,000	
Ⅷ. 법인세차감전순이익		95,390,000		48,815,000
Ⅸ. 법 인 세 등		2,600,000		750,000
법 인 세 등	2,600,000		750,000	
Ⅹ. 당 기 순 이 익		92,790,000		48,065,000

자료설명	전기(제4기)분 재무제표는 입력되어 있으며, 재무제표 검토결과 입력오류를 발견하였다.
수행과제	1. [전기분 손익계산서]의 입력이 누락되었거나 잘못된 부분을 찾아 수정하시오. 2. [전기분 이익잉여금처분계산서]의 처분 확정일(2025년 2월 27일)을 수정하시오.

7. [거래처별초기이월] 수정

단기대여금 명세서

코드	거래처명	적요	금액	비고
21010	고잔마트	여유자금 대여	5,000,000원	2025.9.30. 상환 예정
	합계		5,000,000원	

자료설명	당사의 전기분 재무제표는 이미 이월받아 등록되어 있다.
수행과제	단기대여금 계정에 대한 거래처별초기이월 사항을 입력하시오.

기초정보관리 실전 문제 해답 및 풀이

1. **[환경설정] 수정**
   1) 회계 ➡ 기본계정설정의 매출 코드를 '404.제품매출'에서 '401.상품매출'로 수정
   2) 회계 ➡ 카드채권을 '120.미수금'에서 '108.외상매출금'으로 수정

   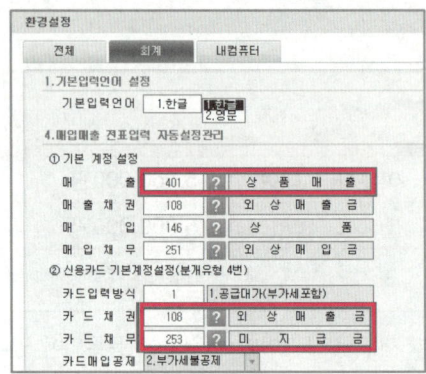

2. **[회사등록] 수정**
   - 18. 국세환급금계좌 입력

3. **[거래처등록] 수정 및 추가입력**
   - 일반거래처(코드번호08939)에 거래처 자료 수정 입력
     * 기본사항: 4.업태 '제조'를 '도소매업'으로 수정 입력
     * 추가사항: 4.담당자메일주소: 'lee@naver.com' 입력

4. **[업무용승용차등록] 입력**
   - [계정과목및적요등록] ➡ [고정자산등록] ➡ [업무용승용차등록]
   - [계정과목및적요등록]
     기능모음(F11) ➡ [업무용승용차 관리 일괄등록]을 이용하여 관련된 비용을 모두 일괄 등록 ➡ 관리항목란을 더블클릭하여 '32.업무용승용차 관리' 사용여부를 확인한다.

➜ 업무용승용차 관리 일괄등록방법

➜ 관리항목 사용여부 수정 방법

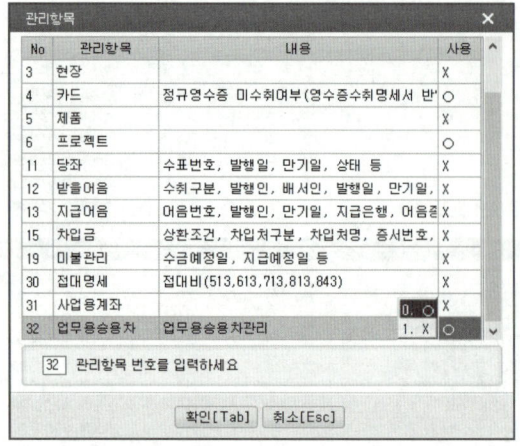

➥ [고정자산등록]

TIP

- '26. 업무용승용차여부'를 '1.여'로 선택한 경우 자동으로 상각방법은 정액법, 내용연수는 5년으로 반영된다.

➡ [업무용승용차등록]

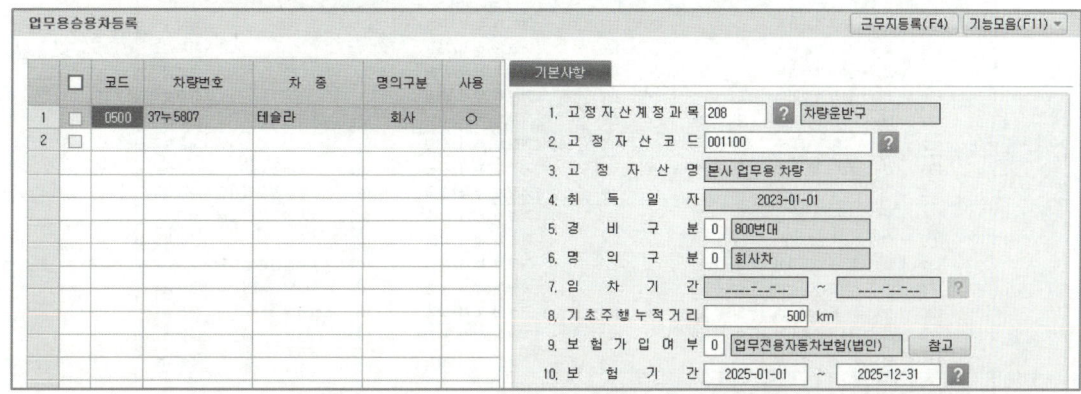

> **TIP**
> - 고정자산등록에 등록된 업무용승용차를 불러오면 공통적인 부분은 자동반영 됨.

5. [계정과목및적요등록] 수정
   1) 계정과목이 빨강색이므로 '165.건설용지'에 커서를 위치한 후 'Ctrl+F1' 키를 동시에 눌러서 계정과목명을 '165.포장용기'로 수정

   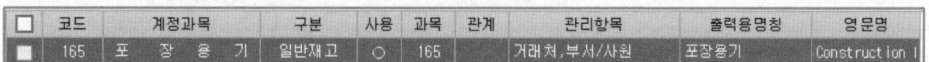

   - 대체적요 1. 포장용기 구입시 보통예금 계좌이체 지급
   - 대체적요 2. 포장용기 구입시 운반비 보통예금 계좌이체 지급

   2) '235.디자인권'을 'Ctrl+F1키'를 이용하여 '235.의장권'으로 수정

   3) 126.회사설정계정과목을 '126.카드미수금'(계정구분: 3.일반)으로 수정
      - 현금적요 1. 카드매출시 미수금액 입금
      - 대체적요 1. 카드매출시 미수금액 발생

코드	계정과목	구분	사용	과목	관계	관리항목	표준코드	표준재무제표항목	출력
126	카드미수금	일 반	O	126		거래처,부서/사원			카드미…
127	회사설정계정과목		O	127		거래처,부서/사원			회사설…
128	회사설정계정과목		O	128		거래처,부서/사원			회사설…
129	회사설정계정과목		O	129		거래처,부서/사원			회사설…
130	회사설정계정과목		O	130		거래처,부서/사원			회사설…
131	선 급 금	일 반	O	131		거래처,부서/사원	038	선급금	선급금
132	대 손 충 당 금	차 감	O	132	131	거래처,부서/사원			대손충…
133	선 급 비 용	일 반	O	133		거래처,부서/사원	069	선급비용	선급비…
134	가 지 급 금	일 반	O	134		거래처,부서/사원	027	주주임원종업원단기	가지급…
135	부 가 세 대 급 금	일 반	O	135		거래처,부서/사원	073	부가가치세대급금	부가세…
136	선 납 세 금	일 반	O	136		거래처,부서/사원	072	선급법인세	선납세…
137	주.임.종단기채권	일 반	O	137		거래처,부서/사원	027	주주임원종업원단기	주.임.…
138	전 도 금	일 반	O	138		거래처,부서/사원	039	기타당좌자산	전도금
139	선 급 공 사 비	일 반	O	139		거래처,부서/사원	038	선급금	선급공…
140	이연법인세자산	일 반	O	140		거래처,부서/사원	070	이연법인세자산	이연법…
141	현 금 과 부 족		O	141		거래처,부서/사원			현금과…

● 현금적요

No	적요내용	비고
01	카드매출시 미수금액 입금	

● 대체적요

No	적요내용	비고
01	카드매출시 미수금액 발생	

4) '219.회사설정계정과목'을 '219.정부보조금'(계정구분: 4.차감)으로 수정 후 관계에 '208' 입력

코드	계정과목	구분	사용	과목	관계	관리항목	표준코드	표준재무제표항목	출력
219	정 부 보 조 금	차 감		219	208	거래처,부서/사원,카드			정부보…

5) '173.회사설정계정과목'을 '173.수출상품' 으로 수정 후 구분 및 표준코드 입력

코드	계정과목	구분	사용	과목	관계	관리항목	표준코드	표준재무제표항목
173	수 출 상 품	일반재고	O	173		거래처,부서/사원	045	상품

6. [전기분 재무제표] 수정

   1) [전기분 손익계산서]
      - 816.전력비 41,000,000원을 4,100,000원으로 수정
      - 998.법인세등 2,600,000원을 추가입력
      - 당기순이익 92,790,000원 확인
   2) [전기분 이익잉여금처분계산서]
      - 처분확정일 2025년 2월 27일 입력

7. [거래처별초기이월] 수정
   - '114.단기대여금' 계정: 21010.고잔마트 5,000,000원 입력

실무 따라잡기

교육용 프로그램 Smart A(iPLUS)의 실무버전 화면이다. 교육용 프로그램과의 차이점을 비교 분석하여 익히도록 한다.

➡ 프로그램 시작화면

➡ 회사등록 화면

➡ 프로그램 메인화면

➡ 회계모듈 시작화면

실무 따라잡기

교육용 프로그램 Smart A(iPLUS)의 웹 실무버전 화면이다. 교육용 프로그램과의 차이점을 비교 분석하여 익히도록 한다.

➡ 프로그램 시작화면

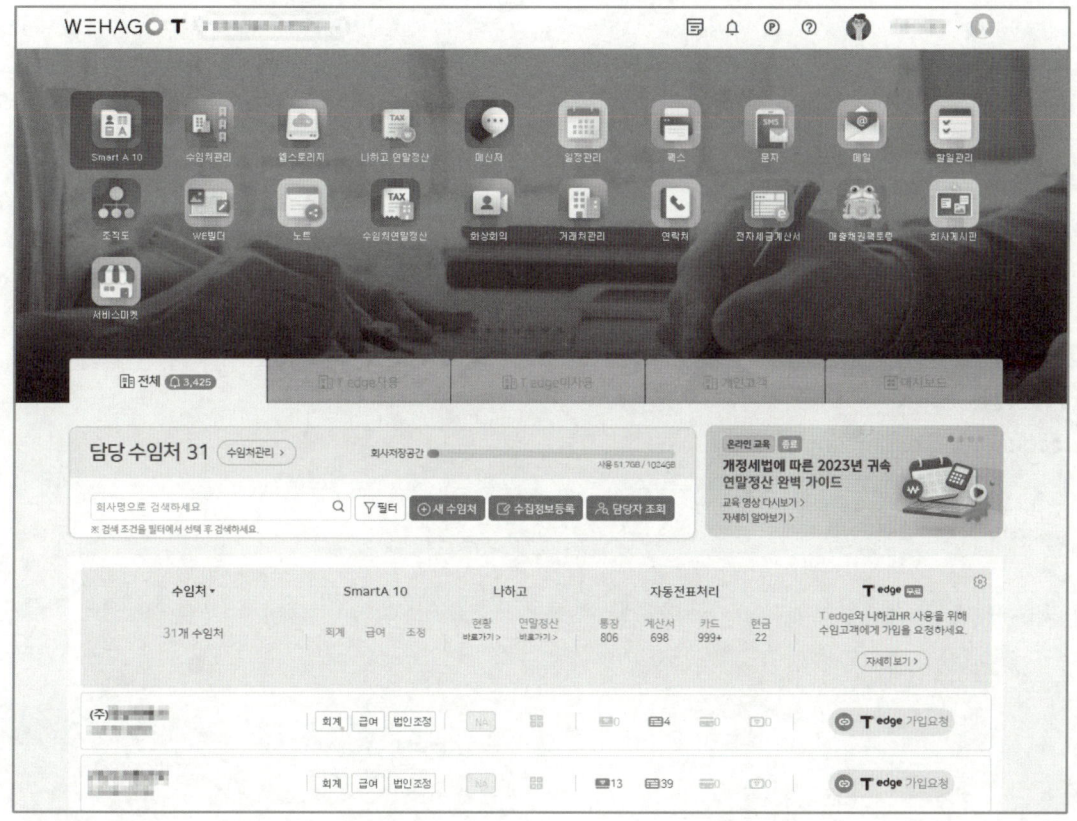

FAT 1급
Accounting Technicians

PART 02
회계정보처리(I)

제1절 증빙관리
제2절 거래자료입력

02 회계정보처리(I)

[제2절 거래자료입력]에서 가능한 능력단위

분류번호: 0203020111_14v2

능력단위 명칭: 전표관리

능력단위 정의: 전표관리란 회계상 거래를 인식하고, 전표 작성 및 이에 따른 증빙서류를 처리 및 관리하는 능력이다.

능력단위요소		수 행 준 거
0203020111_14v2.1 회계상 거래 인식하기		1.1 회계상 거래를 인식하기 위하여 회계상 거래와 일상생활에서의 거래를 구분할 수 있다. 1.2 회계상 거래를 구성 요소별로 파악하여 거래의 결합관계를 차변 요소와 대변 요소로 구분할 수 있다. 1.3 회계상 거래의 결합관계를 통해 거래 종류별로 구분하여 파악할 수 있다. 1.4 거래의 이중성에 따라서 기입된 내용의 분석을 통해 대차평균의 원리를 파악할 수 있다.
	【지 식】	○ 회계상 거래와 일상생활에서의 거래를 구분하는 지식 ○ 교환거래, 손익거래, 혼합거래 ○ 거래의 이중성
	【기 술】	○ 거래의 결합관계 구분 능력 ○ 다양한 거래 유형에 대한 구분 능력 ○ 거래를 장부에 기입·분석하는 능력
	【태 도】	○ 거래를 신속하고 정확하게 구분하려는 태도 ○ 거래에 대한 정확한 판단력
0203020111_14v2.2 전표 작성하기		2.1 회계상 거래를 현금거래 유무에 따라 사용되는 입금 전표, 출금 전표, 대체 전표로 구분할 수 있다. 2.2 현금의 수입 거래를 파악하여 입금 전표를 작성할 수 있다. 2.3 현금의 지출 거래를 파악하여 출금 전표를 작성할 수 있다. 2.4 현금의 수입과 지출이 없는 거래를 파악하여 대체 전표를 작성할 수 있다.
	【지 식】	○ 입금·출금·대체 전표에 대한 지식
	【기 술】	○ 거래 유형별로 전표 작성 능력
	【태 도】	○ 전표를 신속하고 정확하게 작성하려는 태도

능력단위요소	수행준거	
0203020111_1 증빙서류 관리하기		○ 거래 유형에 대한 정확한 판단력
	3.1 발생한 거래에 따라 필요한 관련 서류 등을 확인하여 증빙여부를 검토할 수 있다. 3.2 발생한 거래에 따라 관련 규정을 준수하여 증빙서류를 구분·대조할 수 있다. 3.3 증빙서류 관련 규정에 따라 제 증빙자료를 관리할 수 있다.	
	【지 식】	○ 증빙서류 종류 ○ 증빙서류 관리 관련 규정
	【기 술】	○ 증빙 서류를 처리하는 능력
	【태 도】	○ 신속·정확성 ○ 판단력 ○ 증빙서류 관리 관련 규정을 준수하는 태도

제1절 _ 증빙관리

'FAT1급' 자격시험에서는 거래자료입력, 부가가치세, 결산으로 구분하여 출제되며 실기시험의 대부분을 차지하는 중요한 메뉴로 다음과 같이 구성된다.

구분		내용
거래 자료 입력	증빙의 이해	• 3만원초과 거래 자료입력 • 3만원초과 거래자료에 대한 영수증수취명세서 작성 • 증빙에 의한 전표입력 → 간이영수증, 신용카드영수증, 현금영수증, 보험료영수증, 자동차세영수증, 전기요금영수증 등
	어음관리	• 약속어음 수취거래 • 약속어음의 만기결제, 할인, 배서양도 • 약속어음 발행거래 • 발행어음의 만기결제
	통장거래정리	• 통장사본에 의한 거래입력 및 통장잔액확인 등
	신용카드 매입거래	• 신용카드 매입자료에 의한 거래입력
	유형자산 관련	• 유·무형자산의 구입 • 유·무형자산의 매각 • 신규매입자산의 고정자산등록

구분		내용
	기타 일반거래	• 단기매매증권구입 및 매각 • 대손의 발생과 설정 • 출장비 정산, 급여 및 퇴직금지급, 임차료지급, 운반비지급, 계약금 지급, 계약금입금, 가지급금, 가수금, 예수금, 사회보험지급, 자본금거래
부가 가치세	전자세금계산서의 발행	• 과세매출자료 입력 • 과세매출자료의 전자세금계산서 발행
	매입매출거래 입력	• 매출거래 및 매입거래에 의한 부가가치세신고서 작성 • 매출거래: 과세매출, 면세매출, 카드매출 • 매입거래: 과세매입, 면세매입, 카과매입, 불공매입, 현과매입 • 부가가치세신고서 조회, 입력자료 조회 • 부가가치세신고서에 의한 회계처리
결산	수동결산	• 손익의 예상과 이연 • 유가증권 및 외화평가 • 가계정 및 유동성대체 등 기타 결산정리사항
	자동결산	• 결산자료입력에 의한 자동결산 ➜ 상품매출원가, 감가상각비, 대손상각비, 퇴직금추계액 등
	재무제표 마감	• 손익계산서 마감 ➜ [손익계산서]에서 매출원가가 반영되면 당기순이익이 결정됨 • 이익잉여금처분계산서 마감 ➜ 처분확정일 입력 후 '전표추가'키로 전표추가 ➜ 미처분이익잉여금이 결정됨 • 재무상태표 마감

'거래자료입력' 중 증빙의 이해, 어음에 의한 자금관리, 통장거래관리에 의한 학습은 그동안 교육용 프로그램에서 다루지 않았던 부분이다. 따라서 제1절에는 특히 증빙관리에 대해 이해하고, 제2절에서는 증빙관리와 연결하여 거래자료입력에 대해서 숙지하기로 한다.

2001년 1월 1일 이후부터 경비지출내역의 투명성을 확보하고 거래상대방 사업자의 과세표준을 양성화하여 세제 및 세정의 정상화를 위해 정규 지출증빙 수취의무 규정을 도입하게 되었다.

이러한 의무규정에 의해 회사는 세금계산서, 계산서, 신용카드매출전표 등 법적으로 정한 정규증빙 또는 기타의 증빙으로 거래사실을 입증해야 비용으로 인정받을 수 있다.

2021년도에 새롭게 도입된 한국공인회계사회 주관 '회계(세무)정보관리' 자격시험에서는 증빙서류에 대한 중요성을 인식하고 실무시험에 도입키로 하였으며, 본서에서도 그 점을 충분히 반영하여 다루고자 한다.

따라서 회계실무자 및 책임자가 회계업무의 효율적인 관리를 위하여 법적으로 정한 정규증빙 또는 기타의 증빙에 대해 이해하고, 증빙서류를 통한 전표처리 방법을 익힌다.

1 증빙의 종류

세법에서 요구하는 증빙의 종류에는 사업자와의 거래를 통한 세금계산서나 계산서, 신용카드매출전표 등 법적으로 정한 정규증빙과 청첩장/부고장 등 기타 거래 증빙 또는 회사 내부에서 사용하는 서식과 규정이 회사의 비용이 적정하게 쓰였다는 것을 확인하는 객관적인 서류가 있다.

국세청에서 말하는 적격증빙이란 신용카드 매출전표, 현금영수증, 세금계산서 및 계산서 등을 말한다. 사업과 관련된 매입이나 지출이 있는 경우 반드시 적격증빙을 받아 장부에 반영해야 한다. 다만 종업원과 다른 사업자에게 지급하는 인건비나 사업소득 등은 소득세를 원천징수했다는 내용이 나타나 있는 지급명세서를 세무서에 제출하고 경비 처리를 할 수 있다.

국가에 납부하는 세금, 전기요금, 통신요금, 방송 수신료, 주택 임차료 등 적격증빙을 받을 수 없다고 인정하는 경우에는 법인세나 종합소득세 신고 때 '영수증수취명세서'를 작성, 제출해 경비지출 내역을 입증해야 한다.

적격증빙을 받을 수 있는 거래에 대해 적격증빙을 받지 않고 일반 간이영수증으로 경비처리를 한 경우 건당 3만원이 넘는 지출분에 대해서 지출금액의 2%를 증빙불비 가산세로 물어야 한다. 지출내역에 대해 근거가 부족하다면 자칫 지출금액 모두를 비용으로 인정받지 못할 수 있다. 단, 공급받은 재화 또는 용역의 거래 건당금액이 3만원 이하(부가가치세 포함)와 기업업무추진비의 경우 1만원 이하의 거래분에 대하여는 적격증빙을 사용하지 않더라도 증빙불비가산세는 적용하지 않는다.

따라서 개인 또는 법인 사업자는 매년 법인세나 소득세 신고를 할 때, 경비 항목 중 적격증빙을 제대로 받았는지 꼼꼼히 검토해야 하며, 적격증빙을 갖추지 못한 부분이 있다면 그 사유와 내역을 '영수증수취명세서'에 명확히 기재해야 불이익을 받지 않는다.

'영수증수취명세서(1)'은 '영수증수취명세서(2)'에 의해 자동으로 작성이 되며 제출 양식은 다음과 같다.

[별지 제40호의 5 서식](2010.04.개정) (제1쪽)

영수증수취명세서(Ⅰ)

①상　　　　　호		②사 업 자 등 록 번 호	
③성　　　　　명		④주 민 등 록 번 호	
⑤주　　　　　소			(☎　　　　　)
⑥사 업 장 소 재 지			(☎　　　　　)
⑦업　　　　　체		⑧종　　　　　목	

Ⅰ. 세금계산서·계산서·신용카드 등 미사용내역

⑨구　　분	3만원 초과 거래분		
	⑩총 계	⑪명세서제출제외대상	⑫명세서제출대상(⑩-⑪)
⑬건　　　수			
⑭금　　　액			

2. 3만원 초과 거래분 명세서제출 제외대상 내역

구분	건수	금액	구분	건수	금액
15.읍·면지역소재			26.부동산구입		
16.금융·보험용역			27.주택임대용역		
17.비거주자와의 거래			28.택시운송용역		
18.농어민과의 거래			29.전산발매통합관리시스템가입자와의 거래		
19.국가등과의 거래			30.항공기항행용역		
20.비영리법인과의 거래			31.간주임대료		
21.원천징수대상사업소득			32.연체이자지급분		
22.사업의 양도			33.송금명세서제출본	경비 등의 송금명세서 작성	
23.전기통신·방송용역			34.접대비필요경비부인분	접대비 3만원초과 (경조사비의 경우 20만원)	
24.국외에서 공급			35.유표도로통행료		
25.공매·경매·수용			36.합계		

소득세법 제70조 제4항 제6호 및 동법시행령 제142조 제3항의 규정에 의하여 영수증수취명세서를 제출합니다.

년　　월　　일

신고인　　　(서명 또는 인)
세무대리인　　　(서명 또는 인)
(관리번호 :　　　　)

세무서장 귀하

[별지 제40호의 5 서식](2012. 04. 03. 개정) (제2쪽)

영수증수취명세서(2)

①상 호		②사업자등록번호	
③성 명		④주민 등록 번호	

영수증수취명세 제출대상 거래내역

⑤일련번호	⑥거래일자	공 급 자				⑪거래금액	⑫비 고
		⑦상 호	⑧성명	⑨사 업 장	⑩사업자등록번호		
계							

1) 영수증의 종류

영수증에는 세법에서 인정하는 세금계산서, 계산서, 신용카드매출전표, 현금영수증 등 정규 영수증과 정규 영수증은 아니나 실무에서 사용하는 지로 영수증, 거래 명세서, 간이 영수증, 일반 영수증, 입금표 등이 있다.

여기에서 정규영수증이란 세금계산서, 계산서, 신용카드매출전표, 현금영수증 등을 말하며 정규영수증 발급 내용은 전부 국세청 전산시스템으로 연계되어 매출자의 매출신고 내용 및 매입자의 비용 정당성 여부를 동시에 통제 할 수 있다. 이는 매출신고 누락 및 가짜비용 처리를 철저히 관리하는 것이다.

다만 비용 중에서 정규영수증을 수취할 수 없는 경우(세금납부 등 세금계산서 교부 대상이 아닌 국가기관, 비영리법인 등에 지출한 것)및 납세자의 편의를 위해 건당 거래금액이 3만원 이하(기업업무추진비 1만원)의 소액 거래에 대하여는 예외 규정을 두고 있다.

(1) 전자세금계산서(세금계산서)

전자세금계산서는 원칙적으로 전자세금계산서 양식을 사용하여야 하나 영수증에 공급가액과 부가가치세가 구분되어 기재되어 있고, 공급받는 자의 사업자등록번호가 표시되어 있는 전화요금이나 전기요금청구서, 지로영수증 등은 세금계산서로 분류하여 부가가치세는 공제를 받을 수 있다.

① 지출증빙 서류로 보지 아니하는 세금계산서
  ㉮ 다른 사업자 명의 교부
  ㉯ 미등록 사업자 교부
  ㉰ 간이과세자 교부
② 분류 및 보관

세금계산서로 분류되는 영수증은 기타 영수증과는 별도로 철하여 보관한다.

매출 세금계산서와 매입 세금계산서를 분리하여 일자순으로 구분한다. 세금계산서로 분류되는 전화요금 청구서, 전기요금 청구서, 지로 영수증 등은 전표와 같이 정리한다.

전자세금계산서 (공급자 보관용)

공급자					공급받는자				
등록번호	220-81-03217				등록번호	305-81-22359			
상호	(주)케이마이크		성명(대표자)	김강우	상호	(주)영우물류		성명(대표자)	김영우
사업장주소	서울특별시 강남구 강남대로 252 (도곡동)				사업장주소	경기도 용인시 기흥구 강남동로 912			
업태	도소매업		종사업장번호		업태	도소매업		종사업장번호	
종목	마이크				종목	생활용품			
E-Mail	gangwoo@bill36524.com				E-Mail	youngwoo@bill36524.com			

작성일자	2025.10.21.	공급가액	200,000	세액	20,000
비고					

월	일	품목명	규격	수량	단가	공급가액	세액	비고
10	21	BTS 마이크		2	100,000	200,000	20,000	

합계금액	현금	수표	어음	외상미수금	이 금액을	○ 영수 / ● 청구	함
220,000				220,000			

전자세금계산서 (공급받는자 보관용)

공급자					공급받는자				
등록번호	211-81-10539				등록번호	220-81-03217			
상호	(주)코아소프트		성명(대표자)	이수린	상호	(주)케이마이크		성명(대표자)	김강우
사업장주소	서울특별시 서대문구 독립문로8길 120				사업장주소	서울특별시 강남구 강남대로 252 (도곡동)			
업태	서비스업		종사업장번호		업태	도소매업		종사업장번호	
종목	소프트웨어				종목	마이크			
E-Mail	soorin@bill36524.com				E-Mail	gangwoo@bill36524.com			

작성일자	2025.11.7.	공급가액	1,600,000	세액	160,000
비고					

월	일	품목명	규격	수량	단가	공급가액	세액	비고
11	7	소프트웨어				1,600,000	160,000	

합계금액	현금	수표	어음	외상미수금	이 금액을	○ 영수 / ● 청구	함
1,760,000				1,760,000			

(2) 전자계산서(계산서)

면세재화 또는 용역의 매입과 관련하여 정규증빙으로서 효력을 갖는 계산서는 소득세법 및 법인세법에 의하여 적법하게 교부된 계산서를 의미하며 필요적 기재사항의 전부가 기재되어 있는 계산서를 말한다. 회계실무자는 면세사업자로부터 교부받은 계산서(세액란이 없고, 공급 받는 자의 사업자 등록번호가 기재된 것)를 세금계산서와 별도로 구분하여 보관하여야 하며 부가가치세 신고기한 전 세무사사무소 등에 제출하여야 한다.

전자계산서 (공급자 보관용)

	공급자			공급받는자	
등록번호	220-81-03217		등록번호	209-81-10220	
상호	(주)케이마이크	성명(대표자) 김강우	상호	(주)모두다마트	성명(대표자) 이수빈
사업장 주소	서울특별시 강남구 강남대로 252 (도곡동)		사업장 주소	서울특별시 서대문구 충정로7길 19-7	
업태	도소매업	종사업장번호	업태	도소매업	종사업장번호
종목	마이크		종목	잡화외	
E-Mail	gangwoo@bill36524.com		E-Mail	soobin@naver.com	

작성일자	2025.8.24.	공급가액	1,100,000	비 고

월	일	품목명	규격	수량	단가	공급가액	비고
8	24	상품		100	11,000	1,100,000	

합계금액	현금	수표	어음	외상미수금	이 금액을	○ 영수 함
1,100,000				1,100,000		● 청구

전자계산서 (공급받는자 보관용)

승인번호

공급자	등록번호	211-96-78907			공급받는자	등록번호	110-86-10018		
	상호	수수학원	성명(대표자)	이혜원		상호	(주)전진바스	성명(대표자)	
	사업장주소	서울특별시 강남구 논현로 406 (역삼동, 다영빌딩)				사업장주소	서울특별시 서대문구 충정로7길 29-8 (충정로3가)		
	업태	교육서비스업	종사업장번호			업태	도소매업	종사업장번호	
	종목	학원				종목	욕실용품외		
	E-Mail	lee@hanmail.net				E-Mail	happy@naver.com		

| 작성일자 | 2025.5.31. | 공급가액 | 300,000 | 비고 | |

월	일	품목명	규격	수량	단가	공급가액	비고
5	31	세법 바로알기		2명	150,000	300,000	

합계금액	현금	수표	어음	외상미수금	이 금액을	○ 영수 / ● 청구 함
300,000				300,000		

(3) 신용카드 매출전표

신용카드매출전표

가 맹 점 명   (주)전진바스
사업자번호   110-86-10018
대 표 자 명   전영율
주   소   서울특별시 서대문구 충정로7길
            29-8 (충정로3가)

국 민 카 드   신용승인
거 래 일 시   2025-6-23 13:08:04
카 드 번 호   5123-1234-****-65**
가맹점번호   45451124
매 입 사   국민카드(전자서명전표)
품   명   바테

공 급 가 액   5,500,000원
부가가치세   550,000원
합   계   6,050,000원

다음에 해당하는 증빙을 보관하고 있는 경우에는 신용카드 매출전표를 수취하고 보관하고 있는 것으로 본다.

구 분	내 용
법인카드	법인의 신용으로 발급되며 카드에 법인의 이름만 기재되고 법인계좌에서 출금되며 법인의 임직원이 공용으로 사용할 수 있는 카드
직불카드 및 체크카드	직불카드회원과 신용카드 가맹점간에 전자 또는 자기적 방법에 의하여 금융거래계좌에 이체하는 등의 방법으로 물품 또는 용역의 제공과 그 대가의 지급을 동시에 이행할 수 있도록 신용카드업자가 발행한 증표
백화점 카드	기획재정부 장관으로부터 신용카드업의 허가를 받은 백화점 운용 사업자가 발행하여 금융기관을 통하여 이용대금을 결제하는 카드
선불카드	신용카드업자가 대금을 미리받고 이에 상당하는 금액을 전자 또는 자기적 방법으로 기록하여 발행한 증표로서 그 소지자의 제시에 따라 신용카드 가맹점이 그 기록된 범위 내에서 물품 또는 용역을 제공할 수 있도록 한 카드

업무와 관련하여 회사직원이 자기명의로 신용카드를 사용한 경우에도 적법한 영수증으로 인정된다. 단 3만원을 초과하는 기업업무추진비의 경우에는 개인명의 신용카드를 손금으로 인정하지 아니하므로 전액 손금불산입 하여야 한다. 다만 직원이 업무와 관련하여 사용하고 손금으로 인정받은 경우에는 근로자 본인의 신용카드 소득공제는 받을 수 없으며 복리후생비, 여비교통비는 3만원을 초과하여도 정규영수증으로 인정할 수 있다.

(4) 현금영수증

```
              **현금영수증**
                (지출증빙용)

사업자등록번호 : 112-08-51230  명동건
사 업 자 명   : 동건수산
가 맹 점 주 소 : 서울특별시 서대문구 충정로7길 30

현금영수증 회원번호
220-81-03217 (주)유민물류
  승인번호        : 45457878      (PK)
  거래일시        : 2025년 3월 20일
-----------------------------------------
공급금액                           80,000원
부가세금액                           8,000원
총합계                             88,000원
-----------------------------------------
휴대전화, 카드번호 등록
http://현금영수증.kr
국세청문의(126)
38036925-GCA10106-3870-U490
      《《《《《이용해 주셔서 감사합니다.》》》》》
```

현금영수증을 지출증빙으로 사용하기 위해서는 현금영수증 홈페이지에 법인카드, 사업자등록번호 등을 등록하고 금액에 관계없이 현금영수증을 발행할 수 있으며, 사업자는 현금영수증을 5년간 보관하여야 한다. 또한 현금영수증은 신용카드 매출전표와 같이 정규 지출증빙으로 인정된다.

2) 영수증의 보관

소규모 기업이 업무간소화를 위해 전표를 발행하지 않고 지출에 관한 내용 및 증빙서류만을 보관하기 위한 서식으로 중요한 지출에 대해 대표이사 또는 총무이사가 집행,관리하고 일반경비 지출에 대하여 회계책임자가 관리자의 결제를 얻기 위해 사용하며 그 뒷면에 영수증 등을 첨부하여 보관하며, 다음 사항으로 구분한다.

(1) 세금계산서는 별도로 구분하여 보관한다.
(2) 전기ㆍ전화ㆍ지로영수증 중 세금계산서를 대신할 수 있는 경우에는 세금계산서 규격의 백지에 첨부하여 세금계산서와 같이 보관한다.
(3) 신용카드 매출전표 및 현금영수증 중 그 매입세액을 공제받을 수 있는 것은 별도로 구분한다.
(4) 공급 받는 자의 사업자등록번호가 기재된 계산서는 별도로 구분하여 부가가치세 신고 전 세무사 사무소에 세금계산서와 같이 제출한다.
(5) 부가가치세 신고시 매출세금계산서가 누락되거나 이중 제출 되지 않도록 유의한다.
(6) 대표자의 개인용도 지출에 관한 내용은 별도로 정리하며, 세무사사무소에 인계하지 않는다.
(7) 거래명세서는 별도로 보관한다.
(8) 매입세액을 공제 받을 수 없는 신용카드 매출전표는 신용카드 대금이 실제 결제된 날 지출결의서를 작성하고 지출결의서에 첨부한다.

반면에, 법인은 모든 거래에 관한 증빙서류를 법인세 신고기한이 경과한 날부터 5년간 보관한다. 그리고 부가가치세 신고와 관련한 세금계산서, 계산서 및 신용카드 매출전표, 현금영수증 중 매입세액을 공제받을 수 있는 것은 별도로 구분하여 보관한다.

2 정규영수증 수취 특례

구 분	내 용
정규영수증 수취 제외대상	▪ 비영리법인(조합비, 협회비, 기부금) ▪ 국가 및 지방단체(각종 세금과 공과금, 벌과금 등) ▪ 금융보험업을 영위하는 법인 (보증보험료, 어음할인료, 대출이자, 할부이자, 송금수수료, 환전수수료, 신용카드 수수료, 보험료, 리스료, 증권회사 수수료, 투자자문 수수료, 손해사정 수수료 등) ▪ 읍/면 지역에 소재하는 간이과세자로서 신용카드가맹점이 아닌 사업자 (간이영수증 수취 가능) ▪ 국내사업장이 없는 외국법인(기술도입료)

정규영수증 수취 제외거래	▪ 20만원이하 거래처 경조사비
	▪ 거래 건 당 공급대가(부가세 포함)가 3만원이하인 거래
	▪ 공급대가가 3만원 초과 거래이나 지출증빙 수취특례에 해당하는 거래
	  - 방송 용역 제공받은 경우
	  - 부가통신사업자로부터 부가통신역무를 제공받은 경우
	  - 국외에서 공급받은 경우
	  - 공매·경매 또는 수용에서 공급받은 경우
	  - 주택임대 용역 공급받은 경우
	  - 금융보험 용역을 제공받은 경우
	  - 국세청장이 고시한 입장권, 승차권, 승선권
	  - 전세금, 임대보증금에 대한 부가세액을 임차인이 부담하는 경우
	  - 계약 등에 의해 확정된 대가의 지급지수로 연체이자를 지급하는 경우
	  - 철도의 여객운송 용역을 공급받는 경우
	  - 유료도로를 이용하고 통행료를 지급하는 경우 등

개인으로부터 일용 노무를 제공받는 경우	▪ 잡급으로 처리하여 송금영수증, 작업일지(일용노무비대장 등) 주민등록증사본 등을 징수하고 일당 10만원을 초과하는 경우 근로소득세를 원천 징수하여 그 징수일의 다음달 10일까지 납부한다.
정규영수증 미수취 거래	▪ 3만원을 초과하는 지출의 경우 세금계산서로 수취하거나 신용카드로 결제한다. ▪ 단 3만원을 초과하는 지출로서 영수증을 수취할 수 없는 부득이한 경우 금융기관을 통하여 송금하고 송금 영수증을 보관하면 경비로 인정받을 수 있지만 증빙불비가산세(거래금액의 100분의 2)는 부담해야 한다.

3 계정과목별 지출증빙

구분		내용
급여		급여대장(잡급인 경우 일용노무비 지급대장)을 작성하고, 지급명세서(근로소득원천징수영수증)를 관할 세무서에 제출한다.
복리후생비	식대보조금	식사대신 매월 식대를 지급하는 경우 월 10만원 이내는 원천징수하지 않고, 별도의 증빙 없이 복리후생비로 처리한다.
	국민연금, 건강보험, 고용보험, 사용자부담금	정규영수증 수취대상이 아니며, 납부 영수증을 증빙으로 보관한다.
	종업원선물	명절, 야유회, 창립기념일에 직원들에게 선물을 지급하기 위하여 구입하는 선물은 정규영수증 수취대상으로 거래 건 당 3만원을 초과하는 경우 세금계산서나 신용카드로 결제해야 한다.
	경조사비	사회통념상 경조사비는 정규증빙서류 수취대상이 아니나 지출결의서, 초대장, 청첩장, 부고장 등 해당 사실을 입증할 수 있는 자료를 보관해야 한다.
	피복비(단체복)	피복 구입의 경우 정규증빙 서류를 수취해야 하며 그 매입세액은 공제된다.
	동호회 활동비	복리후생비로 손금으로 인정되나 지출의 상대방이 사업자인 경우 거래금액이 3만원을 초과 시 정규증빙 서류를 수취해야 한다.
	시상금, 포상금	시상금을 지급받는 임직원의 근로소득으로 처분하므로 별도의 지출증빙서류가 필요하지 않다.
	사내행사비	행사비용에 대한 거래 상대자가 사업자인 경우 정규 증빙을 수취하고 사업자가 아닌 경우(민박, 어선대여료)에도 거래사실(송금증, 입장권, 승차권, 승선권 등)을 입증해야 한다.
	학자금 보조액	근로소득으로 처분하여 급여에 합산하므로 정규증빙수취에 해당하지 아니한다.
여비교통비	시내교통비	영수증 수취가 현실적으로 어려운 경우 사내지급규정에 따라 사내여비교통비 지출일지 등을 작성한다. 또 교통카드를 주기적으로 충전하여 사용할 수 있다.(필요시 교통카드 사용일지 작성)
	국내출장비	교통비, 숙박비, 식대 등 거래 건 당 3만원을 초과한 지출 금액에 대하여 정규영수증을 수취하지 않은 경우 증빙서류 미수취가산세가 적용된다.
	해외출장비	지출건별로 증빙을 수취해야하며 항공료와 외국에서 발생한 거래는 출장지의 영수증을 지출증빙으로 할 수 있다. 단, 해외출장여비 일정 금액을 조건 없이 지급하는 경우 이는 해외근로에 따른 수당으로 간주되며 해당직원에 대한 급여로 처리한다.
임차료	부동산 임차료	임대사업자가 법인 또는 일반과세자인 경우 정규영수증을 수취하고 간

구분		내용
		이사업자인 경우 간이 영수증을 수취하고 그 대금은 금융기관을 통하여 지급하여야 한다. 이 경우 법인세 신고 시 송금사실을 기재한 경비 등의 송금명세서를 법인세과세표준 신고서에 첨부하여 제출한다.
	리스료	시설대여업자(리스회사)에게 지급하는 리스료는 금융 용역에 대한 대가이므로 해당 리스사에서 발행한 영수증을 보관 한다.
기업업무 추진비	기업업무추진비	- 1회에 지출한 현금 접대비 중 3만원초과는 정규증빙으로 증빙하여야 한다. - 법인의 경우 법인카드만 인정되며 임직원 개인카드의 사용은 인정되지 아니함. 단, 개인 소득세의 경우 가족 및 종업원 카드사용 인정한다.
	상품권	상품권은 신용카드를 사용해야 기업업무추진비로 인정받는다.
	거래처 경조사비	20만원이하인 경우 청첩장, 관련 기안 등으로 증빙 가능하며, 20만원 초과 시 세금계산서, 신용카드로 증빙하여야 한다.
	약정에 의한 채권포기액	채권의 전부 또는 일부를 포기하는 경우에 이를 대손금으로 보지 않고 기부금 또는 기업업무추진비로 본다.
수수료비용	금융기관	금융기관에서 발행하는 영수증 등을 수취한다.
	전문인적용역	① 과세사업자인 세무사, 변호사, 법무사 등이 제공하는 용도는 부가세 과세대상이므로 세금계산서를 수취한다. ② 면세사업자인 인세, 번역료, 강연료 등은 사업소득으로 그 지급액의 3%에 상당하는 사업소득세를 원천징수하여 납부한다. ③ 개인사업자는 기타 소득세를 원천징수한다.
	기술도입료	기술도입비용(Royalty)은 원천징수대상 소득이므로 정규증빙서류 수취 대상이 아니다.
세금과공과금		세금과공과금은 영수증을 증빙서류로 수취하여 보관한다.
차량유지비		유류대, 수리비, 세차비, 주차료 등 건당 지출금액이 3만원을 초과하는 것은 정규영수증을 수취하고 차량보험료, 통행료 등은 해당 영수증을 수취하여 보관한다. 또 월 20만원 이내의 자가운전보조금은 근로소득세를 과세하지 않는다.
광고선전비		광고선전비란 제품 등의 판매촉진이나 기업이미지 제고 등을 위하여 불특정 다수를 상대로 각종 매체를 통하여 홍보하는 비용을 말하며 정규영수증 수취대상이다.
교육훈련비		사내강사의 경우 근로소득에 합산하여 근로소득세를 원천징수한다. 학원에 소속된 외부강사의 경우에는 학원으로부터 계산서를 수취한다.
통신비		사업자 명의로 가입한 전화요금, 휴대폰 사용료 등은 매입세금계산서로 분류하여 매입세액을 공제받을 수 있다. 또 직원이 소유한 휴대폰의 업무상 사용요금 지원비는 통신비 지급 규정을 만들고 통신보조금에 대한 직원 개인별 통신비 영수증을 수취한다.
판매수수료		직원에게 판매수수료를 지급한 경우 급여에 포함하여 근로소득세를 징수하고 사업설비를 갖춘 사업자에게는 부가세가 과세되므로 세금계산서를 수취한다.

구분	내용
운반비 및 외주가공비	① 운반비는 정규영수증을 수취하여야 하나 상업서류송달용역을 제공 받는 경우(DHL, Ups, Fedex)를 제외하고, 간이과세자로부터는 간이 영수증을 수취 → 금융기관을 통하여 송금한 다음 법인세 과세표준 신고서에 송금사실을 기재한 경비 등의 송금명세서를 관할세무서장에게 제출한다. ② 외주가공비는 법인 또는 일반 과세자로부터 세금계산서를 교부 받고 간이과세자나 미등록사업자로부터는 금융기관을 통하여 송금하고 경비 등의 송금명세서를 제출한다.
기부금	기부를 받은 단체로부터 기부금영수증을 받아서 보관한다.

④ 급여관리

 급여성 지출은 소득세법의 규정에 의하여 근로소득세를 원천징수하여 납부하기 때문에 지출 증빙서류 수취 대상이 아니며 그에 대한 증빙으로 급여대장(잡급인 경우 일용 노무비 지급대장)을 작성하고 지급명세서(근로소득원천징수영수증)를 관할 세무서에 제출한다. 본 서에서는 소득세법에 대한 설명이 이루어지지 않지만, 급여 지급은 매월 발생하기 때문에 간략하게 회계처리와 원천징수 방법만을 다루기로 한다.

가. 급여공제 및 회계처리방법

구 분		공제방법	계정과목
근로소득세			근로소득세 예수금
지방소득세			지방소득세 예수금
국민연금	근로자부담	4.5%	국민연금 예수금
	사업주부담	4.5%	세금과공과
건강보험	근로자부담	3.545%	건강보험 예수금
	사업주부담	3.545%	복리후생비
장기요양보험	근로자부담	건보*12.95%	장기요양보험 예수금
	사업주부담	건보*12.95%	복리후생비
고용보험	근로자부담	0.9%	고용보험 예수금
	사업주부담	규모에 따라 차이	복리후생비
산재보험	근로자부담	사업주 전액 부담 (업종별 상이)	없음
	사업주부담		보험료

Key Point
자격시험에서는 근로소득세 등 각종 예수금을 별도로 구분하지 않고 '예수금'으로 처리하고 있음

나. 비과세 급여 설정

종 류	비과세 한도
연장근로	월 200,000원
식대	월 200,000원
자가운전	월 200,000원
연구개발비	월 200,000원
취재수당	월 200,000원
승선수당	월 200,000원
출산, 보육수당 (육아수당)	월 200,000원*
기타비과세	전액
국외근로(건설지원업무 등)	월 1,000,000원
국외근로(원양, 해외건설)	월 5,000,000원
산전/산후휴가급여	월 최대 2,000,000원 연 6,000,000원 한도**
경호/위험등 수당	전액
직무발명보상금	연 7,000,000원

* 출산·보육수당(육아수당)은 자녀의 수와 관계없이 만 6세까지 월 20만원 한도로 비과세 적용된다.
** 산전·산후휴가급여는 최대 3~4개월간 지급되며, 월 200만 원 한도로 비과세 적용된다.(단태아: 3개월, 다태아 4개월)

다. 원천징수

구분	내용
근로소득세	급여 지급시 세법의 규정에 의하여 종업원의 근로소득에 대하여 간이세액표에 의하여 근로소득세를 징수해야하며, 급여지급일의 다음 달 10일까지 급여의 지급 및 근로소득세 징수내역을 원천징수이행상황신고서에 기재하여 세무서에 신고하고 종업원으로부터 징수한 근로소득세와 지방소득세(근로소득세의 10%)를 납부해야 한다.
지방소득세	원천징수하는 근로소득세의 10%를 지방소득세로 징수해 두어야 하며, 그 징수일이 속하는 달의 다음달 10일까지 관할 시·군·구에 납부하여야 한다. 다만 종업원 20인 이하 사업장으로 반기별(상반기 1/1~6/30, 하반기 7/1~12/31)로 신고·납부를 하는 원천징수의무자는 반기의 마지막 달의 다음달 10일까지 납부할 수 있다.

5 어음에 의한 자금관리

약속어음은 발행인이 기재한 약속에 따라 다른 사람에게 장래에 정해진 날짜 또는 그 사람이 요구하는 날짜에 일정 금액을 지급할 것을 약속하는 단기 신용증서로, 기업의 영업활동 등에서 사용되고 있기 때문에 어음에 의한 자금관리는 실무에서 반드시 알아두어야 할 내용이다. 약속어음을 수취하거나 발행하였을 때 회계처리에 관해서는 앞서 이론에서 자세히 설명한 바 있고 본 장에서는 약속어음(전자어음)의 양식을 통하여 주요 사항을 정리해 보고자 한다.

한편 회계환경의 변화로 인하여 새롭게 등장한 '전자어음'은 약속어음을 인터넷상에서 이용할 수 있도록 전자화된 어음으로 [전자어음의 발행 및 유통에 의한 법률]에 의하여 전자문서로 작성되어 발행. 배서. 결제되는 지급수단을 의미하며 회계처리는 기존의 약속어음과 동일하다. 전자어음번호는 어음 발행시 순차적으로 부여하며 20자리로 구성되어 있으며 번호 구성은 다음과 같다.

은행코드	발행일자	일련번호	체크디지트
000(3자리)	yyyymmdd(8자리)	nnnnnnnn(8자리)	D(1자리)

다음은 약속어음(전자어음)의 양식이며 주요내용은 설명하는 바와 같다.

전 자 어 음

(주)케이마이크 귀하　　　　　　　　　00420250520123456789

금　　오백오십만원정　　　　　　　　　　5,500,000원

위의 금액을 귀하 또는 귀하의 지시인에게 지급하겠습니다.

지급기일　2025년 7월 20일　　　발행일　2025년 5월 20일
지 급 지　국민은행　　　　　　　발행지　경기도 수원시 팔달구
지급장소　수원지점　　　　　　　주　소　매산로 1-8 (매산로1가)
　　　　　　　　　　　　　　　　발행인　(주)수아가구

약속어음의 수취 및 발행에 대한 회계처리는 이미 이론에서 숙지하였으며, 분개는 '일반전표입력' 메뉴에서 입력하게 된다. 이렇게 입력된 내용은 [금융/자금관리]의 '받을어음현황'과 '지급어음현황'에서 자동으로 집계된다.

6 통장거래정리

대부분의 기업에서는 각 은행에 보통예금 또는 당좌예금 등을 개설하고 통장 입·출금 내역을 통하여 회계처리를 하고 있다. 따라서 다음과 같이 통장사본으로 거래 내용을 입증하고 있다.

번호	거래일	내 용	찾으신금액	맡기신금액	잔 액	거래점
		계좌번호 764501-09-347720 슬금비사무기기				
1	2025-9-26	국민카드	1,976,200		******	

제2절 _ 거래자료 입력

회계순환과정

거래의 인식(식별) → 분개 (분개장) → 총계정원장 → 수정전시산표
→ 결산수정분개 → 수정후시산표 → 재무제표작성 (장부마감)

회계가 전산화된 환경에서는 회계담당자가 분개를 입력함으로써 총계정원장의 전기를 시작으로 재무제표 작성까지 자동으로 이루어지는 장점이 있다.

따라서 회계 상의 거래를 식별하여 분개하는 과정은 상당히 중요하다고 볼 수 있다. 회계 프로그램을 이용할 경우 [전표입력]이라는 작업을 통해서 분개를 입력하게 된다.

1 거래 자료의 입력

일반전표입력은 부가가치세와 관련이 없는 일반 거래를 입력하는 곳이다. 일반전표는 출금전표와 입금전표 그리고 대체전표로 구분되어 진다.

전표의 종류	입력 내용	TY	표시	자동입력
출금전표	(차) 차변항목 000 / (대) 현금 000	1	출	(대)현금
입금전표	(차) 현금 000 / (대) 대변항목 000	2	입	(차)현금
대체전표	(차) 현금의 입. 출금이 없는 거래의 차변항목	3	차	-
	(대) 현금의 입. 출금이 없는 거래의 대변항목	4	대	-
	(차) 결산 자동분개시 차변항목	5	결차	-
	(대) 결산 자동분개시 대변항목	6	결대	-

가. [전표입력/장부]의 [일반전표입력]을 선택한다.

나. '월'과 '일'을 입력한다.

☞ '일'을 입력하지 않으면 해당 월의 전체 거래를 입력할 수 있음

□	일	번호	구분	코드	계정과목	코드	거래처	적요	차변	대변

다. 전표 종류를 선택하여 순서대로 입력한다.

☞ 전표종류(입금, 출금, 대체 중 선택) ➔ 전표번호(자동부여) ➔ 계정과목 코드 (코드에 커서 위치한 후, 계정과목 중 한글 두 글자 입력하여 선택) ➔ 거래처 코드 (코드에 커서 위치한 후, 거래처명 중 한글 두 글자 입력하여 선택) ➔ 적요입력 (시험에서는 생략가능) ➔ 차.대변 (해당란에 금액 입력)

☞ 채권·채무, 금융기관 거래처는 반드시 코드번호를 입력해야 거래처원장에 반영

거래자료입력 실전문제

다음 (주)혜원과자(1300)의 거래내역을 보고 일반전표에 입력하라. (단, 본 예제문제와 관련하여 모든 증빙자료는 적법하다고 판단하며, 원가회계를 전혀 고려하지 말 것.)
☞ 홈페이지 자료실에서 '2025 FAT1grade DB'를 다운받아 설치한 후 풀이할 것.
- 본 문제에 한하여 모든 증빙자료는 적법하다고 판단하며, 부가가치세와 원가회계를 전혀 고려하지 않는다.
- 비대면 시험에 대비하여 전표 입력 후에 반영되는 모든 장부(문제 아래에 제시되어 있음)에 대해서도 학습할 것.
- 제장부(분개장, 계정별원장, 일계표, 월계표, 합계잔액시산표, 총계정원장, 재무상태표, 손익계산서 등) 중 모든 거래에 적용되는 장부는 생략한다.

01.
3만원초과 거래에 대한 영수증수취명세서 작성

영수증 (공급받는자용)

NO　　　　　　　(주)혜원과자　　　　　귀하

공급자	사업자등록번호	104-05-13286		
	상호	서대문인쇄소	성명	이현진
	사업장소재지	서울특별시 서초구 양재대로2길 74		
	업태	인쇄업	종목	명함 외

작성일자	공급대가총액	비고
2025.1.4.	100,000	

공급내역

월/일	품명	수량	단가	금액
1/4	명함	5	20,000	100,000
합계				100,000

위 금액을 **영수**(청구)함

자료설명	본사 신입사원 명함인쇄대금을 현금으로 지급하고 받은 영수증이다. 회사는 이 거래가 지출증명서류미수취가산세 대상인지를 검토하려고 한다.
수행과제	1. 거래자료를 입력하시오. 2. 영수증수취명세서 (2)와 (1)서식을 작성하시오.

> 비대면시험을 위한 프로세스 익히기
> 1. [회계] ➡ [전표입력/장부] ➡ [일반전표입력]에 입력
> 2. [회계] ➡ [전표입력/장부] ➡ [현금출납장]에서 현금 출납 정보 확인 가능
> 3. [회계] ➡ [결산/재무제표Ⅰ] ➡ [영수증수취명세서] 확인

02.
3만원초과 거래에 대한 영수증수취명세서 작성

영 수 증 (공급받는자용)				
NO	(주)혜원과자			귀하
공급자	사업자등록번호	220-35-21178		
	상 호	구계등식당	성명	이형재
	사업장소재지	전라남도 완도군 완도읍 구계등길 1		
	업 태	음식업	종목	한식
작성일자	공급대가총액		비고	
2025.1.6.	33,000			
공 급 내 역				
월/일	품명	수량	단가	금액
1/6	백반	3	11,000	33,000
합 계		33,000		
위 금액을 영수(청구)함				

자료설명	영업부 직원의 지방 출장 시 식사를 하고 대금은 현금으로 지급한 내역이다. 회사는 이 거래가 지출증명서류미수취가산세 대상인지를 검토하려고 한다.
수행과제	1. 거래자료를 입력하시오. (단, 여비교통비로 회계처리 하시오.) 2. 영수증수취명세서 (2)와 (1)서식을 작성하시오.

> 비대면시험을 위한 프로세스 익히기
> 1. [회계] ➡ [전표입력/장부] ➡ [일반전표입력]에 입력
> 2. [회계] ➡ [전표입력/장부] ➡ [현금출납장]에서 현금 출납 정보 확인 가능
> 3. [회계] ➡ [결산/재무제표Ⅰ] ➡ [영수증수취명세서] 확인

03.
증빙에 의한 전표입력

```
             신용카드매출전표
가 맹 점 명   ㈜강남반점(02)229-6428
사업자번호    129-81-15031
대 표 자 명   김 동 준
주      소   서울특별시 서대문구 충정로7길 42 (충정로2가)

국 민 카 드                              신용승인
거 래 일 시                  2025-01-18  19:08:04
카 드 번 호                  8844-2211-1**4-4***
가맹점번호                              45451124
매 입 사                      농협카드(전자서명전표)
품      명
─────────────────────────────────────────────
공 급 가 액                             200,000원
부가가치세                               20,000원
합      계                             220,000원
```

자료설명	영업활동과 관련하여 매출거래처 남효선 과장의 접대식사대금을 농협카드로 결제하다.
수행과제	거래 자료를 입력하시오. (단, 적요 01. 거래처 기업업무추진비/신용카드(법인)을 선택할 것.)

비대면시험을 위한 프로세스 익히기

1. [회계] ➡ [전표입력/장부] ➡ [일반전표입력]에 입력
2. [회계] ➡ [전표입력/장부] ➡ [거래처원장]에서 농협카드에 대한 정보 확인 가능
3. [회계] ➡ [전표입력/장부] ➡ [적요별원장]에서 '813.기업업무추진비' 적요에 대한 정보 확인 가능

04.
기타 일반거래

산출내역	
납기내	2025.1.31. 까지 60,000 원
면허세	60,000 원
납기후 (3% 가산)	2025.2.28. 까지 1,800원
면허세	61,800원

〈납부장소〉
시중은행 본·지점(한국은행 제외),
농·수협(중앙회 포함), 우체국

전용계좌로도 편리하게 납부
은행
은행
은행

*세금 미납시에는 재산압류 등 체납처분을 받게 됩니다.

2025 년 01 월(정기분) 면허세 납세자 보관용 영수증

납세자	(주)혜원과자
주 소	서울특별시 서대문구 충정로7길 12 (충정로2가)

• 이 영수증은 과세명세로도 사용 가능합니다.
• 세금 미납시에는 재산압류 등 체납처분을 받게 됩니다.

▼ 인터넷 납부시 입력번호

납세번호	기관번호	세목	납세년월기	과세번호

면허종목	자동차분
면허(등록)종목	37누5807
상 호	(주)혜원과자
물건소재지	서울특별시 서대문구 충정로7길 12 (충정로2가)
체납세액	체납표기 제외대상입니다.

납기내	60,000 원
	2025. 1.31. 까지
납기후	61,800 원
	2025. 2.28. 까지(3%가산)

위의 금액을 납부하시기 바랍니다.   위의 금액을 영수합니다.
　　2025 년　1 월　10 일　　　　　2025년　1월　27일

서 대 문 구　　　　　　　　　청장

자료설명	[1월 27일] 업무용 승용차에 대한 면허세를 현금으로 납부하였다.
수행과제	거래자료를 입력하시오.

비대면시험을 위한 프로세스 익히기
1. [회계] ➔ [전표입력/장부] ➔ [일반전표입력]에 입력
2. [회계] ➔ [금융/자금관리] ➔ [예적금관리]에서 보통예금 정보 확인 가능

05.
증빙에 의한 전표입력

자료 1.

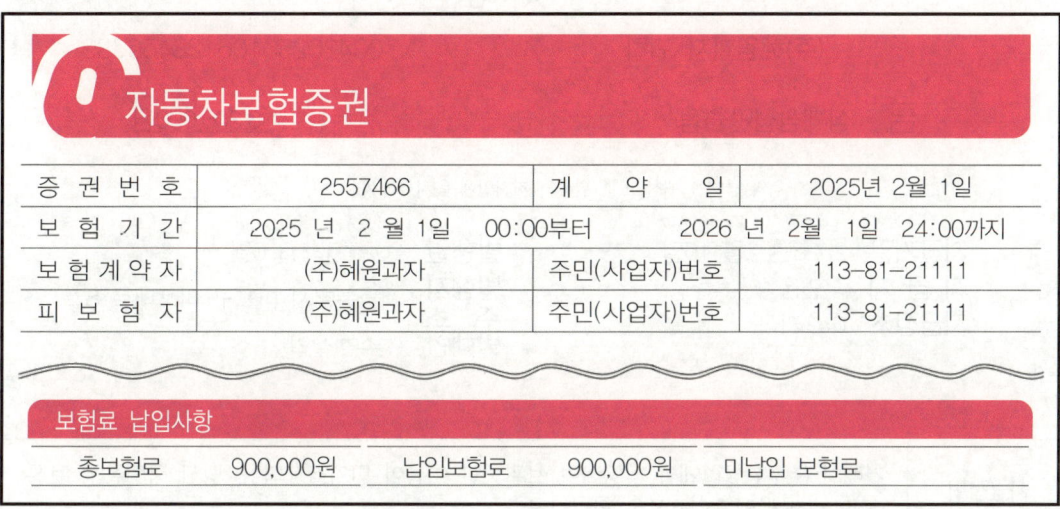

자료 2. 보통예금(신한은행) 거래내역

번호	거래일	내용	찾으신금액	맡기신금액	잔액	거래점
		계좌번호 542314-11-00027 (주)혜원과자				
1	2025-02-01	자동차보험	900,000		***	***

자료설명	1. 자료 1은 영업부 업무용 승용차의 자동차보험증권이다. 2. 자료 2는 보험료를 신한은행 보통예금 계좌에서 이체하여 지급한 내역이다.
수행과제	거래자료를 입력하시오.(단, '자산'으로 회계처리할 것.)

비대면시험을 위한 프로세스 익히기
1. [회계] ➡ [전표입력/장부] ➡ [일반전표입력]에 입력
2. [회계] ➡ [금융/자금관리] ➡ [예적금관리]에서 보통예금 정보 확인 가능
3. 결산과 연결될 수 있음.

06.
약속어음 만기결제

전 자 어 음

(주)혜원과자 귀하   00420250106123456789

금 삼백삼십만원정   3,300,000원

위의 금액을 귀하 또는 귀하의 지시인에게 지급하겠습니다.

지급기일	2025년 2월 15일	발행일	2025년 1월 6일
지 급 지	국민은행	발행지 주 소	서울특별시 마포구 마포대로 8
지급장소	마포지점	발행인	(주)수환실업

자료설명	거래처 (주)수환실업에서 발행하여 보관중인 어음이 만기결제되어, 당사 국민은행 보통예금 계좌에 입금되었음을 확인하였다.
수행과제	1. 거래자료를 입력하시오. 2. 자금관련정보를 입력하여 받을어음현황에 반영하시오.

비대면시험을 위한 프로세스 익히기
1. [회계] → [전표입력/장부] → [일반전표입력]에 입력
2. [회계] → [전표입력/장부] → [거래처원장]에서 거래처 정보 확인 가능
3. [회계] → [금융/자금관리] → [예적금관리]에서 당좌예금 정보 확인 가능
4. [회계] → [금융/자금관리] → [받을어음현황]에서 어음 정보 확인 가능

07.
약속어음의 할인

약 속 어 음

(주)혜원과자 귀하　　　　　　　　　가나12341234

금　사백사십만원정　　　　　　　　　　　4,400,000원

위의 금액을 귀하 또는 귀하의 지시인에게 지급하겠습니다.

지급기일	2025년 5월 1일	발행일	2025년 2월 1일
지 급 지	IBK기업은행	발행지 주 소	서울특별시 마포구 연희로 39
지급장소	마포지점	발행인	㈜유림제과

자료설명	[2월 23일] 상품을 판매하고 수취한 어음을 기업은행에서 할인받고, 할인료 80,000원을 제외한 잔액은 당사 기업은행 보통예금 계좌에 입금하다.
수행과제	1. 거래자료를 입력하시오. 2. 자금관련정보를 입력하여 받을어음현황에 반영하시오.

비대면시험을 위한 프로세스 익히기

1. [회계] ➡ [전표입력/장부] ➡ [일반전표입력]에 입력
2. [회계] ➡ [전표입력/장부] ➡ [거래처원장]에서 거래처 정보 확인 가능
3. [회계] ➡ [금융/자금관리] ➡ [예적금관리]에서 당좌예금 정보 확인 가능
4. [회계] ➡ [금융/자금관리] ➡ [받을어음현황]에서 어음 정보 확인 가능

08.
약속어음의 배서양도

전 자 어 음

(주)혜원과자귀하　　　　　　　　00420250213987654321

금　오백오십만원정　　　　　　　　　　　5,500,000원

위의 금액을 귀하 또는 귀하의 지시인에게 지급하겠습니다.

지급기일	2025년 5월 13일	발행일	2025년 2월 13일
지 급 지	국민은행	발행지 주 소	서울특별시 서대문구 간호대로 12-6
지급장소	수원지점	발행인	(주)유리제과

자료설명	[3월 3일] (주)유리제과에 상품을 매출하고 받은 전자어음을 (주)건율세상의 외상매입금 결제를 위해 배서양도 하였다.
수행과제	1. 거래자료를 입력하시오. 2. 자금관련정보를 입력하여 받을어음현황에 반영하시오.

비대면시험을 위한 프로세스 익히기
1. [회계] ➡ [전표입력/장부] ➡ [일반전표입력]에 입력
2. [회계] ➡ [전표입력/장부] ➡ [거래처원장]에서 거래처 정보 확인 가능
3. [회계] ➡ [금융/자금관리] ➡ [받을어음현황]에서 어음 정보 확인 가능

09.

약속어음의 만기결제

자료 1.

전 자 어 음

(주)머핀나라 귀하   00420250120123456789

금 일천삼백이십만원정   13,200,000원

위의 금액을 귀하 또는 귀하의 지시인에게 지급하겠습니다.

지급기일	2025년 3월 20일	발행일	2025년 1월 20일
지 급 지	국민은행	발행지	서울특별시 서대문구 충정로7길
지급장소	역삼지점	주 소	12 (충정로2가)
		발행인	(주)혜원과자

자료 2. 당좌예금(국민은행) 거래내역

번호	거래일	내용	찾으신금액	맡기신금액	잔액	거래점
		계좌번호 112-088-123123 (주)혜원과자				
1	2025-03-20	어음만기	13,200,000		***	***

자료설명	상품 구매대금으로 발행한 어음의 만기일이 도래하여 국민은행 당좌예금 계좌에서 인출되었다.
수행과제	1. 거래자료를 입력하시오. 2. 자금관련정보를 입력하여 지급어음현황에 반영하시오.

비대면시험을 위한 프로세스 익히기

1. [회계] ➡ [전표입력/장부] ➡ [일반전표입력]에 입력
2. [회계] ➡ [전표입력/장부] ➡ [거래처원장]에서 거래처 정보 확인 가능
3. [회계] ➡ [금융/자금관리] ➡ [예적금관리]에서 당좌예금 정보 확인 가능
4. [회계] ➡ [금융/자금관리] ➡ [지급어음현황]에서 어음 정보 확인 가능

10.

통장사본에 의한 거래입력

■ 보통예금(신한은행) 거래내역

번호	거래일	내용	찾으신금액	맡기신금액	잔액	거래점
		계좌번호 542314-11-00027 (주)혜원과자				
1	2025-03-27	외상대금 입금		22,000,000	***	***

자료설명	㈜바른식품의 상품외상대금이 신한은행 보통예금 계좌에 입금되었다.
수행과제	거래자료를 입력하시오.

비대면시험을 위한 프로세스 익히기
1. [회계] → [전표입력/장부] → [일반전표입력]에 입력
2. [회계] → [전표입력/장부] → [거래처원장]에서 거래처 정보 확인 가능
3. [회계] → [금융/자금관리] → [예적금현황]에서 보통예금 정보 확인 가능

11.

통장사본에 의한 거래입력

■ 보통예금(기업은행) 거래내역

번호	거래일	내용	찾으신금액	맡기신금액	잔액	거래점
		계좌번호 096-24-0094-123 (주)혜원과자				
1	2025-04-03	외상대금 결제	3,650,000		***	***

자료설명	(주)건강식품에 대한 외상매입금을 기업은행 보통예금 계좌에서 이체하여 지급하였다.
수행과제	거래자료를 입력하시오.

비대면시험을 위한 프로세스 익히기
1. [회계] → [전표입력/장부] → [일반전표입력]에 입력
2. [회계] → [전표입력/장부] → [거래처원장]에서 거래처 정보 확인 가능
3. [회계] → [금융/자금관리] → [예적금현황]에서 보통예금 정보 확인 가능

12.
통장사본에 의한 거래입력

자료 1. 카드 이용대금 명세서(카드번호: 5123-1234-7777-6522)

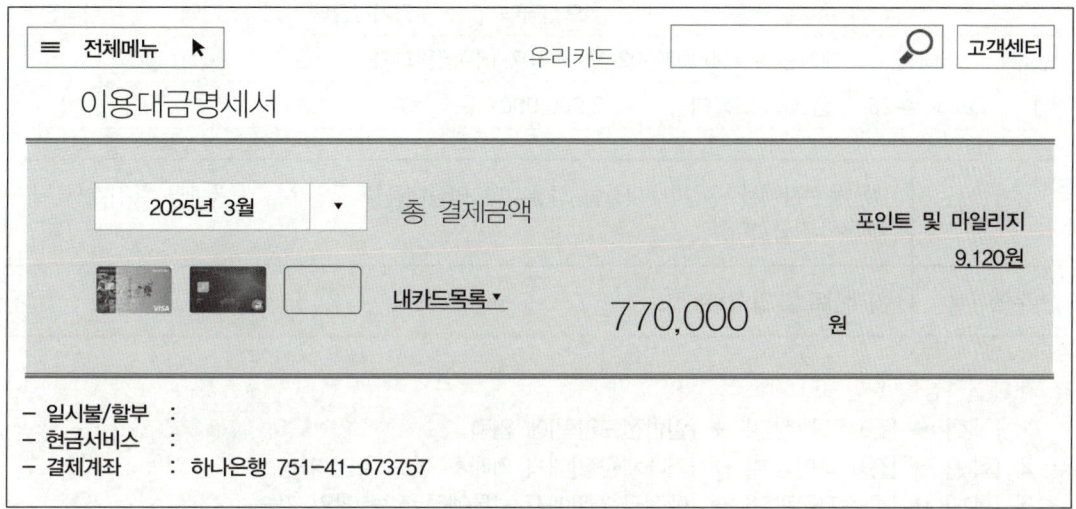

자료 2. 보통예금(하나은행) 거래내역

번호	거래일	내용	찾으신금액	맡기신금액	잔액	거래점
		계좌번호 751-41-073757 (주)혜원과자				
1	2025-04-17	우리카드	770,000		***	***

자료설명	3월분 우리카드 이용대금이 하나은행 보통예금 계좌에서 자동이체되었다.
수행과제	거래자료를 입력하시오.

비대면시험을 위한 프로세스 익히기
1. [회계] ➡ [전표입력/장부] ➡ [일반전표입력]에 입력
2. [회계] ➡ [금융/자금관리] ➡ [예적금현황]에서 보통예금 정보 확인 가능

13.

통장사본에 의한 거래입력

■ 보통예금(국민은행) 거래내역

번호	거래일	내용	찾으신금액	맡기신금액	잔액	거래점
		계좌번호 7050030-02-1117-307 ㈜혜원과자				
1	2025-04-25	컴퓨터 외상대금	2,200,000		***	***

자료설명	㈜인웅전자에서 구입한 재경팀 컴퓨터의 외상대금을 국민은행 보통예금 통장에서 이체하여 지급하다.
수행과제	거래자료를 입력하시오.

비대면시험을 위한 프로세스 익히기
1. [회계] ➡ [전표입력/장부] ➡ [일반전표입력]에 입력
2. [회계] ➡ [전표입력/장부] ➡ [거래처원장]에서 거래처 정보 확인 가능
3. [회계] ➡ [금융/자금관리] ➡ [예적금현황]에서 보통예금 정보 확인 가능

14.

통장사본에 의한 거래입력

■ 보통예금(신한은행) 거래내역

번호	거래일	내용	찾으신금액	맡기신금액	잔액	거래점
		계좌번호 542314-11-00027 ㈜혜원과자				
1	2025-04-27	원금이자상환	17,340,000		***	***

자료설명	1. 수협은행의 단기차입금 원금 17,000,000원과 이자 340,000원을 신한은행 보통예금 계좌에서 이체하여 지급하였다. 2. 이자비용에 대한 원천징수는 고려하지 않는다.
수행과제	거래자료를 입력하시오.

비대면시험을 위한 프로세스 익히기
1. [회계] ➡ [전표입력/장부] ➡ [일반전표입력]에 입력
2. [회계] ➡ [전표입력/장부] ➡ [거래처원장]에서 거래처 정보 확인 가능
3. [회계] ➡ [금융/자금관리] ➡ [예적금현황]에서 보통예금 정보 확인 가능

15.

기타 일반거래

매입일자	매입처 (발행처)	매입주식수	주당단가	액면가	매입금액	매매목적
2025.5.1.	(주)대박	1,000주	11,000원	5,000원	11,000,000원	단기매매차익

자료설명	단기매매차익을 목적으로 상장법인인 (주)대박 주식을 구입하고, 대금은 수수료 110,000원과 함께 하나은행 보통예금 통장에서 이체하여 지급하다.
수행과제	거래 자료를 입력하시오.

비대면시험을 위한 프로세스 익히기
1. [회계] → [전표입력/장부] → [일반전표입력]에 입력
2. [회계] → [금융/자금관리] → [예적금현황]에서 보통예금 정보 확인 가능

16.

통장사본에 의한 거래입력

■ 보통예금(신한은행) 거래내역

번호	거래일	내용	찾으신금액	맡기신금액	잔액	거래점
		계좌번호 542314-11-00027 (주)혜원과자				
1	2025-05-15	주식매각대금		6,000,000	***	***

자료설명	5월 1일 단기매매차익 목적으로 매입한 (주)대박의 주식50%를 매각하고, 대금을 신한은행 보통예금 계좌로 이체 받았다.
수행과제	거래자료를 입력하시오.

비대면시험을 위한 프로세스 익히기
1. [회계] → [전표입력/장부] → [일반전표입력]에 입력
2. [회계] → [금융/자금관리] → [예적금현황]에서 보통예금 정보 확인 가능

17.

대손의 발생과 설정

자료설명	[6월 15일] (주)코바나의 파산으로 단기대여금 13,000,000원의 회수가 불가능하게 되어 대손처리하였다.
수행과제	대손처리시점의 거래자료를 입력하시오.(단, '단기대여금'에 대한 대손충당금 잔액은 없다.)

비대면시험을 위한 프로세스 익히기
1. [회계] ➜ [전표입력/장부] ➜ [일반전표입력]에 입력
2. [회계] ➜ [전표입력/장부] ➜ [거래처원장]에서 거래처 정보 확인 가능

18.

기타 일반거래

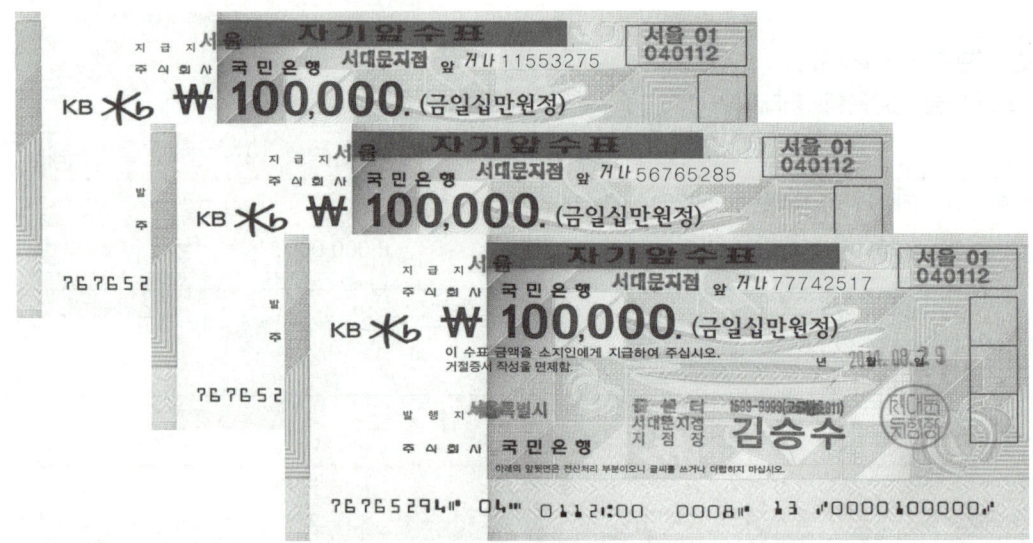

자료설명	[6월 21일] 전기에 대손처리하였던 하나로유통의 외상매출금 300,000원을 자기앞수표로 회수하다.
수행과제	거래 자료를 입력하시오.

비대면시험을 위한 프로세스 익히기
1. [회계] ➜ [전표입력/장부] ➜ [일반전표입력]에 입력
2. [회계] ➜ [전표입력/장부] ➜ [현금출납장]에서 현금 출납 정보 확인 가능

19.

기타 일반거래

출장비 정산서

소속	영업부		직위	부장	성명	이강우
출장내역	일 시		2025년 6월 26일 ~ 2025년 6월 28일			
	출 장 지		전남 목포시			
	출장목적		거래처 관리			
지출내역	숙 박 비		300,000원	교 통 비		130,000원

2025년 6월 28일

신청인 성명 이 강 우 (인)

자료설명	[6월 28일] 출장을 마친 직원의 출장비 정산서를 받고 차액은 현금으로 회수하였다.
수행과제	6월 25일 거래를 확인한 후 거래자료를 입력하시오.

비대면시험을 위한 프로세스 익히기
1. [회계] ➜ [전표입력/장부] ➜ [일반전표입력]에 입력
2. [회계] ➜ [전표입력/장부] ➜ [현금출납장]에서 현금 출납 정보 확인 가능
3. [회계] ➜ [전표입력/장부] ➜ [거래처원장]에서 거래처 정보 확인 가능

20.

기타 일반거래

2025년 7월분 급여대장

㈜혜원과자 재경팀   [귀속: 2025년 7월]   [지급일: 2025년 7월 25일]

기본급여 및 제수당			공제 및 차인지급액			
기본급	직책수당	지급합계	소득세	지방소득세	국민연금	건강보험
			84,850원	8,480원	135,000원	104,850원
2,000,000원	1,000,000원	3,000,000원	고용보험	장기요양보험	공제합계	차인지급액
			24,000원	12,860원	370,040원	2,629,960원

자료설명	[7월 25일] 재경팀의 7월분 급여를 신한은행 보통예금 계좌에서 이체하여 지급하였다.
수행과제	거래자료를 입력하시오.

비대면시험을 위한 프로세스 익히기
1. [회계] ➡ [전표입력/장부] ➡ [일반전표입력]에 입력
2. [회계] ➡ [금융/자금관리] ➡ [예적금현황]에서 보통예금 정보 확인 가능

21.
기타 일반거래

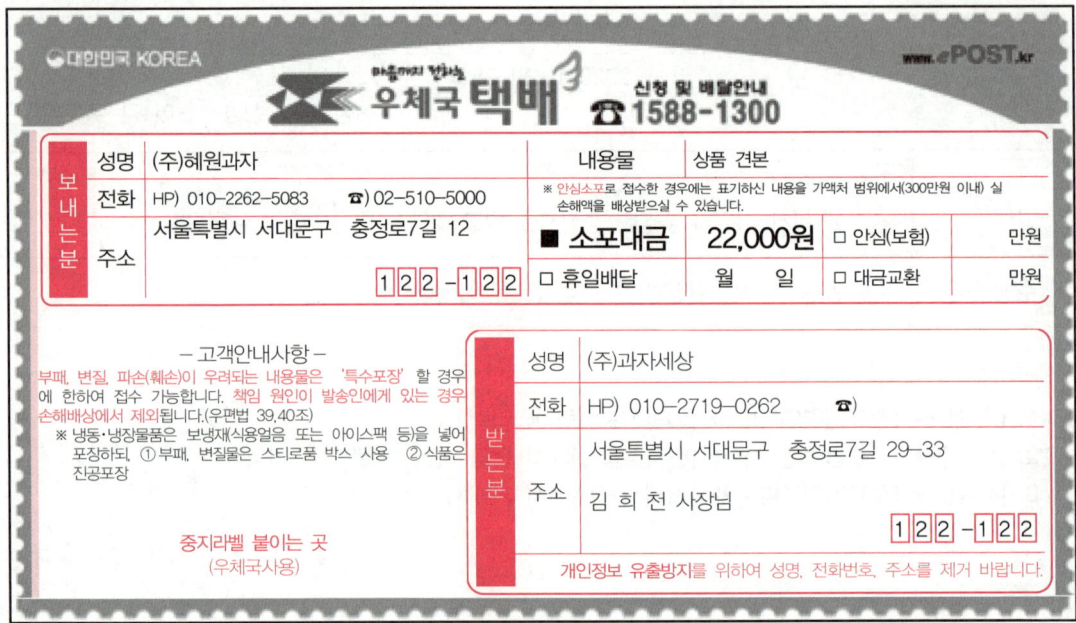

자료설명	[7월 31일] (주)과자세상에 상품 견본을 발송하고 당사부담 택배비 22,000원을 현금으로 지급하다.
수행과제	거래 자료를 입력하시오.

비대면시험을 위한 프로세스 익히기
1. [회계] ➡ [전표입력/장부] ➡ [일반전표입력]에 입력
2. [회계] ➡ [전표입력/장부] ➡ [현금출납장]에서 현금 출납 정보 확인 가능

22.

기타 일반거래

자료 1.

	견 적 서				
No. _____					
2025년 8월 1일	등록번호	138-81-15466			
(주)혜원과자 **귀하**	공급자	상호(법인명)	㈜달달허니	성명	송지현 ㊞
		사업장주소	서울특별시 구로구 구로동로 30		
아래와 같이 견적합니다.		업태	도소매업	종목	과자 외
		전화번호	02-282-3967/fax:02-282-3436		

합 계 금 액	이백이십만원整 (2,200,000)				
품 명	규격	수량	단 가	공 급 가 액	세 액	비 고
선물용 과자		50	40,000	2,000,000	200,000	
이 하 여 백						

자료 2.

■ 보통예금(하나은행) 거래내역

번호	거래일	내용	찾으신금액	맡기신금액	잔액	거래점
		계좌번호 751-41-073757 (주)혜원과자				
1	2025-08-01	계약금	200,000		***	***

자료설명	㈜달달허니에서 상품을 주문하기로 계약하고, 공급가액의 10%를 계약금으로 하나은행 보통예금 통장에서 이체하다.
수행과제	거래 자료를 입력하시오.

비대면시험을 위한 프로세스 익히기

1. [회계] ➡ [전표입력/장부] ➡ [일반전표입력]에 입력
2. [회계] ➡ [금융/자금관리] ➡ [예적금현황]에서 보통예금 정보 확인 가능
3. [회계] ➡ [전표입력/장부] ➡ [거래처원장]에서 거래처 정보 확인 가능

23.

기타 일반거래

■ 보통예금(신한은행) 거래내역

번호	거래일	내용	찾으신금액	맡기신금액	잔액	거래점
		계좌번호 542314-11-00027 (주)혜원과자				
1	2025-08-08	계약금		275,000	***	***

자료설명	(주)엔젤커피에 상품을 매출하기로 하고, 계약금 10%를 신한은행 보통예금 계좌로 이체 받았다.
수행과제	거래자료를 입력하시오.

비대면시험을 위한 프로세스 익히기

1. [회계] ➡ [전표입력/장부] ➡ [일반전표입력]에 입력
2. [회계] ➡ [금융/자금관리] ➡ [예적금현황]에서 보통예금 정보 확인 가능
3. [회계] ➡ [전표입력/장부] ➡ [거래처원장]에서 거래처 정보 확인 가능

24.

기타 일반거래

자료 1. 건강보험료 영수증

건강 보험료	2025 년 7 월 영수증(납부자용)		
사 업 장 명	㈜혜원과자		
사 용 자	서울특별시 서대문구 충정로7길 12(충정로2가)		
납부자번호	5700000123	사업장관리번호	11381211110
납부할보험료 (ⓐ+ⓑ+ⓒ+ⓓ+ⓔ)			128,000 원
납 부 기 한			2025.08.10 까지
보험료	건 강 ⓐ 120,000 원 / 장기요양 ⓑ 8,000 원 / 소계(ⓐ+ⓑ) 128,000 원	연금 ⓐ / 고용 ⓔ / 산재 ⓔ	원 / 원 / 원
납기후금액	131,840 원	납기후기한	2025. 8. 31. 까지

※ 납부기한까지 납부하지 않으면 연체금이 부과됩니다.
※ 납부장소: 전 은행, 우체국, 농·수협(지역조합 포함), 새마을금고, 신협, 증권사, 산림조합중앙회, 인터넷지로(www.giro.or.kr)
※ 2D코드: GS25, 세븐일레븐, 미니스톱, 바이더웨이, 씨유에서 납부 시 이용.(우리·신한은행 현금카드만 수납가능)

2025 년 8 월 10 일

건강보험관리공단 이 사 장

자동이체 신청 납부자번호:

자료 2. 보통예금(국민은행) 거래내역

번호	거래일	내용	찾으신금액	맡기신금액	잔액	거래점
		계좌번호 7050030-02-1117-307 (주)혜원과자				
1	2025-08-10	건강보험료	128,000		***	***

자료설명	7월 급여 지급분에 대한 건강보험료(장기요양보험료 포함)를 납부기한일에 국민은행 보통예금 계좌에서 이체하여 납부하였다. 보험료의 50%는 급여 지급 시 원천징수한 금액이며, 나머지 50%는 회사부담분이다. 당사는 회사부담분을 '복리후생비'로 처리하고 있다.
수행과제	거래자료를 입력하시오.

비대면시험을 위한 프로세스 익히기
1. [회계] ➡ [전표입력/장부] ➡ [일반전표입력]에 입력
2. [회계] ➡ [금융/자금관리] ➡ [예적금현황]에서 보통예금 정보 확인 가능

25.

기타 일반거래

산재보험료	2025년 7월 영수증(납부자용)

사 업 장 명	㈜혜원과자
사 용 자	서울특별시 서대문구 충정로7길 12(충정로2가)

납부자번호	5700000123	사 업 장 관 리 번 호	11381211110
납부할보험료 (ⓐ+ⓑ+ⓒ+ⓓ+ⓔ)			125,000 원
납 부 기 한			2025.08.10 까지

보험료	건강 ⓐ	원	연금 ⓓ	원
	장기요양 ⓑ	원	고용 ⓔ	원
	소계(ⓐ+ⓑ)	원	산재 ⓔ	125,000 원

| 납기후금액 | 원 | 납기후기한 | 까지 |

● 납부기한까지 납부하지 않으면 연체금이 부과됩니다.
※ 납부장소 : 전 은행, 우체국, 농·수협(지역조합 포함), 새마을금고, 신협, 증권사, 산림조합중앙회, 인터넷지로(www.giro.or.kr)
※ 2D코드: GS25, 세븐일레븐, 미니스톱, 바이더웨이, 씨유에서 납부 시 이용(우리·신한은행 현금카드만 수납가능)

2025 년 7 월 31 일

건강보험관리공단 이 사 장

수납인

자동이체 신청 납부자번호:

자료설명	[8월 10일] 판매사원에 대한 7월분 산재보험료를 국민은행 보통예금 계좌에서 이체하여 납부하였다.
수행과제	거래자료를 입력하시오. (단, '보험료'로 처리할 것.)

비대면시험을 위한 프로세스 익히기
1. [회계] ➡ [전표입력/장부] ➡ [일반전표입력]에 입력
2. [회계] ➡ [금융/자금관리] ➡ [예적금현황]에서 보통예금 정보 확인 가능

실무 따라잡기

교육용 프로그램 Smart A(iPLUS)의 실무버전 화면이다. 교육용 프로그램과의 차이점을 비교 분석하여 익히도록 한다.

➡ 일반전표 입력 화면

➡ 자동전표기능

실무 따라잡기

교육용 프로그램 Smart A(iPLUS)의 웹 실무버전 화면이다. 교육용 프로그램과의 차이점을 비교 분석하여 익히도록 한다.

거래자료입력 실전 문제 해답 및 풀이

01.
3만원초과 거래에 대한 영수증수취명세서 작성

1. [일반전표입력] 1월 4일
   (차) 826.도서인쇄비   100,000원   (대) 101.현금   100,000원
   또는 (출) 826.도서인쇄비   100,000원

2. [영수증수취명세서] 작성

거래일자	상호	성명	사업장	사업자등록번호	거래금액	구분	계정코드	계정과목	적요
2025-01-04	서대문인쇄소	이현진	서울특별시 서초구 양재대로2길 74	104-05-13286	100,000		826	도서인쇄비	

1. 세금계산서, 계산서, 신용카드 등 미사용내역

9. 구분	10. 총계	3만원 초과 거래분	
		11. 명세서제출 제외대상	12. 명세서제출 대상(10-11)
13. 건수	1		1
14. 금액	100,000		100,000

02.
3만원초과 거래에 대한 영수증수취명세서 작성

1. [일반전표입력] 1월 6일
   (차) 812.여비교통비   100,000원   (대) 101.현금   100,000원
   또는 (출) 812.여비교통비   100,000원

2. [영수증수취명세서] 작성

거래일자	상호	성명	사업장	사업자등록번호	거래금액	구분	계정코드	계정과목	적요
2025-01-04	서대문인쇄소	이현진	서울특별시 서초구 양재대로2길 74	104-05-13286	100,000		826	도서인쇄비	
2025-01-06	구계등식당	이형재	전라남도 완도군 완도읍 구계등길 1	220-35-21178	33,000		812	여비교통비	

1. 세금계산서, 계산서, 신용카드 등 미사용내역

9. 구분	10. 총계	3만원 초과 거래분	
		11. 명세서제출 제외대상	12. 명세서제출 대상(10-11)
13. 건수	2		2
14. 금액	133,000		133,000

03.
증빙에 의한 전표입력

[일반전표입력] 1월 18일
(차) 813.기업업무추진비   220,000원   (대) 253.미지급금   220,000원
    (적요:01거래처 기업업무추진비/신용카드(법인))   (99605.농협카드)

04.
기타 일반거래

[일반전표입력] 1월 27일
(차) 817.세금과공과금   60,000원   (대) 101.현금   60,000원
또는 (출) 817.세금과공과금   60,000원

05.
증빙에 의한 전표입력

[일반전표입력] 2월 1일
(차) 133.선급비용   900,000원   (대) 103.보통예금   900,000원
                                                      (98005.신한은행(보통))

06.
약속어음 만기결제

[일반전표입력] 2월 15일
(차) 103.보통예금   3,300,000원   (대) 110.받을어음   3,300,000원
    (98001.국민은행(보통))   (04520.(주)수환실업)

[받을어음관리]

□	일	번호	구분	코드	계정과목	코드	거래처	적요	차변	대변
□	15	00001	차변	103	보통예금	98001	국민은행(보통)		3,300,000	
□	15	00001	대변	110	받을어음	04520	(주)수환실업	0042025010612345678-만기-[만기일자		3,300,000

● 받을어음 관리   삭제(F5)

어음상태	4 만기	어음번호	0042025010612345678	수취구분	1 자수	발행일	2025-01-06	만기일	2025-02-15
발행인	04520	(주)수환실업		지급은행	100 국민은행			지점	마포
배서인		할인기관		지점		할인율(%)		어음종류	6 전자
지급거래처					• 수령된 어음을 타거래처에 지급하는 경우에 입력합니다.				

07.

약속어음의 할인

[일반전표입력] 2월 23일
(차) 103.보통예금   4,320,000원   (대) 110.받을어음   4,400,000원
    (98002.기업은행(보통))   (00120.(주)유림제과)
    936.매출채권처분손실   80,000원

[받을어음관리]

어음상태	2 할인(전액)	어음번호	가나12341234		수취구분	1 자수	발행일	2025-02-01	만기일	2025-05-01
발행인	00120	(주)유림제과			지급은행	400 IBK기업은행			지점	마포
배서인			할인기관	98002 기업은행(보통)	지점	마포	할인율(%)		어음종류	1 약속(일반)
지급거래처						* 수령된 어음을 타거래처에 지급하는 경우에 입력합니다.				

08.

약속어음의 배서양도

[일반전표입력] 3월 3일
(차) 251.외상매입금   5,500,000원   (대) 110.받을어음   5,500,000원
    (30011.(주)건율세상)   (00115.(주)유리제과)

[받을어음관리]

□	일	번호	구분	코드	계정과목	코드	거래처	적요	차변	대변
□	03	00001	차변	251	외상매입금	30011	(주)건율세상		5,500,000	
□	03	00001	대변	110	받을어음	00115	(주)유리제과	00420250213987654321-배서-[만기일~		5,500,000

어음상태	3 배서	어음번호	00420250213987654321	수취구분	1 자수	발행일	2025-02-13	만기일	2025-05-13
발행인	00115	(주)유리제과		지급은행	100 국민은행			지점	수원
배서인			할인기관	지점		할인율(%)		어음종류	6 전자
지급거래처	30011	(주)건율세상			* 수령된 어음을 타거래처에 지급하는 경우에 입력합니다.				

09.

약속어음의 만기결제

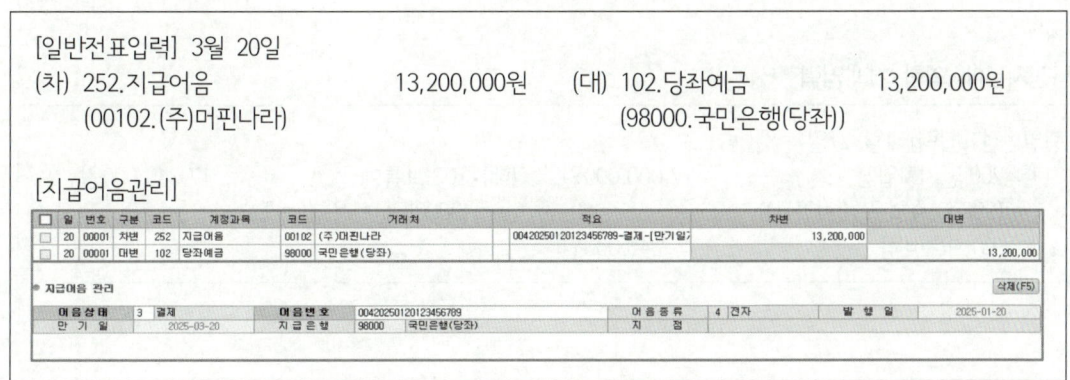

10.
통장사본에 의한 거래입력

[일반전표입력] 3월 27일
(차) 103.보통예금   22,000,000원   (대) 108.외상매출금   22,000,000원
     (98005.신한은행(보통))   (00105.(주)바른식품)

11.
통장사본에 의한 거래입력

[일반전표입력] 4월 3일
(차) 251.외상매입금   3,650,000원   (대) 103.보통예금   3,650,000원
     (00107.(주)건강식품)   (98002.기업은행(보통))

12.
통장사본에 의한 거래입력

[일반전표입력] 4월 17일
(차) 253.미지급금   770,000원   (대) 103.보통예금   770,000원
     (99602.우리카드)   (98009.하나은행(보통))

13.
통장사본에 의한 거래입력

[일반전표입력] 4월 25일
(차) 253.미지급금   2,200,000원   (대) 103.보통예금   2,200,000원
     (05002.(주)인웅전자)   (98001.국민은행(보통))

14.
통장사본에 의한 거래입력

[일반전표입력] 4월 27일
(차) 260.단기차입금   17,000,000원   (대) 103.보통예금   17,340,000원
     (98600.수협은행(차입금))   (98005.신한은행(보통))
     931.이자비용   340,000원

15.
기타 일반거래

```
[일반전표입력] 5월 1일
 (차) 107.단기매매증권        11,000,000원    (대) 103.보통예금              11,110,000원
      945.수수료비용              110,000원         (98009.하나은행(보통))
```

16.
통장사본에 의한 거래입력

```
[일반전표입력] 5월 15일
 (차) 103.보통예금             6,000,000원    (대) 107.단기매매증권            5,500,000원
                                                  (98005.신한은행(보통))
                                                  906.단기매매증권처분이익       500,000원
```

17.
대손의 발생과 설정

```
[일반전표입력] 6월 15일
 (차) 934.기타의대손상각비    13,000,000원    (대) 114.단기대여금             13,000,000원
                                                  (07117.(주)코바나)
```

18.
기타 일반거래

```
[일반전표입력] 6월 21일
 (차) 101.현금                   300,000원    (대) 109.대손충당금                300,000원
   또는 (입) 109.대손충당금 300,000원
```

19.
기타 일반거래

```
[일반전표입력] 6월 28일
 (차) 812.여비교통비             430,000원    (대) 134.가지급금                  500,000원
      101.현금                    70,000원         (01234.이강우)
```

20.

기타 일반거래

[일반전표입력] 7월 25일
(차) 801.급여 3,000,000원 (대) 254.예수금 370,040원
　　　　　　　　　　　　　　　　　　　103.보통예금 2,629,960원
　　　　　　　　　　　　　　　　　　　(98005.신한은행(보통))

21.

기타 일반거래

[일반전표입력] 7월 31일
(차) 824.운반비 22,000원 (대) 101.현금 22,000원
또는 (출) 824.운반비 22,000원

22.

기타 일반거래

[일반전표입력] 8월 1일
(차) 131.선급금 200,000원 (대) 103.보통예금 200,000원
　　(00156.(주)달달허니)　　　　　　　　　(98009.하나은행(보통))

23.

기타 일반거래

[일반전표입력] 8월 8일
(차) 103.보통예금 275,000원 (대) 259.선수금 275,000원
　　(98005.신한은행(보통))　　　　　　　　(00160.(주)엔젤커피)

24.

기타 일반거래

[일반전표입력] 8월 10일
(차) 811.복리후생비 64,000원 (대) 103.보통예금 128,000원
　　254.예수금 64,000원　　　　　(98001.국민은행(보통))

25.

기타 일반거래

| [일반전표입력] 8월 10일 |
| (차) 821. 보험료　　　　　　125,000원　　(대) 103.보통예금　　　　　125,000원 |
|　　　　　　　　　　　　　　　　　　　　　　　(98001.국민은행(보통)) |

FAT 1급
Accounting Technicians

PART 03

회계정보처리 (II)

제1절 매입매출전표 입력
제2절 전자세금계산서 발급 및 전송프로세스
제3절 부가가치세신고서 및 부속서류
제4절 결산
제5절 회계정보분석

03 회계정보처리(II)

[제1절 매입매출전표입력] ~ [제3절 부가가치세신고서 및 부속서류]에서 가능한 능력단위

분류번호: 0203020235_14v2

능력단위 명칭: 부가가치세 신고

능력단위 정의: 부가가치세 신고란 상품의 거래나 서비스의 제공에서 얻어지는 이윤에 대해 과세되는 금액에 대하여 세법에 따라 신고 및 납부 업무를 수행하는 능력이다.

능력단위요소		수 행 준 거
0203020235_14v2.1 세금계산서 발급·수취하기		1.1 세금계산서의 발급방법에 따라 세금계산서를 발급하고 발급명세를 국세청에 전송할 수 있다. 1.2 수정세금계산서 발급사유에 따라 세금계산서를 수정 발행할 수 있다. 1.3 부가가치세법에 따라 세금계산서 및 계산서 합계표를 작성할 수 있다.
	【지 식】	○ 세금계산서 발급방법 ○ 수정세금계산서 발급사유와 발급절차 ○ 매입처별, 매출처별 세금계산서 합계표 작성 방법
	【기 술】	○ 세금계산서 기재사항을 입력하고 프로그램을 통해 발급하는 능력 ○ 수정세금계산서를 프로그램으로 발급하는 능력 ○ 입력한 세금계산서가 구분코드별로 각각 조회하여 작성하는 능력
	【태 도】	○ 세법에 대한 세심하고 주의 깊은 태도 ○ 세금계산서 발급 및 수취시기를 이해하고 처리하는 정확한 업무태도 ○ 관련부서 및 거래처와의 원만한 업무협조 태도
0203020235_14v2.3 부가가치세 신고하기		3.1 부가가치세법에 따른 과세기간을 이해하여 예정·확정 신고를 할 수 있다. 3.2 부가가치세법에 따라 납세지를 결정하여 상황에 맞는 신고를 할 수 있다. 3.4 부가가치세법에 따른 부가가치세의 과세대상인 재화의 공급과 용역의 공급의 범위를 판단 할 수 있다. 3.5 부가가치세신고요령에 따른 부가가치세 신고서를 작성 할 수 있다. 3.7 홈택스 전자신고 규정에 따라서 전자신고를 할 수 있다.

능력단위요소	수 행 준 거
【지 식】	○ 과세기간 및 예정신고대상 및 확정 신고대상 ○ 총괄납부사업자 및 사업자단위신고자 ○ 과세되는 재화의 공급의 범위 ○ 과세되는 용역의 공급의 범위 ○ 세액공제 대상 및 공제되지 않는 세액 ○ 부속명세서와 부가가치세신고서와의 관련성 ○ 이세로데이타의 제공범위 및 활용 ○ 홈택스 전자신고 규정
【기 술】	○ 예정신고·확정신고 및 납부능력 ○ 세무정보시스템을 활용한 신고서 작성능력 ○ 세무정보시스템을 활용한 전자신고 방법 및 오류점검능력
【태 도】	○ 신고서 각 항목과 부속명세서와의 관계성을 세심하게 이해하려는 자세 ○ 신고기한을 지키는 정확한 업무 태도

[제4절 결산]에서 가능한 능력단위

분류번호: 0203020124_14v2

능력단위 명칭: 결산관리신고

능력단위 정의: 결산관리란 재무상태를 파악하기 위하여 재무상태표일 현재의 자산, 부채, 자본을 측정·평가하고 회계기간의 수익, 비용을 확정하여 재무성과를 파악함과 동시에 각 계정을 정리하여 장부를 마감하고 재무제표를 작성하는 능력이다.

능력단위요소	수 행 준 거	
0203020124_14v2.1 결산분개하기	1.1 회계 관련 규정에 따라 제반서류를 준비할 수 있다. 1.2 손익계정에 관한 결산정리사항을 분개할 수 있다. 1.3 자산·부채계정에 관한 결산정리사항을 분개할 수 있다.	
	【지 식】	○ 기업실무에 적용되는 회계 관련 규정 ○ 계정과목에 대한 지식
	【기 술】	○ 계정과목별 명세서 작성 능력 ○ 계정과목 분류 능력 ○ 손익산정 능력 ○ 자산·부채에 대한 평가 능력
	【태 도】	○ 원활한 의사소통 자세 ○ 수리적 정확도를 기하려는 자세 ○ 회계 관련 규정 준수에 대한 의지
0203020124_14v2.2 장부마감하기	2.1 회계 관련 규정에 따라 주요장부를 마감할 수 있다. 2.2 회계 관련 규정에 따라 보조장부를 마감할 수 있다. 2.3 회계 관련 규정에 따라 각 장부의 오류를 수정할 수 있다. 2.4 자본거래를 파악하여 자본의 증감여부를 확인할 수 있다.	
	【지 식】	○ 기업실무에 적용되는 회계 관련 규정 ○ 계정과목에 대한 지식
	【기 술】	○ 계정과목별 명세서 작성 능력 ○ 계정과목 분류 능력 ○ 손익산정 능력 ○ 자산·부채에 대한 평가 능력
	【태 도】	○ 수리적 정확도를 기하려는 자세 ○ 회계 관련 규정 준수에 대한 의지
0203020124_14v2.3 재무제표 작성하기	3.1 회계 관련 규정에 따라 재무상태표를 작성할 수 있다. 3.2 회계 관련 규정에 따라 손익계산서를 작성할 수 있다. 3.3 회계 관련 규정에 따라 자본변동표를 작성할 수 있다. 3.4 회계 관련 규정에 따라 현금흐름표를 작성할 수 있다. 3.5 회계 관련 규정에 따라 이익잉여금처분계산서를 작성할 수 있다. 3.6 회계 관련 규정에 따라 재무제표에 대한 주석사항을 표시할 수 있다.	
	【지 식】	○ 기업실무에 적용되는 회계 관련 규정 ○ 계정과목에 대한 지식 ○ 재무제표 상호연계성

능력단위요소	수 행 준 거	
	【기 술】	○ 재무제표 작성과 표시 능력
	【태 도】	○ 수리적 정확도를 기하려는 자세 ○ 회계 관련 규정 준수에 대한 의지

제1절 _ 매입매출전표 입력

'전표입력/장부'의 '매입매출전표 입력'은 부가가치세와 관련이 있는 거래를 입력하는 곳이다. 본 절에서는 부가가치세와 관련이 있는 과세유형의 특징을 이해하고, 주어진 거래를 매입매출전표에 입력하는 방법을 익히도록 한다.

'매입매출전표 입력'을 클릭하면 다음과 같은 화면이 나타나고 이를 '상단부'라 표현한다.

일	유형	품명	수량	단가	공급가액	부가세	합계	코드	거래처명	사업.주민번호	전자세금	분개

입력 상단부에서는 매출과 매입의 과세유형, 품명, 수량 및 단가의 입력, 공급가액 입력(공급가액과 과세유형에 의해 부가세는 자동으로 계산됨), 거래처코드와 거래처명, 사업.주민번호 구분, 전자세금 여부, 분개유형 선택 등의 작업을 하게 된다. 입력 상단부는 부가가치세 신고를 위한 자료를 입력하는 곳으로 정확한 입력이 요구되는 부분이다. 과세유형은 매출(10~20번대)과 매입(50~60번대)로 크게 구분되며 유형별로 부가가치세신고서등에 자동 반영된다.

특히, '전자세금'에서는 더존 iPLUS에서 전자세금계산서를 발행(전자발행)하는 경우와 국세청 e세로 혹은 다른 기관을 통하여 이미 발급된 전자세금계산서를 iPLUS에 입력(전자입력)하는 경우로 구분하여 기능을 익혀야 하는데, 더존전자세금계산서를 통한 방법은 제2절에서 자세히 설명하기로 한다.

입력 하단부는 거래자료를 입력하는 곳으로 각 재무회계자료에 자동 반영된다.

구분	코드	계정과목	차변	대변	코드	거래처	적요	관리

1 매출거래의 과세유형

매출과 관련한 부가가치세 유형은 크게 14가지 형태로 구분되며, 각 유형의 특징을 하나씩 살펴보면 다음과 같다.

코드	유형	특징	FAT1급 출제여부
11	과세	1. 과세되는 재화나 용역의 공급 후에 매출 세금계산서를 발급하고, 부가가치세 10%를 수취한 경우 2. 법인사업자의 경우 전자세금계산서 발급은 의무 사항임. 더존전자세금계산서(Bill36524)가 아닌 타 전자세금계산서 사이트를 통해서 전자세금계산서를 발행하거나 수취할 경우에는 iPLUS에 자동으로 연동되지 않기 때문에, 매입매출전표 입력시 '전자세금'란에 '1.전자입력'을 선택해야 한다.	○
12	영세	영세율 적용대상 매출 거래 중 매출세금계산서 발행의무가 면제되지 않는 거래로 내국신용장(Local L/C) 또는 구매확인서 등에 의하여 공급하는 경우	
13	면세	면세 또는 겸영사업자가 면세되는 재화나 용역의 공급하고 계산서를 발행한 경우	○
14	건별	1. 간주공급, 간주임대료의 경우 2. 세금계산서 교부의무가 없거나 영수증교부대상거래인 경우 (예. 견적서 등에 의한 매출)	
15	종합	1. 간이과세자에게 매출하는 경우 2. 매입매출전표에 입력할 때, 공급가액에 의한 부가세가 자동으로 반영되지 않음 3. 부가가치세신고서의 과세-기타와 과표에 반영됨	
16	수출	영세율 적용대상 매출 거래 중 매출세금계산서 발행의무가 면제되는 거래로 직수출의 경우	
17	카과	신용카드매출전표 발행에 의한 과세 매출의 경우	○
18	카면	신용카드에 의한 면세매출의 경우	
19	카영	신용카드에 의한 영세율 매출의 경우이며 '신용카드발행집계표-과세분'에 자동 반영	
20	면건	면세 또는 겸영사업자가 매출시 계산서를 발행하지 않은 경우	
21	전자	1. 전자적 결제수단에 의한 매출의 경우이며 '전자화폐결제명세서'에 가맹점별로 집계됨 2. 거래처등록시 가맹점코드 입력이 반드시 선행되어야 함	
22	현과	현금영수증에 의한 과세매출의 경우이며 '신용카드발행집계표-과세분'에 자동 반영	

코드	유형	특징	FAT1급 출제여부
23	현면	현금영수증에 의한 면세매출의 경우이며 '신용카드발행집계표-면세분'에 자동 반영	
24	현영	현금영수증에 의한 영세매출의 경우이며 '신용카드발행집계표-과세분'에 자동 반영	

② 매입거래의 과세유형

매입과 관련한 부가가치세 유형은 크게 12가지 형태로 구분되며, 각 유형의 특징을 하나씩 살펴보면 다음과 같다.

코드	유형	특징	FAT1급 출제여부
51	과세	매입세액이 공제되는 (전자)세금계산서를 수취한 경우(요건을 갖춘 개인사업자 발행) 더존전자세금계산서(Bill36524)가 아닌 타 전자세금계산서 사이트를 통해서 전자세금계산서를 발행하거나 수취할 경우에는 iPLUS에 자동으로 연동되지 않기 때문에, 매입매출전표 입력시 '전자세금'란에 '1.전자입력'을 선택해야 한다.	○
52	영세	영세율 세금계산서를 수취한 영세 매입의 경우	
53	면세	면세되는 재화나 용역을 공급받고 계산서를 수취한 경우이며, 세관장이 발급한 수입계산서도 포함	○
54	불공	1. 매입세액이 공제되지 않는 세금계산서를 수취한 과세 매입의 경우 2. 불공제사유는 이론 교재를 통하여 충분히 숙지하는 편이 좋음 * 카과매입거래 중 불공제사유에 해당하는 거래는 일반전표에 입력 불공제사유 ○ 0. 토지의 자본적 지출관련 ○ 1. 필요적 기재사항 누락 ○ 2. 사업과 관련 없는 지출 ○ 3. 비영업용 소형승용차 구입 및 유지 ⦿ 4. 면세사업과 관련된 분 ○ 5. 공통매입세액 안분계산서 분 ○ 6. 등록전 매입세액 ○ 7. 대손처분 받은 세액 ○ 8. 납부(환급)세액 재계산 분 ○ 9. 접대비 관련 매입세액 ○ A. 금거래계좌 미사용 매입세액 ○ B. 금·구리 스크랩 거래계좌 미사용 매입세액	○
55	수입	재화를 수입하고 해당 세관장이 발행하는 수입전자세금계산서를 수취한 경우	

코드	유형	특징	FAT1급 출제여부
56	금전	매입세액공제가 가능한 금전등록기 이면확인영수증을 수취한 경우이며 현재는 사용하지 않음	
57	카과	매입세액공제가 가능한 신용카드에 의한 매입의 경우	○
58	카면	신용카드에 의한 면세매입의 경우	
59	카영	신용카드에 의한 영세율 매입의 경우	
60	면건	영수증으로 면세 재화를 매입한 경우	
61	현과	현금영수증 발급에 의한 과세 매입의 경우	○
62	현면	현금영수증에 의한 면세 매입의 경우	
63	복지	복지카드 해당분 매입의 경우	

제2절 _ 전자세금계산서 발급 및 전송프로세스

전자세금계산서 발급 실무는 한국세무사회의 전산회계1급이나 전산세무1,2급 시험과 다른 사항으로, 한국공인회계사회의 AT 자격시험에서는 더존전자세금계산서(bill36524.com)를 통하여 전자세금계산서 발급하는 문제가 출제된다. 국세청 e세로 또는 타기관을 통하여 발급된 전자세금계산서를 매입매출전표에 입력하는 방법(전자입력)은 제1절에서 이미 숙지하였고, 제2절에서는 iPLUS에서 전자세금계산서를 발행하는 '전자발행'에 대해 설명하기로 한다.

iPLUS에서 전자세금계산서를 발행하려면 '매입매출전표입력'메뉴에 과세유형 등을 결정하고 해당거래를 입력한 후에 '전자세금계산서 발행 및 내역관리'메뉴에서 발행 및 전송을 한다.

1) 입력방법

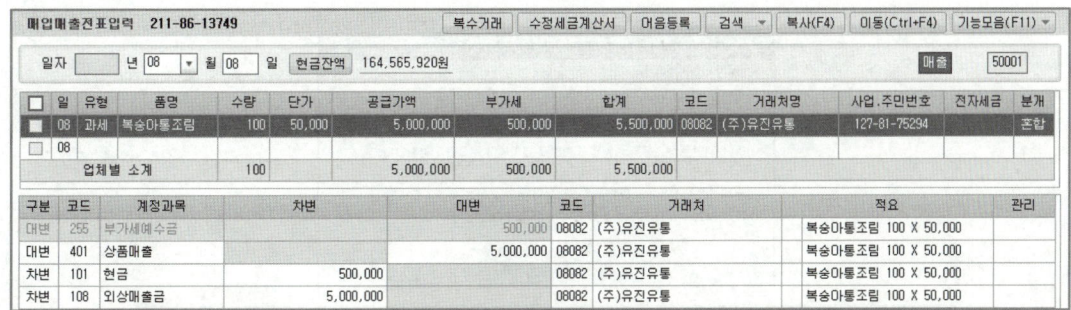

① 전자세금계산서 발행과 부가가치세 10% 발생한 거래이므로 '11.과세매출' 선택
② 수량, 단가 입력하면 공급가액과 세액이 자동으로 계산됨.
③ 전자세금 '공란' 선택, 분개유형은 '3.혼합' 등 적절하게 선택 후 분개 입력
④ 전자발행 후 전자세금 '전자발행'으로 자동 반영

2) 전자세금계산서 발행 및 내역관리

① 미전송된 내역이 조회되면 화면하단의 결제금액에 금액 입력(시험에선 생략)후 미전송 내역 체크

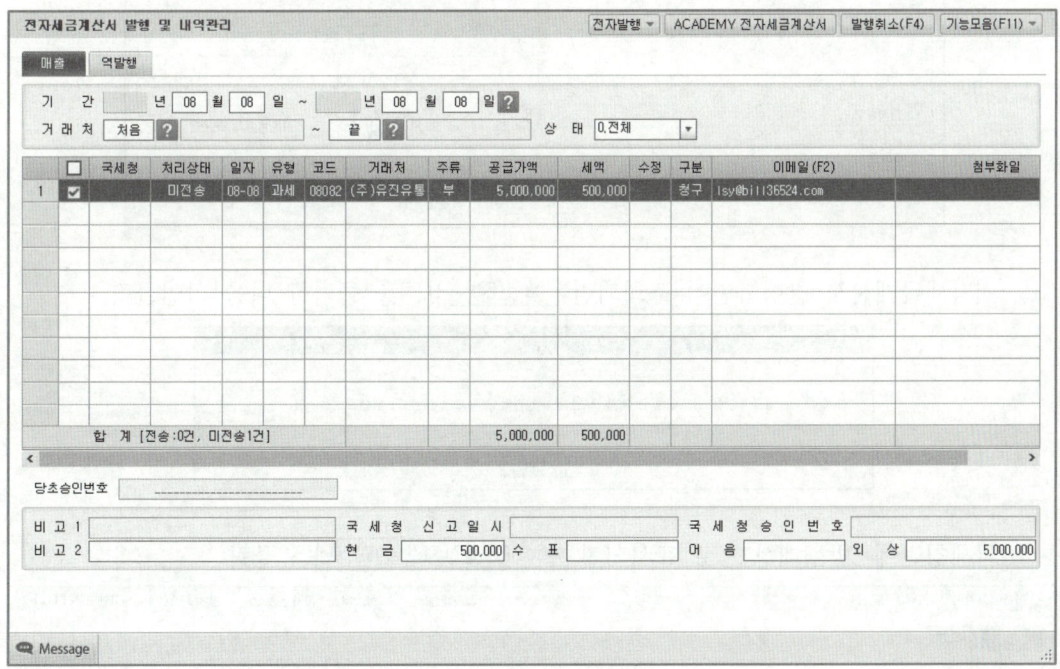

② 전자발행을 클릭하여 표시되는 로그인 화면에서 확인(Tab)을 클릭

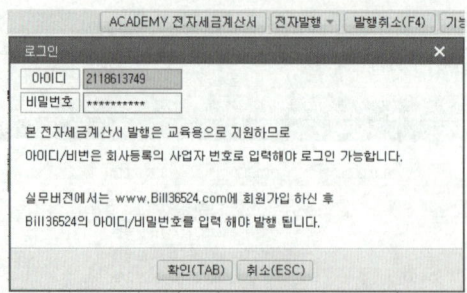

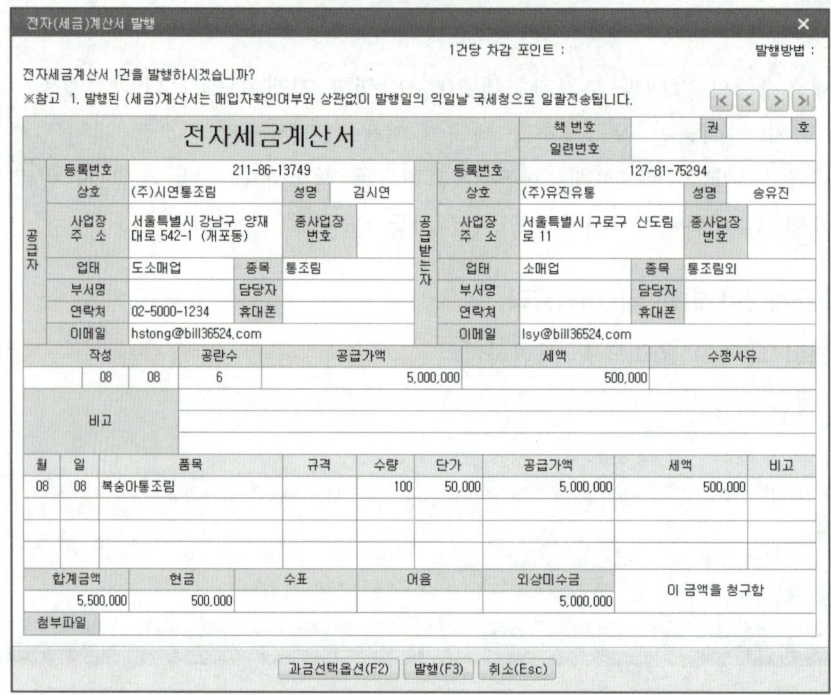

③ 전자세금계산서 발행화면이 조회되면 발행(F3) 버튼을 클릭한 다음 확인클릭

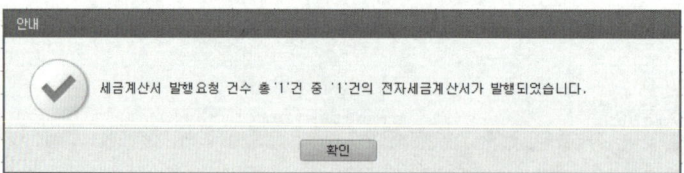

④ 국세청란에 '발행대상'으로 표시되면 ACADEMY 전자세금계산서 를 클릭

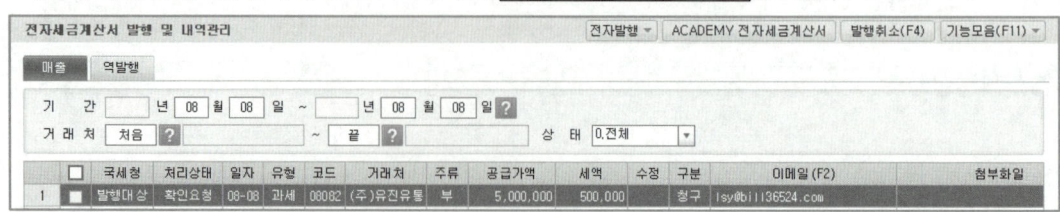

⑤ [Bill36524 교육용전자세금계산서] 화면에서 [로그인]을 클릭

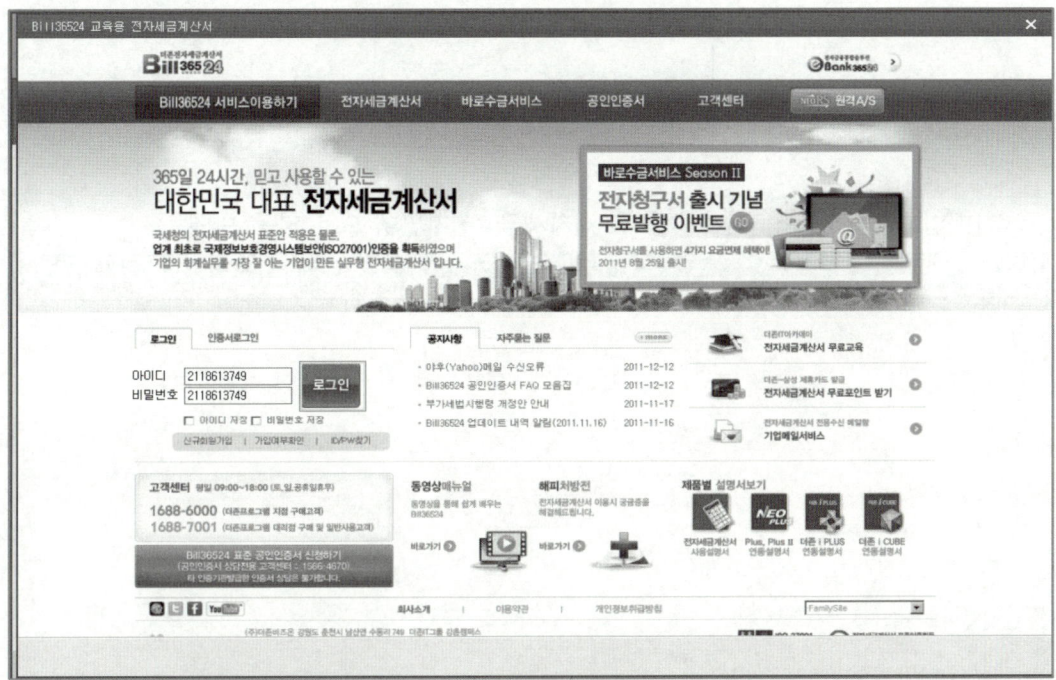

⑥ 좌측화면: [세금계산서 리스트] ➜ [매출조회]➜ 거래확인 ➜ [발행]

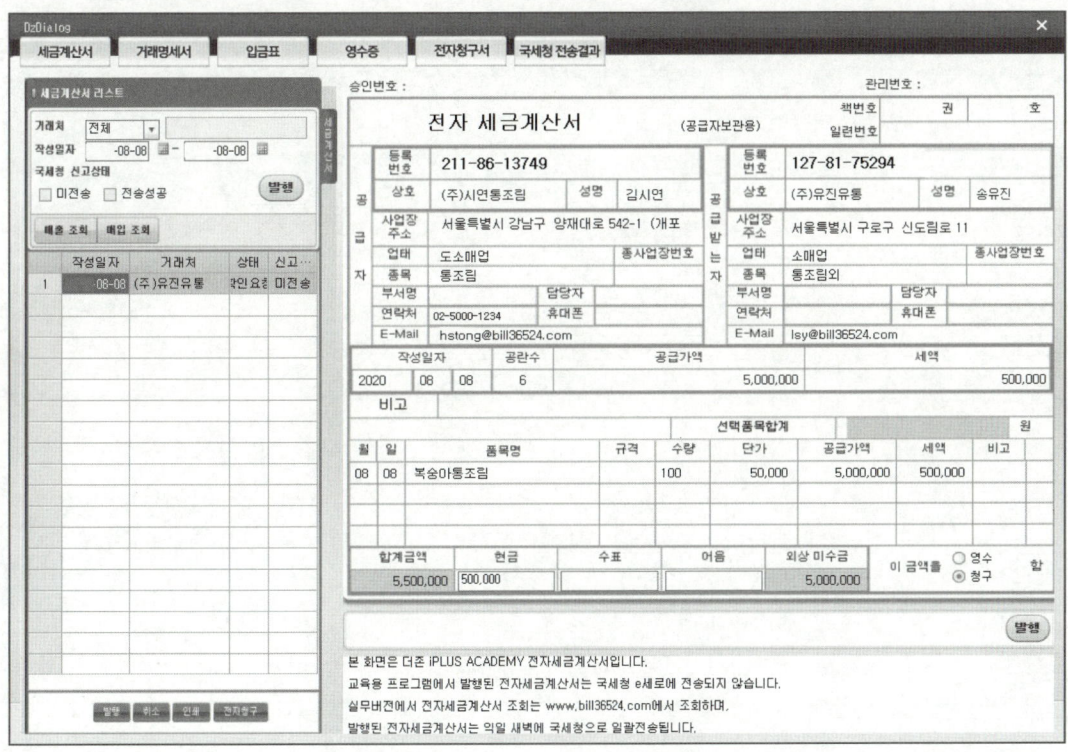

⑦ [발행완료되었습니다.] 메시지가 표시되면 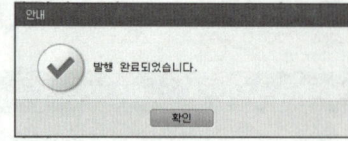 을 클릭

∨ [매입매출전표입력] 전자발행 후 전자세금 '전자발행'으로 자동 반영

□	일	유형	품명	수량	단가	공급가액	부가세	합계	코드	거래처명	사업.주민번호	전자세금	분개
□	08	과세	복숭아통조림	100	50,000	5,000,000	500,000	5,500,000	08082	(주)유진유통	127-81-75294	전자발행	혼합

제3절 _ 부가가치세신고서 및 부속서류

회계순환과정을 떠올려 보면 회계상거래에 해당한 경우 분개장에 분개를 하는 것을 알 수 있을 것이다. 이 과정이 프로그램상의 일반전표입력과 매입매출전표입력에 해당하며 이렇게 입력된 분개는 각종 장부에 자동 반영이 되므로 별도의 작성은 할 필요가 없다.

매입매출전표에 입력이 되면 분개장, 매입매출장 등의 제장부와 부가가치세신고서, 세금계산서합계표 및 부가가치세부속서류 등이 자동으로 작성되며 필요에 의해 출력하면 될 것이다.

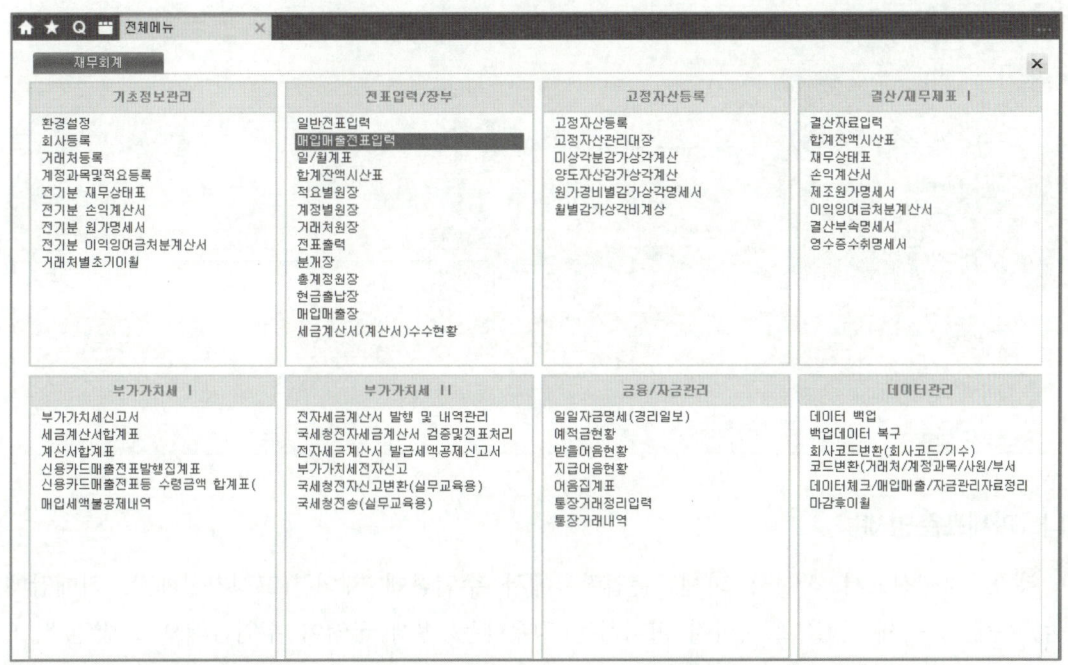

1 부가가치세신고서

부가가치세신고서는 부가가치세법에 따라 해당 과세기간에 대한 부가가치세 과세표준과 납부세액 또는 환급세액 등을 기재하여 관할세무서에 신고하는 서류이다.

매입매출전표입력에서 입력된 자료에 의해 자동으로 작성되며, 과세기간별로 부가가치세 신고서의 상단에 해당신고내용을 표기하고 신고내용을 증명할 수 있는 부속서류를 같이 제출해야 한다. 또한 부가가치세는 자진신고납부제도를 시행하고 있기 때문에 신고·납부 기한내에 부가가치세 신고와 함께 납부함으로써 납세의무가 종결된다.

가. 신고내용

부가가치세신고서는 해당 과세기간별로 작성하여 매출세액(가)과 매입세액(나)의 비교를 통하여 3월말, 6월말, 9월말, 12월말일자로 납부세액 또는 환급세액(26)을 결정하게 된다.

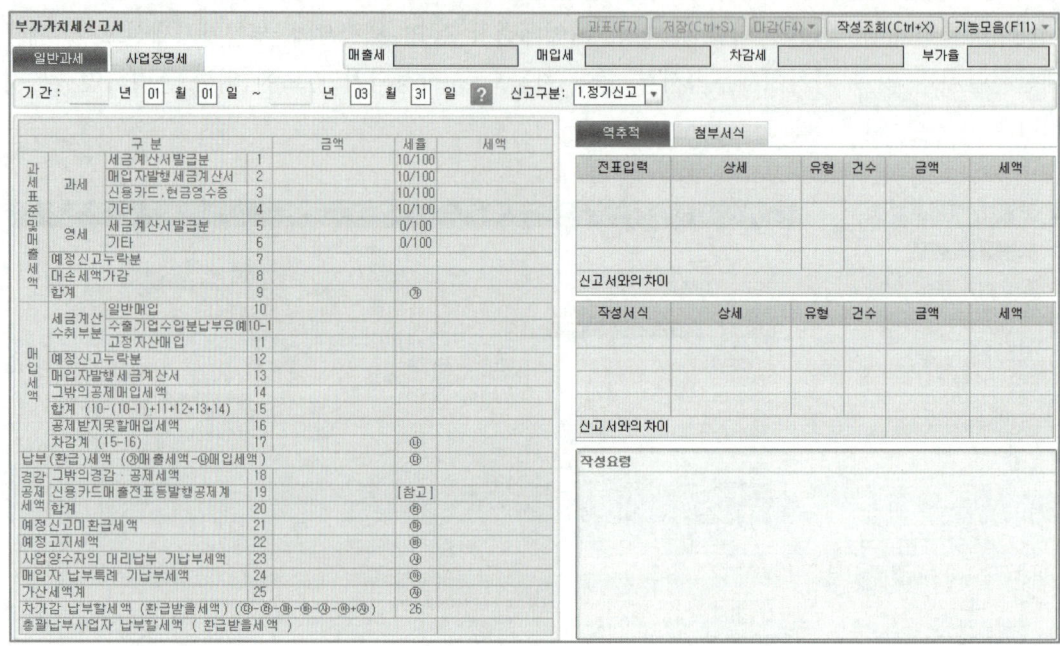

나. 과세표준명세

부가가치세신고서 작성시 과세표준입력란에서 수입금액 제외분(고정자산매각, 직매장매출, 주세, 교육세 등)을 표시하지 아니하는 경우에는 전체 금액이 수입금액으로 법인세 또는 소득세 신고시 수입금액과 연결되어 오류가 발생하기 때문에 주의해야 한다.

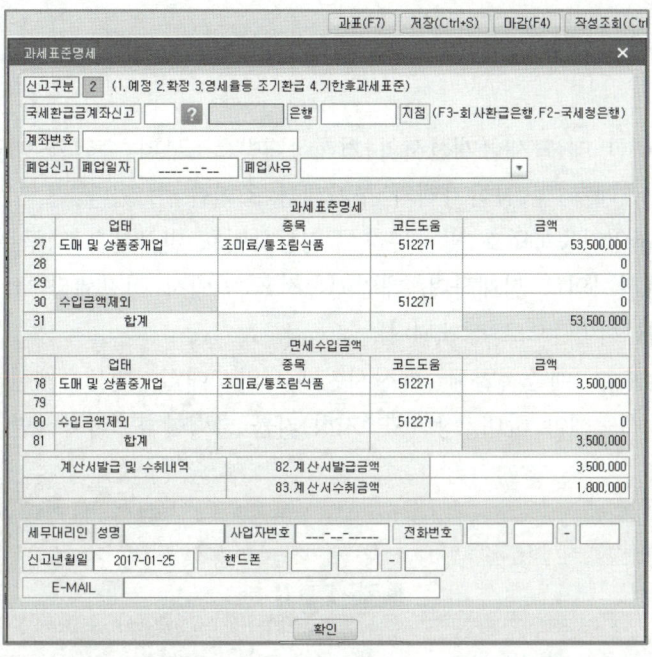

다. 사업장명세(사업장현황명세서)

다음의 사업장현황명세서는 음식업, 숙박업, 기타서비스업을 영위하는 사업자가 확정신고 또는 폐업신고시에만 작성하는 서식으로 사업장의 기본사항 및 기본경비를 기재하는 항목이다. 사업장명세를 통하여 사업의 규모를 판단할 수 있다.

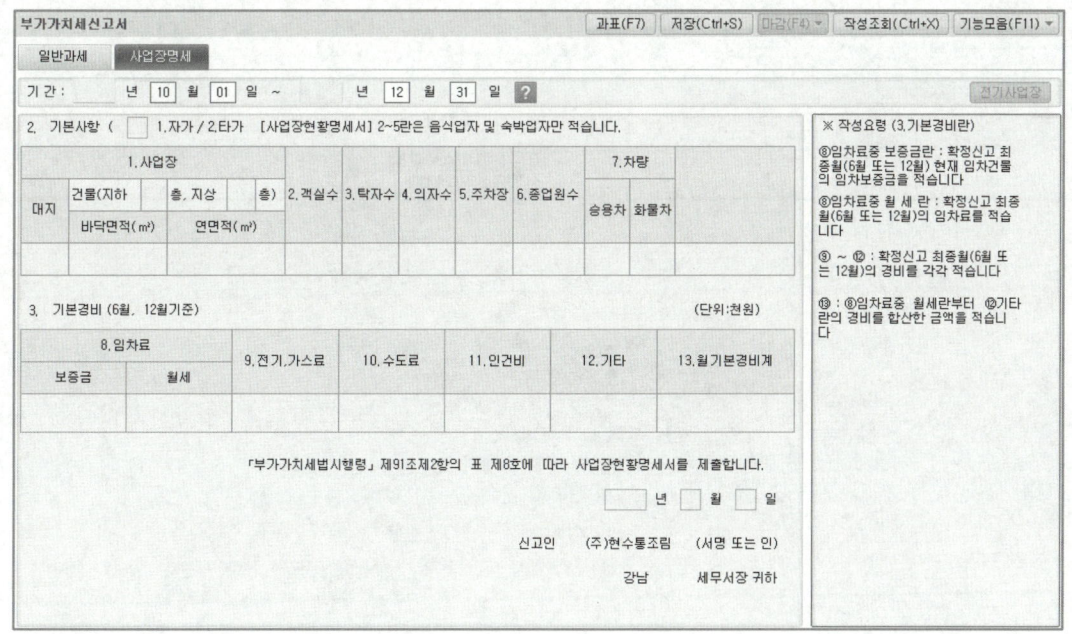

2 세금계산서합계표

사업자에게 교부한 매출 세금계산서와 거래상대방으로부터 수취한 매입 세금계산서를 집계하여 세금계산서 매수 및 공급가액과 부가세를 조회할 수 있다.

거래상대방을 사업자등록번호 발급분과 주민등록번호 발급분으로 구분하여 전자세금계산서 및 전자세금계산서외로 집계하며, 매입매출전표 입력시 전자세금 '1.전자입력'을 선택한 경우 '전자세금계산서' 란으로 집계된다.

해당 과세기간별로 '매출처별세금계산서합계표'와 '매입처별세금계산서합계표'를 작성하여 관할세무서에 제출해야 하며, 상단의 '저장'키를 클릭한 후 마감하면 된다.

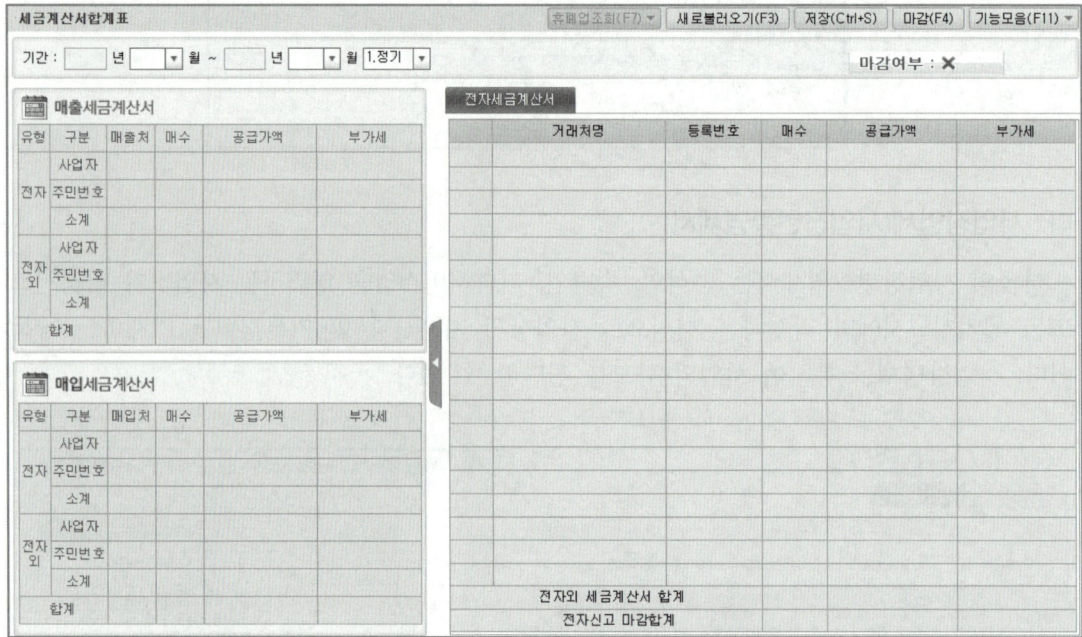

3 계산서합계표

면세사업과 관련하여 계산서를 집계하는 장부로 면세유형과 관련한 공급가액을 조회할 수 있다. 과세기간별로 '매출처별계산서합계표'와 '매입처별계산서합계표'를 작성하여 관할 세무서에 제출해야 하며, 상단의 '저장'키를 클릭한 후 마감하면 된다.

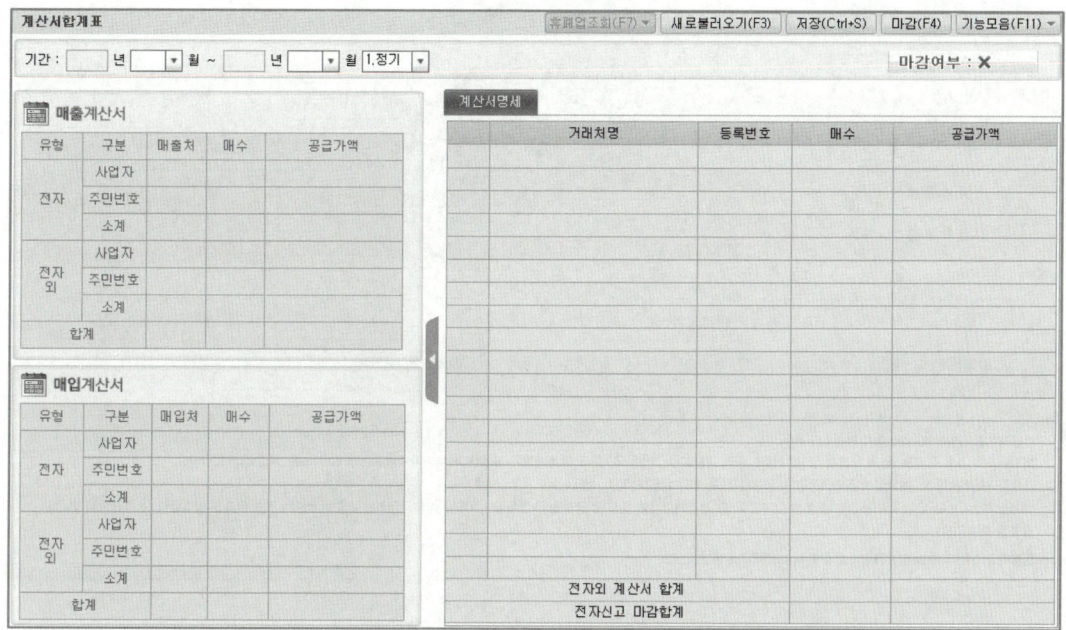

4 신용카드매출전표발행집계표

상단의 '불러오기' 기능을 이용하여 입력된 자료를 집계하여 과세기간별로 신용카드매출전표 등 발행금액 현황을 알 수 있다.

```
신용카드매출전표발행집계표                                    불러오기(F3)  기능모음(F11) ▼

기간 :    년 [  ] 월 ~   년 [  ] 월

1. 신용카드매출전표 등 발행금액 현황
┌──────────┬──────────┬─────────────────┬──────────┐
│   구   분   │  ⑤ 합  계  │ ⑥ 신용·직불·기명식 선불카드 │ ⑦ 현금영수증 │
├──────────┼──────────┼─────────────────┼──────────┤
│   합   계   │          │                 │          │
├──────────┼──────────┼─────────────────┼──────────┤
│  과세매출분  │          │                 │          │
├──────────┼──────────┼─────────────────┼──────────┤
│  면세매출분  │          │                 │          │
├──────────┼──────────┼─────────────────┼──────────┤
│   봉 사 료   │          │                 │          │
└──────────┴──────────┴─────────────────┴──────────┘

2. 신용카드 매출전표등 발행금액(⑤합계) 중 세금계산서(계산서) 발급내역
┌──────────────────┬──────────────────┐
│  ⑧ 세금계산서 발급금액  │  ⑨ 계산서 발급금액  │
└──────────────────┴──────────────────┘

1. 신용카드매출전표 등 발행금액 현황(⑤~⑦) :
   부가가치세 과세 매출분, 면세 매출분 및 봉사료로 각각 구분하여 기입하고, 과세 매출분란은 공급대가(부가가치세를 포함합니다)를 기입합니다.
2. 신용카드매출전표 등 발행금액(⑤합계) 중 세금계산서(계산서) 발급내역(⑧·⑨) :
   ⑧세금계산서란은 ⑤합계란의 과세 매출분 합계금액 중 세금계산서를 발급한 금액을 기입하고, ⑨계산서 발급금액란은 ⑤합계란의 면세 매출분 합계금액 중 계산서를 발급한 금액을 각각 기입합니다.
※ 미불관리의 경우 매출 신용카드사를 입력하셔야 메뉴에 반영됩니다.
```

5 신용카드매출전표등 수령금액합계표

'신용카드매출전표발행집계표'와는 반대로 예정신고 또는 확정신고 기간별로 복지카드 및 신용카드로 결제하거나 현금영수증을 수취한 부가가치세 과세거래를 집계하는 서식으로 매입세액공제가 가능한 금액을 알 수 있다.

6 매입세액불공제내역

매입세액 불공제사유 (1.필요한 기재사항 누락, 2.사업과 직접 관련없는 지출, 3.비영업용 소형 승용 자동차 구입 및 유지, 4.기업업무추진비 및 이와 유사한 비용 관련, 5.면세사업 관련, 6.토지의 자본적 지출 관련, 7.사업자등록 전 매입세액, 8.금거래계좌 미사용 매입세액)에 해당하는 부가가치세 과세거래를 예정신고 또는 확정신고 기간별로 집계하는 서식으로 공제받지 못할 매입세액 내역, 공통매입세액 안분 및 정산, 납부(환급)세액 재계산으로 구분하여 작성한다.

'2.공제받지 못할 매입세액 내역'은 [매입매출전표입력] 메뉴에서 불공제 사유를 선택하여 입력하면 자동으로 반영된다.

매입세액불공제내역				저장(Ctrl+S) 불러오기(F3) 기능모음(F11) ▼

기간: 년 ▼ 월 ~ 년 ▼ 월

2.공제받지 못할 매입세액 내역	3.공통매입세액 안분계산 내역	4.공통매입세액의 정산내역	5.납부세액 또는 환급세액 재계산 내역

공제받지 못할 매입세액 내역			
불공제 사유	세금계산서		
	매수	공급가액	매입세액
⑨ 합 계			

구분	공급가액	세액
공통매입세액 안분 계산		
공통매입세액 정산 내역		
납부세액 또는 환급세액 재계산 내역		
총계(불공제매입세액,안분,정산,재계산의 공급가액과 세액)		

전자세금계산서 실전문제

(주)영우베이커리(2000)의 부가가치세 신고 관련 거래자료를 입력하여 부가가치세신고서에 반영하시오.
☞ 홈페이지 자료실에서 '2025 FAT1grade DB'를 다운받아 설치한 후 풀이할 것.
- 본 문제에 한하여 모든 증빙자료는 적법하다고 판단하며, 원가회계를 전혀 고려하지 않는다.
- 비대면 시험에 대비하여 전표 입력 후에 반영되는 모든 장부(문제 아래에 제시되어 있음)에 대해서도 학습할 것.
- 제장부(분개장, 계정별원장, 일계표, 월계표, 합계잔액시산표, 총계정원장 등) 중 모든 거래에 적용되는 장부는 생략한다.

01.
과세매출자료의 전자세금계산서 발행

거래명세서 (공급자 보관용)

공급자	등록번호	113-81-21111			공급받는자	등록번호	119-81-14210		
	상호	(주)영우베이커리	성명	김영우		상호	(주)머핀나라	성명	심기재
	사업장주소	서울특별시 서대문구 충정로7길 12 (충정로2가)				사업장주소	서울특별시 서대문구 충정로7길 131		
	업태	도소매업	종사업장번호			업태	도소매업	종사업장번호	
	종목	빵류 및 과자류				종목	머핀외		

거래일자	미수금액	공급가액	세액	총 합계금액
2025.1.5.		1,200,000	120,000	1,320,000

NO	월	일	품목명	규격	수량	단가	공급가액	세액	합계
1	1	5	선물세트 A		100	6,000	600,000	60,000	660,000
2	1	5	선물세트 B		120	5,000	600,000	60,000	660,000

자료설명	(주)머핀나라에 상품을 공급하고 발급한 거래명세서이며, 대금은 전액 현금으로 수취하였다.
수행과제	매입매출자료를 입력하시오.(복수거래 키를 이용하여 입력할 것.) 전자세금계산서 발행 및 내역관리 를 통하여 발급 및 전송하시오. (전자세금계산서 발급시 결제내역 및 전송일자는 고려하지 말 것.)

> 비대면시험을 위한 프로세스 익히기
> 1. [회계] ➡ [전표입력/장부] ➡ [매입매출전표입력]에 입력
> 2. [회계] ➡ [전표입력/장부] ➡ [현금출납장]에서 현금 출납 정보 확인 가능
> 3. [회계] ➡ [부가가치세 I] ➡ [부가가치세신고서]의 세금계산서발급분에 반영됨.
> 4. [회계] ➡ [부가가치세 I] ➡ [세금계산서합계표]에서 매출세금계산서 정보 확인 가능

02.

과세매출자료의 전자세금계산서발행

거래명세서 (공급자 보관용)

공급자	등록번호	113-81-21111			공급받는자	등록번호	314-81-17506		
	상호	(주)영우베이커리	성명	김영우		상호	(주)다빈머핀	성명	채다빈
	사업장 주소	서울특별시 서대문구 충정로7길 12 (충정로2가)				사업장 주소	대전광역시 서구 둔산대로117번길 12 (만년동)		
	업태	도소매업	종사업장번호			업태	도소매업	종사업장번호	
	종목	빵류 및 과자류				종목	빵류		

거래일자	미수금액	공급가액	세액	총 합계금액
2025.1.9.		5,000,000	500,000	5,500,000

NO	월	일	품목명	규격	수량	단가	공급가액	세액	합계
1	1	9	치즈머핀		1,000	5,000	5,000,000	500,000	

비고	전미수액	당일거래총액	입금액	미수액	인수자
		5,500,000	110,000	5,390,000	

자료설명	1. 상품을 판매하고 발급한 거래명세서이다. 2. 대금 중 110,000원은 1월 5일 계약금으로 받았으며, 잔액은 외상으로 하였다.
수행과제	1. 거래명세서에 의해 매입매출자료를 입력하시오. 2. 전자세금계산서 발행 및 내역관리 를 통하여 발급 및 전송하시오. (전자세금계산서 발급 시 결제내역 및 전송일자는 고려하지 말 것.)

> 비대면시험을 위한 프로세스 익히기
> 1. [회계] ➡ [전표입력/장부] ➡ [매입매출전표입력]에 입력
> 2. [회계] ➡ [전표입력/장부] ➡ [거래처원장]에서 매출거래처 정보 확인 가능
> 3. [회계] ➡ [부가가치세 I] ➡ [부가가치세신고서]의 세금계산서발급분에 반영됨.
> 4. [회계] ➡ [부가가치세 I] ➡ [세금계산서합계표]에서 매출세금계산서 정보 확인 가능

03.

과세매출자료의 전자세금계산서 발행

거래명세서 (공급자 보관용)

공급자	등록번호	113-81-21111			공급받는자	등록번호	412-81-15286		
	상호	(주)영우베이커리	성명	김영우		상호	(주)유리제과	성명	김유리
	사업장주소	서울특별시 서대문구 충정로7길 12 (충정로2가)				사업장주소	서울특별시 서대문구 간호대로 12-6		
	업태	도소매업	종사업장번호			업태	도소매업	종사업장번호	
	종목	빵류 및 과자류				종목	빵류 외		

거래일자	미수금액	공급가액	세액	총 합계금액
2025.1.12.		7,500,000	750,000	8,250,000

NO	월	일	품목명	규격	수량	단가	공급가액	세액	합계
1	1	12	한과세트		100	75,000	7,500,000	750,000	8,250,000

자료설명	상품을 판매하면서 발급한 거래명세서이며, 대금은 전액 하나은행 보통예금 계좌로 입금받았다.
수행과제	1. 매입매출자료를 입력하시오. 2. 전자세금계산서 발행 및 내역관리 를 통하여 발급 및 전송하시오. (전자세금계산서 발급 시 결제내역 및 전송일자는 고려하지 말 것.)

비대면시험을 위한 프로세스 익히기

1. [회계] ➡ [전표입력/장부] ➡ [매입매출전표입력]에 입력
2. [회계] ➡ [전표입력/장부] ➡ [거래처원장]에서 매출거래처 정보 확인 가능
3. [회계] ➡ [금융/자금관리] ➡ [예적금현황]에서 금융거래처 정보 확인 가능
4. [회계] ➡ [부가가치세Ⅰ] ➡ [부가가치세신고서]의 세금계산서발급분에 반영됨.
5. [회계] ➡ [부가가치세Ⅰ] ➡ [세금계산서합계표]에서 매출세금계산서 정보 확인 가능

04.

부가가치세신고서 작성 및 조회

자료설명	제1기 예정신고기간 부가가치세신고서를 작성하고, '과세_세금계산서발급분(1란)'의 공급가액(금액)을 조회하시오. (단, 저장된 내용을 불러오지 말고, ' 아니오 '를 선택할 것.)

전자세금계산서발급 실전문제 풀이

01.
과세매출자료의 전자세금계산서 발행

1. [매입매출전표입력] 1월 5일(복수거래)

거래유형	품명	공급가액	부가세	거래처	전자세금
11.과세	선물세트A외	1,200,000	120,000	00102.(주)머핀나라	전자발행
분개유형	(차) 101.현금		1,320,000원	(대) 401.상품매출 255.부가세예수금	1,200,000원 120,000원
1.현금					

02.
과세매출자료의 전자세금계산서발행

1. [매입매출전표입력] 1월 9일

거래유형	품명	공급가액	부가세	거래처	전자세금
11.과세	치즈머핀	5,000,000	500,000	05030.(주)다빈머핀	전자발행
분개유형	(차) 259.선수금 108.외상매출금		110,000원 5,390,000원	(대) 401.상품매출 255.부가세예수금	5,000,000원 500,000원
3.혼합					

03.
과세매출자료의 전자세금계산서 발행

1. [매입매출전표입력] 1월 12일

거래유형	품명	공급가액	부가세	거래처	전자세금
11.과세	한과세트	7,500,000	750,000	00115.(주)유리제과	전자발행
분개유형	(차) 103.보통예금 (98009.하나은행(보통))		8,250,000원	(대) 401.상품매출 255.부가세예수금	7,500,000원 750,000원
3. 혼합					

> 1번~3번 전자발행 해설

1. [전자세금계산서 발행 및 내역관리]
   ① 미전송된 내역이 조회되면, 미전송내역을 체크한 후 전자발행▼ 을 클릭하여 표시되는 로그인 화면에서 확인(Tab) 클릭
   ② '전자세금계산서 발행'화면이 조회되면 발행(F3) 버튼을 클릭한 다음 확인클릭
   ③ 국세청란에 '발행대상'으로 표시되면 ACADEMY 전자세금계산서 를 클릭
   ④ [Bill36524 교육용전자세금계산서] 화면에서 [로그인]을 클릭
   ⑤ 좌측화면: [세금계산서 리스트]에서 [미전송]으로 체크 후 [매출조회]를 클릭
      우측화면: [전자세금계산서]에서 [발행]을 클릭
   ⑥ [발행완료되었습니다.] 메시지가 표시되면 확인(Tab) 클릭

- [전자세금계산서 발행 및 내역관리] 1월 '11.과세매출' 3건 확인

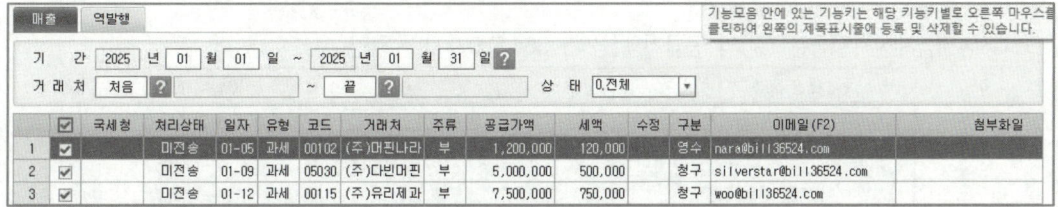

- [ACADEMY 전자세금계산서] 승인

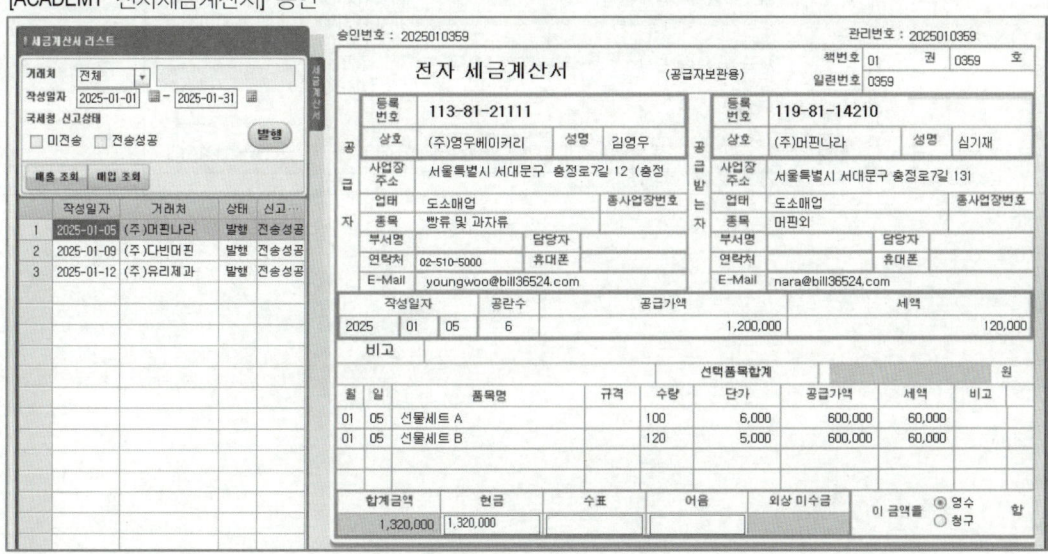

04.

부가가치세신고서 작성 및 조회

[부가가치세신고서] 조회 1월 1일 ~ 3월 31일
- '아니오'를 선택하여 직접 입력한 내용을 불러오기

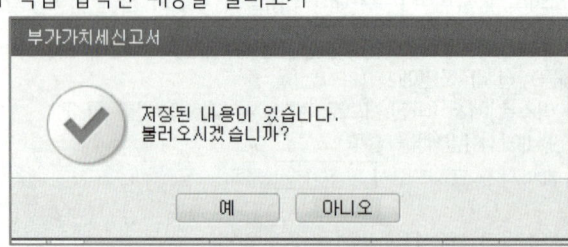

- 과세_세금계산서발급분(1란)의 공급가액(금액) 364,580,000원 확인

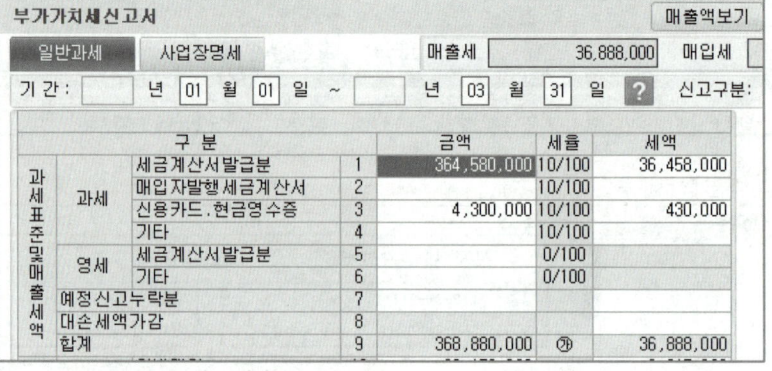

실무 따라잡기

교육용 프로그램 Smart A(iPLUS)의 실무버전 화면이다. 교육용 프로그램과의 차이점을 비교 분석하여 익히도록 한다.

➡ 매입매출전표입력 기능

➡ 빠른부가세입력 기능

➡ 전자세금계산서발급 기능

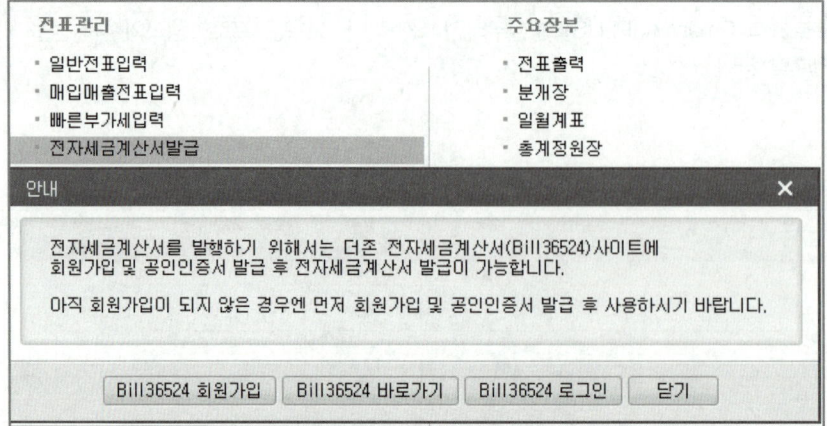

매입매출전표 입력 실전문제

(주)영우베이커리(2100)의 부가가치세 신고 관련 거래자료를 입력하여 부가가치세신고서에 반영하시오.
☞ 홈페이지 자료실에서 '2025 FAT1grade DB'를 다운받아 설치한 후 풀이할 것.
- 본 문제에 한하여 모든 증빙자료는 적법하다고 판단하며, 원가회계를 전혀 고려하지 않는다.

01.
매출거래

전자세금계산서 (공급자 보관용) 승인번호

공급자				
등록번호	113-81-21111			
상호	(주)영우베이커리	성명	김영우	
사업장 주소	서울특별시 서대문구 충정로7길 12 (충정로2가)			
업태	도소매업	종사업장번호		
종목	빵류 및 과자류			
E-Mail	youngwoo@bill36524.com			

공급받는자				
등록번호	110-81-12312			
상호	(주)대한식품	성명(대표자)	이한진	
사업장 주소	서울특별시 서대문구 연희로 50			
업태	도소매업	종사업장번호		
종목	식자재외			
E-Mail	star@naver.com			

작성일자	2025.2.2.	공급가액	5,000,000	세액	500,000

비고

월	일	품목명	규격	수량	단가	공급가액	세액	비고
2	2	한과선물세트		100	50,000	5,000,000	500,000	

합계금액	현금	수표	어음	외상미수금	이 금액을	○ 영수	함
5,500,000		2,000,000		3,500,000		○ 청구	

자료설명	1. (주)대한식품에 상품을 판매하고 발급한 전자세금계산서이다. 2. 대금 중 2,000,000원은 (주)대한식품 발행 당좌수표를 받았으며, 잔액은 다음 달에 받기로 하였다.
수행과제	매입매출자료를 입력하시오. (전자세금계산서의 발급 및 전송업무는 생략하고 '전자입력'으로 입력할 것.)

02.

매출거래

자료 1.

전자세금계산서			(공급자 보관용)		승인번호		
공급자	등록번호	113-81-21111		공급받는자	등록번호	110-81-12312	
	상호	(주)영우베이커리	성명: 김영우		상호	(주)대한식품	성명(대표자): 이한진
	사업장 주소	서울특별시 서대문구 충정로7길 12 (충정로2가)			사업장 주소	서울특별시 서대문구 연희로 50	
	업태	도소매업	종사업장번호		업태	도소매업	종사업장번호
	종목	빵류 및 과자류			종목	식자재외	
	E-Mail	youngwoo@bill36524.com			E-Mail	star@naver.com	

작성일자	2025.2.6.	공급가액	390,000	세액	39,000
비고					

월	일	품목명	규격	수량	단가	공급가액	세액	비고
2	6	마카롱세트		10	39,000	390,000	39,000	

합계금액	현금	수표	어음	외상미수금	이 금액을	○ 영수 / ○ 청구	함
429,000							

자료 2.

```
          신용카드매출전표
-----------------------------------
카드종류: 우리카드
회원번호: 5585-3737-****-5**2
거래일시: 2025.2.6. 14:05:16
거래유형: 신용승인
과세금액: 390,000원
부가세액:  39,000원
합    계: 429,000원
결제방법: 일시불
승인번호: 26765397
은행확인: 우리은행
-----------------------------------
가맹점명: (주)영우베이커리
가맹점번호: 414095907
          - 이 하 생 략 -
```

자료설명	상품을 판매하고 발급한 전자세금계산서이며, 대금은 전액 ㈜건강식품의신용카드로 결제받았다.
수행과제	매입매출자료를 입력하시오. (전자세금계산서의 발급 및 전송업무는 생략하고 '전자입력'으로 입력할 것.)

03.

매출거래

전자세금계산서			(공급자 보관용)			승인번호			
공급자	등록번호	113-81-21111			공급받는자	등록번호	515-81-14586		
	상호	㈜영우베이커리	성명	김영우		상호	㈜바른식품	성명 (대표자)	박새벽
	사업장 주소	서울특별시 서대문구 충정로7길 12 (충정로2가)				사업장 주소	서울특별시 금천구 독산로 324 (독산동)		
	업태	도소매업		종사업장번호		업태	도소매업		종사업장번호
	종목	빵류 및 과자류				종목	식자재외		
	E-Mail	youngwoo@bill36524.com				E-Mail	good@bill36524.com		
작성일자	2025.2.9.	공급가액	-250,000	세 액	-25,000
비고					

월	일	품목명	규격	수량	단가	공급가액	세액	비고
2	9	한과세트		-5	50,000	-250,000	-25,000	

합계금액	현금	수표	어음	외상미수금	이 금액을	○ 영수	함
-275,000				-275,000		○ 청구	

자료설명	[2월 9일] 2월 8일 ㈜바른식품에 외상으로 판매한 상품 중 일부의 파손으로 반품되어 수정전자세금계산서를 발급하였다. 대금은 외상매출금과 상계처리하기로 하였다.
수행과제	매입매출자료를 입력하시오. (전자세금계산서의 발급 및 전송업무는 생략하고 '전자입력'으로 입력할 것.)

04.

매출거래

전자세금계산서			(공급자 보관용)		승인번호		
공급자	등록번호	113-81-21111		공급받는자	등록번호	140-81-15305	
	상호	(주)영우베이커리	성명 김영우		상호	(주)튼튼가구	성명(대표자) 박건우
	사업장주소	서울특별시 서대문구 충정로7길 12 (충정로2가)			사업장주소	서울특별시 서대문구 충정로7길 301 (충정로2가)	
	업태	도소매업	종사업장번호		업태	도소매업	종사업장번호
	종목	빵류 및 과자류			종목	가구	
	E-Mail	youngwoo@bill36524.com			E-Mail	gunwoo@naver.com	
작성일자	2025.2.14.	공급가액	300,000	세액	30,000		

비고							
월	일	품목명	규격	수량	단가	공급가액	세액	비고
2	14	사무용책상				300,000	30,000	

합계금액	현금	수표	어음	외상미수금	이 금액을	● 영수 / ○ 청구	함
330,000	330,000						

자료설명	1. 사무실에서 사용하던 사무용 책상을 (주)튼튼가구에 현금으로 매각하고 발급한 전자세금계산서이다. 2. 매각 직전 사무용 책상의 장부금액은 500,000원(취득가액 1,200,000원, 감가상각누계액 700,000원)이다.
수행과제	매입매출자료를 입력하시오. (단, 전자세금계산서의 발급 및 전송업무는 생략하고 '전자입력'으로 입력할 것.)

05.

매출거래

전자계산서 (공급자 보관용)					승인번호			
공급자	등록번호	113-81-21111			공급받는자	등록번호	107-81-15384	
	상호	(주)영우베이커리	성명	김영우		상호	(주)미소머핀	성명(대표자) 박시유
	사업장주소	서울특별시 서대문구 충정로7길 12 (충정로2가)				사업장주소	서울특별시 서대문구 충정로7길 19-7	
	업태	도소매업	종사업장번호			업태	도소매업	종사업장번호
	종목	빵류 및 과자류				종목	잡화외	
	E-Mail	youngwoo@bill36524.com				E-Mail	all@naver.com	
작성일자	2025.2.16.	공급가액	1,100,000	비 고				

월	일	품목명	규격	수량	단가	공급가액	세액
2	16	상품		100	11,000	1,100,000	

합계금액	현금	수표	어음	외상미수금	이 금액을	○ 영수 / ● 청구	함
1,100,000				1,100,000			

자료설명	면세상품을 판매하고 발급한 전자계산서이다. (단, 본 거래에 한하여 과세사업과 면세사업을 겸영한다고 가정한다.)
수행과제	매입매출자료를 입력하시오.(전자계산서 거래는 '전자입력'으로 입력할 것.)

06.

매출거래

	전자계산서		(공급자 보관용)		승인번호		
공급자	등록번호	113-81-21111		공급받는자	등록번호	110-81-02129	
	상호	(주)영우베이커리	성명	김영우		상호	(주)민서문구	성명	최민서
	사업장주소	서울특별시 서대문구 충정로7길 12 (충정로2가)			사업장주소	서울특별시 서대문구 충정로 5길 7 (충정로3가)	
	업태	도소매업	종사업장번호		업태	도소매업	종사업장번호
	종목	빵류 및 과자류			종목	문구류	
	E-Mail	youngwoo@bill36524.com			E-Mail	minseo@naver.com	

작성일자	2025.2.17.	공급가액	1,000,000	비 고	

월	일	품목명	규격	수량	단가	공급가액	세액
2	17	월간 맛집		50	20,000	1,000,000	

합계금액	현금	수표	어음	외상미수금	이 금액을	○ 영수 ○ 청구	함
1,000,000							

자료설명	면세 상품인 월간 잡지를 판매하고 전자계산서를 발급하였으며, 대금은 전액 국민은행 보통예금 계좌로 입금 받았다. (단, 본 거래에 한하여 과세사업과 면세사업을 겸업한다고 가정함.)
수행과제	매입매출자료를 입력하시오.(전자계산서 거래는 '전자입력'으로 입력할 것.)

07.
매출거래

신용카드매출전표

가 맹 점 명	(주)영우베이커리
사업자번호	113-81-21111
대 표 자 명	김영우
주 소	서울특별시 서대문구 충정로7길 12 (충정로2가)

신용승인

거 래 일 시	2025-2-23 13:08:04
카 드 번 호	3000-1007-****-21**
가맹점번호	03211007
매 입 사	비씨카드사(전자서명전표)
품 명	한과선물세트

공 급 가 액	5,500,000원
부가가치세	550,000원
합 계	6,050,000원

자료설명	개인소비자인 이재민에게 상품(한과선물세트)을 판매하고 발급한 신용카드 매출전표이다.
수행과제	매입매출자료를 입력하시오.

08.
매출거래

```
              카드매출전표
-------------------------------------
카드종류: 우리카드
회원번호: 4124-5352-****-6**2
거래일시: 2025.2.24. 14:05:16
거래유형: 신용승인
매    출:  200,000원
부 가 세:   20,000원
합    계:  220,000원
결제방법: 일시불
가맹점번호: 414095907
은행확인: 우리은행
-------------------------------------
가맹점명: (주)영우베이커리
             - 이 하 생 략 -
```

자료설명	상품(마카롱)을 고잔마트에 판매하고 발급한 신용카드 매출전표이다.
수행과제	매입매출자료를 입력하시오.

09.

매입거래

전자세금계산서 (공급받는자 보관용)

승인번호:

공급자				
등록번호	229-81-17246			
상호	(주)서산유통	성명(대표자)	이정원	
사업장주소	서울특별시 서대문구 충정로7길 31 (충정로2가)			
업태	도소매업	종사업장번호		
종목	거울			
E-Mail	jeongwon@bill36524.com			

공급받는자				
등록번호	113-81-2111			
상호	(주)영우베이커리	성명(대표자)	김영우	
사업장주소	서울특별시 서대문구 충정로7길 12 (충정로2가)			
업태	도소매업	종사업장번호		
종목	빵류 및 과자류			
E-Mail	youngwoo@bill36524.com			

작성일자	공급가액	세액
2025.3.2.	10,500,000	1,050,000

비고:

월	일	품목명	규격	수량	단가	공급가액	세액	비고
3	2	상품		300	35,000	10,500,000	1,050,000	

합계금액	현금	수표	어음	외상미수금	이 금액을	○ 영수 / ● 청구	함
11,550,000				11,550,000			

자료설명	상품을 매입하고 발급받은 전자세금계산서이며, 대금은 월말에 지급하기로 하였다.
수행과제	매입매출자료를 입력하시오. (전자세금계산서 거래는 '전자입력'으로 입력할 것.)

10.

매입거래

전자세금계산서 (공급받는자 보관용)

승인번호:

공급자				공급받는자		
등록번호	220-28-12346			등록번호	113-81-2111	
상호	세무회계이룸	성명(대표자)	이재원	상호	(주)영우베이커리	성명(대표자) 김영우
사업장주소	서울특별시 강남구 언주로 520			사업장주소	서울특별시 서대문구 충정로7길 12 (충정로2가)	
업태	서비스업	종사업장번호		업태	도소매업	종사업장번호
종목	기장대행, 회계자문			종목	빵류 및 과자류	
E-Mail	jaewon@naver.com			E-Mail	youngwoo@bill36524.com	

작성일자	2025.3.3.	공급가액	600,000	세 액	60,000
비고					

월	일	품목명	규격	수량	단가	공급가액	세액	비고
3	3	회계 자문 수수료				600,000	60,000	

합계금액	현금	수표	어음	외상미수금	이 금액을	● 영수 / ○ 청구	함
660,000							

자료설명	1. 회계 자문 수수료를 지급하고 발급 받은 전자세금계산서이다. 2. 자문 수수료는 하나은행 보통예금 계좌에서 이체하여 지급하였다.
수행과제	매입매출자료를 입력하시오. (전자세금계산서 거래는 '전자입력'으로 입력할 것.)

11.

매입거래

		전자세금계산서		(공급받는자 보관용)				승인번호		
공급자	등록번호	211-81-10539				공급받는자	등록번호	113-81-2111		
	상호	(주)코아소프트	성명(대표자)	이인식			상호	(주)영우베이커리	성명(대표자)	김영우
	사업장주소	서울특별시 서대문구 독립문로8길 120					사업장주소	서울특별시 서대문구 충정로7길 12 (충정로2가)		
	업태	서비스업		종사업장번호			업태	도소매업		종사업장번호
	종목	소프트웨어					종목	빵류 및 과자류		
	E-Mail	insik@bill36524.com					E-Mail	youngwoo@bill36524.com		
작성일자		2025.3.7.	공급가액		1,600,000		세 액		160,000	
비고										

월	일	품목명	규격	수량	단가	공급가액	세액	비고
3	7	소프트웨어				1,600,000	160,000	

합계금액	현금	수표	어음	외상미수금	이 금액을	○ 영수	함
1,760,000				1,760,000		● 청구	

자료설명	업무와 관련된 '소프트웨어'를 구입하고 전자세금계산서를 수취하였으며, 대금은 전액 3월 말일에 지급하기로 하였다.
수행과제	매입매출자료를 입력하시오. (단, '고정자산등록'은 생략하고, 전자세금계산서 거래는 '전자입력'으로 입력할 것.)

12.

매입거래

```
                    2025년 2월 청구서
작성일자: 2025.3.10.
납부기한: 2025.3.31.
```

금 액	233,200원
고객명	(주)영우베이커리
이용번호	02-510-5000
명세서번호	25328
이용기간	2월 1일~2월 28일
10월 이용요금	233,200원
공급자등록번호	110-81-92484
공급받는자 등록번호	113-81-21111
공급가액	212,000원
부가가치세(VAT)	21,200원
10원미만 할인요금	0원
입금전용계좌	국민은행 699101-12-555444

이 청구서는 부가가치세법 시행령 53조 제4항에 따라 발행하는 전자세금계산서입니다.

(주)케이티 서대문지점(전화국)장

자료설명	[3월 10일] 2월분 사무실 전화요금 청구서이다. 회사는 청구서 작성일자를 기준으로 회계처리를 하고 있으며, 요금은 납부마감일에 통장에서 자동으로 이체시키고 있다.
수행과제	작성일자의 거래를 매입매출전표에 입력하시오. (전자세금계산서 거래는 '전자입력'으로 입력할 것.)

13.

매입거래

전자계산서 (공급받는자 보관용)					승인번호			
공급자	등록번호	211-96-78907			공급받는자	등록번호	113-81-2111	
	상호	수수학원	성명(대표자)	이수빈		상호	(주)영우베이커리 성명(대표자)	김영우
	사업장주소	서울특별시 강남구 논현로 406 (역삼동, 해은빌딩)				사업장주소	서울특별시 서대문구 충정로7길 12 (충정로2가)	
	업태	교육서비스업	종사업장번호			업태	도소매업	종사업장번호
	종목	회계세무				종목	빵류 및 과자류	
	E-Mail	soo@hanmail.net				E-Mail	youngwoo@bill36524.com	

작성일자	2025.3.13.	공급가액	300,000	비고	

월	일	품목명	규격	수량	단가	공급가액	비고
3	13	세법이론교육		2명	150,000	300,000	

합계금액	현금	수표	어음	외상미수금	이 금액을	○ 영수 ● 청구	함
300,000				300,000			

자료설명	회계팀 직원들의 업무능력 향상을 위하여 세법이론 교육을 수강하고, 전자계산서를 발급받았다.
수행과제	매입매출자료를 입력하시오.(전자계산서 거래는 '전자입력'으로 입력할 것.)

14.

매입거래

전자세금계산서 (공급받는자 보관용)

승인번호

공급자	등록번호	110-81-37123			공급받는자	등록번호	113-81-2111		
	상호	(주)한라렌트	성명(대표자)	이성천		상호	(주)영우베이커리	성명(대표자)	김영우
	사업장주소	서울특별시 강남구 강남대로 238-4 (도곡동)				사업장주소	서울특별시 서대문구 충정로7길 12 (충정로2가)		
	업태	임대업	종사업장번호			업태	도소매업	종사업장번호	
	종목	렌트카				종목	빵류 및 과자류		
	E-Mail	hanra@bill36524.com				E-Mail	youngwoo@bill36524.com		

작성일자	2025.3.20.	공급가액	400,000	세 액	40,000
비고					

월	일	품목명	규격	수량	단가	공급가액	세액	비고
3	20	3월 렌트비				400,000	40,000	

합계금액	현금	수표	어음	외상미수금	이 금액을 ● 영수 ○ 청구 함
440,000	440,000				

자료설명	1. 영업부에서 사용할 업무용 승용차(5인승, 3,500CC)를 장기렌트(2025.3.~2026.2.)하기로 계약을 체결하였다. 2. 3월분 렌트비용을 현금으로 지급하고 발급받은 전자세금계산서이다.
수행과제	매입매출자료를 입력하시오. (전자세금계산서 거래는 '전자입력'으로 입력할 것.)

15.

매입거래

전자세금계산서 (공급받는자 보관용) 승인번호

공급자	등록번호	134-81-17424			공급받는자	등록번호	113-81-2111		
	상호	(주)인웅전자	성명(대표자)	이인웅		상호	(주)영우베이커리	성명(대표자)	김영우
	사업장주소	서울특별시 강남구 양재대로 340				사업장주소	서울특별시 서대문구 충정로7길 12 (충정로2가)		
	업태	도소매업	종사업장번호			업태	도소매업	종사업장번호	
	종목	전자제품				종목	빵류 및 과자류		
	E-Mail	star@naver.com				E-Mail	youngwoo@bill36524.com		

작성일자	2025.3.22.	공급가액	1,400,000	세액	140,000
비고					

월	일	품목명	규격	수량	단가	공급가액	세액	비고
3	22	태블릿		1	1,400,000	1,400,000	140,000	

합계금액	현금	수표	어음	외상미수금	이 금액을	● 영수 / ○ 청구	함
1,540,000	1,540,000						

자료설명	매출거래처에 선물할 태블릿을 구입하고, 대금은 전액 현금으로 지급하였다.
수행과제	매입매출자료를 입력하시오.(전자세금계산서 거래는 '전자입력'으로 입력할 것.)

16.

매입거래

전자세금계산서 (공급받는자 보관용)		승인번호

<table>
<tr><th rowspan="6">공급자</th><th>등록번호</th><th colspan="4">602-86-00004</th><th rowspan="6">공급받는자</th><th>등록번호</th><th colspan="3">113-81-2111</th></tr>
<tr><td>상호</td><td colspan="2">형제스포츠(주)</td><td>성명
(대표자)</td><td>박진형</td><td>상호</td><td>(주)영우베이커리</td><td>성명
(대표자)</td><td>김영우</td></tr>
<tr><td>사업장
주소</td><td colspan="4">부산광역시 연제구 중앙대로1028
(연산동)</td><td>사업장
주소</td><td colspan="3">서울특별시 서대문구 충정로7길 12
(충정로2가)</td></tr>
<tr><td>업태</td><td colspan="2">도소매업</td><td colspan="2">종사업장번호</td><td>업태</td><td>도소매업</td><td colspan="2">종사업장번호</td></tr>
<tr><td>종목</td><td colspan="4">스포츠용품</td><td>종목</td><td colspan="3">빵류 및 과자류</td></tr>
<tr><td>E-Mail</td><td colspan="4">park@naver.com</td><td>E-Mail</td><td colspan="3">youngwoo@bill36524.com</td></tr>
</table>

작성일자	2025.3.23.	공급가액	3,000,000	세 액	300,000
비고					

월	일	품목명	규격	수량	단가	공급가액	세액	비고
3	23	산악자전거		1	3,000,000	3,000,000	300,000	

합계금액	현금	수표	어음	외상미수금	이 금액을	○ 영수	함
3,300,000				3,300,000		● 청구	

자료설명	대표이사(김영우)가 개인 레저용으로 사용할 자전거를 외상으로 구입하였다.
수행과제	매입매출자료를 입력하시오. (전자세금계산서 거래는 '전자입력'으로 입력할 것.)

17.

매입거래

전자세금계산서				(공급받는자 보관용)		승인번호			
공급자	등록번호	114-81-10505			공급받는자	등록번호	113-81-2111		
	상호	(주)법무법인 한결	성명(대표자)	임현님		상호	(주)영우베이커리	성명(대표자)	김영우
	사업장주소	서울특별시 서대문구 독립문로8길 120				사업장주소	서울특별시 서대문구 충정로7길 12 (충정로2가)		
	업태	서비스업	종사업장번호			업태	도소매업	종사업장번호	
	종목	법률자문				종목	빵류 및 과자류		
	E-Mail	ok@bill36524.com				E-Mail	youngwoo@bill36524.com		
작성일자		2025.3.27.	공급가액		1,000,000		세 액		100,000
비고									

월	일	품목명	규격	수량	단가	공급가액	세액	비고
3	27	등기대행수수료				1,000,000	100,000	

합계금액	현금	수표	어음	외상미수금	이 금액을	○ 영수	함
1,100,000				1,100,000		● 청구	

자료설명	상품 보관창고를 건설하기 위해 취득한 토지의 등기대행 수수료에 대한 전자세금계산서를 수취하고 대금은 월말에 지급하기로 하였다.
수행과제	매입매출자료를 입력하시오.(자본적 지출로 처리하고, 전자세금계산서 거래는 '전자입력'으로 입력할 것.)

18.

매입거래

전자세금계산서				(공급받는자 보관용)				승인번호			
공급자	등록번호		134-81-17424			공급받는자	등록번호		113-81-2111		
	상호	(주)인웅전자	성명(대표자)	이인웅			상호	(주)영우베이커리	성명(대표자)	김영우
	사업장주소	서울특별시 강남구 양재대로 340					사업장주소	서울특별시 서대문구 충정로7길 12 (충정로2가)		
	업태	도소매업		종사업장번호			업태	도소매업		종사업장번호
	종목	전자제품					종목	빵류 및 과자류		
	E-Mail	star@naver.com					E-Mail	youngwoo@bill36524.com		
작성일자	2025.3.28.		공급가액	1,400,000		세 액		140,000		

비고									
월	일	품목명	규격	수량	단가	공급가액	세액	비고	
3	28	공기청정기		2	700,000	1,400,000	140,000		

합계금액	현금	수표	어음	외상미수금	이 금액을	● 영수 / ○ 청구	함
1,540,000	1,540,000						

자료설명	어린이 복지재단에 기부할 공기청정기를 구입하고, 대금은 전액 현금으로 지급하였다.
수행과제	매입매출자료를 입력하시오.(전자세금계산서 거래는 '전자입력'으로 입력할 것.)

19.

매입거래

```
―――――――――――――――――――
          신용카드매출전표
―――――――――――――――――――
카드종류: 우리카드
회원번호: 5123-1**4-7777-65**
거래일시: 2025.3.29. 11:11:54
거래유형: 신용승인
매    출: 800,000원
부 가 세:  80,000원
합    계: 880,000원
결제방법: 일시불
승인번호: 32232154
은행확인: 기업은행
―――――――――――――――――――
―――――――――――――――――――
가맹점명: ㈜하나로유통(142-81-17139)
          - 이 하 생 략 -
```

자료설명	본사 매장에서 사용할 제습기를 구입하고 법인신용카드로 결제하였다.
수행과제	매입매출자료를 입력하시오.(단, '자산'으로 처리하고 고정자산입력은 생략할 것.)

20.

매입거래

```
                    카드매출전표
---------------------------------------------
카드종류: 농협카드
회원번호: 8844-2211-****-49**
거래일시: 2025.03.30. 19:42:36
거래유형: 신용승인
매    출: 90,000원
부 가 세:  9,000원
합    계: 99,000원
결제방법: 일시불
승인번호: 45457575
은행확인: 국민은행
---------------------------------------------
---------------------------------------------
가맹점명: (주)다도해호텔
              - 이 하 생 략 -
```

자료설명	영업부 직원이 신규 거래처 방문 후 출장지에서 법인(농협)카드로 숙박비를 결제하고 받은 신용카드매출전표이다.
수행과제	매입매출자료를 입력하시오.

매입매출전표 입력 실전문제 풀이

01.

매출거래

[매입매출전표입력] 2월 2일

거래유형	품명	공급가액	부가세	거래처	전자세금
11.과세	한과선물세트	5,000,000	500,000	00104.(주)대한식품	전자입력
분개유형 3.혼합	(차) 108.외상매출금 3,500,000원 101.현금 2,000,000원			(대) 401.상품매출 5,000,000원 255.부가세예수금 500,000원	

02.

매출거래

[매입매출전표입력] 2월 6일

거래유형	품명	공급가액	부가세	거래처	전자세금
11.과세	마카롱세트	390,000	39,000	00107.(주)건강식품	전자입력
분개유형 4.카드 또는 3.혼합	(차) 108.외상매출금 429,000원 (99700.우리카드)			(대) 401.상품매출 390,000원 255.부가세예수금 39,000원	

03.

매출거래

[매입매출전표입력] 2월 9일

거래유형	품명	공급가액	부가세	거래처	전자세금
11.과세	한과세트	-250,000	-25,000	00105.(주)바른식품	전자입력
분개유형 2.외상	(차) 108.외상매출금 -275,000원			(대) 401.상품매출 -250,000원 255.부가세예수금 -25,000원	

04.

매출거래

[매입매출전표입력] 2월 14일

거래유형	품명	공급가액	부가세	거래처	전자세금
11.과세	사무용책상	300,000	30,000	00118.(주)튼튼가구	전자입력

분개유형
 	
3.혼합
	(차) 213.감가상각누계액 700,000원
	   101.현금 330,000원
	   950.유형자산처분손실 200,000원
				(대) 212.비품
				   255.부가세예수금
					1,200,000원
					30,000원

05.

매출거래

[매입매출전표입력] 2월 16일

거래유형	품명	공급가액	부가세	거래처	전자세금
13.면세	상품	1,100,000원		00133.(주)미소머핀	전자입력
분개유형 2.외상	(차) 108.외상매출금 1,100,000원			(대) 401.상품매출	1,100,000원

06.

매출거래

[매입매출전표입력] 2월 17일

거래유형	품명	공급가액	부가세	거래처	전자세금
13.면세	월간 맛집	1,000,000		00177.(주)민서문구	전자입력
분개유형 3.혼합	(차) 103.보통예금 1,000,000원 (98001.국민은행(보통))			(대) 401.상품매출	1,000,000원

07.

매출거래

[매입매출전표입력] 2월 23일					
거래유형	품명	공급가액	부가세	거래처	전자세금
17.카과	한과선물세트	5,500,000	550,000	07005.이재민	
분개유형	(차) 108.외상매출금　　　6,050,000원			(대) 401.상품매출　　　　5,500,000원	
4.카드 또는 2.외상	(99601.비씨카드)			255.부가세예수금　　550,000원	

08.

매출거래

[매입매출전표입력] 2월 24일					
거래유형	품명	공급가액	부가세	거래처	전자세금
17.카과	마카롱	200,000	20,000	21010.고잔마트	
분개유형	(차) 108.외상매출금　　　220,000원			(대) 401.상품매출　　　　200,000원	
4.카드 또는 2.외상	(99700.우리카드)			255.부가세예수금　　20,000원	

09.

매입거래

[매입매출전표입력] 3월 2일					
거래유형	품명	공급가액	부가세	거래처	전자세금
51.과세	상품	10,500,000	1,050,000	04008.(주)서산유통	전자입력
분개유형	(차) 146.상품　　　　　10,500,000원			(대) 251.외상매입금　　　11,550,000원	
2.외상	135.부가세대급금　1,050,000원				

10.

매입거래

[매입매출전표입력] 3월 3일

거래유형	품명	공급가액	부가세	거래처	전자세금
51.과세	회계 자문 수수료	600,000	60,000	02117.세무회계이룸	전자입력
분개유형 3.혼합	(차) 831.수수료비용　　600,000원 　　　135.부가세대급금　60,000원			(대) 103.보통예금 　　　(98009.하나은행(보통))	660,000원

11.

매입거래

[매입매출전표입력] 3월 7일

거래유형	품명	공급가액	부가세	거래처	전자세금
51.과세	소프트웨어	1,600,000	160,000	33000.(주)코아소프트	전자입력
분개유형 3.혼합	(차) 240.소프트웨어　　1,600,000원 　　　135.부가세대급금　　160,000원			(대) 253.미지급금	1,760,000원

12.

매입거래

[매입매출전표입력] 3월 10일

거래유형	품명	공급가액	부가세	거래처	전자세금
51.과세	2월분 통신비	212,000	21,200	00321.(주)케이티 서대문지점	전자입력
분개유형 3.혼합	(차) 814.통신비　　　　212,000원 　　　135.부가세대급금　21,200원			(대) 253.미지급금	233,200원

13.

매입거래

[매입매출전표입력] 3월 13일

거래유형	품명	공급가액	부가세	거래처	전자세금
53.면세	세법이론교육	300,000		31112.수수학원	전자입력
분개유형 3.혼합	(차) 825.교육훈련비 300,000원			(대) 253.미지급금	300,000원

14.

매입거래

[매입매출전표입력] 3월 20일

거래유형	품명	공급가액	부가세	거래처	전자세금
54.불공	11월 렌트비	400,000	40,000	01321.(주)한라렌트	전자입력
불공제사유	3. 비영업용 소형승용차 구입 및 유지				
분개유형 1.현금 또는 3.혼합	(차) 819.임차료 440,000원			(대) 101.현금	440,000원

15.

매입거래

[매입매출전표입력] 3월 22일

거래유형	품명	공급가액	부가세	거래처	전자세금
54.불공	태블릿	1,400,000	140,000	05002.(주)인웅전자	전자입력
불공제사유	9. 기업업무추진비 관련 매입세액				
분개유형 1.현금	(차) 813.기업업무추진비 1,540,000원			(대) 101.현금	1,540,000원

16.

매입거래

[매입매출전표입력] 3월 23일

거래유형	품명	공급가액	부가세	거래처	전자세금
54.불공	산악자전거	3,000,000	300,000	02323.형제스포츠(주)	전자입력
불공제사유	2. 사업과 관련 없는 지출				
분개유형 3.혼합	(차) 134.가지급금 (01234.김영우))	3,300,000원	(대) 253.미지급금		3,300,000원

17.

매입거래

[매입매출전표입력] 3월 27일

거래유형	품명	공급가액	부가세	거래처	전자세금
54.불공	등기대행수수료	1,000,000	100,000	33100.(주)법무법인 한결	전자입력
불공제 사유	0.토지의 자본적 지출관련				
분개유형 3.혼합	(차) 201.토지	1,100,000원	(대) 253.미지급금		1,100,000원

18.

매입거래

[매입매출전표입력] 3월 28일

거래유형	품명	공급가액	부가세	거래처	전자세금
54.불공	공기청정기	1,400,000	140,000	05002.(주)인웅전자	전자입력
불공제사유	2. 사업과 관련 없는 지출				
분개유형 1.현금	(차) 933.기부금	1,540,000원	(대) 101.현금		1,540,000원

19.

매입거래

[매입매출전표입력] 3월 29일

거래유형	품명	공급가액	부가세	거래처	전자세금
57.카과	제습기	800,000	80,000	02111.(주)하나로유통	
분개유형 3.혼합 또는 4.카드	(차) 212.비품　　　　800,000원　　135.부가세대급금　80,000원			(대) 253.미지급금　　　　(99602.우리카드)	880,000원

20.

매입거래

[매입매출전표입력] 3월 30일

거래유형	품명	공급가액	부가세	거래처	전자세금
57.카과	숙박비	90,000원	9,000원	30011.(주)다도해호텔	
분개유형 3.혼합 또는 4.카드	(차) 812.여비교통비　　90,000원　　135.부가세대급금　　9,000원			(대) 253.미지급금　　　　(99605.농협카드)	99,000원

부가가치세신고서 실전문제

(주)영우베이커리(2200)의 부가가치세 신고 관련 거래를 조회하여 수행과제를 수행하시오.
☞ 홈페이지 자료실에서 '2025 FAT1grade DB'를 다운받아 설치한 후 풀이할 것.
- 본 문제에 한하여 모든 증빙자료는 적법하다고 판단하며, 원가회계를 전혀 고려하지 않는다.

01.
부가가치세신고서에 의한 회계처리

자료설명	제1기 예정 부가가치세 과세기간의 부가가치세 관련 거래자료는 입력되어 있다.
수행과제	제1기 예정 부가가치세신고서를 참고하여 3월 31일 부가가치세 납부세액(환급세액)에 대한 회계처리를 하시오.(단, 납부할 세액은 '미지급금세', 환급받을 세액은 '미수금'으로 회계처리하고 거래처코드를 입력할 것.)

02.
부가가치세신고서에 의한 회계처리

■ 보통예금(신한은행) 거래내역

번호	거래일	내용	찾으신금액	맡기신금액	잔액	거래점
		계좌번호 542314-11-00027 (주)영우베이커리				
1	2025-04-25	부가가치세 납부	2,766,800		***	***

자료설명	제1기 예정 부가가치세를 신한은행 보통예금에서 이체하여 납부하였다.
수행과제	3월 31일에 입력된 일반전표를 참고하여 납부세액에 대한 회계처리를 하시오. (단, 거래처 코드를 입력할 것.)

03.

부가가치세신고서에 의한 회계처리

수행과제	제1기 확정신고기간의 부가가치세신고서를 조회하여, 6월 30일 부가가치세 납부세액 또는 환급세액에 대한 회계처리를 하시오.(단, 부가가치세신고서에 전자신고세액공제 10,000원은 반영되어 있으며, 납부할 세액은 '미지급세금', 환급받을 세액은 '미수금'으로 회계처리 하고, 거래처 입력은 생략할 것.)

04.

부가가치세신고서에 의한 회계처리

■ 보통예금(우리은행) 거래내역

번호	거래일	내용	찾으신금액	맡기신금액	잔액	거래점
		계좌번호 096-24-0094-123　　(주)영우베이커리				
1	2025-08-14	부가세납부		158,300	***	***

자료설명	제1기 확정 부가가치세 환급액이 국세환급금계좌인 우리은행 보통예금에 입금되었다.
수행과제	6월 30일에 입력된 일반전표를 참고하여 환급세액에 대한 회계처리를 하시오.(단, 거래처 코드를 입력할 것.)

05.

부가가치세신고서 등 조회

수행과제	부가가치세신고서 등을 조회하여 평가문제에 답하시오.

번호	평가문제
1	평가문제 [부가가치세신고서 조회] 제1기 예정신고기간 부가가치세신고서의 '과세_세금계산서발급분(1란)'의 공급가액(금액)은 얼마인가?　　　　　　　　　　　　　　　　　　　　　　　　　　　　　　(　　　　　)원
2	평가문제 [부가가치세신고서 조회] 제1기 예정신고기간 부가가치세신고서의 '과세_신용카드.현금영수증(3란)'의 세액은 얼마인가? (　　　　　)원
3	평가문제 [부가가치세신고서 조회] 제1기 예정신고기간 부가가치세신고서의 '세금계산서수취분_일반매입(10란)'의 세액은 얼마인가? (　　　　　)원
4	평가문제 [부가가치세신고서 조회] 제1기 예정신고기간 부가가치세신고서의 '세금계산서수취분_고정자산매입(11란)'의 금액은 얼마인가? (　　　　　)원
5	평가문제 [부가가치세신고서 조회] 제1기 예정신고기간 부가가치세신고서의 '그밖의공제매입세액명세(14란)_신용카드매출전표수취/고정(42번란)' 금액(공급가액)은 얼마인가? (　　　　　)원
6	평가문제 [부가가치세신고서 조회] 제1기 예정신고기간 부가가치세신고서의 '공제받지못할매입세액(16란)_세액은 얼마인가? (　　　　　)원
7	평가문제 [부가가치세신고서 조회] 제2기 예정신고기간 부가가치세신고서의 '차가감납부할세액 또는 환급받을세액(27란)'은 얼마인가? (　　　　　)원
8	평가문제 [세금계산서합계표 조회] 제1기 예정신고기간의 '전자매출세금계산서' 중 ㈜바른식품의 세액은 얼마인가? (　　　　　)원
9	평가문제 [세금계산서합계표 조회] 제1기 예정신고기간의 '전자매입세금계산서' 매수는 몇 매인가?　　　　(　　　　　)매
10	평가문제 [계산서합계표 조회] 제1기 예정신고기간 '전자매입계산서'의 공급가액은 얼마인가?　　　(　　　　　)원

부가가치세신고서 실전문제 풀이

01.

부가가치세신고서에 의한 회계처리

[일반전표입력] 3월 31일
(차) 255.부가세예수금   37,352,000원   (대) 135.부가세대급금   34,585,200원
                                              261.미지급세금   2,766,800원
                                              (03100.서대문세무서)

02.

부가가치세신고서에 의한 회계처리

[일반전표입력] 4월 25일
(차) 261.미지급세금   2,766,800원   (대) 103.보통예금   2,766,800원
    (03100.서대문세무서)   (98005.신한은행(보통))
* [일반전표입력] 조회 3월 31일
 (차) 255.부가세예수금   37,352,000원   (대) 135.부가세대급금   34,585,200원
                                              261.미지급세금   2,766,800원
                                              (03100.서대문세무서)

03.

부가가치세신고서에 의한 회계처리

[일반전표입력] 6월 30일
(차) 255.부가세예수금   5,510,000원   (대) 135.부가세대급금   5,658,300원
    120.미수금   158,300원   930.잡이익   10,000원
    (03100.서대문세무서)

04.

부가가치세신고서에 의한 회계처리

[일반전표입력] 8월 14일
(차) 103.보통예금   158,300원   (대) 120.미수금   158,300원
    (98002.우리은행(보통))   (03100.서대문세무서)
* [일반전표입력] 조회 6월 30일
 (차) 255.부가세예수금   5,510,000원   (대) 135.부가세대급금   5,658,300원
     120.미수금   158,300원   930.잡이익   10,000원
     (03100.서대문세무서)

05.

부가가치세신고서 등 조회

번호	평가문제
1	**평가문제 [부가가치세신고서 조회]** 제1기 예정신고기간 부가가치세신고서의 '과세_세금계산서발급분(1란)'의 공급가액(금액)은 얼마인가? (363,520,000)원
2	**평가문제 [부가가치세신고서 조회]** 제1기 예정신고기간 부가가치세신고서의 '과세_신용카드.현금영수증(3란)'의 세액은 얼마인가? (1,000,000)원
3	**평가문제 [부가가치세신고서 조회]** 제1기 예정신고기간 부가가치세신고서의 '세금계산서수취분_일반매입(10란)'의 세액은 얼마인가? (4,826,200)원
4	**평가문제 [부가가치세신고서 조회]** 제1기 예정신고기간 부가가치세신고서의 '세금계산서수취분_고정자산매입(11란)'의 금액은 얼마인가? (301,600,000)원
5	**평가문제 [부가가치세신고서 조회]** 제1기 예정신고기간 부가가치세신고서의 '그밖의공제매입세액명세(14란)_신용카드매출전표수취/일반(41번란)' 금액(공급가액)은 얼마인가? (1,290,000)원
6	**평가문제 [부가가치세신고서 조회]** 제1기 예정신고기간 부가가치세신고서의 '공제받지못할매입세액(16란)'_세액은 얼마인가? (680,000)원
7	**평가문제 [부가가치세신고서 조회]** 제1기 예정신고기간 부가가치세신고서의 '차가감납부할세액 또는 환급받을세액(27란)'은 얼마인가? (2,766,800)원
8	**평가문제 [세금계산서합계표 조회]** 제1기 예정신고기간의 '전자매출세금계산서' 중 ㈜바른식품의 세액은 얼마인가? (12,225,000)원
9	**평가문제 [세금계산서합계표 조회]** 제1기 예정신고기간의 '전자매입세금계산서' 매수는 몇 매인가? (20)매
10	**평가문제 [계산서합계표 조회]** 제1기 예정신고기간 '전자매입계산서'의 공급가액은 얼마인가? (300,000)원

제4절 _ 결산

| 회계순환과정 | 거래의 인식(식별) → 분개(분개장) → 총계정원장 → 결산정리(수정)전 시산표 → 결산수정(수정)분개 → 결산정리(수정)후 시산표 → 재무제표작성(장부마감) |

본 절에서는 회계순환과정의 마지막 단계인 결산수정분개를 통해 정산표가 작성이 되고 재무제표에 자동으로 반영되는 과정을 학습하게 된다. 결산 순서를 정확히 기억해 두는 것이 무엇보다 중요하며 결산이 어떻게 이루어지는지 반드시 이해를 해야 한다.

결산작업은 매기마다 반복되는 사항을 금액 입력만으로 자동 반영 시켜주는 자동결산과 일반전표입력을 통해서 반영되는 수동결산으로 구분된다.

자동결산을 학습하면서 전산화된 회계 프로그램의 장점을 스스로 터득하게 될 것이며, 회계원리에서 학습한 결산과의 차이점 등을 이해할 수 있는 좋은 계기가 될 것이다.

결산을 하기 위한 사전 예비 작업으로 '매출채권' 잔액이나 '선납세금'잔액 등을 조회할 경우에는 [전표입력/장부]의 [합계잔액시산표]에서 미리 조회를 해 두면 편리하다.

결산은 다음의 [결산/재무제표 Ⅰ]의 [결산자료입력]과 [전표입력/장부]의 [일반전표입력]에서 행하게 된다.

전표입력/장부	고정자산등록	결산/재무제표 Ⅰ
일반전표입력	고정자산등록	결산자료입력
매입매출전표입력	고정자산관리대장	합계잔액시산표
일/월계표	미상각분감가상각계산	재무상태표
합계잔액시산표	양도자산감가상각계산	손익계산서
적요별원장	원가경비별감가상각명세서	제조원가명세서
계정별원장	월별감가상각비계상	이익잉여금처분계산서
거래처원장		결산부속명세서
전표출력		영수증수취명세서
분개장		
총계정원장		
현금출납장		
매입매출장		
세금계산서(계산서)수수현황		

1. 고정자산등록 및 감가상각비계상

토지를 제외한 유·무형 고정자산에 대한 감가상각을 하는 곳으로 '고정자산계정과목'에서 해당 자산을 선택한 후 [주요등록사항]에 자료를 입력하면 감가상각 계산이 자동으로 이루어진다. 감가상각비를 자동으로 결산에 반영할 경우 [원가경비별감가상각명세서] 및 [월별감가상각비계상]을 반드시 실행해야 하며, 신규취득 및 당기 자본적 지출이 이루어진 경우에는 '4. 신규취득및증가' 란에 금액을 입력해야 한다.

[추가등록사항]에서 해당 자산에 대한 관리현황 등을 입력하여 관리할 수 있으며, [자산변동사항]에서 부분매각 및 감소액이나 부분폐기 등에 대한 정보를 입력하여 관리할 수 있다.

2. 결산 순서(프로세스)와 방법

순서		결산 내용	작업 메뉴	비 고
1	수동 분개	가. 선급비용, 미수수익(자산) 　　미지급비용, 선수수익(부채)의 계상	일반전표 입력 (12/31)	합계잔액 시산표 조회후 입력
		나. 소모품 등 미사용액의 정리		
		다. 현금과부족 정리		
		라. 가지급금, 가수금 정리		
		마. 유가증권 평가		
		바. 외화자산, 부채의 평가		
		사. 선납세금 정리		
		아. 부가가치세대급금, 예수금의 정리		
2	자동 분개	가. 매출원가 계상 → 기말재고액 입력 　* 451. 상품매출원가는 생략 가능	결산자료 입력	'전표추가'키로 전표추가
		나. 퇴직급여충당부채 전입액		
		다. 대손충당금 설정액 　→ 외상매출금, 받을어음에 대한 금액만 입력 　* 매출채권이외의 채권은 일반전표에 입력		
		라. 감가상각비 계상 　* 고정자산입력에서 계상한 금액 입력		
		마. 무형자산상각비 계상		
		바. 당기법인세부채 계상 　→ '선납세금'금액 제외		
3	마감	가. [손익계산서]에서 매출원가 반영되면 　　당기순이익이 결정됨	손익계산서	
		나. [이익잉여금처분계산서]에 처분확정일 등 입력 후 　　미처분이익잉여금 결정	이익잉여금 처분계산서	'전표추가'키로 전표추가
		나. [재무상태표]의 이월이익잉여금 결정	재무상태표	

만약 고정자산에 대한 감가상각이 필요한 경우 자동결산에 앞서 해당 자산에 대한 내용을 [고정자산입력] 메뉴에서 자동으로 계상하여 결산에 반영할 수 있다.

[고정자산등록]에 자산을 등록하여 필요한 정보를 입력하면 감가상각비가 자동으로 산출되므로 감가상각이 용이하며, [미상각분감가상각계산], [양도자산감가상각계산], [원가경비별감가상각명세서], [월별감가상각비계상]이 자동으로 작성된다.

결산 실전문제

> 다음 주어진 자료를 통하여 '(주)강우제과(3000)'의 2025년 결산을 수행하고, 평가문제에 답하시오.
> ☞ 홈페이지 자료실에서 '2025 FAT1grade DB'를 다운받아 설치한 후 풀이할 것.

01.
손익의 예상과 이연(수동결산)

1-1.

자료설명	단기대여금에 대한 당기분 이자 미수액 50,000원을 계상하다.
수행과제	결산정리분개를 입력하시오.

1-2.

자료설명	장기차입금에 대한 당기분 이자 600,000원을 계상하다.
수행과제	결산정리분개를 입력하시오.

1-3.

자료설명	지난 10월 1일 지급한 화재보험료 1,200,000원 중 기간미경과분을 계상하다.
수행과제	10월 1일 거래를 참고하여 결산정리분개를 입력하시오.(단, 월할계산할 것.)

1-4.

자료설명	지난 9월 1일 수취한 1년분 임대료 3,600,000원에 대한 선수분을 계상하다.
수행과제	9월 1일 거래를 참고하여 결산정리분개를 입력하시오.(단, 월할계산할 것.)

02.
기타 결산정리사항(수동결산)

2-1.

자료설명	당사는 소모품 구입 당시 '소모품비'로 비용 처리하고 결산시 미사용액을 자산으로 처리하고 있다. 기말 재고조사 결과 소모품 미사용액은 220,000원으로 판명되었다.
수행과제	결산정리분개를 입력하시오.

2-2.

자료설명	결산일 현재 대표이사의 '가지급금' 전액이 당사 하나은행 보통예금 계좌로 입금되었음을 확인하였다.
수행과제	가지급금 계정을 조회하여 결산정리분개를 입력하시오.

2-3.

자료설명	기말 단기매매증권의 내역은 다음과 같다. | 회사명	보유 주식수	장부가액	기말평가금액
(주)한미	1,000주	14,500,000원	13,000,000원
(주)대박	500주	5,500,000원	12,000,000원
합 계	1,500주	20,000,000원	25,000,000원	
---	---
수행과제	결산정리분개를 입력하시오.

2-4.

자료설명	수협은행 장기차입금 10,000,000원의 상환예정일이 도래함에 따라 유동성채무로 대체하다.
수행과제	결산정리분개를 입력하시오.

03.
결산자료입력에 의한 자동결산

3-1.

자료설명	매출채권(외상매출금, 받을어음)과 단기대여금 잔액에 대해 1%를 대손충당금으로 설정하다. 단, 보충법에 의한다.

3-2.

자료설명	다음 자산을 [고정자산등록] 메뉴에 입력하고 당기 감가상각비를 결산에 반영하시오.			
	계정과목	건물	차량운반구	비품
	코드번호	1500	2500	3500
	자산명	본사 건물	화물 트럭	에어컨
	취득일자	2024.1.1.	2025.7.17.	2025.7.20.
	취득원가	100,000,000원	13,000,000원	2,200,000원
	전기말감가상각누계액	10,000,000원	-	-
	상각방법	정액법	정액법	정률법
	내용연수	10년	5년	3년
	경비구분	800번대	800번대	800번대

3-3.

자료설명	실지재고조사법에 의한 기말 상품 재고 내역은 다음과 같다.				
	기말 상품 재고액	품명	수량	단가	금액
		선물세트 A	1,000개	@20,000	20,000,000원
		한과세트	300개	@35,000	10,500,000원
		합계	1,300개		30,500,000원

3-4. 이익잉여금처분계산서 처분 확정(예정)일

자료설명	* 당기분: 2026년 2월 27일 * 전기분: 2025년 2월 27일
수행과제	1. 수동결산 또는 자동결산 메뉴를 이용하여 결산을 완료하시오. 2. 12월 31일을 기준으로 '손익계산서 → 이익잉여금처분계산서 → 재무상태표'를 순서대로 조회 작성하시오.(단, 이익잉여금처분계산서 조회 작성 시 '저장된 데이터 불러오기' → '아니오' 선택 → '전표추가'를 이용하여 '손익대체분개'를 수행할 것.)

결산 실전문제 풀이

01.
손익의 예상과 이연(수동결산)

1-1 미수수익 계상: [일반전표입력] 12월 31일

수동분개 일반전표입력	31 00002 차변 116 미수수익 　 단기대여금 미수이자 계상 50,000
	31 00002 대변 901 이자수익 　 단기대여금 미수이자 계상 50,000
수행과제	이자를 직접 계산할 경우에는 '합계잔액시산표'에서 '단기대여금'을 더블클릭한 후에 적요를 확인하여 당기분 이자를 계상한다.

1-2 미지급비용 계상: [일반전표입력] 12월 31일

수동분개 일반전표입력	31 00003 차변 931 이자비용 　 장기차입금 미지급이자 계상 600,000
	31 00003 대변 262 미지급비용 　 장기차입금 미지급이자 계상 600,000
수행과제	이자를 직접 계산할 경우에는 '합계잔액시산표'에서 '장기차입금'을 더블클릭한 후에 적요를 확인하여 당기분 이자를 계상한다.

1-3 선급비용 계상: [일반전표입력] 12월 31일

수동분개 일반전표입력	31 00004 차변 133 선급비용 　 01 미경과 보험료 계상 900,000
	31 00004 대변 821 보험료 　 03 보험료의 선급비용대체 900,000
수행과제	1) 차기분 보험료 9개월분에 대하여 '선급비용'으로 인식한다. 　　(선급비용 = 1,200,000원 * 9 / 12 = 900,000원)

1-4 선수수익 계상: [일반전표입력] 12월 31일

수동분개 일반전표입력	31 00004 차변 929 임대료수익 　 2,400,000
	31 00004 대변 263 선수수익 　 2,400,000
수행과제	1) 차기분 임대료 8개월분에 대하여 '선수수익'으로 인식한다. 　　(선수수익 = 3,600,000원 * 8 / 12 = 2,400,000원)

02.
기타 결산정리사항(수동결산)

2-1 소모품 계상: [일반전표입력] 12월 31일

수동분개	31 00006 차변 122 소모품　　　　　　　　소모품 기말 재고액　　　220,000 31 00006 대변 830 소모품비　　　　　　　소모품 기말 재고액　　　　　　　　220,000
수행과제	<table><tr><th colspan="2">차　　변</th><th rowspan="2">계 정 과 목</th><th colspan="2">대　　변</th></tr><tr><th>잔　액</th><th>합　계</th><th>합　계</th><th>잔　액</th></tr><tr><td>6,541,100</td><td>6,541,100</td><td>차 량 유 지 비</td><td></td><td></td></tr><tr><td>661,000</td><td>661,000</td><td>운　반　비</td><td></td><td></td></tr><tr><td>300,000</td><td>300,000</td><td>교 육 훈 련 비</td><td></td><td></td></tr><tr><td>360,000</td><td>360,000</td><td>도 서 인 쇄 비</td><td></td><td></td></tr><tr><td>4,000,000</td><td>4,000,000</td><td>소　모　품</td><td></td><td></td></tr></table> 1) 구입당시 소모품으로 회계처리한 경우에는 '합계잔액시산표'에서 '소모품'을 더블클릭한 후에 금액을 확인하여 차액을 소모품비로 계상한다. 2) 구입당시 비용으로 회계처리했기 때문에 합계잔액시산표를 조회할 필요 없이 미사용액을 자산으로 계상한다.

2-2 가지급금 정리: [일반전표입력] 12월 31일

수동분개	☐ 31 00006 차변 103 보통예금　98001 하나은행(보통)　　　　　3,300,000 ☐ 31 00006 대변 134 가지급금　01234 김강우　　　　　　　　　　　　　3,300,000
수행과제	<table><tr><th colspan="2">차　　변</th><th rowspan="2">계 정 과 목</th><th colspan="2">대　　변</th></tr><tr><th>잔　액</th><th>합　계</th><th>합　계</th><th>잔　액</th></tr><tr><td>3,300,000</td><td>3,800,000</td><td>가 지 급 금</td><td>500,000</td><td></td></tr></table> 1) '합계잔액시산표'에서 '가지급금' 금액을 확인한다. 2) 대표이사 가지급금을 회수했으므로 적절한 회계처리를 한다.

2-3 단기매매증권 평가: [일반전표입력] 12월 31일

수동분개	☐ 31 00007 차변 107 단기매매증권　　　　　　　　　　　　5,000,000 ☐ 31 00007 대변 905 단기매매증권평가이익　　　　　　　　　　　　　5,000,000
수행과제	<table><tr><th colspan="2">차　　변</th><th rowspan="2">계 정 과 목</th><th colspan="2">대　　변</th></tr><tr><th>잔　액</th><th>합　계</th><th>합　계</th><th>잔　액</th></tr><tr><td>32,330,000</td><td>37,830,000</td><td>단 기 매 매 증 권</td><td>5,500,000</td><td></td></tr></table> 1) '합계잔액시산표'에서 '단기매매증권' 금액을 확인한다. 2) 장부가액과 기말 공정가액의 차이를 '단기매매증권평가손익'으로 인식하며, 보유종목별로 평가하지 않고 금액을 종합하여 평가한다. 　(단기매매증권평가이익 = 장부가액 20,000,000원 - 기말평가금액 25,000,000원 = 5,000,000원 3) 이미 설정되어 있는 계정과목에 '단기매매증권평가손익'이 없는 경우에는 '단기투자자산평가손익'으로 회계처리한다.

2-4 유동성장기부채 대체: [일반전표입력] 12월 31일

수동분개 일반전표입력	31 00008 차변 293 장기차입금 98600 수협은행(차입금) 10,000,000 31 00008 대변 264 유동성장기부채 98600 수협은행(차입금) 10,000,000
수행과제	차입당시 장기차입금으로 회계처리했던 비유동부채의 상환일이 결산일 현재 유동부채로 전환되는 경우 '유동성장기부채'로 대체한다.

03.
결산자료입력에 의한 자동결산
입력'결산자료입력'에 입력 후 '전표추가'
⇒ 결산자료입력 시작화면
[결산자료입력] 시작화면에서 '결산일자(01월~12월)'을 입력하고, '매출원가 및 경비선택'을 하는데 '451.상품매출원가'는 직접 입력하지 않고 '선택(Tab)'키로 자동 반영한다.

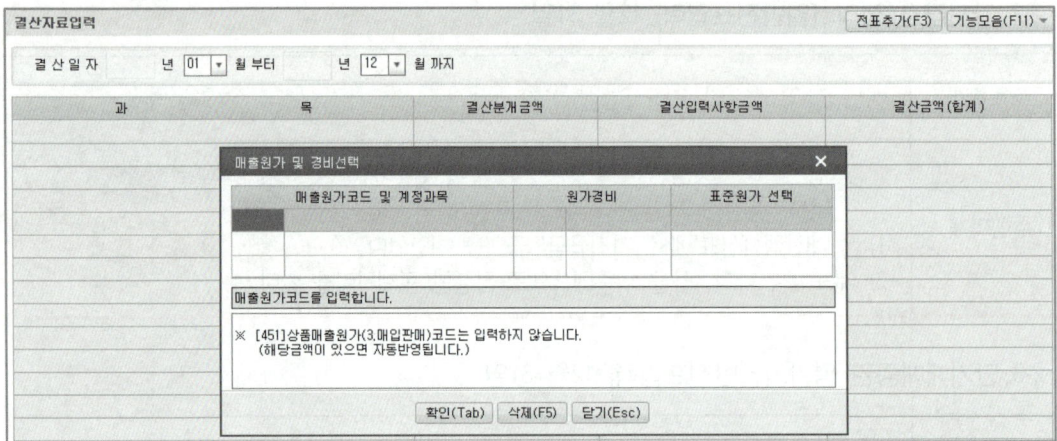

3-1 대손설정 → 합계잔액시산표 조회후 [결산자료입력]에 금액 입력

자동분개 (합계잔액 시산표조회 ↓ 대손설정액 계상)	1) 외상매출금 대손설정 외상매출금은 대손충당금잔액이 있기 때문에 대손충당금 잔액을 제외한 금액만 추가 설정해야 함 → 외상매출금 잔액에 커서 놓고 마우스 오른쪽 눌러서 '계산기' 기능 사용 (외상매출금)대손충당금 = 746,669,000원 * 1% - 5,800,000원 = 1,666,690원 2) 받을어음 대손설정 　(받을어음)대손충당금 = 128,700,000원 * 1% - 600,000원 = 687,000원 3) 단기대여금 대손설정 　(단기대여금)대손충당금 = 35,000,000원 * 1% = 350,000원
결산자료 입력	

TIP
매출채권의 대손충당금 설정액은 판매비와 관리비인 '대손상각비'로 자동 반영되고, 기타수취채권의 대손충당금 설정액은 영업외비용인 '기타의대손상각비'로 자동 반영 됨.

3-2 감가상각비 계상

자동분개
(고정자산
등록 →
주어진
자료입력)

1. 건물: 당기상각비 10,000,000원 계상

2. 차량운반구: 당기 상각비 1,300,000원 계상

3. 비품: 당기 상각비 695,200원 계상

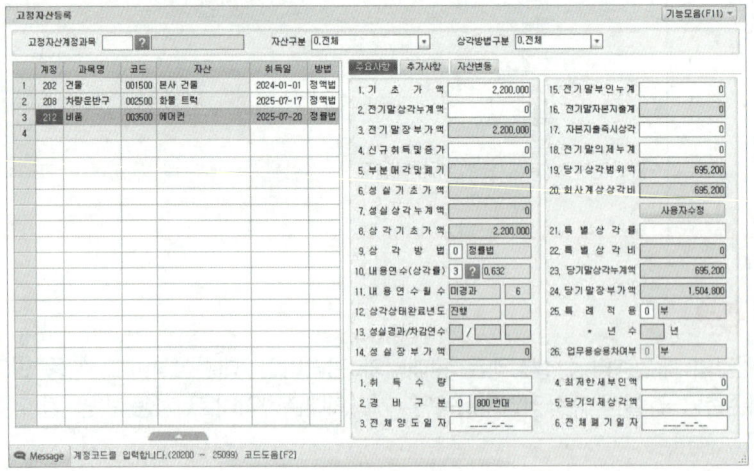

자동분개 (월별감가 상각비계상 ➡ 전체고정자 산 조회)	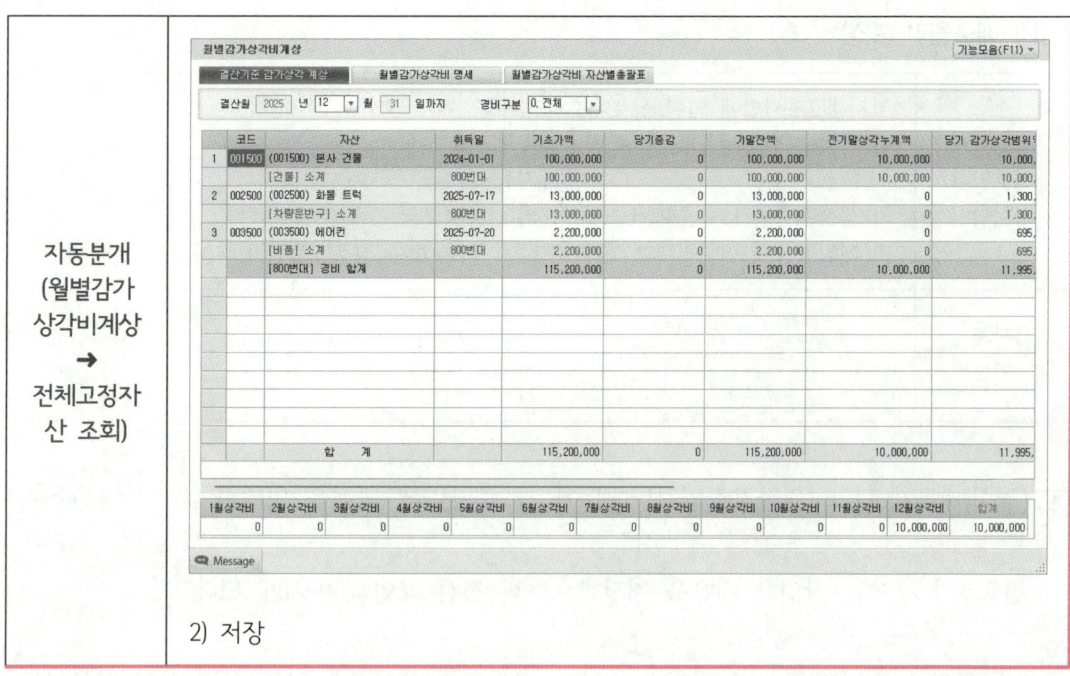 2) 저장	
결산자료 입력	1) 기능모음 ➡ 감가상각반영 클릭 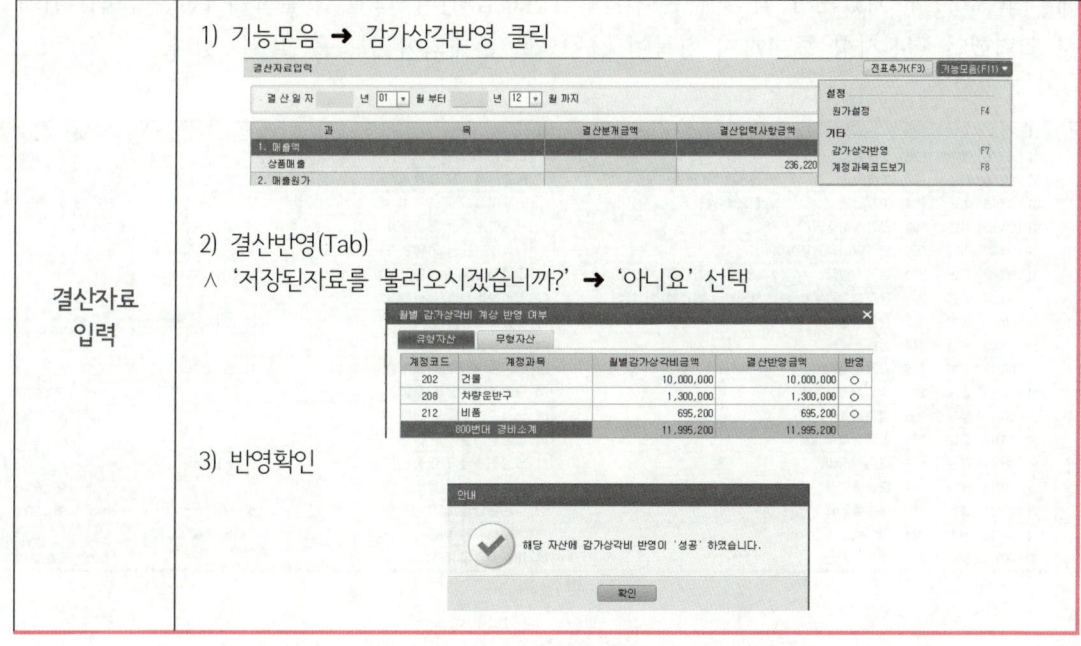 2) 결산반영(Tab) ∧ '저장된자료를 불러오시겠습니까?' ➡ '아니요' 선택 3) 반영확인	

3-3 매출원가 계상

자동분개 매출원가 계상	실지재고조사법에 의한 상품매출원가계상 1) 기말현재 '상품'재고액 = 기초상품재고액 + 당기순매입액 　　　　　　　　　　= 판매가능액 2) 상품매출원가 = 판매가능액 - 기말상품재고액 3) 기말상품재고액 입력후 '전표추가(F3)'를 통하여 '상품매출원가' 자동으로 계상됨.
결산자료 입력	2. 매출원가　　　　　　　　　　　　　　　　　　　　　228,320,000 　상품매출원가　　　　　　　　　　　　228,320,000　228,320,000 　(1). 기초 상품 재고액　　　　　　　　25,000,000 　(2). 당기 상품 매입액　　　　　　　233,820,000 　(10).기말 상품 재고액　　　　　　　　30,500,000

■ [결산/재무제표]의 [결산자료입력] 메뉴에 각 해당란에 금액을 입력한 후 '전표추가(F3)'를 **통하여 자동으로 분개를 생성**한다.
전표추가 후에는 작업한 내용을 저장함으로써 결산 작업을 마치게 된다.

　다음 화면은 일반전표에 자동으로 분개가 생성된 내용이다. 작업표시줄 상단에 '결산분개'라고 표시가 되었는지 확인해 본다. [일반전표입력]의 12월 31일자에 [결산자료입력]에서 입력했던 결산사항 중 4가지 항목이 자동으로 분개되어 있음을 알 수 있다.

□	일	번호	구분	코드	계정과목	코드	거래처	적요	차변	대변
□	31	00005	대변	830	소모품비			소모품 미사용액		220,000
□	31	00006	차변	103	보통예금	98009	하나은행(보통)	대표이사 가지급금 입금	3,300,000	
□	31	00006	대변	134	가지급금	01234	김강우	대표이사 가지급금 입금		3,300,000
□	31	00007	차변	107	단기매매증권			단기매매증권 기말평가	5,000,000	
□	31	00007	대변	905	단기매매증권평가이익			단기매매증권 기말평가		5,000,000
□	31	00008	차변	293	장기차입금	98600	수협은행(차입금)	01 장기차입금의 유동성대체	10,000,000	
□	31	00008	대변	264	유동성장기부채	98600	수협은행(차입금)	04 장기차입금의 유동성대체		10,000,000
□	31	00009	결차	451	상품매출원가			01 상품매출원가 대체	228,320,000	
□	31	00009	결대	146	상품			04 상품매출원가 대체		228,320,000
□	31	00010	결차	818	감가상각비			01 당기말 감가상각비계상	11,995,200	
□	31	00010	결대	203	감가상각누계액			04 당기감가충당금 설정		10,000,000
□	31	00010	결대	209	감가상각누계액			04 당기감가충당금 설정		1,300,000
□	31	00010	결대	213	감가상각누계액			04 당기감가충당금 설정		695,200
□	31	00011	결차	835	대손상각비			01 외상매출금의 대손	2,353,690	
□	31	00011	결대	109	대손충당금			04 대손충당금 설정		1,666,690
□	31	00011	결대	111	대손충당금			04 대손충당금 설정		687,000
□	31	00012	결차	934	기타의대손상각비			기타채권의 대손	350,000	
□	31	00012	결대	115	대손충당금			04 대손충당금 설정		350,000

3-4. 이익잉여금처분계산서 처분 확정(예정)일

(1) 손익계산서 마감
- 12월을 입력한 후 저장하면 자동으로 마감된다.

광　고　선　전　비	5,477,060		0	
대　손　상　각　비	2,353,690		0	
잡　　　　　　　비	241,000		0	
Ⅴ. 영　업　이　익		371,323,520		96,690,000
Ⅵ. 영　업　외　수　익		12,735,860		3,400,000
이　자　수　익	6,035,860		3,400,000	
단 기 매 매 증권평가이익	5,000,000		0	
단 기 매 매 증권처분이익	500,000		0	
임　대　료　수　익	1,200,000		0	
Ⅶ. 영　업　외　비　용		25,619,000		4,700,000
이　자　비　용	10,339,000		4,700,000	
기　　부　　금	1,540,000		0	
기 타 의 대 손 상 각 비	13,350,000		0	
매 출 채 권 처 분 손 실	80,000		0	
수　수　료　비　용	110,000		0	
유 형 자 산 처 분 손 실	200,000		0	
Ⅷ. 법 인 세 차 감 전 이 익		358,440,380		95,390,000
Ⅸ. 법　　인　　세　　등		0		2,600,000
법　　인　　세　　등	0		2,600,000	
Ⅹ. 당　기　순　이　익		358,440,380		92,790,000

(2) 이익잉여금처분계산서 작성
- [이익잉여금처분계산서]에 당기 처분 예정일과 전기 처분 확정일을 입력한 후 ' 전표추가(F3) '를 통하여 자동으로 분개를 생성한다.

* 당기분: 2026년 2월 27일　　　* 전기분: 2025년 2월 27일 입력

Ⅰ. 미처분이익잉여금				478,490,380	120,500,000
1. 전기이월미처분이익잉여금			120,500,000		27,710,000
2. 회계변경의 누적효과	369	회 계 변 경의 누적효과	0		0
3. 전기오류수정이익	370	전 기 오 류 수 정 이 익	0		0
4. 전기오류수정손실	371	전 기 오 류 수 정 손 실	0		0
5. 중간배당금	372	중　간　배　당　금	0		0
6. 당기순이익				357,990,380	92,790,000

■ [일반전표입력]에서 '전표추가(F3)'를 통하여 자동으로 생성된 분개를 확인할 수 있다.

일	번호	구분	코드	계정과목	코드	거래처	적요	차변	대변
31	00014	대변	826	도서인쇄비			손익계정에 대체		360,000
31	00014	대변	830	소모품비			손익계정에 대체		3,780,000
31	00014	대변	831	수수료비용			손익계정에 대체		2,400,000
31	00014	대변	833	광고선전비			손익계정에 대체		5,477,060
31	00014	대변	835	대손상각비			손익계정에 대체		2,353,690
31	00014	대변	848	잡비			손익계정에 대체		241,000
31	00014	대변	931	이자비용			손익계정에 대체		10,339,000
31	00014	대변	933	기부금			손익계정에 대체		1,540,000
31	00014	대변	934	기타의대손상각비			손익계정에 대체		13,350,000
31	00014	대변	936	매출채권처분손실			손익계정에 대체		80,000
31	00014	대변	945	수수료비용			손익계정에 대체		110,000
31	00014	대변	950	유형자산처분손실			손익계정에 대체		200,000
31	00015	차변	400	손익			당기순손익 잉여금에 대체	358,440,380	
31	00015	대변	377	미처분이익잉여금			당기순손익 대체		358,440,380
31	00016	차변	375	이월이익잉여금			미처분 이익잉여금에서 대체	120,500,000	
31	00016	대변	377	미처분이익잉여금			이월이익잉여금에 대체		120,500,000
31	00017	차변	377	미처분이익잉여금			이월이익잉여금에서 대체	478,940,380	
31	00017	대변	375	이월이익잉여금			차기이월이익잉여금		478,940,380
31									
				선택 전표 소계				478,940,380	478,940,380
				합 계				2,813,730,990	2,813,730,990

(3) 재무상태표 마감

■ 12월을 입력한 후 저장하면 자동으로 마감된다.

과목	금 액		금 액	
단 기 차 입 금		428,000,000		45,000,000
미 지 급 비 용		600,000		0
선 수 수 익		2,400,000		0
유 동 성 장 기 부 채		10,000,000		0
Ⅱ. 비 유 동 부 채		35,000,000		45,000,000
장 기 차 입 금		35,000,000		45,000,000
부 채 총 계		1,238,353,850		198,430,000
자 본				
Ⅰ. 자 본 금		342,850,000		342,850,000
자 본 금		342,850,000		342,850,000
Ⅱ. 자 본 잉 여 금		0		0
Ⅲ. 자 본 조 정		0		0
Ⅳ. 기 타 포 괄 손 익 누 계 액		0		0
Ⅴ. 이 익 잉 여 금		478,940,380		120,500,000
미 처 분 이 익 잉 여 금		478,940,380		120,500,000
(당 기 순 이 익)				
당기 : 358,440,380 원				
전기 : 92,790,000 원				
자 본 총 계		821,790,380		463,350,000
부 채 및 자 본 총 계		2,060,144,230		661,780,000

PART

04

회계정보분석

제1절 제장부 조회
제2절 자금관리
제3절 재무제표 조회

04 회계정보분석

[제1절 제장부 조회]와 [제2절 자금정보 조회] 및 [제3절 재무제표 조회]에서 가능한 능력단위

분류번호: 0203020115_14v2

능력단위 명칭: 회계정보 시스템 운용

능력단위 정의: 회계정보 시스템 운용이란 원활한 재무보고를 위하여 회계 관련 DB마스터 관리, 회계 프로그램 운용, 회계정보를 활용하는 능력이다.

능력단위요소		수 행 준 거
0203020115_14v2.2 회계프로그램 운용하기		2.3 회계프로그램 매뉴얼에 따라 기간별·시점별로 작성한 각종 장부를 검색·출력할 수 있다. 2.4 회계프로그램 매뉴얼에 따라 결산 작업 후 재무제표를 검색·출력할 수 있다.
	【지 식】	○ 회계프로그램 운용 ○ 회계순환과정 ○ 각종 회계장부 ○ 재무제표
	【기 술】	○ 해당 거래에 대한 회계처리 능력 ○ 회계프로그램 활용 능력
	【태 도】	○ 적극적인 협업 태도 ○ 회계 관련 규정 준수 태도
0203020125_14v2.3 회계정보 활용하기		3.1 회계 관련 규정에 따라 회계정보를 활용하여 재무 안정성을 판단할 수 있는 자료를 산출할 수 있다. 3.2 회계 관련 규정에 따라 회계정보를 활용하여 수익성과 위험도를 판단할 수 있는 자료를 산출할 수 있다. 3.3 경영진 요청 시 회계정보를 제공할 수 있다.
	【지 식】	○ 재무제표 및 재무분석 ○ 재무안정성비율, 수익성비율
	【기 술】	○ 회계프로그램 활용 능력 ○ OA 관련 프로그램 활용 능력
	【태 도】	○ 적극적인 협업 태도 ○ 회계 관련 규정 준수 태도

제 4 장에서는 각종 자료를 조회하는 '회계정보분석'에 대해 설명하기로 한다. 'FAT1급' 자격시험에서는 제장부 조회, 자금관리 조회, 재무제표 조회, 부가가치세 부속서류 등으로 구분하여 출제되고 있다.

자료조회	제장부 조회	일/월계표, 합계잔액시산표, 계정별원장, 거래처원장 등
	자금관리 조회	경리일보, 일일자금명세, 받을어음현황, 지급어음현황
	재무제표 조회	재무상태표, 손익계산서, 영수증수취명세서 등

제1절 _ 제장부 조회

본 절에서는 '전표입력'을 통하여 입력된 거래자료를 바탕으로 자동 반영된 각종 장부를 조회해 본다.

회계순환과정을 떠올려 보면 회계상 거래에 해당한 경우 분개장에 분개를 하는 것을 알 수 있을 것이다. 이 과정이 프로그램상의 일반전표입력에 해당하며 이렇게 입력된 분개는 각종 장부에 자동 반영이 되므로 별도의 작성은 할 필요가 없다.

일단 전표에 입력이 되면 분개장, 일.월계표, 계정별원장, 거래처원장 등이 자동으로 작성된다.

따라서 자격시험에서는 여러 장부를 조회하는 연습을 익숙하게 해두면 효과적이다.

① 일/월계표

구분	내용
일계표	일자별로 거래내역에 대해 알고 싶을 때 조회하는 곳이다.
월계표	월별로 거래내역에 대해 알고 싶을 때 조회하는 곳이다.

2 합계잔액시산표

[전표입력/장부] 또는 [결산/재무제표]의 [합계잔액시산표]에서는 결산후의 자산, 부채, 자본, 수익, 비용의 각 항목에 대해 과목별, 제출용, 표준용으로 구분하여 회계정보를 제공하여 준다.

'과목별' 합계잔액시산표와 달리 '제출용' 합계잔액시산표에서는 실무에서 각각 적용하였던 계정과목들을 '현금및현금성자산', '매출채권'등으로 통합하여 표기함을 알 수 있다. 이는 실무 목적이 아닌 보고목적으로 제출하는 서식이기 때문에 최대한 간결하게 정보를 제공하고자 하는 것이다.

'과목별' 합계잔액시산표와 달리 '표준용' 합계잔액시산표에서는 자산, 부채, 자본, 수익, 비용의 각 계정과목에 대해 장부가액으로 표기함을 알 수 있다.

3 계정별원장

현금출납장에서 집계되는 현금 계정을 제외한 나머지 계정의 조회가 가능하다.

4 거래처원장

[기초정보관리]의 [거래처등록]에 등록되어 있는 채권, 채무와 관련된 거래처의 정보를 조회할 수 있는 곳이다.

거래처별 조회도 가능하지만, 거래처 전체의 자료도 한 눈에 볼 수 있는 장점이 있으며 잔액, 내용, 총괄별로 구분하여 조회하면 편리하다.

5 총계정원장

일별 또는 월별로 각 계정과목의 조회가 가능하며, 특히 1월부터 12월까지 각 월별로 금액을 비교할 때 한 눈에 볼 수 있는 장부이다.

6 현금출납장

조회하고자 하는 기간의 현금 계정과목의 여러 정보를 조회할 수 있다. 입·출금액과 잔액을 각각 확인할 때 유용하다.

제장부 실전문제

(주)강우제과(4000)의 입력정보 및 회계정보를 조회하여 평가문제에 답하시오.
☞ 홈페이지 자료실에서 '2025 FAT1grade DB'를 다운받아 설치한 후 풀이할 것.

번호	평가문제
1	평가문제 [월계표 조회] 1월 한 달 동안 발생한 '판매관리비' 중 금액이 옳지 않은 것은? ① 여비교통비　　　　156,000원　　② 기업업무추진비　　　770,000원 ③ 세금과공과금　　　　　　0원　　④ 도서인쇄비　　　　　120,000원
2	평가문제 [월계표 조회] 6월 한 달 동안 발생한 '여비교통비(판)' 금액은 얼마인가?　　　　　(　　　)
3	평가문제 [월계표 조회] 3/4분기(7월~9월)에 발생한 '판매관리비' 중 계정금액으로 옳은 것은? ① 급여　　　　　　60,000,000원　　② 복리후생비　　　6,625,180원 ③ 보험료　　　　　　　　　0원　　④ 운반비　　　　　　　55,000원
4	평가문제 [계정별원장 조회] 2월 말 '133.선급비용' 잔액은 얼마인가?　　　　　　　　　　　(　　　)
5	평가문제 [거래처원장 조회] 12월 말 '108.외상매출금' 계정의 거래처별 잔액이 옳지 않은 것은? ① 00104.(주)대한식품　　3,500,000원　② 00105.(주)바른식품　77,825,000원 ③ 00107.(주)건강식품　55,000,000원　④ 99700.우리카드　　　　649,000원
6	평가문제 [거래처원장 조회] 당기 발생한 거래 중 '134.가지급금'의 거래처 코드는?　　　　(　　　)
7	평가문제 [거래처원장 조회] 12월 말 '253.미지급금' 계정의 거래처별 잔액이 옳지 않은 것은? ① 02323.형제스포츠(주)　3,300,000원　② 05002.(주)인웅전자　3,080,000원 ③ 33000.코아소프트　　1,760,000원　④ 33100.(주)법무법인한결　1,100,000원
8	평가문제 [합계잔액시산표 조회] 6월 말 '미수금' 잔액은 얼마인가?　　　　　　　　　　　　(　　　)
9	평가문제 [합계잔액시산표 조회] 7월 말 '단기대여금' 잔액은 얼마인가?　　　　　　　　　　(　　　)
10	평가문제 [합계잔액시산표 조회] 7월 말 '예수금' 계정의 감소액은 얼마인가?　　　　　　　　(　　　)

제장부 조회 실전문제 풀이

| 1. | ③ | 2. | 532,000원 | 3. | ④ | 4. | 900,000원 | 5. | ② |
| 6. | 01234 | 7. | ② | 8. | 5,000,000원 | 9. | 25,000,000원 | 10. | 790,000원 |

제2절 _ 자금관리

[자금관리]메뉴는 FAT(TAT) 자격시험에서 새롭게 추가된 기능으로, 다음과 같이 일일자금명세(경리일보), 예적금현황, 받을어음과 지급어음현황, 어음집계표 등에 대한 정확한 정보를 구체적이고 신속하게 찾아주는 역할을 한다.

1 일일자금명세(경리일보)

일일자금명세(경리일보)에서는 조회일자를 일(日) 단위로 하여 당일증가, 당일감소, 당일잔액 등의 자금내역을 한 눈에 파악할 수 있다.

일일거래	도 서 인 쇄 비			100,000		명함인쇄대 지급	
계	전일현금:38,500,000			100,000		당일현금:38,400,000	
구분	은행	전일잔액	당일증가	당일감소	당일잔액	한도잔액	계좌번호
당좌예금	하나은행(보통)	18,560,000			18,560,000	18,560,000	222-333333
계		18,560,000			18,560,000	18,560,000	
구분	은행	전일잔액	당일증가	당일감소	당일잔액	계좌개설점	계좌번호
보통예금	국민은행(당좌)	40,000,000			40,000,000		111-222222
	우리은행	8,500,000			8,500,000		333-444444
계		48,500,000			48,500,000		
<현금등가물>		105,560,000		100,000	105,460,000		
구분	거래처	전일잔액	당일증가	당일감소	당일잔액	어음번호	만기일
받을어음	(주)민규상사	8,300,000			8,300,000	가나10000001	2016-05-31
	진형마트	7,000,000			7,000,000	다라51120005	2016-12-31
계		15,300,000			15,300,000		
구분	거래처	전일잔액	당일증가	당일감소	당일잔액	어음번호	만기일
지급어음	수린과일	20,000,000			20,000,000	가다21002102	2016-12-31
	(주)수빈통조림	26,000,000			26,000,000	가다21002100	2016-06-30
계		46,000,000			46,000,000		
<자금>		61,300,000			61,300,000		
구분	차입거래처	총상환액	당일상환액	당일잔액	총대출액	차입금번호	차입거래처계좌번호
단기차입금	인웅전자(주)			23,000,000	23,000,000		
계				23,000,000	23,000,000		
구분	차입거래처	총상환액	당일상환액	당일잔액	총대출액	차입금번호	차입거래처계좌번호

2 예적금현황

미리 등록해 놓은 예금 및 적금현황을 잔액과 원장으로 구분하여 한 눈에 파악할 수 있는 장점이 있다. 또한 '원장'을 클릭하면 계좌명별로 검색이 가능하기 때문에 자금관리를 보다 더 효과적으로 할 수 있는 기능이 있다.

3 받을어음현황

매출채권 중 받을어음에 대해 만기일(월)별, 거래처별로 조회할 수 있으며 만기일, 어음번호, 거래처, 만기금액, 할인에 이르기까지 한 눈에 관리할 수 있는 기능이다.

4 지급어음현황

매입채무 중 지급어음에 대해 만기일(월)별, 지급은행별, 거래처별로 조회할 수 있으며 만기일, 어음번호, 거래처, 만기금액, 지급은행에 이르기까지 한 눈에 관리할 수 있는 기능이다.

5 어음집계표

받을어음 또는 지급어음에 대한 정보를 확인할 수 있으며, 특히 지급어음의 경우 조회하여 자동으로 반영할 수 있는 기능이다.

'어음등록'에 당좌 및 어음책에 대한 정보를 입력하면 전표입력시 F3(자금관리)를 통하여 자동으로 반영할 수 있다. 어음종류 중 '2.당좌, 3.가계'를 선택하면 어음으로 대체할 수 있는 기능이 있다.

자금관리조회 실전문제

(주)강우제과(4000)의 입력정보 및 회계정보를 조회하여 평가문제에 답하시오.
☞ 홈페이지 자료실에서 '2025 FAT1grade DB'를 다운받아 설치한 후 풀이할 것.

번호	평가문제
1	평가문제 [일일자금명세(경리일보) 조회] 12월 말 '자금항목별' 잔액으로 옳은 것은? ① 현금 87,397,180원 ② 받을어음 141,900,000원 ③ 지급어음 23,400,000원 ④ 단기차입금 445,000,000원
2	평가문제 [예적금현황 조회] 12월 말 '98000.국민은행(당좌)' 잔액은 얼마인가? ( )원
3	평가문제 [예적금현황 조회] 12월 말 은행별(계좌명) '보통예금' 잔액이 옳지 않은 것은? ① 98001.국민은행 390,758,400원 ② 98002.우리은행 50,293,000원 ③ 98005.신한은행 62,305,040원 ④ 98009.하나은행 12,010,000원
4	평가문제 [받을어음현황 조회] 당기의 '받을어음' 배서양도 금액은 얼마인가? ( )원
5	평가문제 [지급어음현황 조회] 만기일이 2025년에 도래하는 '지급어음' 미결제 금액은 얼마인가? ( )원

자금관리 조회 실전문제 풀이

| 1. | ① | 2. | 5,300,000원 | 3. | ④ | 4. | 5,500,000원 | 5. | 2,200,000원 |

제3절 _ 재무제표 조회

1 재무상태표

　[결산/재무제표]의 [재무상태표]에서는 결산후의 자산, 부채, 자본의 각 항목에 대해 과목별, 제출용, 표준용으로 구분하여 당기분과 전기분으로 나누어서 회계정보를 제공하기 때문에 비교가능성이 뛰어나다.

　'과목별' 재무상태표와 달리 '제출용' 재무상태표에서는 실무에서 각각 적용하였던 계정과목들을 '현금및현금성자산', '매출채권'등으로 통합하여 표기하고 있음을 알 수 있다. 또한 '과목별' 재무상태표와 마찬가지로 당기분과 전기분으로 나누어서 회계정보를 제공하여 비교를 더욱 용이하게 한다. 예를 들어, 2025년 매출채권이 전년도 대비해서 얼마만큼 증감했는지의 정보가 필요한 경우 '제출용' 재무상태표를 선택하여 전기 대비하여 얼마나 증감했는지 쉽게 구할 수 있는 것이다.

　'표준(개인)용' 재무상태표는 자산, 부채, 자본을 최대한 단순하고 함축적인 수치로 정보를 제공하고 있다.

　또한 회계 관련 규정에 따라 작성된 재무상태표를 활용하여 기업의 재무 안정성을 계산 및 분석할 수 있으며, 안정성지표를 통하여 판단할 수 있는 정보는 다음과 같다.

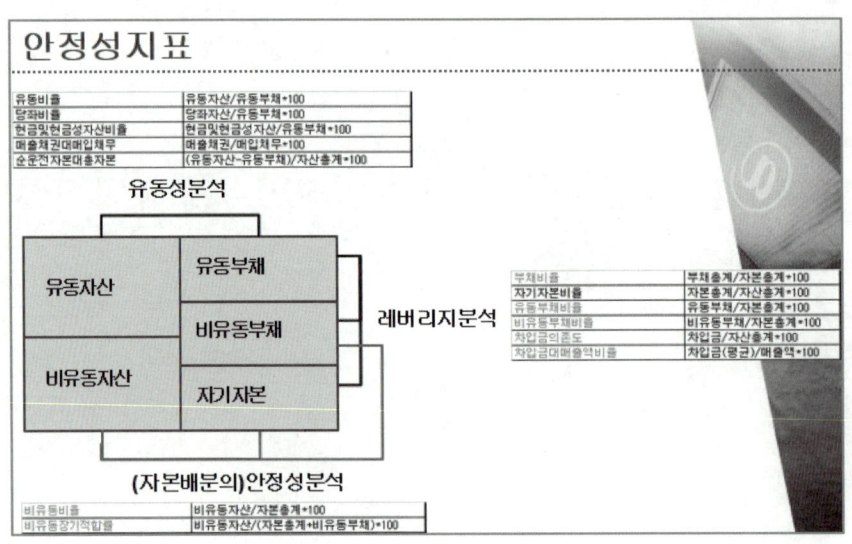

(출처: BMA 기업경영분석, 아이택스넷)

2. 손익계산서

[결산/재무제표]의 [손익계산서]에서 제공하는 정보에 대해 분석해 보자. [손익계산서]에서는 결산후 수익, 비용의 각 항목에 대해 과목별, 제출용, 표준(개인)용으로 구분하여 당기분과 전기분으로 나누어서 회계정보를 제공하고 있다. 이렇게 증감분의 변화를 쉽게 파악할 수 있기 때문에 기업의 수익성 분석시 손익계산서의 정보를 적절하고 빠르게 이용할 수 있으며 손익계산서를 통하여 기업의 수익성분석 및 성장성분석(매출액이익율, 당기순이익증가율 등)이 가능하다.

[재무상태표]와는 달리 [손익계산서]는 통합계정이 별로 없기 때문에 '제출용'과 '표준(개인)용' 서식에서 크게 장점이 부각되지는 않지만 당기와 전기를 한 눈에 보여준다는 점에서 여전히 비교가능성은 높다고 할 수 있다.

또한 회계 관련 규정에 따라 작성된 손익계산서를 활용하여 기업의 재무 안정성을 계산 및 분석할 수 있으며, 수익성지표를 통하여 판단할 수 있는 정보는 다음과 같다.

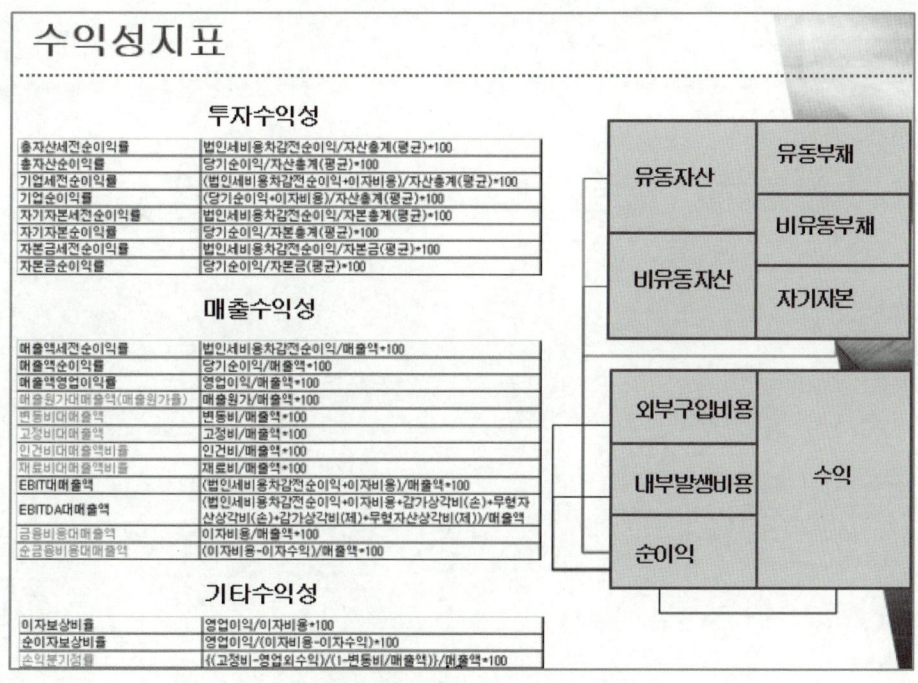

(출처: BMA 기업경영분석, 아이택스넷)

3 영수증수취명세서

마지막으로 [결산/재무제표]의 [영수증수취명세서]는 건당 3만원 초과 거래자료를 작성하는 서식이다. 회사는 건당 3만원 초과 거래에 대해서 '지출증명서류미수취가산세' 대상인지에 대한 여부를 판단하여 영수증수취명세 제출대상 거래에 대하여 결산 시 가산세 2%를 납부해야 한다.

Accounting Technicians
FAT 1급

Chapter 04
기출문제 풀어보기

제1장 _ 시험 따라잡기(기출문제 분석)
제2장 _ 기출문제 풀어보기

FAT 1급
Accounting Technicians

PART 01
시험 따라잡기

01 시험 따라잡기 (기출문제 분석)

> **실무수행평가 완벽분석**

1. 본 절은 FAT1급 실무수행에서 요구하는 평가문제를 수험자가 정확히 이해할 수 있도록 설명되었다.
2. 2023년 제61회 FAT1급 실무 기출문제를 통하여 수행과제의 입력화면 및 연결되는 재무제표와 제장부의 변화를 직접 확인할 수 있다.
3. 기본적으로 변동되는 [분개장], [합계잔액시산표] 등의 입력방법은 제외한다.
4. [매입매출전표입력] 문제의 경우 제장부의 설명은 생략한다.
4. 장부와 연결되는 [손익계산서]와 [재무상태표]의 입력화면은 생략하고, 결산 수행과제에서 설명한다.

실무 수행 평가

(주)한라장식(회사코드 3161)은 인테리어소품을 도·소매하는 법인으로 회계기간은 제6기(2023.1.1. ~ 2023.12.31.)이다. 제시된 자료와 [자료설명]을 참고하여 [수행과제]를 완료하고 [평가문제]의 물음에 답하시오.

실무수행 유의사항	1. 부가가치세 관련거래는 [매입매출전표입력]메뉴에 입력하고, 부가가치세 관련 없는 거래는 [일반전표입력]메뉴에 입력한다. 2. 타계정 대체액과 관련된 적요는 반드시 코드를 입력하여야 한다. 3. 채권·채무, 예금거래 등 관리대상 거래자료에 대하여는 반드시 거래처코드를 입력한다. 4. 자금관리 등 추가 작업이 필요한 경우 문제의 요구에 따라 추가 작업하여야 한다. 5. 판매비와관리비는 800번대 계정코드를 사용한다. 6. 등록된 계정과목 중 가장 적절한 계정과목을 선택한다.

실무수행 ••• 기초정보관리의 이해

회계관련 기초정보는 입력되어 있다. [자료설명]을 참고하여 [수행과제]를 수행하시오.

① 사업자등록증에 의한 거래처등록 수정

사 업 자 등 록 증
(일반과세자)
등록번호: 119-81-24756

상　　　　호: (주)명품인테리어
대　표　자: 박민규
개 업 년 월 일: 2010년 4월 4일
법인등록번호: 111111-1111112
사업장 소재지: 서울특별시 서대문구 통일로 103
　　　　　　　(미근동)
사 업 의 종 류: 업태 도소매업
　　　　　　　 종목 생활용품, 시계
교 부 사 유: 정정
사업자단위과세 적용사업자여부: 여(　) 부(✓)
전자세금계산서 전용 메일주소: goodjob@bill36524.com

2023년 10월 2일
서대문 세무서장 (인)

자료설명	거래처 (주)명품인테리어(00108)의 대표자와 담당자 메일주소가 변경되어 변경된 사업자등록증 사본을 받았다.
수행과제	대표자명과 전자세금계산서 전용 메일주소를 수정하시오.

수행과정 풀이

[거래처등록]
- 대표자성명: 박민규로 수정
- 메일주소: goodjob@bill36524.com으로 수정

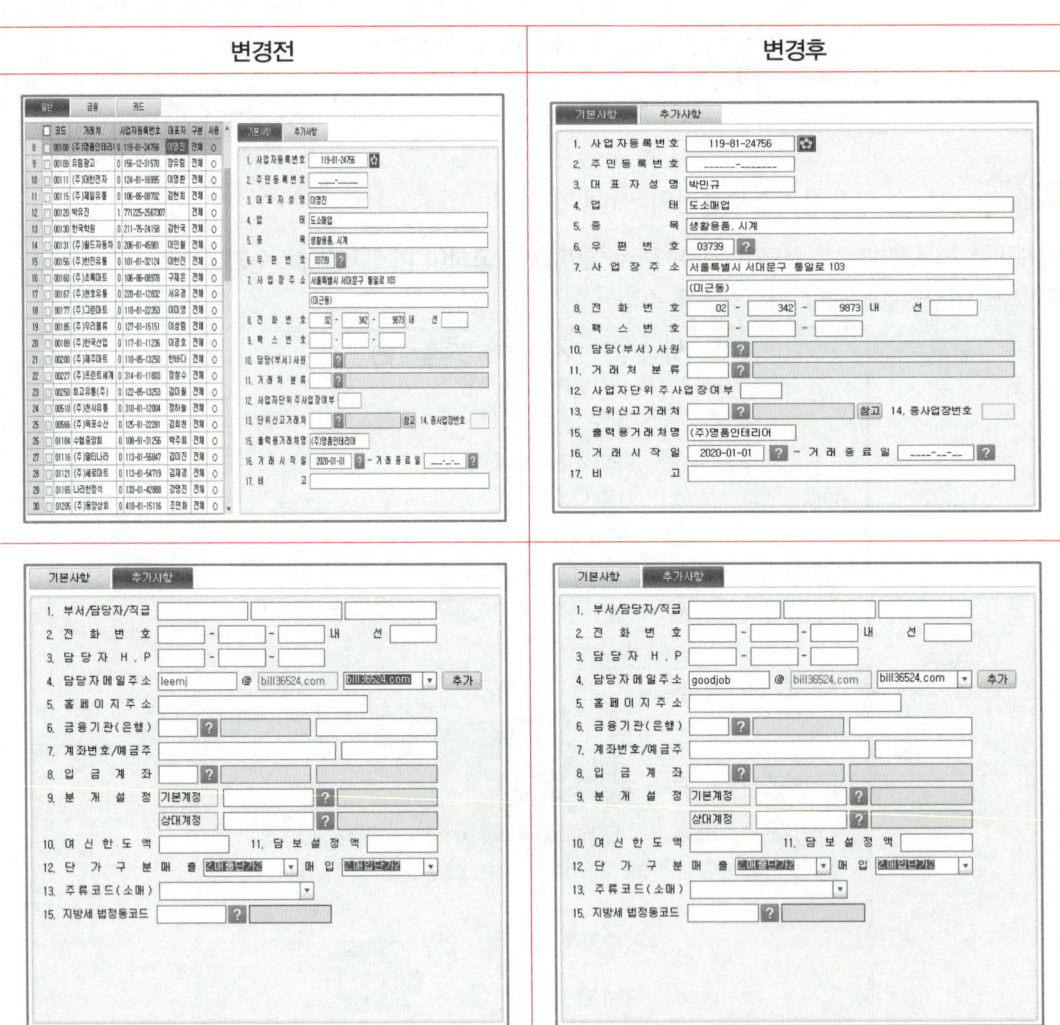

2 전기분 손익계산서의 입력수정

손 익 계 산 서

제5(당)기 2022년 1월 1일부터 2022년 12월 31일까지
제4(전)기 2021년 1월 1일부터 2021년 12월 31일까지

(주)한라장식 (단위: 원)

과 목	제5(당)기		제4(전)기	
	금 액		금 액	
I. 매 출 액		560,000,000		280,000,000
상 품 매 출	560,000,000		280,000,000	
II. 매 출 원 가		320,000,000		160,000,000
상 품 매 출 원 가		320,000,000		160,000,000
기 초 상 품 재 고 액	30,000,000		5,000,000	
당 기 상 품 매 입 액	380,000,000		185,000,000	
기 말 상 품 재 고 액	90,000,000		30,000,000	
III. 매 출 총 이 익		240,000,000		120,000,000
IV. 판 매 비 와 관 리 비		132,980,000		58,230,000
급 여	82,300,000		30,800,000	
복 리 후 생 비	10,100,000		2,100,000	
여 비 교 통 비	3,500,000		1,500,000	
기 업 업 무 추 진 비	5,200,000		2,400,000	
통 신 비	2,800,000		3,200,000	
세 금 과 공 과 금	2,300,000		2,800,000	
감 가 상 각 비	5,900,000		4,000,000	
보 험 료	1,840,000		700,000	
차 량 유 지 비	8,540,000		2,530,000	
경 상 연 구 개 발 비	4,900,000		5,400,000	
포 장 비	800,000		2,300,000	
소 모 품 비	4,800,000		500,000	
V. 영 업 이 익		107,020,000		61,770,000
VI. 영 업 외 수 익		3,200,000		2,100,000
이 자 수 익	3,200,000		2,100,000	
VII. 영 업 외 비 용		4,800,000		2,400,000
이 자 비 용	4,800,000		2,400,000	
VIII. 법 인 세 차 감 전 순 이 익		105,420,000		61,470,000
IX. 법 인 세 등		5,000,000		2,000,000
법 인 세 등	5,000,000		2,000,000	
X. 당 기 순 이 익		100,420,000		59,470,000

자료설명	(주)한라장식의 전기(제5기)분 재무제표는 입력되어 있다.
수행과제	1. [전기분 손익계산서]의 입력이 누락되었거나 잘못된 부분을 찾아 수정하시오. 2. [전기분 이익잉여금처분계산서]의 처분 확정일(2023년 2월 27일)을 입력하시오.

수행과정 풀이

1. [전기분 손익계산서]
   - 830.소모품비 4,800,000원 추가입력
   - 998.법인세등 500,000원을 5,000,000원으로 수정입력
   - 당기순이익 100,420,000원 확인

2. [전기분 이익잉여금처분계산서]
   - 처분확정일 2023년 2월 27일 입력

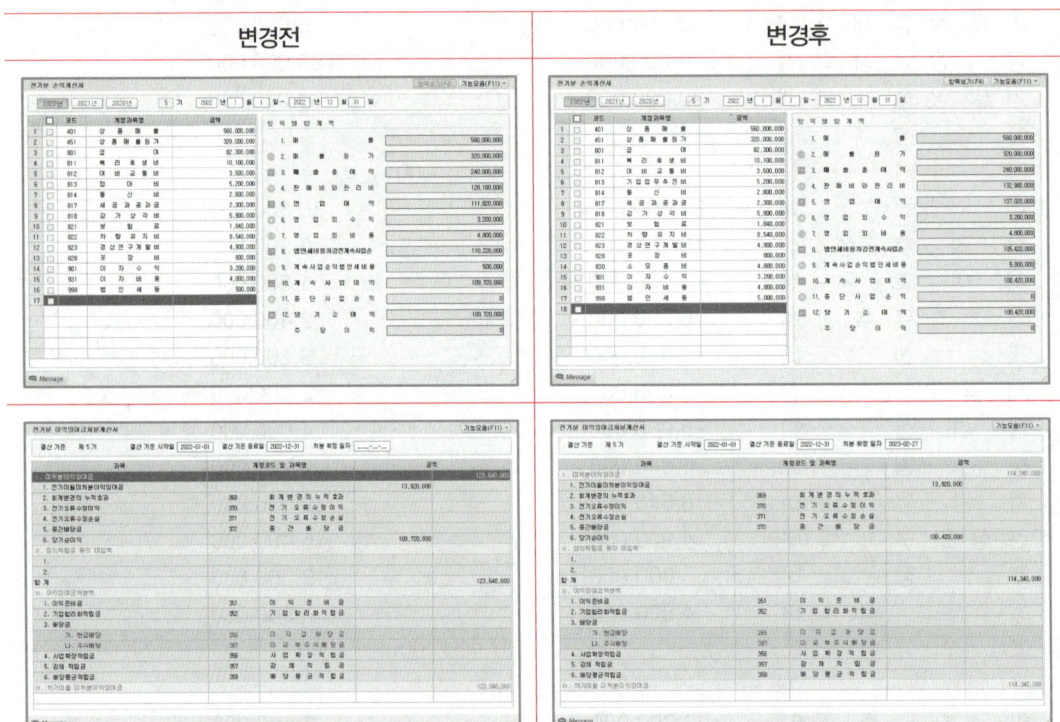

실무수행 ··· 거래자료 입력

실무프로세스 자료이다. [자료설명]을 참고하여 [수행과제]를 수행하시오.

① 3만원초과 거래에 대한 영수증수취명세서 작성

	영 수 증 (공급받는자용)			
NO.				
	(주)한라장식 귀하			
공급자	사업자등록번호	114-51-25414		
	상호	친절마트	성명	이영근
	사업장소재지	서울특별시 강남구 봉은사로 106		
	업태	도소매	종목	잡화외
작성일자	공급대가총액		비고	
2023.1.19.	₩ 165,000			
공 급 내 역				
월/일	품명	수량	단가	금액
1/19	음료외			165,000
합 계			₩ 165,000	
위 금액을 (영수)(청구)함				

자료설명	영업부 회의에 필요한 간식을 구입하고 현금으로 지급하였다. 회사는 이 거래가 지출증명서류미수취가산세 대상인지를 검토하려고 한다.
수행과제	1. 거래자료를 입력하시오.(단, '회의비'로 처리할 것.) 2. 영수증수취명세서 (2)와 (1)서식을 작성하시오.

수행과정 풀이

[일반전표입력] 1월 19일
(차) 827.회의비   165,000원   (대) 101.현금   165,000원
  또는 (출) 827.회의비   165,000원

□	일	번호	구분	코드	계정과목	코드	거래처	적요	차변	대변
□	19	00001	출금	827	회의비				165,000	현금

[영수증수취명세서] 작성

계정별원장

변경전	변경후
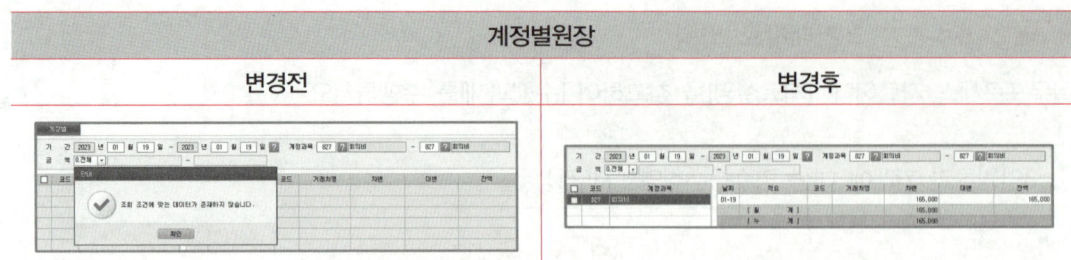	

영수증수취명세서(2)

변경전	변경후
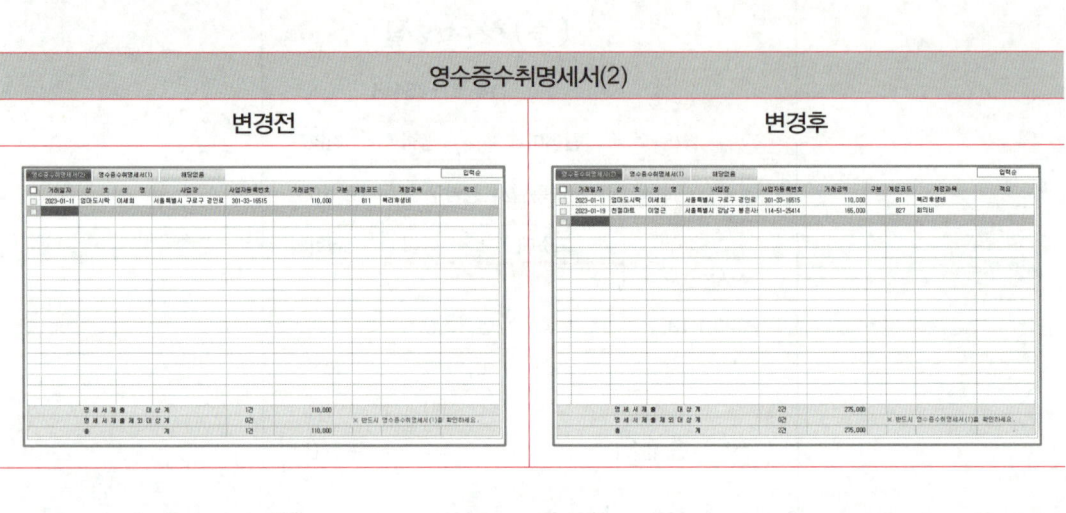	

영수증수취명세서(1)

변경전	변경후

월계표

변경전

변경후

현금출납장

변경전

변경후

기타

1. 손익계산서: 판매비와관리비(회의비) 증가, 영업이익 감소, 당기순이익 감소
2. 재무상태표: 당좌자산(현금), 유동자산 감소

② 기타 일반거래

NH Nonghyup 지역개발채권 매입확인증

채권매입금액 :	사십이만 원정 (₩ 420,000)		
성명/법인명	(주)한라장식	주민등록번호 (사업자등록번호)	220-81-03217
주 소	서울특별시 강남구 강남대로 252 (도곡동)		
대 리 인	–	주민등록번호	–
청구기관	서울특별시	전화번호	–

용 도: 자동차 신규등록	증 서 번 호: 2023-2-00097369
실 명 번 호: 220-81-03217	매 출 일 자: 2023-02-15 15:15:22
성명(법인명): (주)한라장식	매 출 점: 서울시청
주 소: 서울특별시 강남구 강남대로 252 (도곡동)	
금 액: 420,000원	

총수납금액: 420,000원   취급자명: 성후정

자료설명	[2월 15일] 1. 본사 업무용으로 사용하기 위하여 구입한 차량을 등록하면서 법령에 의거한 공채를 액면금액으로 매입하고 대금은 현금으로 지급하였다. 2. 회사는 공채를 매입하는 경우 매입 당시의 공정가치는 '단기매매증권'으로 처리하고, 액면금액과 공정가치의 차이는 해당자산의 취득원가에 가산하는 방식으로 회계처리 하고 있다. 3. 공채의 매입당시 공정가치는 390,000원이다.
수행과제	거래자료를 입력하시오.

수행과정 풀이

[일반전표입력] 2월 15일
(차) 107.단기매매증권   390,000원   (대) 101.현금   420,000원
    208.차량운반구   30,000원

□	일	번호	구분	코드	계정과목	코드	거래처	적요	차변	대변
□	15	00001	차변	107	단기매매증권				390,000	
□	15	00001	차변	208	차량운반구			공정가치 차미액	30,000	
□	15	00001	대변	101	현금					420,000

계정별원장

변경전	변경후

월계표

변경전	변경후

현금출납장

변경전	변경후

기타

1. 손익계산서: 교환거래로 영향 없음
2. 재무상태표: 당좌자산, 유동자산 감소, (현금과 단기매매증권 30,000원 차이)
   유형자산(차량운반구), 비유동자산 30,000원 증가

③ 기타 일반거래

현금영수증
(지출증빙용)

사업자등록번호 : 112-08-51230 윤희자
사 업 자 명 : 바다수산
가 맹 점 주 소 : 서울특별시 서대문구 충정로7길 30

현금영수증 회원번호
220-81-03217 (주)한라장식
승인번호   : 45457878   (PK)
거래일시   : 2023년 3월 20일

공급금액   80,000원
부가세금액   8,000원
총합계   88,000원

휴대전화, 카드번호 등록
http://현금영수증.kr
국세청문의(126)
38036925-GCA10106-3870-U490
〈〈〈〈〈〈이용해 주셔서 감사합니다.〉〉〉〉〉〉

자료설명	거래처 회식비를 현금으로 지급하고 받은 현금영수증이다.
수행과제	거래자료를 입력하시오.

수행과정 풀이

[일반전표입력] 3월 20일
(차) 813.기업업무추진비   88,000원   (대) 101.현금   88,000원
또는 (출) 813.기업업무추진비   88,000원

□	일	번호	구분	코드	계정과목	코드	거래처	적요	차변	대변
□	20	00001	출금	813	기업업무추진비				88,000	현금

계정별원장

변경전	변경후

현금출납장	
변경전	변경후

월계표	
변경전	변경후

기타

1. 손익계산서: 판매비와관리비(기업업무추진비) 증가, 영업이익, 당기순이익 감소
2. 재무상태표: 당좌자산(현금), 유동자산 감소

4 증빙에 의한 전표입력

자료 1.

화재보험증권

증 권 번 호	2557466	계 약 일	2023년 7월 1일
보 험 기 간	2023년 7월 1일 00:00부터		2023년 12월 31일 24:00까지
보 험 계 약 자	(주)한라장식	주민(사업자)번호	220-81-03217
피 보 험 자	(주)한라장식	주민(사업자)번호	220-81-03217

보험료 납입사항

| 총보험료 | 900,000원 | 납입보험료 | 900,000원 | 미납입 보험료 | 0 원 |

자료 2. 보통예금(신한은행) 거래내역

번호	거래일	내용	찾으신금액	맡기신금액	잔액	거래점
		계좌번호 112-088-654321 (주)한라장식				
1	2023-7-1	화재보험 6개월	900,000		***	***

자료설명	1. 자료 1은 상품보관창고에 대한 보험에 가입하고 받은 증권이다. 2. 자료 2는 화재 보험료를 신한은행 보통예금 계좌에서 이체하여 지급한 내역이다.
수행과제	거래자료를 입력하시오.(단, '비용'으로 회계처리할 것.)

수행과정 풀이

[일반전표입력] 7월 1일
(차) 821.보험료   900,000원   (대) 103.보통예금   900,000원
    (98001.신한은행(보통))

□	일	번호	구분	코드	계정과목	코드	거래처	적요	차변	대변
□	01	00001	차변	821	보험료				900,000	
□	01	00001	대변	103	보통예금	98001	신한은행(보통)			900,000

계정별원장

변경전	변경후

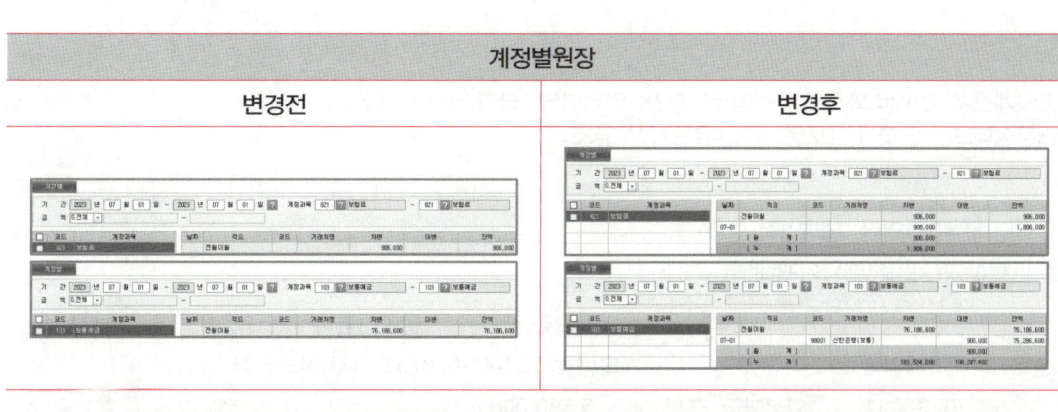

거래처원장

변경전	변경후

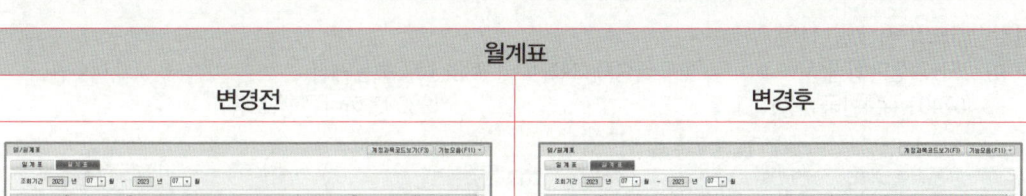

월계표

변경전	변경후

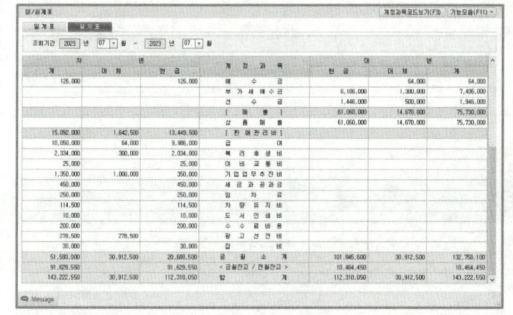
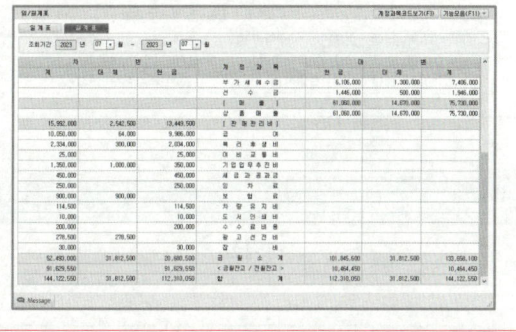

예적금현황

변경전	변경후

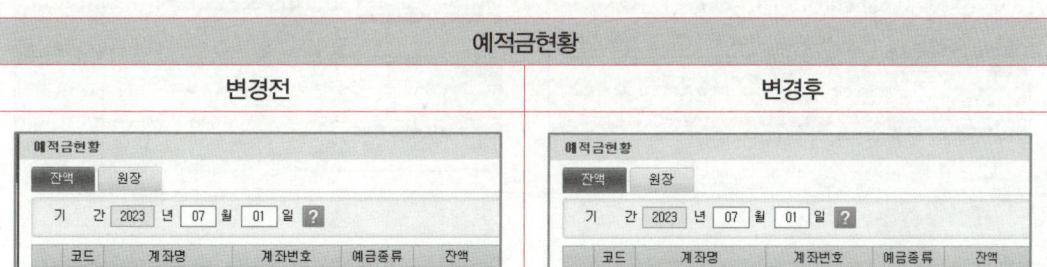

기타

손익계산서: 판매비와관리비(보험료) 증가, 영업이익, 당기순이익 감소
재무상태표: 당좌자산(보통예금), 유동자산 감소

⑤ 통장사본에 의한 거래입력

■ 보통예금(하나은행) 거래내역

번호	거래일	내용	찾으신금액	맡기신금액	잔액	거래점
		계좌번호 751-41-073757 (주)한라장식				
1	2023-7-11	외상대금 결제	5,500,000		***	***

자료설명	(주)한국유통에 대한 외상매입금을 하나은행 보통예금 계좌에서 이체하여 지급하였다.
수행과제	거래자료를 입력하시오.

수행과정 풀이

[일반전표입력] 7월 11일
(차) 251.외상매입금   5,500,000원   (대) 103.보통예금   5,500,000원
    (07401.(주)한국유통)   (98009.하나은행(보통))

일	번호	구분	코드	계정과목	코드	거래처	적요	차변	대변
11	00001	차변	251	외상매입금	07401	(주)한국유통		5,500,000	
11	00001	대변	103	보통예금	98009	하나은행(보통)			5,500,000

계정별원장

변경전 / 변경후

거래처원장

변경전	변경후

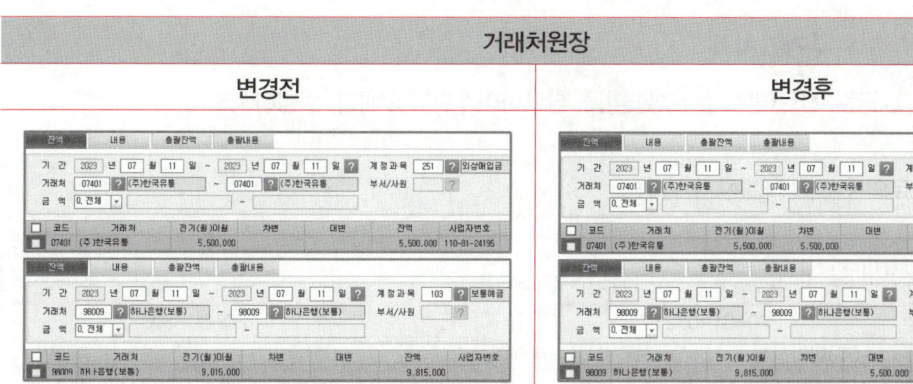

월계표

변경전	변경후

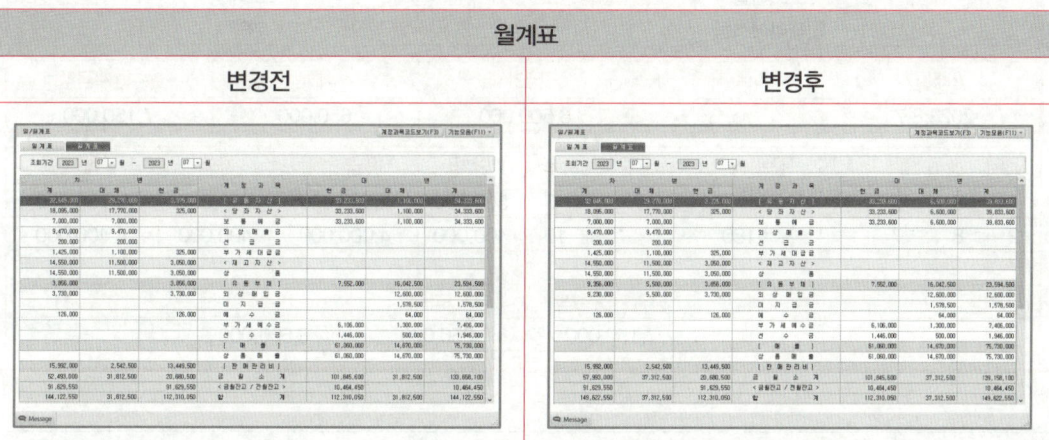

예적금현황

변경전	변경후

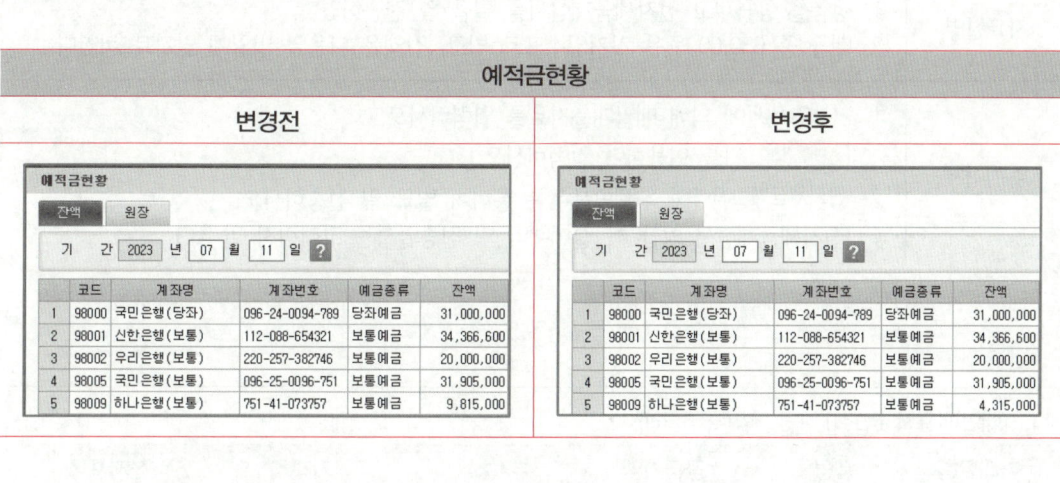

기타

재무상태표: 유동부채(외상매입금) 감소, 당좌자산(보통예금) 및 유동자산 감소
2. 교환거래로 손익계산서에 영향 없음

실무수행 · · · 부가가치세

부가가치세 신고 관련 자료이다. [자료설명]을 참고하여 [수행과제]를 수행하시오.

1 과세매출자료의 전자세금계산서 발행

거래명세서 (공급자 보관용)

공급자	등록번호	220-81-03217			공급받는자	등록번호	120-86-50832		
	상호	(주)한라장식	성명	박시유		상호	(주)유민가구	성명	김유민
	사업장주소	서울특별시 강남구 강남대로 252 (도곡동)				사업장주소	서울특별시 강남구 봉은사로 409 (삼성동)		
	업태	도소매업	종사업장번호			업태	도소매업	종사업장번호	
	종목	인테리어소품				종목	가구		

거래일자	미수금액	공급가액	세액	총 합계금액
2023.8.7.		6,500,000	650,000	7,150,000

NO	월	일	품목명	규격	수량	단가	공급가액	세액	합계
1	8	7	우드테이블		5	500,000	2,500,000	250,000	2,750,000
2	8	7	우버180		10	400,000	4,000,000	400,000	4,400,000

비고	전미수액	당일거래총액	입금액	미수액	인수자
		7,150,000	650,000	6,500,000	

자료설명	1. 상품을 공급하고 전자세금계산서를 발급 및 전송하였다. 2. 대금 중 650,000원은 자기앞수표로 받고, 잔액은 다음달 말일에 받기로 하였다.
수행과제	1. 거래명세서에 의해 매입매출자료를 입력하시오. (복수거래 키를 이용하여 입력하시오.) 2. 전자세금계산서 발행 및 내역관리 를 통하여 발급 및 전송하시오. (전자세금계산서 발급 시 결제내역 및 전송일자는 고려하지 말 것.)

수행과정 풀이

1. [매입매출전표입력] 8월 7일(복수거래)

거래유형	품명	공급가액	부가세	거래처	전자세금
11.과세	우드테이블외	6,500,000	650,000	01405.(주)유민가구	전자발행
분개유형 3.혼합	(차) 101.현금　　　　　650,000원 　　　108.외상매출금　6,500,000원			(대) 401.상품매출　　　　6,500,000원 　　　255.부가세예수금　　650,000원	

2. [전자세금계산서 발행 및 내역관리]
   ① 미전송된 내역이 조회되면, 미전송내역을 체크한 후 전자발행▼을 클릭하여 표시되는 로그인 화면에서 확인(Tab) 클릭
   ② '전자세금계산서 발행'화면이 조회되면 발행(F3) 버튼을 클릭한 다음 확인클릭
   ③ 국세청란에 '발행대상'으로 표시되면 ACADEMY 전자세금계산서 를 클릭
   ④ [Bill36524 교육용전자세금계산서] 화면에서 [로그인]을 클릭
   ⑤ 좌측화면: [세금계산서 리스트]에서 [미전송]으로 체크후 [매출조회]를 클릭
      우측화면: [전자세금계산서]에서 [발행]을 클릭
   ⑥ [발행완료되었습니다.] 메시지가 표시되면 확인(Tab) 클릭

매입매출전표입력

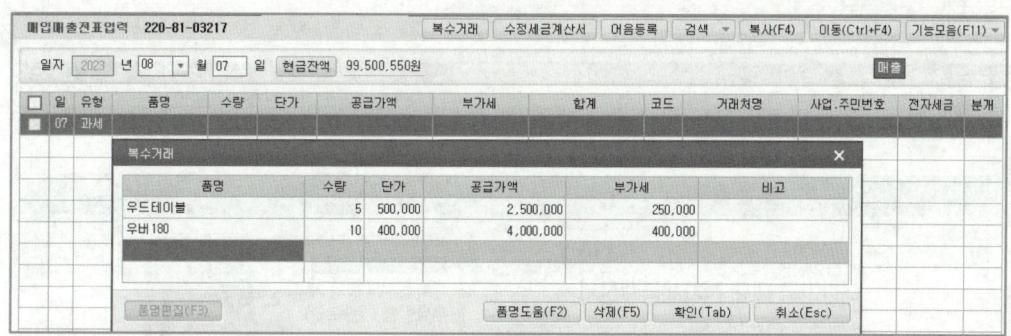

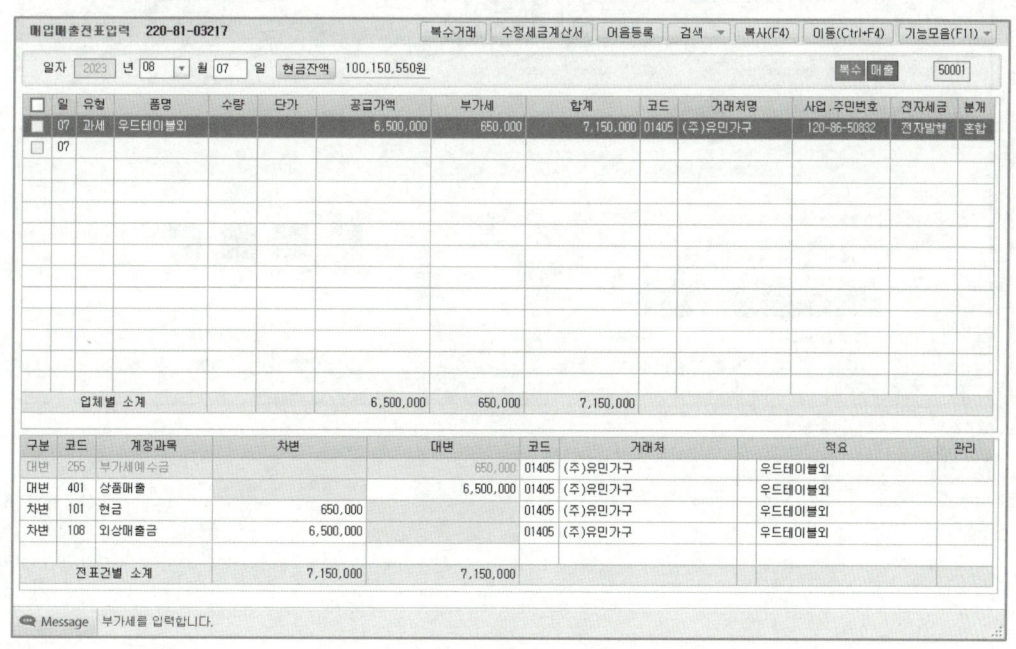

전자세금계산서 발행 및 내역관리(1)_전자발행

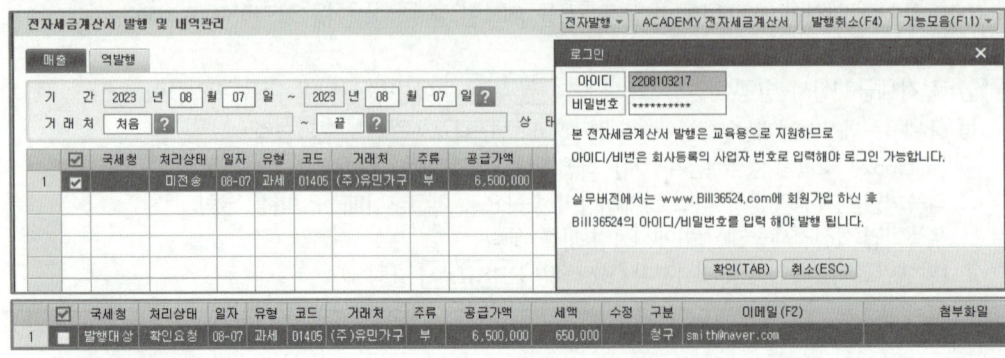

전자세금계산서 발행 및 내역관리(2)_국세청 전송

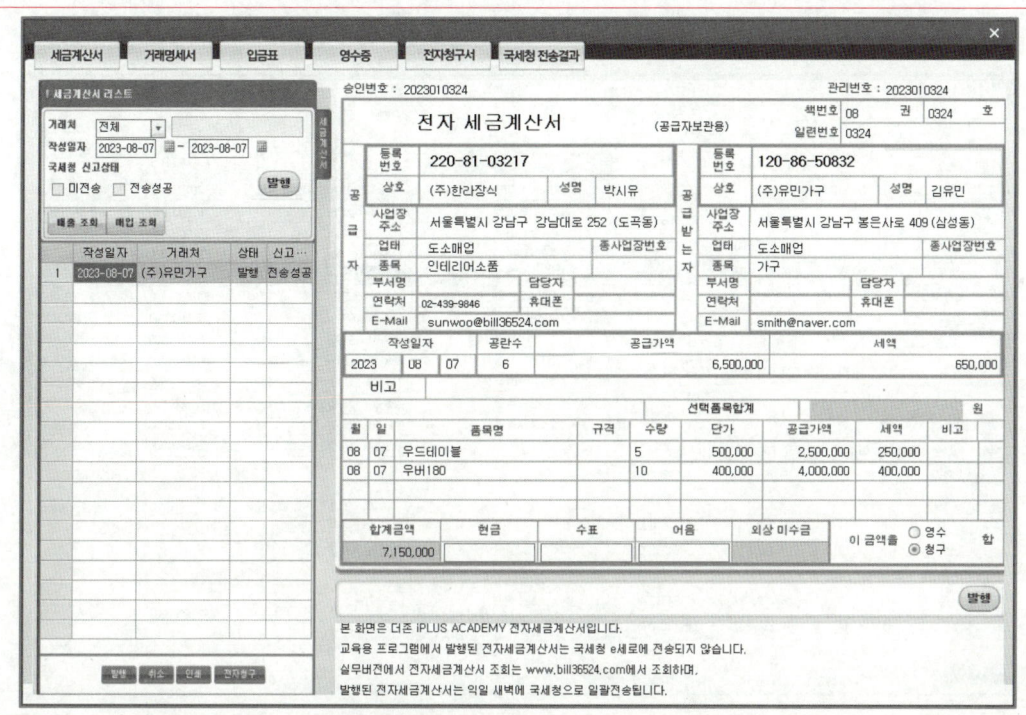

부가가치세신고서 → 자동 반영

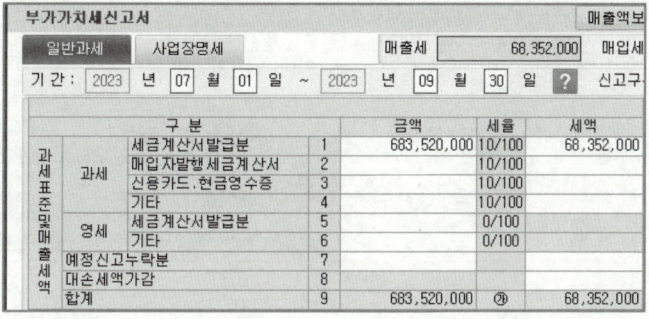

세금계산서합계표 → 자동 반영

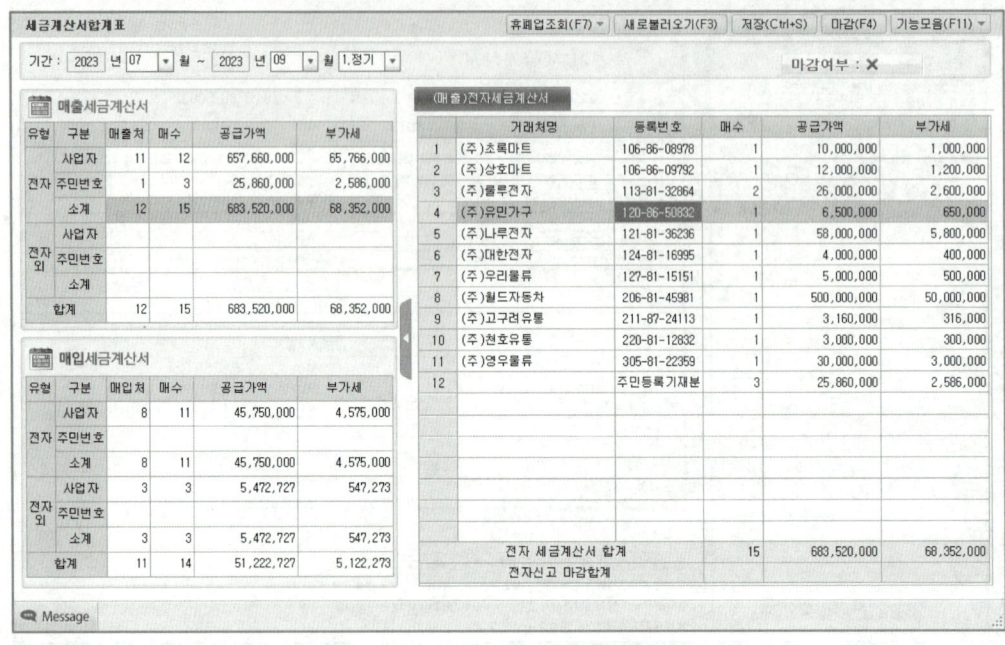

매입매출장 → 자동 반영

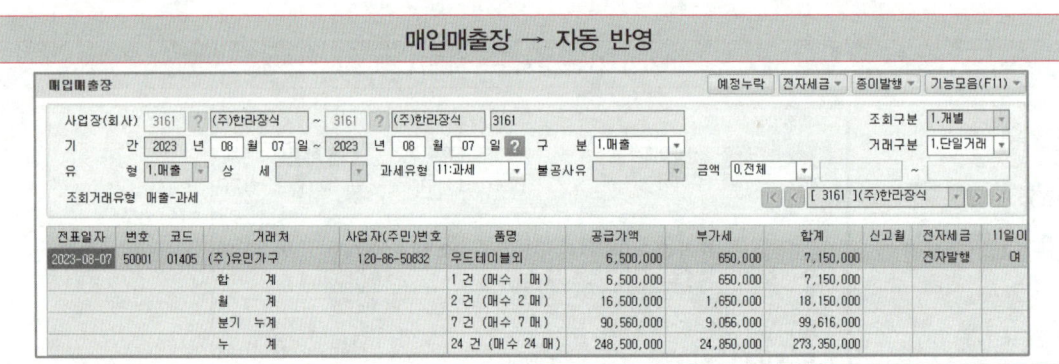

② 매입거래

전자계산서 (공급받는자 보관용)						승인번호		
공급자	등록번호	211-75-24158			공급받는자	등록번호	220-81-03217	
	상호	한국학원	성명(대표자)	김한국		상호	(주)한라장식	성명(대표자)	박시유
	사업장주소	서울특별시 강남구 역삼로 541				사업장주소	서울특별시 강남구 강남대로 252 (도곡동)	
	업태	서비스업	종사업장번호			업태	도소매업	종사업장번호
	종목	교육				종목	인테리어소품	
	E-Mail	korea@hanmail.net				E-Mail	sunwoo@bill36524.com	
작성일자	2023.8.17.	공급가액	900,000	세액				

월	일	품목명	규격	수량	단가	공급가액	비고
8	17	부가가치세실무 교육		3	300,000	900,000	

합계금액	현금	수표	어음	외상미수금	이 금액을	○ 영수 / ● 청구	함
900,000				900,000			

자료설명	회계팀 사원들의 부가가치세실무 교육을 실시하고 전자계산서를 발급받았다.
수행과제	매입매출자료를 입력하시오.(전자계산서 거래는 '전자입력'으로 입력할 것.)

수행과정 풀이

[매입매출전표입력] 8월 17일

거래유형	품명	공급가액	부가세	거래처	전자세금
53.면세	부가가치세실무 교육	900,000		00130.한국학원	전자입력
분개유형 3.혼합	(차) 825.교육훈련비	900,000원	(대) 253.미지급금		900,000원

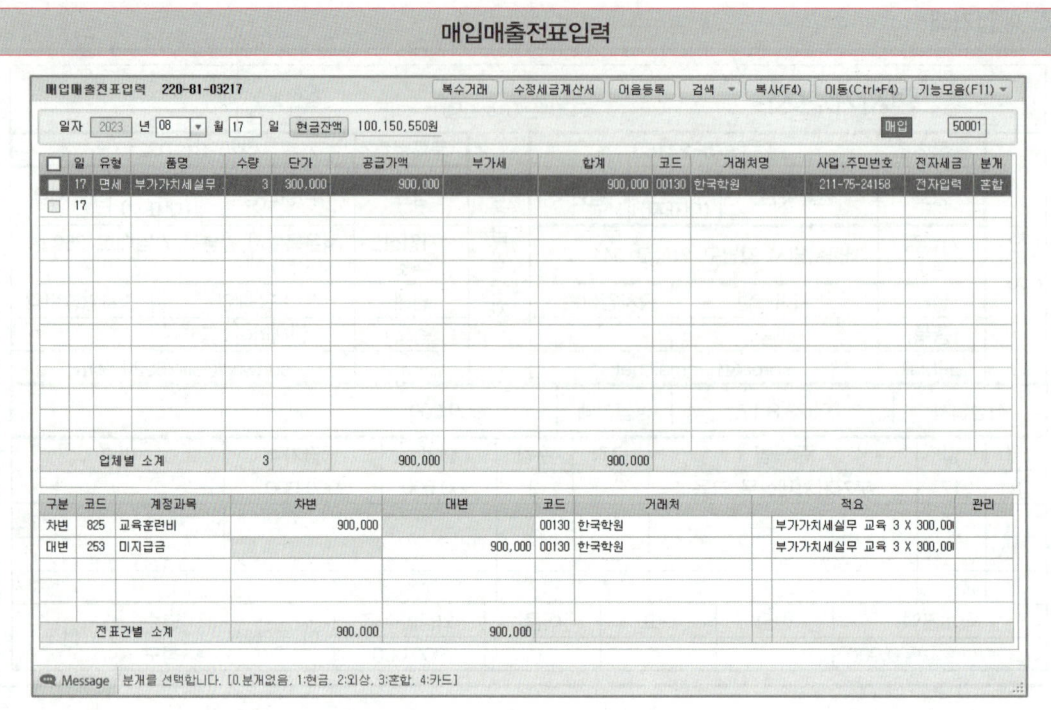

부가가치세신고서 → 과세표준 →자동 반영

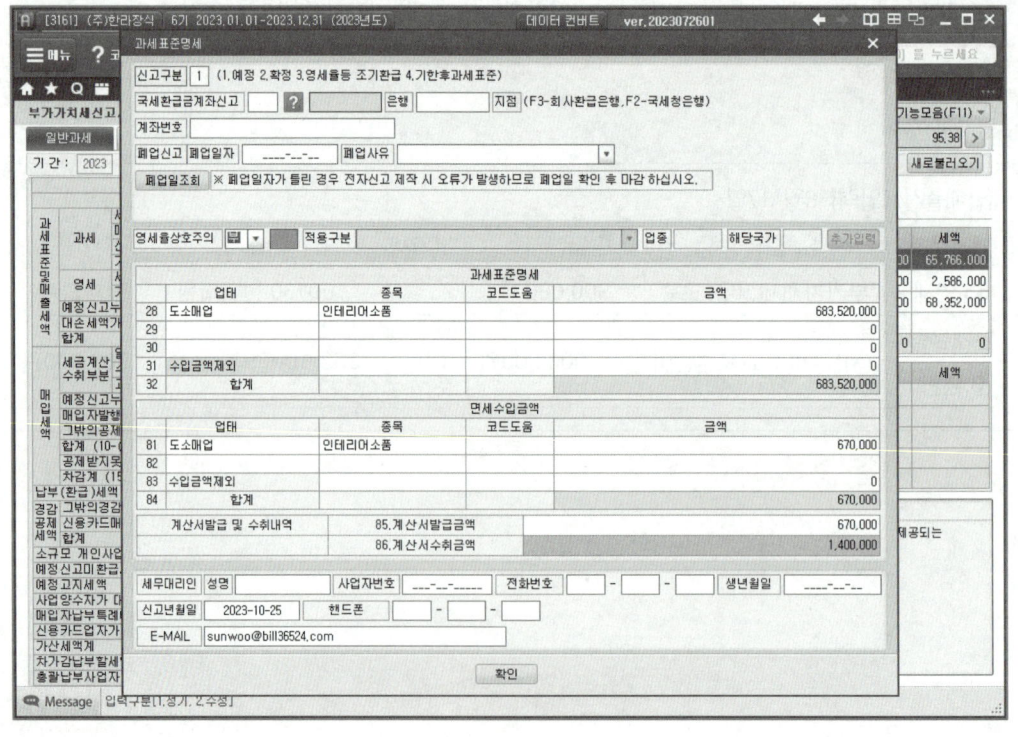

계산서합계표 → 자동 반영

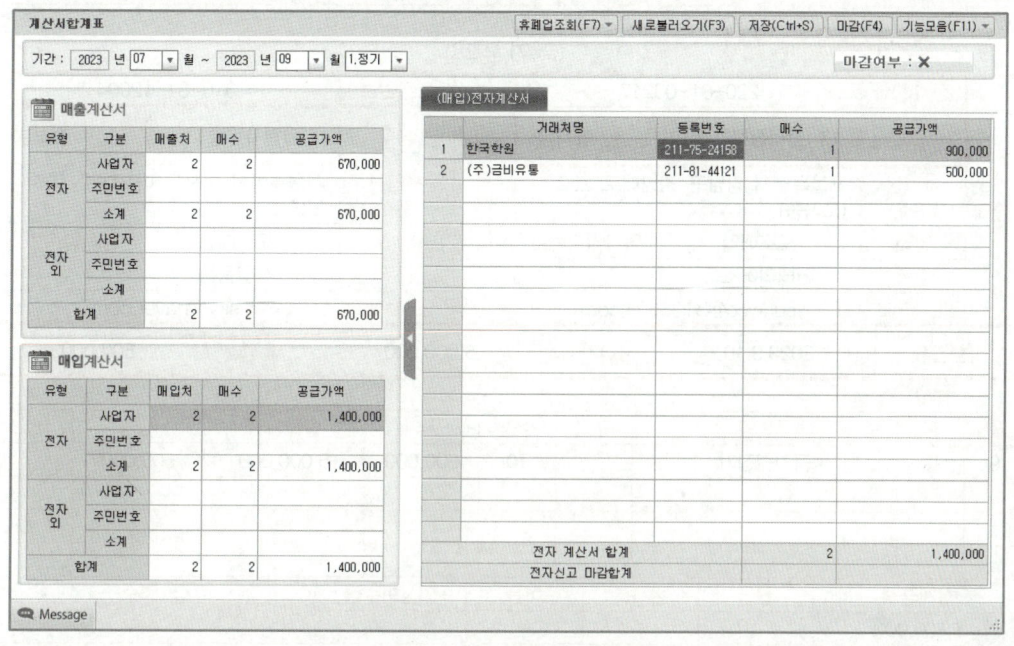

매입매출장 → 자동 반영

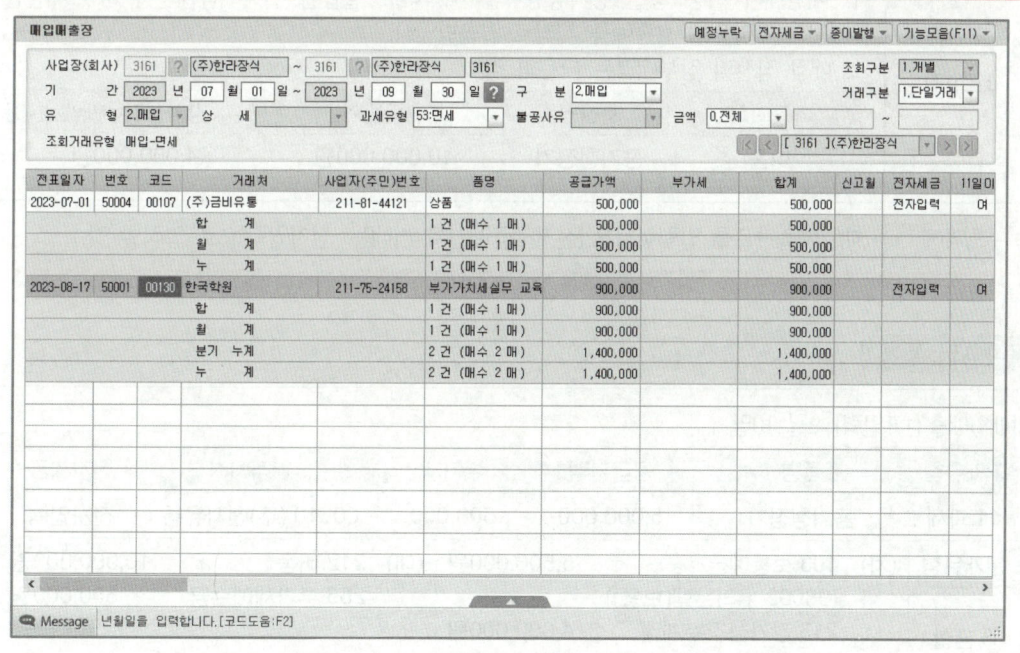

3 매출거래

전자세금계산서 (공급자 보관용)

승인번호

공급자	등록번호	220-81-03217			공급받는자	등록번호	310-81-12004		
	상호	(주)한라장식	성명(대표자)	박시유		상호	(주)천사유통	성명(대표자)	정하늘
	사업장 주소	서울특별시 강남구 강남대로 252 (도곡동)				사업장 주소	서울특별시 마포구 마포대로 108 (공덕동)		
	업태	도소매업	종사업장번호			업태	도소매업	종사업장번호	
	종목	인테리어소품				종목	생활용품		
	E-Mail	sunwoo@bill36524.com				E-Mail	sky@naver.com		

작성일자	2023.9.10.	공급가액	5,000,000	세액	500,000

비고

월	일	품목명	규격	수량	단가	공급가액	세액	비고
9	10	공기청정기		10	500,000	5,000,000	500,000	

합계금액	현금	수표	어음	외상미수금	이 금액을	○ 영수 / ○ 청구	함
5,500,000							

| 자료설명 | 1. 매장에서 사용 중인 공기청정기를 매각하고 발급한 전자세금계산서이며, 대금은 전액 우리은행 보통예금 계좌로 입금받았다.
2. 매각 직전의 장부내역은 다음과 같다.

| 계정과목 | 자산명 | 취득원가 | 감가상각누계액 |
\|---\|---\|---\|---\|
비품	공기청정기	10,000,000원	4,000,000원	
수행과제	매입매출자료를 입력하시오.(전자세금계산서 거래는 '전자입력'으로 입력할 것.)

수행과정 풀이

[매입매출전표입력] 9월 10일

거래유형	품명	공급가액	부가세	거래처	전자세금
11.과세	공기청정기	5,000,000	500,000	00510.(주)천사유통	전자입력

분개유형
 	
3.혼합
	(차) 103.보통예금
	   (98002.우리은행(보통))
	   213.감가상각누계액
	   950.유형자산처분손실
		5,500,000원
		
		4,000,000원
		1,000,000원
			(대)	212.비품
				255.부가세예수금
					10,000,000원
					500,000원

매입매출전표입력

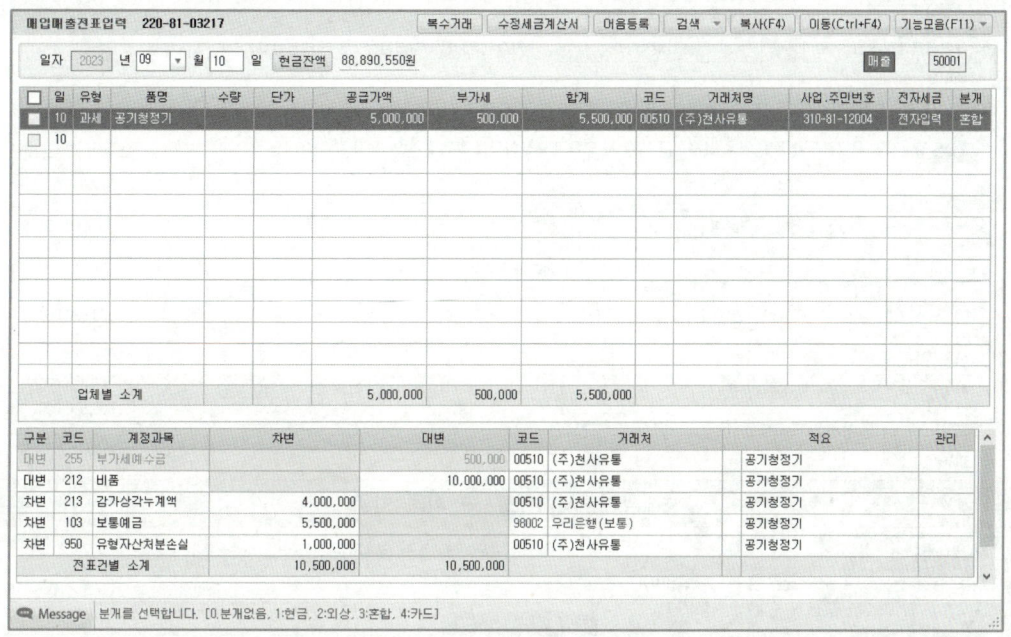

부가가치세신고서 → 자동 반영

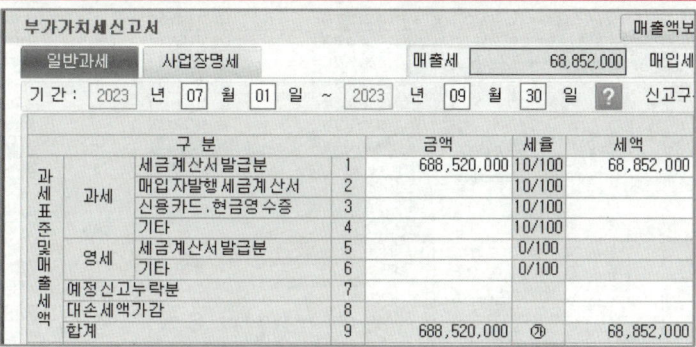

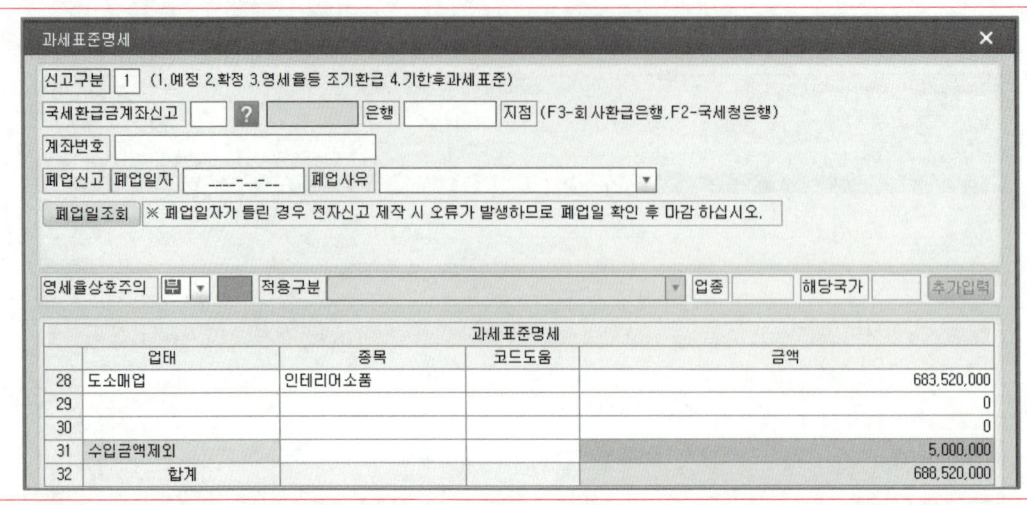

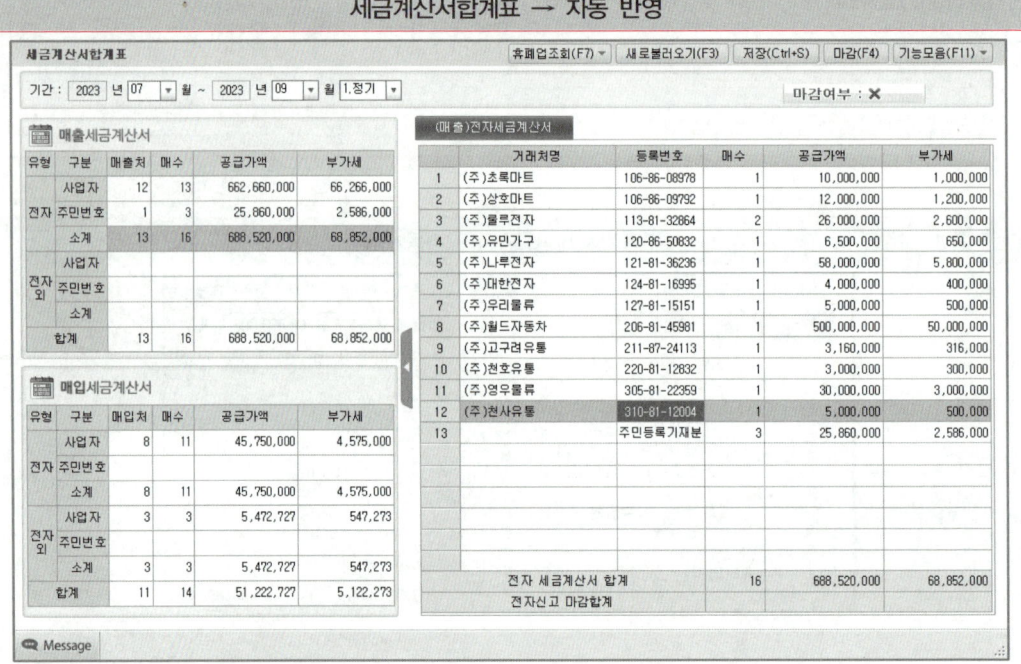

세금계산서합계표 → 자동 반영

매입매출장 → 자동 반영

[매입매출장 조회 화면]

구분	전표일자	번호	코드	거래처	사업자(주민)번호	품명	공급가액	부가세	합계	신고월	전자세금
매출	2023-09-10	50001	00510	(주)천사유통	310-81-12004	공기청정기	5,000,000	500,000	5,500,000		전자입력
			매출합	계		1 건 (매수 1 매)	5,000,000	500,000	5,500,000		
			매출월	계		4 건 (매수 4 매)	47,000,000	4,700,000	51,700,000		
			매출분기	누계		14 건 (매수 14 매)	141,390,000	14,072,000	155,462,000		
			매출누	계		34 건 (매수 34 매)	303,830,000	30,296,000	334,126,000		
			매입월	계		2 건 (매수 2 매)	7,872,727	787,273	8,660,000		
			매입분기	누계		13 건 (매수 13 매)	46,422,727	4,502,273	50,925,000		
			매입누	계		35 건 (매수 35 매)	227,972,727	22,657,273	250,630,000		

4 매입거래

전자세금계산서 (공급받는자 보관용) 승인번호

	공급자			공급받는자		
등록번호	104-81-08128		등록번호	220-81-03217		
상호	(주)디딤건설	성명(대표자)	김원배	상호	(주)한라장식	성명(대표자)	박시유
사업장주소	서울특별시 강남구 강남대로 272			사업장주소	서울특별시 강남구 강남대로 252 (도곡동)		
업태	건설업	종사업장번호		업태	도소매업	종사업장번호	
종목	전문건설하도급			종목	인테리어소품		
E-Mail	didim@bill36524.com			E-Mail	sunwoo@bill36524.com		

작성일자	2023.9.14.	공급가액	10,000,000	세 액	1,000,000

월	일	품목명	규격	수량	단가	공급가액	세액	비고
9	14	토지 평탄화 작업				10,000,000	1,000,000	

합계금액	현금	수표	어음	외상미수금	이 금액을 ● 영수 함
11,000,000					○ 청구

자료설명	신규 매장 건설을 위한 토지 평탄화 작업을 의뢰하고 대금은 국민은행 보통예금 계좌에서 이체하여 지급하였다.(자본적 지출로 처리할 것.)
수행과제	매입매출자료를 입력하시오.(전자세금계산서 거래는 '전자입력'으로 입력할 것.)

수행과정 풀이

[매입매출전표입력] 9월 14일

거래유형	품명	공급가액	부가세	거래처	전자세금
54.불공	토지 평탄화 작업	10,000,000	1,000,000	21116.(주)디딤건설	전자입력
불공제사유	0.토지의 자본적 지출관련				
분개유형 3.혼합	(차) 201.토지 11,000,000원			(대) 103.보통예금 11,000,000원 (98005.국민은행(보통))	

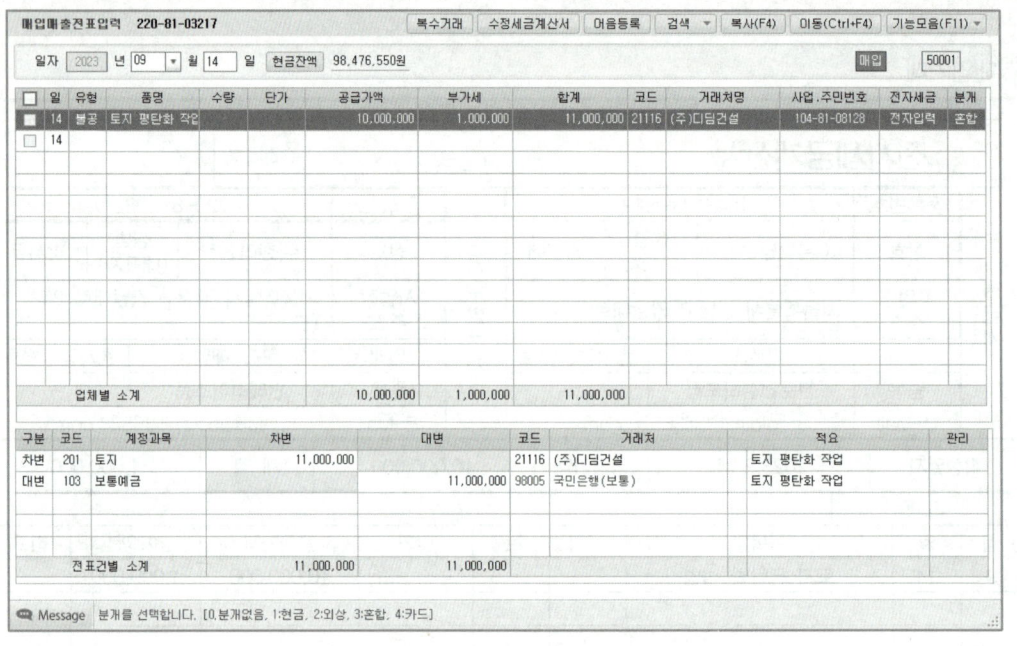

부가가치세신고서 → 자동 반영

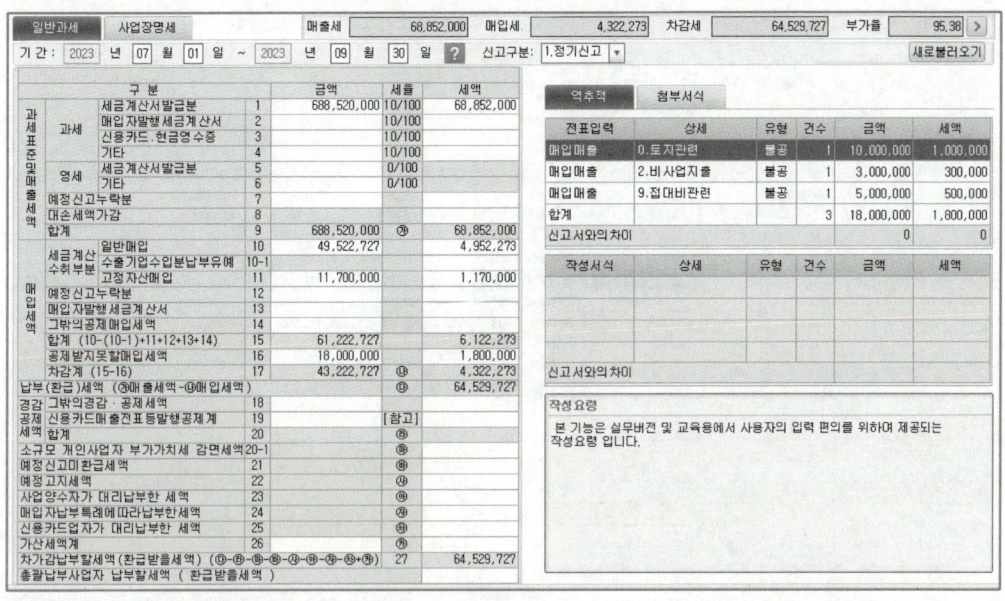

세금계산서합계표 → 자동 반영

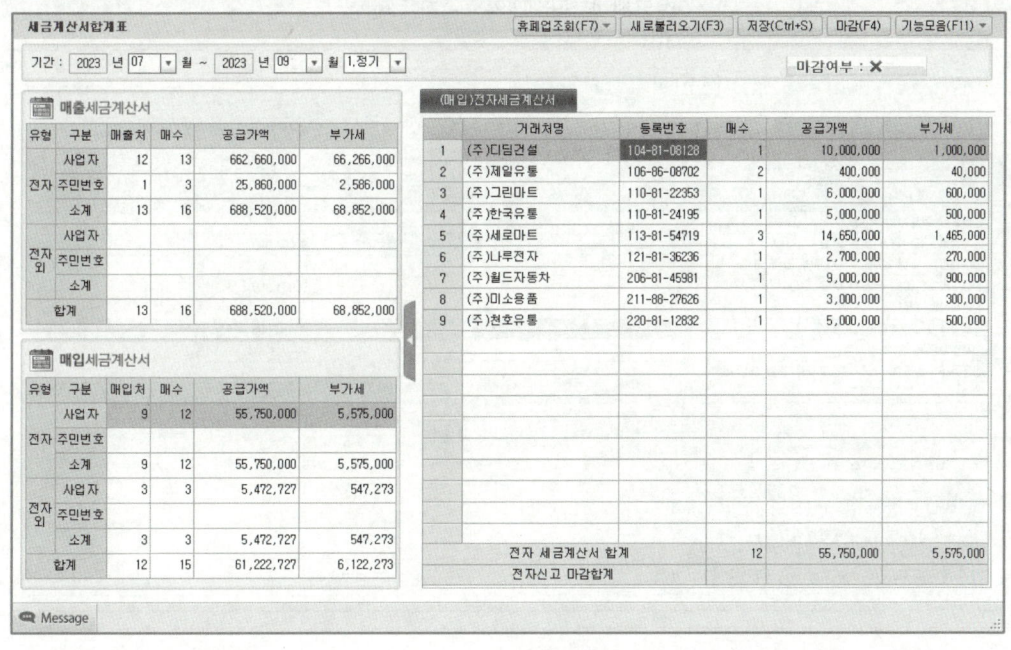

매입매출장 → 자동 반영

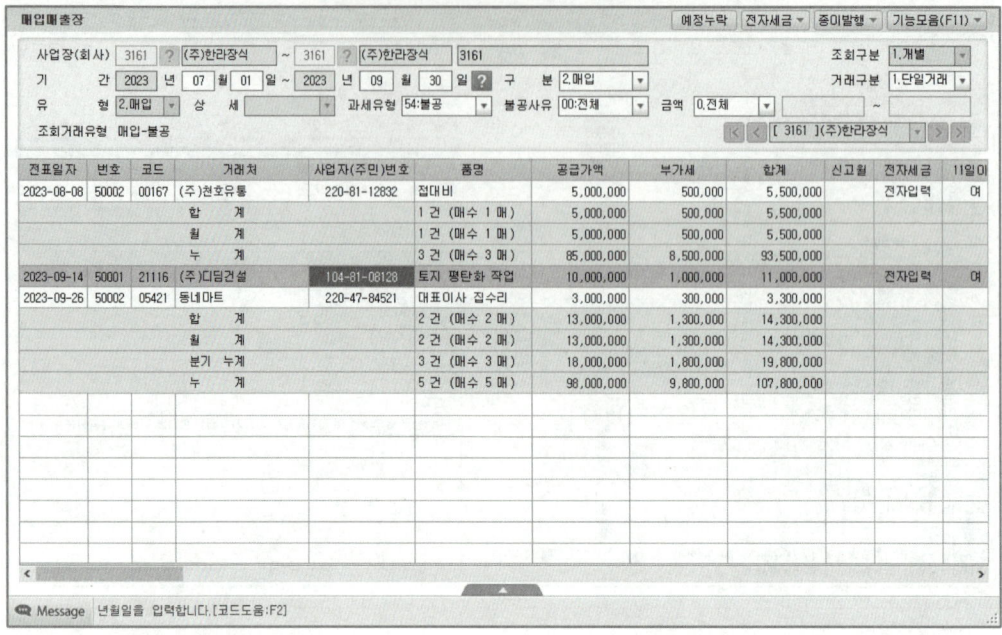

매입세액불공제내역 → 자동 반영

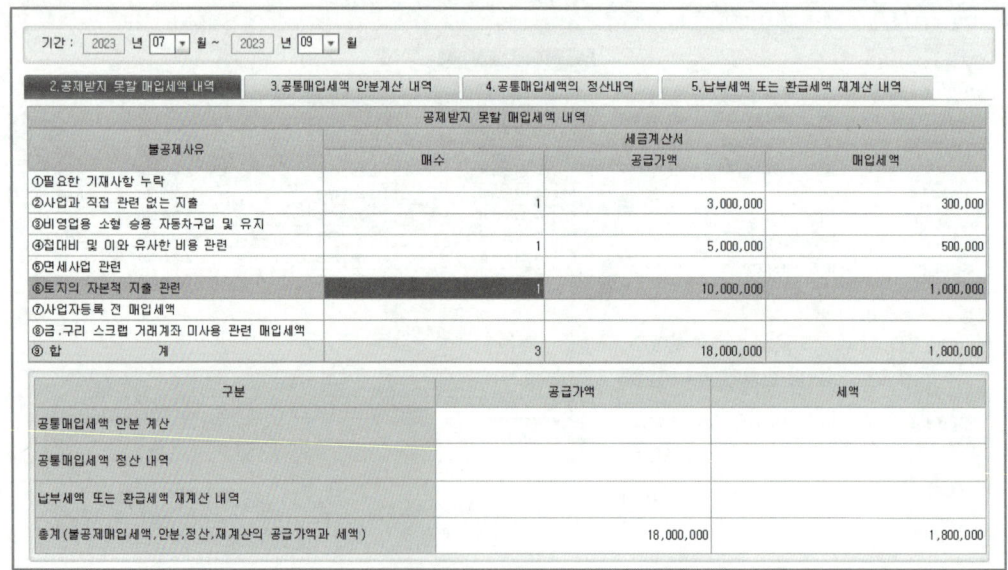

5 매출거래

```
            카드매출전표
    ------------------------------
    카드종류: 삼성카드사
    회원번호: 3424-3152-****-4**5
    거래일시: 2023.9.20. 14:05:16
    거래유형: 신용승인
    매   출:   1,200,000원
    부 가 세:     120,000원
    합   계:   1,320,000원
    결제방법: 일시불
    승인번호: 12985996
    은행확인: 우리은행
    ------------------------------
    가맹점명: (주)한라장식
          - 이 하 생 략 -
```

자료설명	벽시계(상품)를 개인(최혜진)에게 판매하고 발급한 신용카드 매출전표이다.
수행과제	매입매출자료를 입력하시오.(단, 매출채권에 대하여 '외상매출금'계정으로 처리할 것.)

수행과정 풀이

[매입매출전표입력] 9월 20일

거래유형	품명	공급가액	부가세	거래처	전자세금
17.카과	벽시계	1,200,000	120,000	11002.최혜진	
분개유형	(차) 108.외상매출금　　1,320,000원			(대) 401.상품매출　　　　1,200,000원	
4.카드	(99606.삼성카드사)			255.부가세예수금　　120,000원	

공급가액 난에 1,320,000원을 입력하면 자동으로 공급가액/부가세 구분 기재

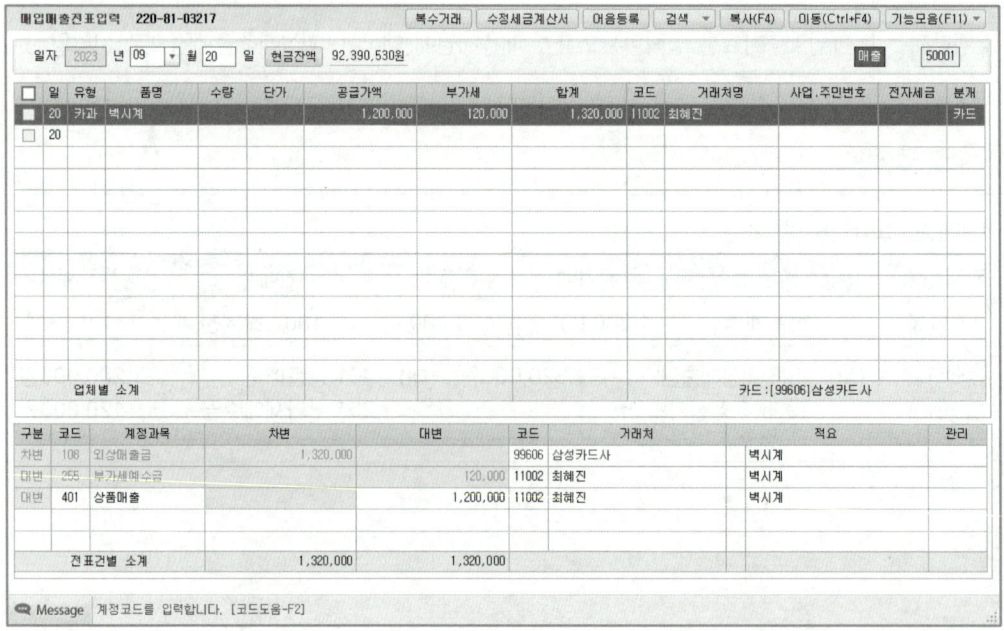

부가가치세신고서 → 자동 반영

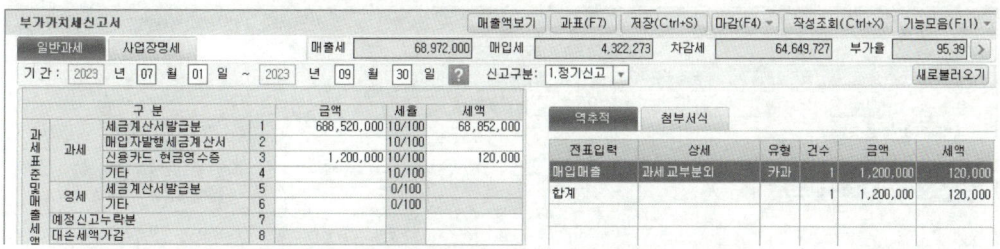

신용카드매출전표발행집계표 → 자동 반영

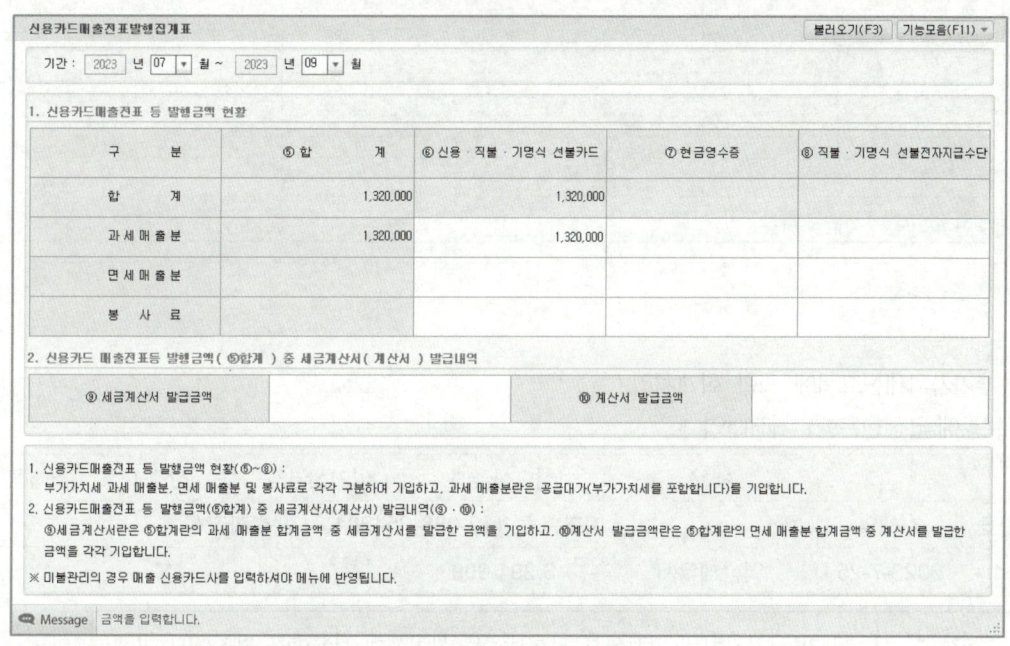

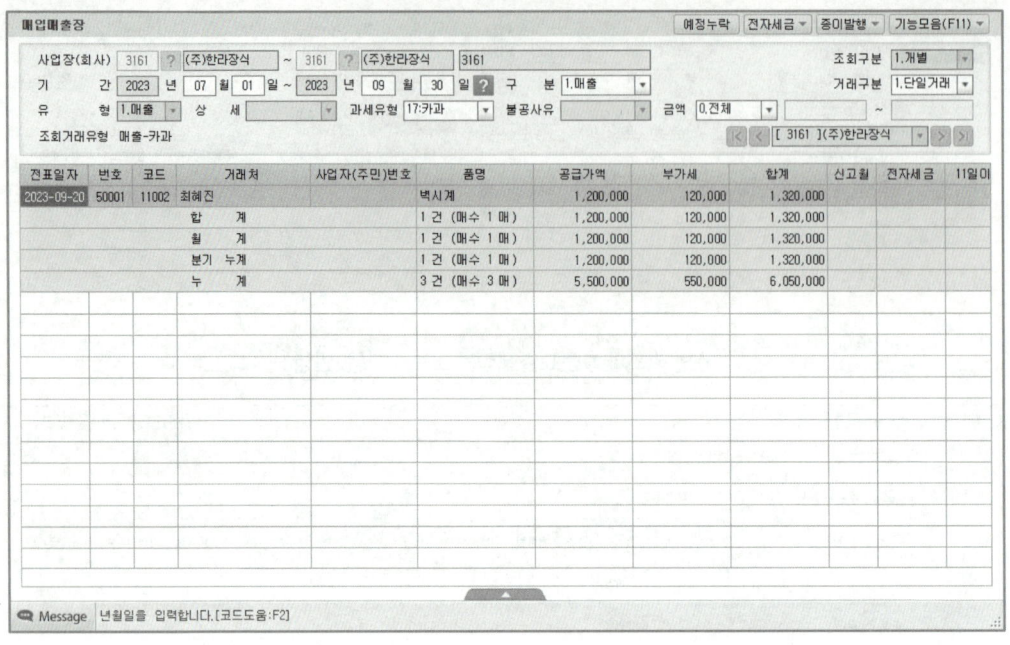

매입매출장 → 자동 반영

6 부가가치세신고서에 의한 회계처리

■ 보통예금(신한은행) 거래내역

번호	거래일	내용	찾으신금액	맡기신금액	잔액	거래점
		계좌번호 112-088-654321 (주)한라장식				
1	2023-7-25	역삼세무서	3,291,000		***	***

자료설명	제1기 부가가치세 확정신고 납부세액을 신한은행 보통예금 계좌에서 이체하였다.
수행과제	6월 30일에 입력된 일반전표를 참고하여 납부세액에 대한 회계처리를 하시오.

수행과정 풀이

[일반전표입력] 7월 25일
(차) 261.미지급세금   3,291,000원   (대) 103.보통예금   3,291,000원
    (05900.역삼세무서)   (98001.신한은행(보통))

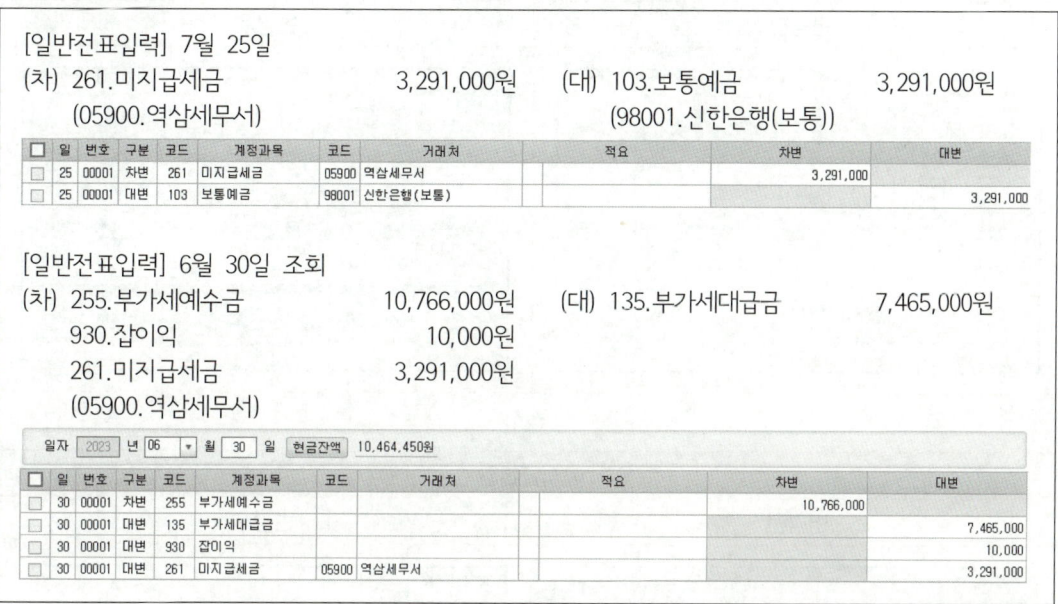

[일반전표입력] 6월 30일 조회
(차) 255.부가세예수금   10,766,000원   (대) 135.부가세대급금   7,465,000원
    930.잡이익   10,000원
    261.미지급세금   3,291,000원
    (05900.역삼세무서)

계정별원장

변경전	변경후
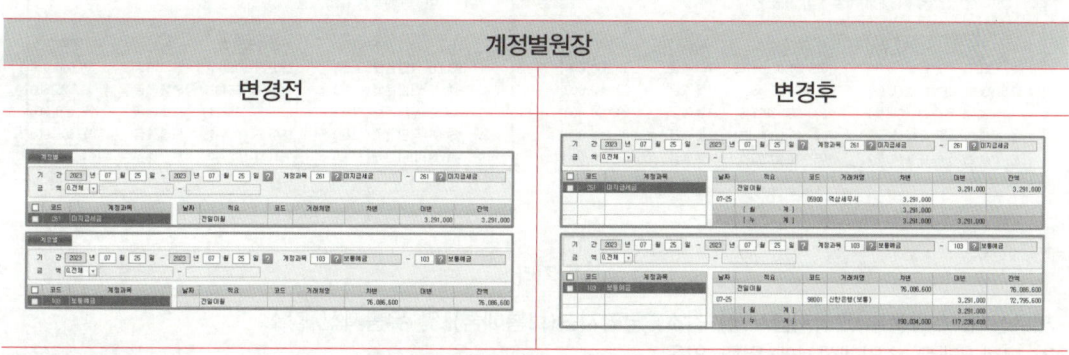	

거래처원장

변경전	변경후
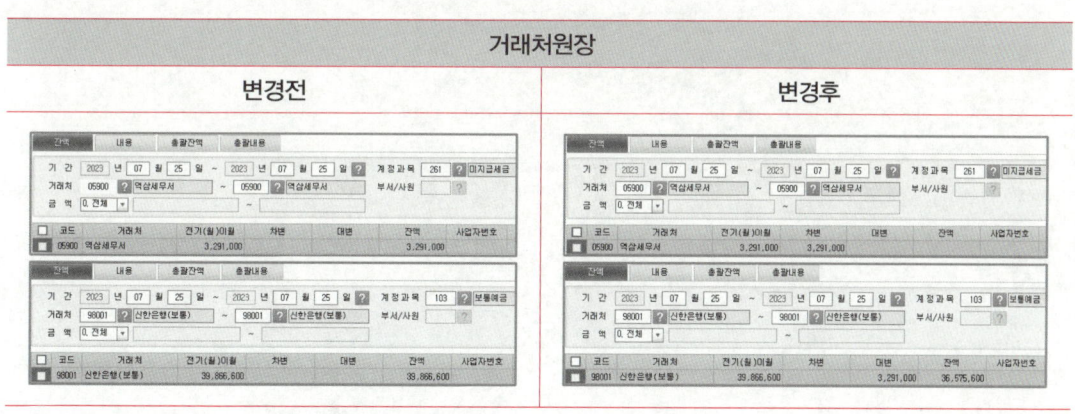	

월계표

변경전	변경후
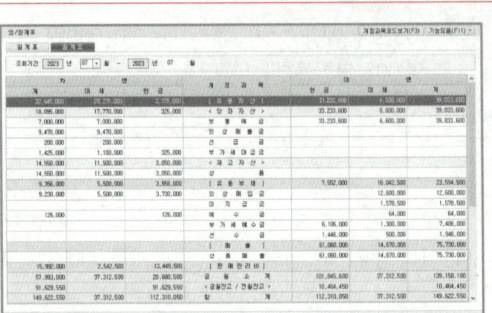	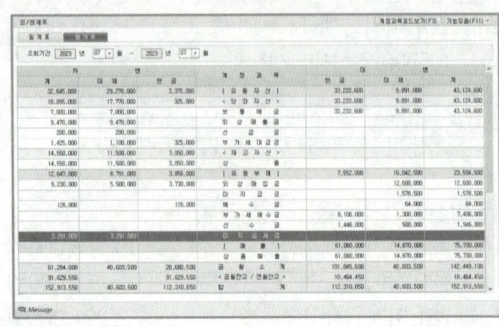

예적금현황

변경전	변경후
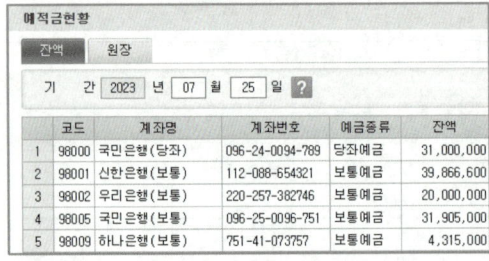	

기타

재무상태표: 유동부채(미지급세금) 감소, 당좌자산(보통예금) 및 유동자산 감소
2. 교환거래로 손익계산서에 영향 없음

실무수행 ••• 결산

[결산자료]를 참고하여 결산을 수행하시오.(단, 제시된 자료 이외의 자료는 없다고 가정함.)

① 수동결산 및 자동결산

자료설명	1. 결산일 현재 정기예금에 대한 기간경과분 미수이자 600,000원을 계상하다.
	2. 기말상품재고액은 41,000,000원이다.
	3. 이익잉여금처분계산서 처분 확정(예정)일
	  - 당기분: 2024년 2월 27일
	  - 전기분: 2023년 2월 27일

수행과제	1. 수동결산 또는 자동결산 메뉴를 이용하여 결산을 완료하시오. 2. 12월 31일을 기준으로 '손익계산서 → 이익잉여금처분계산서 → 재무상태표'를 순서대로 조회 작성하시오. (단, 이익잉여금처분계산서 조회 작성 시 '저장된 데이터 불러오기' → '아니오' 선택 → 상단부의 '전표추가'를 이용하여 '손익대체분개'를 수행할 것.)

수행과정 풀이

1. 수동결산 및 자동결산
[일반전표입력] 12월 31일
(차) 116.미수수익   600,000원   (대) 901.이자수익   600,000원

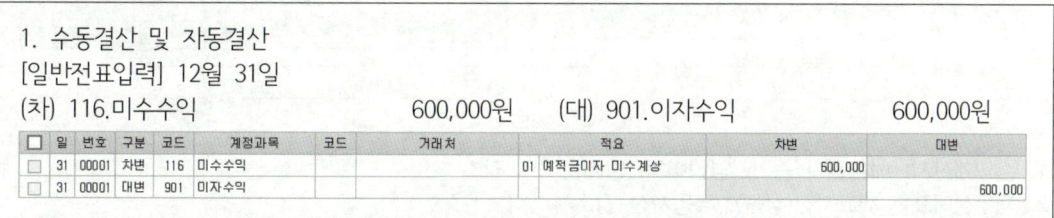

합계잔액시산표

변경전 | 변경후

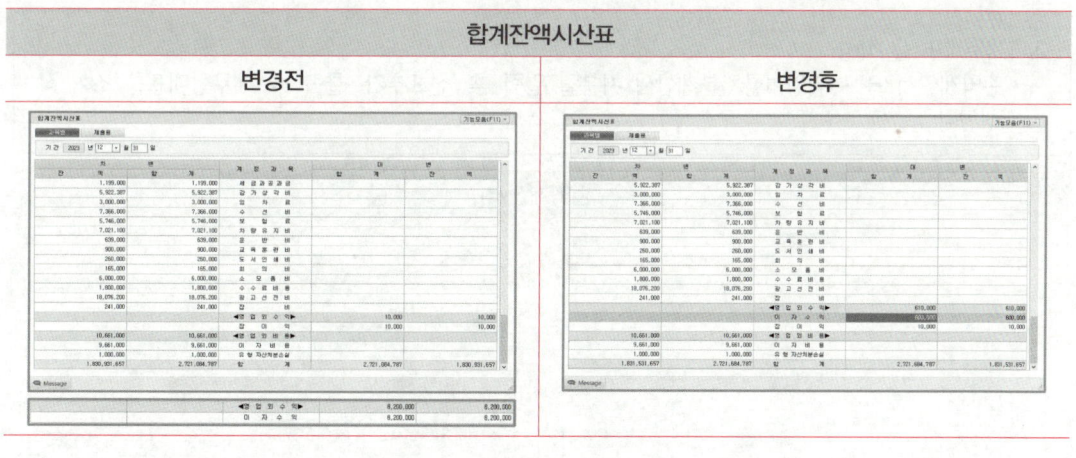

기타

1. 손익계산서: 영업외수익(이자수익) 증가, 당기순이익 증가
2. 재무상태표: 당좌자산(미수수익), 유동자산 증가

1. 수동결산 및 자동결산
[결산자료입력] 1월 ~ 12월
- 기말상품재고액 41,000,000원을 입력한다.
- 상단부 전표추가(F3) 를 클릭하면 [일반전표입력] 메뉴에 분개가 생성된다.
  (차) 451.상품매출원가   242,809,727원   (대) 146.상품   242,809,727원
  [기초재고액 90,000,000원 + 당기매입액 193,809,727원 - 기말재고액 41,000,000원]
     = 상품매출원가 242,809,727원

결산자료입력

변경전	변경후

일반전표입력

변경전	변경후

기타

1. 손익계산서: 매출원가 증가, 영업이익, 당기순이익 감소
2. 재무상태표: 재고자산(상품), 유동자산 감소

2. [재무제표 등 작성]
- 손익계산서 ➡ 이익잉여금처분계산서 처분일 입력 후 '전표추가' 클릭 ➡ 재무상태표를 조회 작성한다.

손익계산서

변경전	변경후

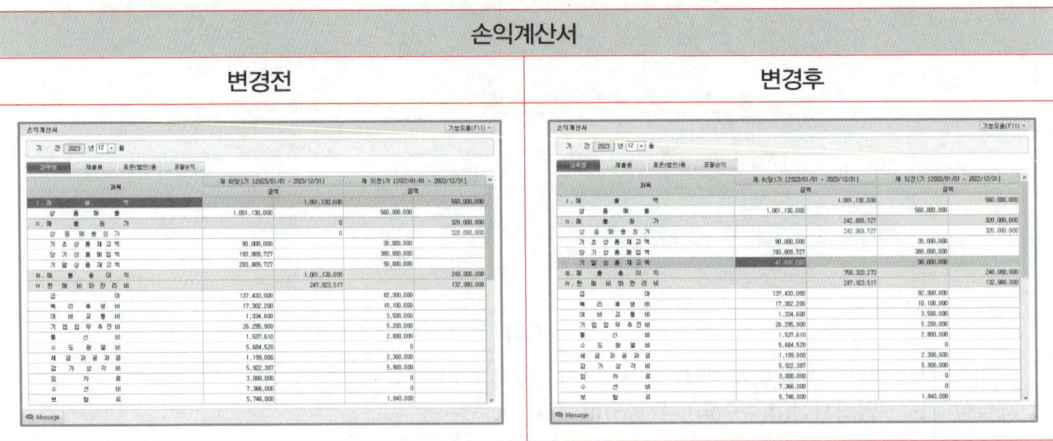

이익잉여금처분계산서

변경전	변경후
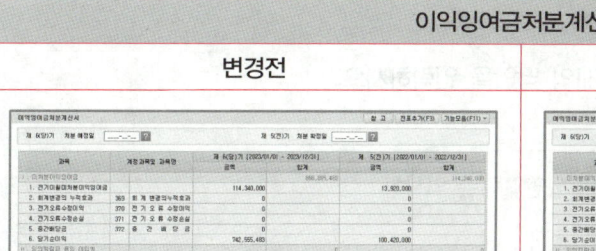	

재무상태표

변경전	변경후

일반전표입력

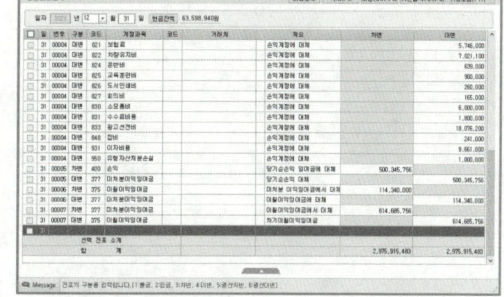

평가문제 ••• 실무수행평가 (62점)

입력자료 및 회계정보를 조회하여 [평가문제]의 답안을 입력하시오.

평가문제 답안입력 유의사항

❶ 답안은 지정된 단위의 숫자로만 입력해 주십시오.
* 한글 등 문자 금지

	정답	오답(예)
(1) 금액은 원 단위로 숫자를 입력하되, 천 단위 콤마(,)는 생략 가능합니다.	1,245,000 1245000	1.245.000 1,245,000원 1,245,0000 12,45,000 1,245천원
(1-1) 답이 0원인 경우 반드시 "0" 입력 (1-2) 답이 음수(-)인 경우 숫자 앞에 " - " 입력 (1-3) 답이 소수인 경우 반드시 " . " 입력		
(2) 질문에 대한 답안은 숫자로만 입력하세요.	4	04 4건, 4매, 4명 04건, 04매, 04명
(3) 거래처 코드번호는 5자리 숫자로 입력하세요.	00101	101 00101번

❷ 답안에 천원단위(000) 입력시 더존 프로그램 숫자 입력 방법과 다르게 숫자키패드 '+' 기능은 지원되지 않습니다.
❸ 더존 프로그램에서 조회되는 자료를 복사하여 붙여넣기가 가능합니다.
❹ 수행과제를 올바르게 입력하지 않고 작성한 답과 모범답안이 다른 경우 오답처리됩니다.

실무수행 평가문제 따라잡기

번호	평가문제	관련 문제
11	평가문제 [거래처등록 조회] (주)한라장식의 [거래처등록] 관련 내용으로 옳지 않은 것은? ① 카드거래처의 매입 관련 거래처는 1곳이다. ② 금융거래처 중 '3.예금종류'가 차입금인 거래처는 2곳이다. ③ 일반거래처 '(주)명품인테리어(코드: 00108)'의 대표자는 박민규이다. ④ 일반거래처 '(주)명품인테리어(코드: 00108)'의 담당자메일주소는 goodjob@bill36524.com이다.	기초1

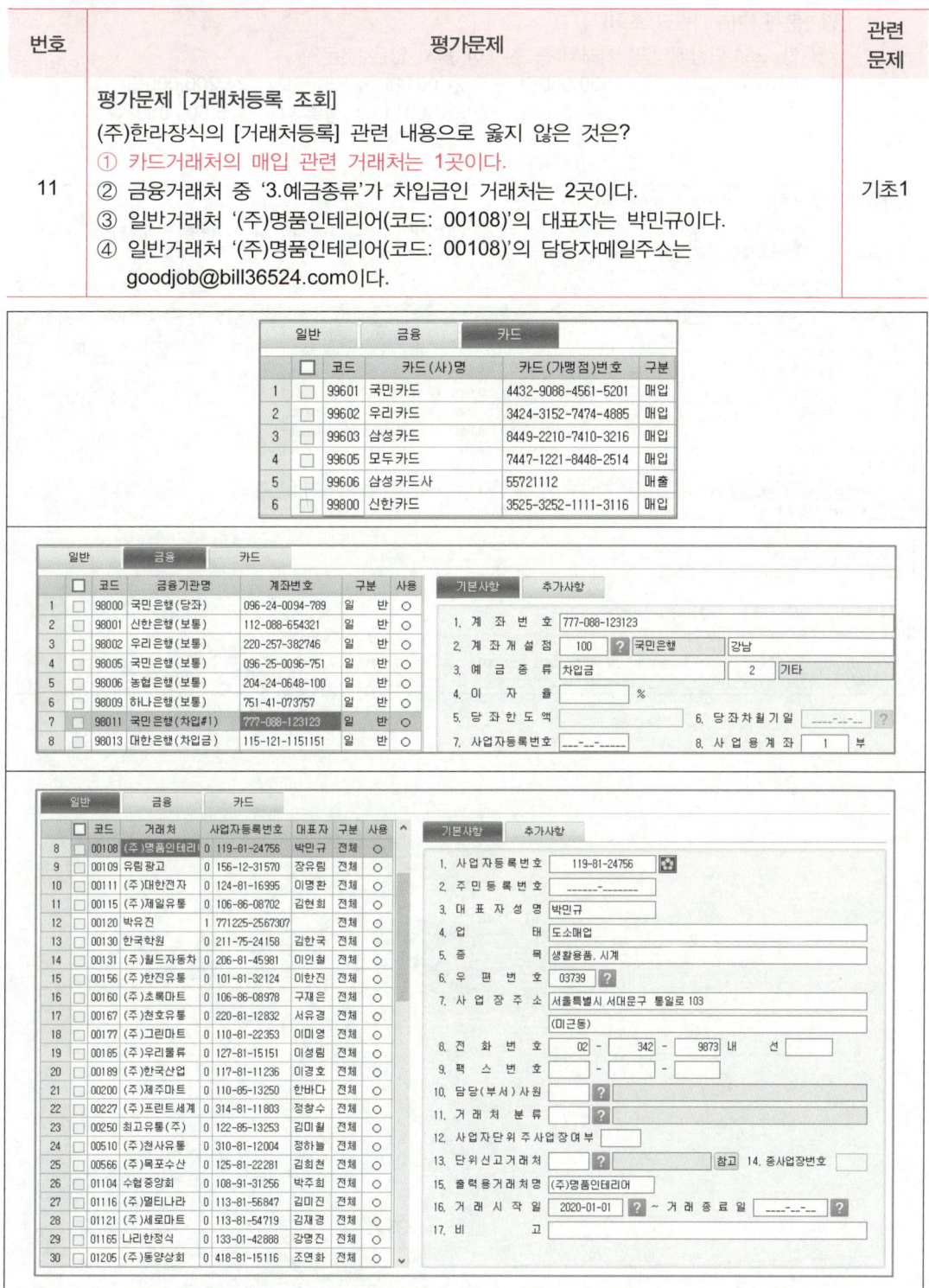

번호	평가문제	관련문제
12	평가문제 [거래처원장 조회] 7월 말 '251.외상매입금' 거래처 중 잔액이 옳지 않은 것은? ① 00107.(주)금비유통 500,000원 ② 00111.(주)대한전자 24,200,000원 ③ 07401.(주)한국유통 5,500,000원 ④ 30011.(주)행복유통 5,500,000원	일반 5

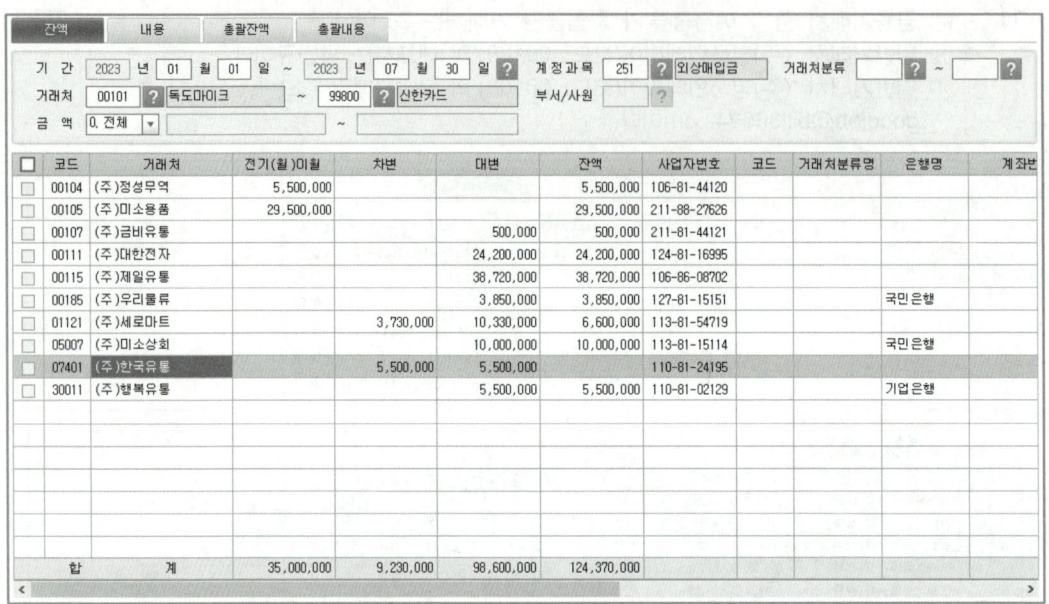

번호	평가문제	관련문제
13	평가문제 [총계정원장 조회] 다음 중 '101.현금'의 월별 출금된 대변 금액으로 옳지 않은 것은? ① 1월 47,369,860원　　② 2월 27,822,000원 ③ 3월 24,771,340원　　④ 8월 20,394,000원	일반 1 일반 2 일반 3 매입 1

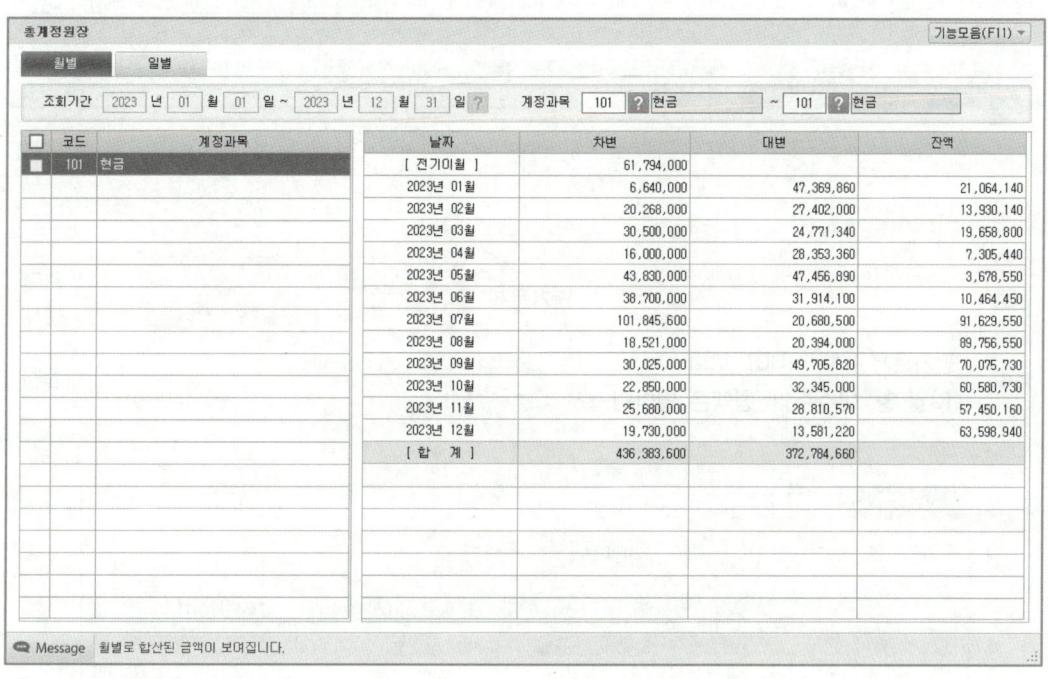

번호	평가문제	관련문제
14	평가문제 [합계잔액시산표 조회] 8월 말 '미지급금' 잔액은 얼마인가?　　　　　　　　(120,439,140)원	매입 2

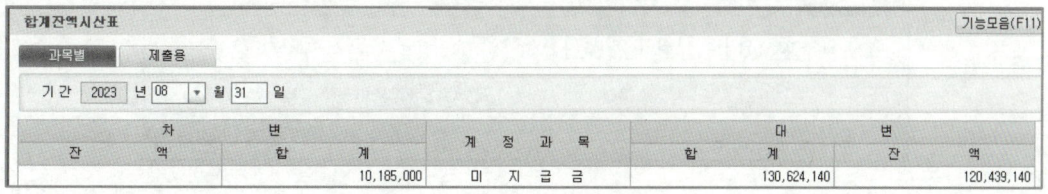

번호	평가문제	관련 문제
15	평가문제 [계정별원장 조회] 9월 말 '108.외상매출금' 잔액은 얼마인가?　　　　　　　　　　(174,171,000)원	매입 1 매입 5

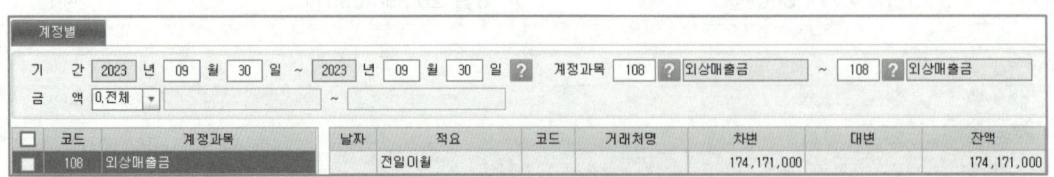

번호	평가문제	관련 문제
16	평가문제 [재무상태표 조회] 12월 말 '미수수익' 잔액은 얼마인가?　　　　　　　　　　　　　(600,000)원	결산

과목별	제출용	표준(법인)용

기　간　2023 년 12 월　2023년

과목	제 6(당)기 [2023/01/01 ~ 2023/12/31] 금　액
미　수　수　익	600,000

번호	평가문제	관련 문제
17	평가문제 [재무상태표 조회] 12월 말 '단기매매증권' 잔액은 얼마인가?　　　　　　　　　　(2,390,000)원	일반 2

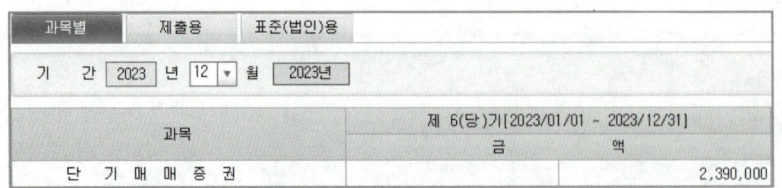

번호	평가문제	관련문제
18	평가문제 [재무상태표 조회] 12월 말 '유형자산'의 장부금액(취득원가 − 감가상각누계액)은 얼마인가? (264,307,613)원	일반 2 매입 3

과목	제 6(당)기 [2023/01/01 ~ 2023/12/31] 금액	
(2) 유 형 자 산		264,307,613
토 지		91,000,000
건 물		50,000,000
차 량 운 반 구	86,030,000	
감 가 상 각 누 계 액	18,200,000	67,830,000
비 품	47,400,000	
감 가 상 각 누 계 액	1,922,387	45,477,613
건 설 중 인 자 산		10,000,000
(3) 무 형 자 산		15,000,000
특 허 권		8,000,000
소 프 트 웨 어		7,000,000

번호	평가문제	관련문제
19	평가문제 [재무상태표 조회] 12월 말 '이월이익잉여금(미처분이익잉여금)' 잔액은 얼마인가? ① 450,127,500원　　② 550,127,506원 ③ 614,685,756원　　④ 865,721,156원	전체

과목	제 6(당)기 [2023/01/01 ~ 2023/12/31] 금액	제 5(전)기 [2022/01/01 ~ 2022/12/31] 금액
부 가 세 예 수 금	86,660,000	0
선 수 금	7,711,000	0
단 기 차 입 금	22,000,000	0
II. 비 유 동 부 채	62,000,000	62,000,000
장 기 차 입 금	50,000,000	50,000,000
퇴 직 급 여 충 당 부 채	12,000,000	12,000,000
부 채 총 계	521,759,270	143,318,000
자 본		
I. 자 본 금	173,467,000	158,467,000
자 본 금	173,467,000	158,467,000
II. 자 본 잉 여 금	0	0
III. 자 본 조 정	0	0
IV. 기 타 포 괄 손 익 누 계 액	0	0
V. 이 익 잉 여 금	614,685,756	114,340,000
미 처 분 이 익 잉 여 금	614,685,756	114,340,000
(당 기 순 이 익)		
당기 : 500,345,756 원		
전기 : 100,420,000 원		
자 본 총 계	788,152,756	272,807,000
부 채 및 자 본 총 계	1,309,912,026	416,125,000

번호	평가문제	관련 문제
20	평가문제 [손익계산서 조회] 당기에 발생한 '상품매출원가'는 얼마인가? (242,809,727)원	결산

기 간 2023 년 12 월

과목	제 6(당)기 [2023/01/01 ~ 2023/12/31]
	금액
Ⅱ. 매 출 원 가	242,809,727
상 품 매 출 원 가	242,809,727
기 초 상 품 재 고 액	90,000,000
당 기 상 품 매 입 액	193,809,727
기 말 상 품 재 고 액	41,000,000

번호	평가문제	관련 문제
21	평가문제 [손익계산서 조회] 당기의 '판매비와관리비'의 계정별 금액이 옳지 않은 것은? ① 기업업무추진비　26,295,900원　② 보험료　4,846,000원 ③ 교육훈련비　900,000원　④ 회의비　165,000원	일반 1 일반 3 일반 4 매입 2

손익계산서

기 간 2023 년 12 월

과목	제 6(당)기 [2023/01/01 ~ 2023/12/31]	제 5(전)기 [2022/01/01 ~ 2022/12/31]
	금액	금액
Ⅳ. 판 매 비 와 관 리 비	247,923,517	132,980,000
급　　　　　　　여	137,433,000	82,300,000
복 리 후 생 비	17,302,200	10,100,000
여 비 교 통 비	1,334,600	3,500,000
기 업 업 무 추 진 비	26,295,900	5,200,000
통 신 비	1,537,610	2,800,000
수 도 광 열 비	5,684,520	0
세 금 과 공 과 금	1,199,000	2,300,000
감 가 상 각 비	5,922,387	5,900,000
임 차 료	3,000,000	0
수 선 비	7,366,000	0
보 험 료	5,746,000	1,840,000
차 량 유 지 비	7,021,100	8,540,000
경 상 연 구 개 발 비	0	4,900,000
운 반 비	639,000	0
교 육 훈 련 비	900,000	0
도 서 인 쇄 비	260,000	0
회 의 비	165,000	0
포 장 비	0	800,000
소 모 품 비	6,000,000	4,800,000

번호	평가문제	관련문제
22	평가문제 [손익계산서 조회] 당기에 발생한 '영업외수익' 중 금액이 큰 계정과목의 코드번호를 기입하시오. (901)	결산

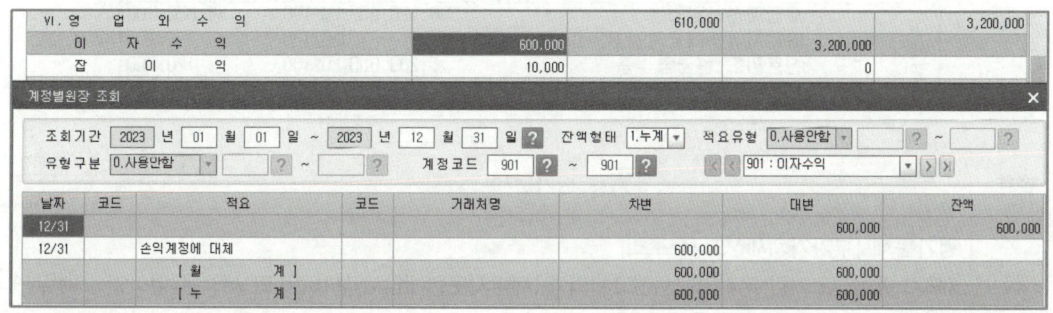

번호	평가문제	관련문제
23	평가문제 [손익계산서 조회] 당기에 발생한 '유형자산처분손실'은 얼마인가? (1,000,000)원	매입 3

VII. 영 업 외 비 용		10,661,000
이 자 비 용	9,661,000	
유 형 자 산 처 분 손 실	1,000,000	

번호	평가문제	관련문제
24	평가문제 [부가가치세신고서 조회] 제2기 예정신고기간 부가가치세신고서 '과세표준및매출세액_합계(9란)'의 과세표준 금액은 얼마인가? (689,720,000)원	매입 1 매입 3

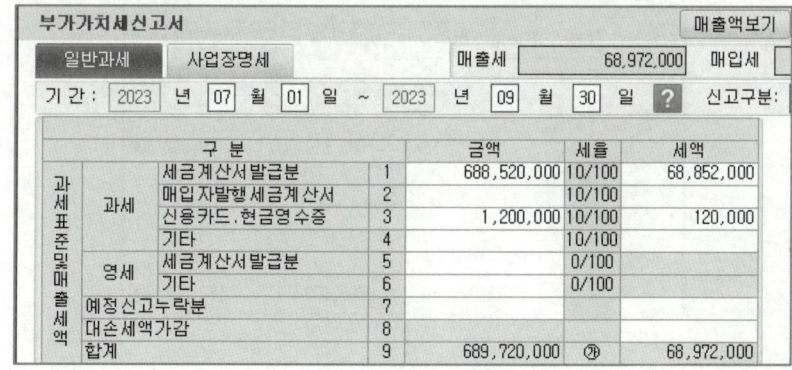

번호	평가문제	관련문제
25	평가문제 [부가가치세신고서 조회] 제2기 예정신고기간 부가가치세신고서 '과세_신용카드.현금영수증(3란)'의 세액은 얼마인가? (120,000)원	매입 5

과세표	과세	세금계산서발급분	1	688,520,000	10/100	68,852,000
		매입자발행세금계산서	2		10/100	
		신용카드.현금영수증	3	1,200,000	10/100	120,000

번호	평가문제	관련문제
26	평가문제 [부가가치세신고서 조회] 제2기 예정신고기간 부가가치세신고서의 '공제받지못할매입세액(16란)'의 세액은 얼마인가? (1,800,000)원	매입 4

매입세액	세금계산 수취부분	일반매입	10	49,522,727		4,952,273
		수출기업수입분납부유예	10-1			
		고정자산매입	11	11,700,000		1,170,000
	예정신고누락분		12			
	매입자발행세금계산서		13			
	그밖의공제매입세액		14			
	합계 (10-(10-1)+11+12+13+14)		15	61,222,727		6,122,273
	공제받지못할매입세액		16	18,000,000		1,800,000
	차감계 (15-16)		17	43,222,727	㉯	4,322,273

번호	평가문제	관련문제
27	평가문제 [세금계산서합계표 조회] 제2기 예정신고기간의 전자매출세금계산서의 세액은 얼마인가? (68,852,000)원	매입 1 매입 3

번호	평가문제	관련 문제
28	평가문제 [계산서합계표 조회] 제2기 예정신고기간의 전자매입계산서의 공급가액은 얼마인가? (1,400,000)원	매입 2

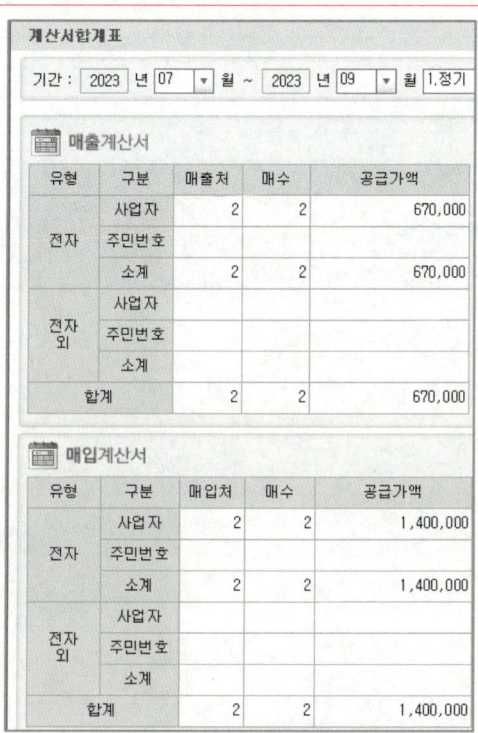

번호	평가문제	관련 문제
29	평가문제 [예적금현황 조회] 12월 말 은행별(계좌명) 보통예금 잔액으로 옳은 것은? ① 신한은행(보통) 433,612,000원 ② 우리은행(보통) 14,500,000원 ③ 국민은행(보통) 31,905,000원 ④ 하나은행(보통) 4,315,000원	일반 4 일반 5 매입 3 매입 4 매입 6

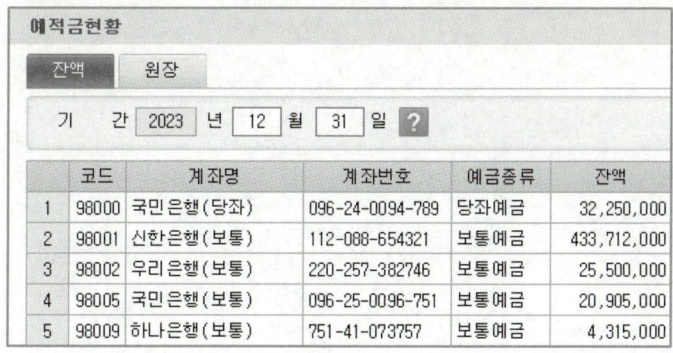

번호	평가문제	관련문제
30	평가문제 [영수증수취명세서 조회] [영수증수취명세서(1)]에 작성된 '12.명세서제출 대상' 금액은 얼마인가? (275,000)원	일반 1

9. 구분	3만원 초과 거래분		
	10. 총계	11. 명세서제출 제외대상	12. 명세서제출 대상(10-11)
13. 건수	2		2
14. 금액	275,000		275,000

1. 세금계산서, 계산서, 신용카드 등 미사용내역

(탭: 영수증수취명세서(2) | 영수증수취명세서(1) | 해당없음)

> **평가문제** ・・・ 회계정보분석 (8점)

회계정보를 조회하여 [회계정보분석] 답안을 입력하시오.

31.
재무상태표 조회 (4점)

부채비율은 기업의 지급능력을 측정하는 비율로 높을수록 채권자에 대한 위험이 증가한다. 전기 부채비율은 얼마인가?(단, 소숫점 이하는 버림 할 것.)

$$부채비율(\%) = \frac{부채총계}{자기자본(자본총계)} \times 100$$

① 52% ② 56%
③ 190% ④ 198%

> 회계정보분석 풀이

① (143,318,000원 / 272,807,000원) × 100 ≒ 52%

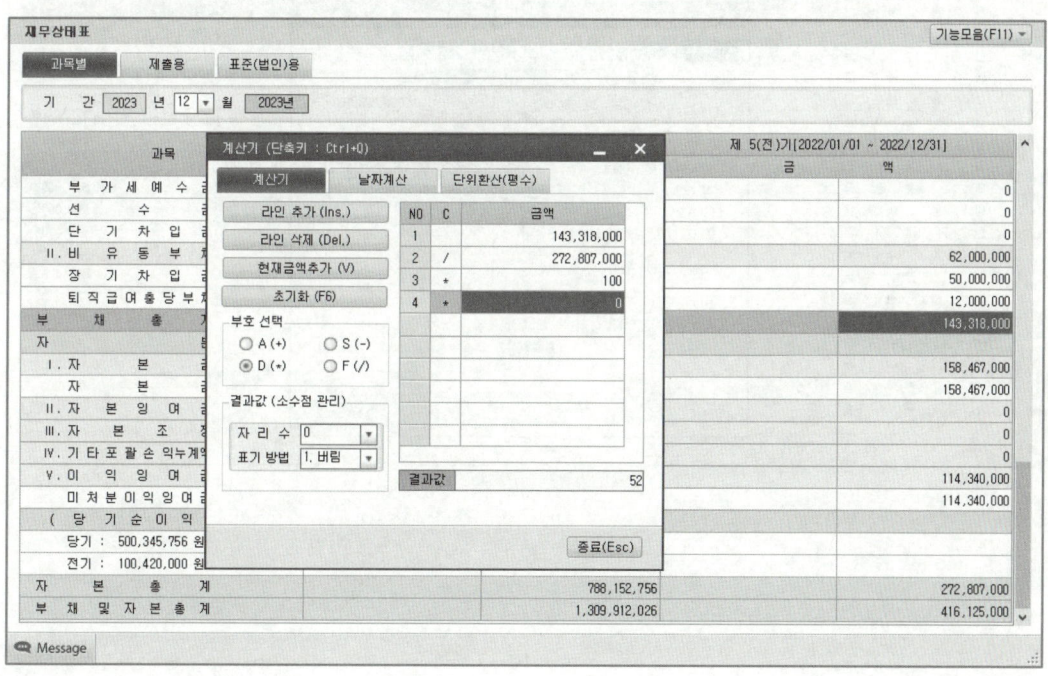

32.

재무상태표 조회 (4점)

유동비율이란 기업의 단기 지급능력을 평가하는 지표이다. 전기 유동비율을 계산하면 얼마인가?(소수점 이하는 버릴 것.)

$$유동비율(\%) = \frac{유동자산}{유동부채} \times 100$$

① 391% ② 411%
③ 451% ④ 521%

회계정보분석 풀이

② (334,325,000원 / 81,318,000원) × 100 ≒ 411%

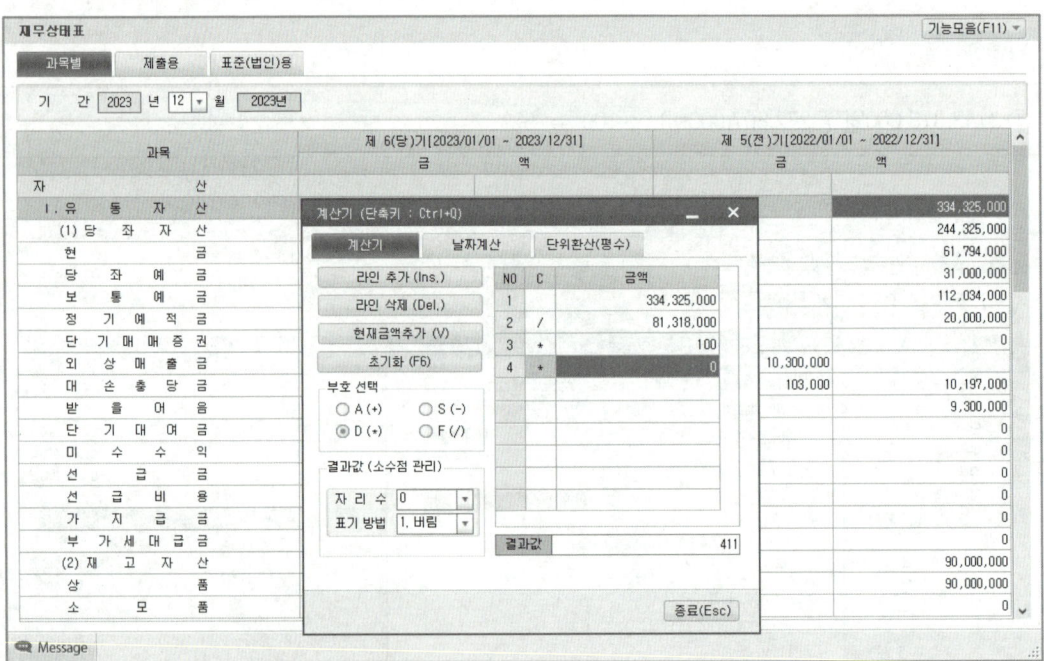

PART

02

기출문제
풀어보기

기출문제 (주)닥터스킨(회사코드 3173) 73회

홈페이지 자료실에서 '2025 FAT1grade DB'를 다운받아 설치한 후 풀이할 것

● 실무 이론 평가

아래 문제에서 특별한 언급이 없으면 기업의 보고기간(회계기간)은 매년 1월 1일부터 12월 31일까지입니다. 또한 기업은 일반기업회계기준 및 관련 세법을 계속적으로 적용하고 있다고 가정하고 물음에 가장 합당한 답을 고르시기 바랍니다.

01

다음 중 재무제표의 작성과 표시에 대한 설명으로 옳지 <u>않은</u> 것은?
① 자산은 원칙적으로 1년을 기준으로 유동자산과 비유동자산으로 분류한다.
② 재무제표는 재무상태표, 손익계산서, 현금흐름표, 자본변동표로 구성되며 주석을 포함한다.
③ 손익계산서는 일정 시점의 재무상태에 대한 정보를 제공하는 재무보고서이다.
④ 일반적으로 인정되는 회계원칙에 따라 재무제표를 작성하면 회계정보의 기간별·기업간 비교가능성이 높아진다.

02

다음은 (주)한공의 기계장치 대장의 일부이다. 이를 토대로 2024년도 감가상각비를 계산하면 얼마인가?

기계장치 대장			
관 리 번 호	A-01	관 리 책 임	생산부장
취 득 일	2023년 1월 1일	처 분 금 액	미처분
취 득 금 액	15,000,000원	잔 존 가 치	0원
내 용 연 수	10년	상 각 방 법	정률법(상각률 25%)가정

① 1,500,000원
② 1,875,000원
③ 2,812,500원
④ 3,750,000원

03

다음은 (주)한공의 재고자산 매입과 관련된 김과장과 강대리의 대화내용이다. (가), (나)에 해당하는 계정과목으로 알맞은 것은?

	(가)	(나)
①	매입에누리	매입할인
②	매입환출	매입에누리
③	매입할인	매입환출
④	매입에누리	매입환출

04

업무용 건물에 중앙집중식 냉난방기를 설치하여 건물의 가치가 증대되고 내용연수가 2년 연장되었다. 이에 대한 회계처리 시 차변 계정과목으로 옳은 것은?

① 수선비   ② 선급금
③ 투자부동산   ④ 건물

05

다음은 (주)한공의 수정 전 잔액시산표와 결산조정사항을 반영한 재무상태표의 일부이다. (가), (나)의 금액으로 옳은 것은?

수정 전 잔액시산표

(주)한공 2024년 12월 31일 (단위: 원)

차변	계정과목	대변
1,000,000	외 상 매 출 금	
	대 손 충 당 금	15,000
2,000,000	받 을 어 음	
	대 손 충 당 금	30,000
:	:	:

- 매출채권 잔액에 대하여 2%의 대손충당금을 설정하다.

재무상태표

(주)한공 2024년 12월 31일 (단위: 원)

과목	제4(당)기	
:		:
매 출 채 권	(가)	
(-)대손충당금	((나))	xxx
:	:	

	(가)	(나)
①	3,000,000원	15,000원
②	3,000,000원	45,000원
③	3,000,000원	60,000원
④	3,000,000원	75,000원

06

다음은 (주)한공의 직원이 출장 후 정산한 지출 내역서이다. 이 지출내역서에 대한 회계처리로 옳은 것은?

출장비 지출 내역서

일자	출발지	도착지	KTX	숙박비	식대	계
2024.3.11.	부산	서울	70,000원	70,000원	20,000원	160,000원
2024.3.12.	서울	부산	70,000원	-	20,000원	90,000원
합 계			140,000원	70,000원	40,000원	250,000원
가지급금						300,000원
반납액(현금)						50,000원

가. (차) 여비교통비　　　250,000원　　(대) 가지급금　　　250,000원
나. (차) 여비교통비　　　250,000원　　(대) 가지급금　　　300,000원
　　　현　　금　　　　50,000원
다. (차) 여비교통비　　　300,000원　　(대) 가지급금　　　300,000원
라. (차) 여비교통비　　　300,000원　　(대) 가지급금　　　250,000원
　　　　　　　　　　　　　　　　　　　　현　　금　　　　50,000원

① 가　　　　　　　　　　　　　② 나
③ 다　　　　　　　　　　　　　④ 라

07

다음 중 손익계산서에 반영되어야 할 내용으로 옳은 것은?
① 재고자산을 매입하면서 발생하는 부대비용
② 특허권을 취득하기 위해 지급한 금액
③ 유형자산에 대한 감가상각비
④ 매도가능증권의 평가손익

08

다음 중 부가가치세법상 전자세금계산서에 대해 잘못 설명하고 있는 사람은?

① 희진
② 혜민
③ 현준
④ 명기

09

다음 중 부가가치세법상 재화의 공급에 해당하는 것은?
① 저작권을 양도하는 경우
② 사업을 위하여 대가를 받지 아니하고 다른 사업자에게 견본품을 인도하는 경우
③ 양도담보의 목적으로 부동산을 제공하는 경우
④ 상품권을 양도하는 경우

10

다음은 의류제조업을 영위하는 (주)한공의 매입내역이다. 이를 토대로 부가가치세법상 공제가능한 매입세액을 계산하면 얼마인가?(단, 모든 거래는 사업과 관련하여 세금계산서를 적법하게 수취하였다고 가정할 것.)

가. 원재료 매입세액	20,000,000원
나. 토지의 자본적 지출에 해당하는 매입세액	6,000,000원
다. 업무용 9인승 승합차(3,000cc)의 차량유지비에 해당하는 매입세액	3,000,000원
라. 접대비 관련 매입세액	5,000,000원

① 20,000,000원
② 23,000,000원
③ 26,000,000원
④ 28,000,000원

실무 수행 평가

(주)닥터스킨(회사코드 3173)은 기능성 화장품을 도·소매하는 법인으로 회계기간은 제9기 (2024.1.1. ~ 2024.12.31.)이다. 제시된 자료와 [자료설명]을 참고하여 [수행과제]를 완료하고 [평가문제]의 물음에 답하시오.

실무수행 유의사항	1. 부가가치세 관련거래는 [매입매출전표입력]메뉴에 입력하고, 부가가치세 관련 없는 거래는 [일반전표입력]메뉴에 입력한다. 2. 타계정 대체액과 관련된 적요는 반드시 코드를 입력하여야 한다. 3. 채권·채무, 예금거래 등 관리대상 거래자료에 대하여는 반드시 거래처코드를 입력한다. 4. 자금관리 등 추가 작업이 필요한 경우 문제의 요구에 따라 추가 작업하여야 한다. 5. 판매비와관리비는 800번대 계정코드를 사용한다. 6. 등록된 계정과목 중 가장 적절한 계정과목을 선택한다.

실무수행 ● ● ● 기초정보관리의 이해

회계관련 기초정보는 입력되어 있다. [자료설명]을 참고하여 [수행과제]를 수행하시오.

1 사업자등록증에 의한 거래처등록 수정

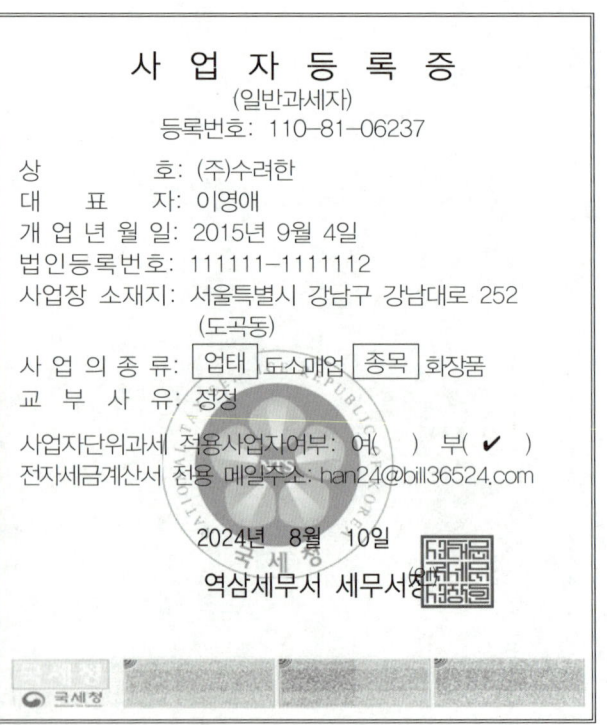

자료설명	거래처 (주)수려한(코드 45678)의 대표자와 메일주소가 변경되어 변경된 사업자등록증 사본을 카톡으로 받았다.
수행과제	대표자명과 전자세금계산서 전용메일주소를 수정하시오.

2 계정과목및적요등록 수정

자료설명	회사는 급증하는 '온라인 쇼핑몰 상품'을 일반상품과 구분하여 관리하기 위해 재고자산 코드 범위에 계정과목과 적요를 등록하려고 한다.
수행과제	1. '173.회사설정계정과목'을 '173.온라인몰상품' 계정으로 수정하시오. 2. '구분: 1.일반재고', '표준코드: 045.상품'으로 수정하시오.

실무수행 ・・・ 거래자료 입력

실무프로세스 자료이다. [자료설명]을 참고하여 [수행과제]를 수행하시오.

1 3만원초과 거래에 대한 영수증수취명세서 작성

영수증 (공급받는자용)

NO   (주)닥터스킨   귀하

공급자
- 사업자등록번호: 114-51-25414
- 상호: 비둘기마트 성명: 이종수
- 사업장소재지: 서울특별시 강남구 봉은사로 106
- 업태: 도소매 종목: 잡화외

작성일자	공급대가총액	비고
2024.4.10.	₩ 92,000	

공 급 내 역

월/일	품명	수량	단가	금액
4/10	음료외			92,000

합 계   ₩ 92,000

위 금액을 (영수)(청구)함

자료설명	영업부 회의에 필요한 간식을 구입하고 현금으로 지급하였다. 회사는 이 거래가 지출증명서류미수취가산세 대상인지를 검토하려고 한다.
수행과제	1. 거래자료를 입력하시오.(단, '회의비'로 처리할 것.) 2. 영수증수취명세서 (2)와 (1)서식을 작성하시오.

2 기타 일반거래

자료 1. 급여대장

2024년 4월분 급여대장

(주)닥터스킨 관리부　　　[귀속: 2024년 4월]　　　[지급일: 2024년 4월 20일]

구분	급여합계	공제 및 차인지급액			
		소득세	지방소득세	국민연금	건강보험 (장기요양포함)
		195,960원	19,590원	180,000원	160,160원
관리부 (김지선)	4,000,000원	고용보험	가불금	공제계	차인지급액
		36,000원	1,000,000원	1,591,710원	2,408,290원

자료 2. 보통예금(신한은행) 거래내역

번호	거래일	내용	찾으신금액	맡기신금액	잔액	거래점
		계좌번호 764502-01-047720　(주)닥터스킨					
1	2024-04-20	급여지급	2,408,290원		***	***

자료설명	[4월 20일] 관리부 직원 김지선의 4월분 급여를 신한은행 보통예금 계좌에서 이체하여 지급하였다.(가불금은 주.임.종단기채권 계정에 계상되어 있으며, 그 외 공제내역은 통합하여 예수금으로 처리한다.)
수행과제	거래자료를 입력하시오.

3 기타 일반거래

출장비 정산서

소속	영업부	직위	과장	성명	이승수
출장내역	일 시	2024년 4월 25일 ~ 2024년 4월 30일			
	출 장 지	대구광역시			
	출장목적	거래처 관리			
지출내역	숙 박 비	360,000원	교 통 비	100,000원	

2024년 4월 30일

신청인 성명 이 승 수

자료설명	[4월 30일] 출장을 마친 직원의 출장비 정산서를 받고 차액 40,000원은 현금으로 회수하였다.
수행과제	4월 25일 거래를 확인한 후 거래자료를 입력하시오.

4 기타 일반거래

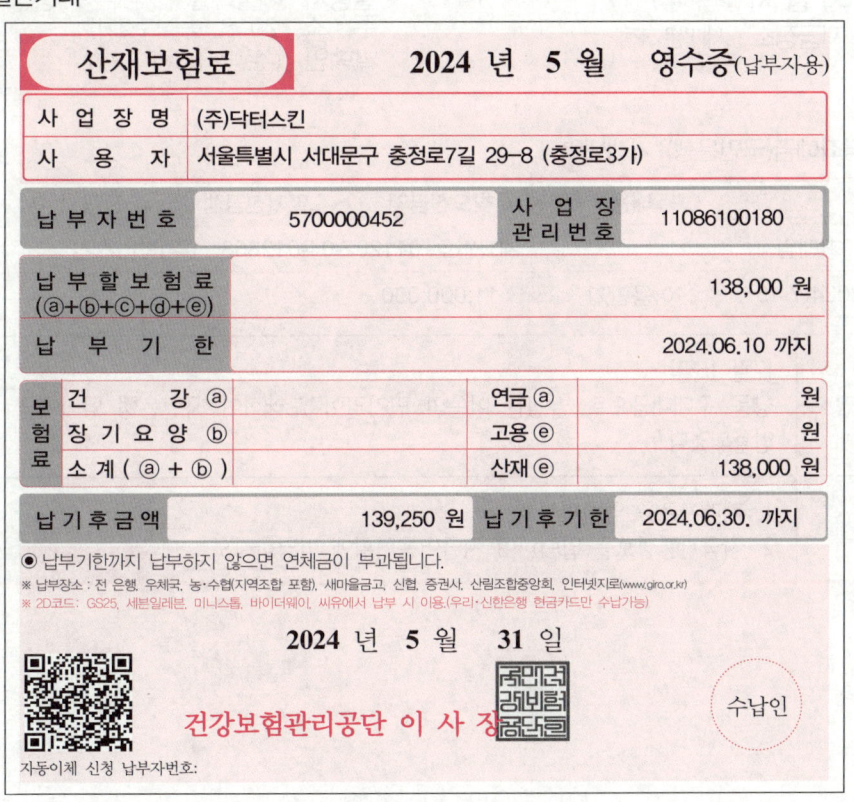

자료설명	[6월 9일] 관리부 사원에 대한 5월분 산재보험료를 기업은행 보통예금 계좌에서 이체하여 납부하였다.
수행과제	거래자료를 입력하시오.(단, '보험료'로 처리할 것.)

5 약속어음의 만기결제

자료 1.

전 자 어 음

(주)설화수 귀하　　　　　　　　　　　　00420240515123456789

금　일천일백만원정　　　　　　　　　　　　　11,000,000원

위의 금액을 귀하 또는 귀하의 지시인에게 지급하겠습니다.

지급기일　2024년 7월 15일　　　발행일　2024년 5월 15일
지 급 지　국민은행　　　　　　　발행지　서울특별시 서대문구 충정로7길
지급장소　서대문지점　　　　　　주　소　29-8 (충정로3가)
　　　　　　　　　　　　　　　　발행인　(주)닥터스킨

자료 2. 당좌예금(국민은행) 거래내역

번호	거래일	내용	찾으신금액	맡기신금액	잔액	거래점
		계좌번호 011202-04-012368　(주)닥터스킨				
1	2024-7-15	어음만기	11,000,000		***	***

자료설명	[7월 15일] 상품 구매대금으로 발행한 어음의 만기일이 도래하여 국민은행 당좌예금 계좌에서 인출되었다.
수행과제	1. 거래자료를 입력하시오. 2. 자금관련정보를 입력하여 지급어음현황에 반영하시오.

실무수행 ••• 부가가치세

부가가치세 신고 관련 자료이다. [자료설명]을 참고하여 [수행과제]를 수행하시오.

1 과세매출자료의 전자세금계산서 발행

<table>
<tr><td colspan="10">거래명세서   (공급자 보관용)</td></tr>
<tr><td rowspan="5">공급자</td><td>등록번호</td><td colspan="3">110-86-10018</td><td rowspan="5">공급받는자</td><td>등록번호</td><td colspan="3">115-81-12317</td></tr>
<tr><td>상호</td><td>(주)닥터스킨</td><td>성명</td><td>이정건</td><td>상호</td><td>(주)황금화장품</td><td>성명</td><td>김희선</td></tr>
<tr><td>사업장
주소</td><td colspan="3">서울특별시 서대문구 충정로7길 29-8
(충정로3가)</td><td>사업장
주소</td><td colspan="3">서울특별시 서대문구 충정로 30</td></tr>
<tr><td>업태</td><td>도소매업</td><td colspan="2">종사업장번호</td><td>업태</td><td>도소매업</td><td colspan="2">종사업장번호</td></tr>
<tr><td>종목</td><td colspan="3">화장품외</td><td>종목</td><td colspan="3">화장품</td></tr>
<tr><td colspan="2">거래일자</td><td colspan="2">미수금액</td><td colspan="2">공급가액</td><td colspan="2">세액</td><td colspan="2">총 합계금액</td></tr>
<tr><td colspan="2">2024.7.20.</td><td colspan="2"></td><td colspan="2">15,000,000</td><td colspan="2">1,500,000</td><td colspan="2">16,500,000</td></tr>
<tr><td>NO</td><td>월</td><td>일</td><td>품목명</td><td>규격</td><td>수량</td><td>단가</td><td>공급가액</td><td>세액</td><td>합계</td></tr>
<tr><td>1</td><td>7</td><td>20</td><td>화장품 에센스</td><td></td><td>300</td><td>50,000</td><td>15,000,000</td><td>1,500,000</td><td>16,500,000</td></tr>
</table>

자료설명	1. 상품을 공급하고 발급한 거래명세서이다. 2. 대금 중 3,000,000원은 기업은행 보통예금계좌로 입금 받고, 잔액은 다음달 10일에 받기로 하였다.
수행과제	1. 거래명세서에 의해 매입매출자료를 입력하시오. 2. 전자세금계산서 발행 및 내역관리 를 통하여 발급 및 전송하시오. (전자세금계산서 발급 시 결제내역 및 전송일자는 고려하지 말 것.)

2 매출거래

	전자계산서 (공급자 보관용)					승인번호		2022010310	
공급자	등록번호	110-86-10018			공급받는자	등록번호	314-81-11803		
	상호	(주)닥터스킨	성명(대표자)	이정건		상호	(주)참존화장품	성명(대표자)	박주미
	사업장주소	서울특별시 서대문구 충정로7길 29-8 (충정로3가)				사업장주소	대전광역시 서구 둔산대로 100		
	업태	도소매업	종사업장번호			업태	도소매업	종사업장번호	
	종목	화장품외				종목	화장품		
	E-Mail	Dr.skin@bill36524.com				E-Mail	chamzone@naver.com		
작성일자	2024.7.31.	공급가액	3,600,000	비고					

월	일	품목명	규격	수량	단가	공급가액	비고
7	31	도서		400	9,000	3,600,000	

합계금액	현금	수표	어음	외상미수금	이 금액을	○ 영수 / ● 청구	함
3,600,000				3,600,000			

자료설명	1. 면세 상품인 도서(도서명: 아이러브 K-뷰티)를 공급하고 발급한 전자계산서이다. (단, 본 문제에 한하여 과세사업과 면세사업을 겸영하는 것으로 함.) 2. 대금은 전액 외상으로 하였다.
수행과제	매입매출자료를 입력하시오.(전자계산서 거래는 '전자입력'으로 입력할 것.)

3 매입거래

전자세금계산서 (공급받는자 보관용)   승인번호

	공급자				공급받는자		
등록번호	211-81-10539			등록번호	110-86-10018		
상호	(주)알소프트	성명(대표자)	이승재	상호	(주)닥터스킨	성명(대표자)	이정건
사업장주소	서울특별시 금천구 디지털로 178			사업장주소	서울특별시 서대문구 충정로7길 29-8 (충정로3가)		
업태	서비스업	종사업장번호		업태	도소매업	종사업장번호	
종목	소프트웨어			종목	화장품외		
E-Mail	alsoft@bill36524.com			E-Mail	Dr.skin@bill36524.com		
작성일자	2024.8.15.	공급가액	2,000,000	세 액	200,000		

비고

월	일	품목명	규격	수량	단가	공급가액	세액	비고
8	15	오피스365				2,000,000	200,000	

합계금액	현금	수표	어음	외상미수금	이 금액을	○ 영수 ● 청구	함
2,200,000				2,200,000			

자료설명	업무와 관련된 '소프트웨어'를 구입하고 전자세금계산서를 수취하였으며, 대금은 전액 다음달 10일에 지급하기로 하였다.
수행과제	1. 매입매출자료를 입력하시오.(전자세금계산서 거래는 '전자입력'으로 입력할 것.) 2. [고정자산등록]에 고정자산을 등록(고정자산계정과목: 240.소프트웨어, 코드: 1001, 자산명: 오피스365, 상각방법: 정액법, 내용연수 5년, 경비구분: 800번대)하시오.

4 매입거래

전자계산서 (공급받는자 보관용) 승인번호 2022010313

	등록번호	211-96-78907				등록번호	110-86-10018		
공급자	상호	더존평생교육원	성명(대표자)	한호성	공급받는자	상호	(주)닥터스킨	성명(대표자)	이정건
	사업장주소	서울특별시 강남구 강남대로 78길 8, 9층				사업장주소	서울특별시 서대문구 충정로7길 29-8 (충정로3가)		
	업태	서비스업	종사업장번호			업태	도소매업	종사업장번호	
	종목	학원				종목	화장품외		
	E-Mail	duzone@bill36524.com				E-Mail	Dr.skin@bill36524.com		

| 작성일자 | 2024.8.22. | 공급가액 | 280,000 | 비고 | |

월	일	품목명	규격	수량	단가	공급가액	비고
8	22	위하고 교육				280,000	

합계금액	현금	수표	어음	외상	이 금액을	● 영수 / ○ 청구	함
280,000	280,000						

자료설명	당사 회계팀의 더존 위하고(WEHAGO) 교육을 위탁하고 전자계산서를 발급받았다.
수행과제	매입매출자료를 입력하시오.(전자계산서 거래는 '전자입력'으로 입력할 것.)

5 매입거래

2024년 8월 청구서

작성일자: 2024.09.10.
납부기한: 2024.09.15.

금 액	126,720원
고객명	(주)닥터스킨
이용번호	02-3419-0391
명세서번호	25328
이용기간	8월 1일 ~ 8월 31일
8월 이용요금	126,720원
공급자등록번호	135-81-92483
공급받는자 등록번호	110-86-10018
공급가액	115,200원
부가가치세(VAT)	11,520원
10원미만 할인요금	0원
입금전용계좌	국민은행 100-211-101155

이 청구서는 부가가치세법 시행령 제68조 제9항에 따라 발행하는 **전자세금계산서**입니다.

(주)케이티서대문

자료설명	영업부의 8월분 전화요금청구서이다. 회사는 작성일자로 미지급금을 계상하고, 납부기한일에 자동이체하여 지급처리하고 있다.
수행과제	작성일자를 기준으로 매입매출자료를 입력하시오. ('51.과세매입'으로 처리하고, '전자입력'으로 입력할 것.)

6 부가가치세신고서에 의한 회계처리

■ 보통예금(국민은행) 거래내역

번호	거래일	내용	찾으신금액	맡기신금액	잔액	거래점
		계좌번호 781006-01-774301 (주)닥터스킨				
1	2024-07-25	부가세납부	2,929,050		***	***

자료설명	제1기 부가가치세 확정신고에 대한 납부세액을 국민은행 보통예금에서 이체하여 납부하였다.
수행과제	6월 30일 일반전표를 참고하여 납부세액에 대한 회계처리를 하시오. (단, 저장된 부가가치세신고서를 이용하고 거래처코드를 입력할 것.)

 결산

[결산자료]를 참고하여 결산을 수행하시오.(단, 제시된 자료 이외의 자료는 없다고 가정함.)

① 수동결산 및 자동결산

자료설명	1. 결산일 현재 장기차입금에 대한 기간경과분 미지급이자 620,000원을 계상하다.
	2. 기말상품재고액은 32,000,000원이다.
	3. 이익잉여금처분계산서 처분 예정(확정)일
	  - 당기분: 2025년 2월 28일
	  - 전기분: 2024년 2월 28일

수행과제	1. 수동결산 또는 자동결산 메뉴를 이용하여 결산을 완료하시오. 2. 12월 31일을 기준으로 '손익계산서 → 이익잉여금처분계산서 → 재무상태표'를 순서대로 조회 작성하시오. (단, 이익잉여금처분계산서 조회 작성 시 '저장된 데이터 불러오기' → '아니오' 선택 → 상단부의 '전표추가'를 이용하여 '손익대체분개'를 수행할 것.)

평가문제 ••• 실무수행평가 (62점)

입력자료 및 회계정보를 조회하여 [평가문제]의 답안을 입력하시오.

평가문제 답안입력 유의사항		
❶ 답안은 지정된 단위의 숫자로만 입력해 주십시오. * 한글 등 문자 금지		
	정답	오답(예)
(1) 금액은 원 단위로 숫자를 입력하되, 천 단위 콤마(,)는 생략 가능합니다. (1-1) 답이 0원인 경우 반드시 "0" 입력 (1-2) 답이 음수(-)인 경우 숫자 앞에 " - " 입력 (1-3) 답이 소수인 경우 반드시 " . " 입력	1,245,000 1245000	1.245.000 1,245,000원 1,245,0000 12,45,000 1,245천원
(2) 질문에 대한 답안은 숫자로만 입력하세요.	4	04 4건, 4매, 4명 04건, 04매, 04명
(3) 거래처 코드번호는 5자리 숫자로 입력하세요.	00101	101 00101번
❷ 더존 프로그램에서 조회되는 자료를 복사하여 붙여넣기가 가능합니다. ❸ 수행과제를 올바르게 입력하지 않고 작성한 답과 모범답안이 다른 경우 오답처리됩니다.		

번호	평가문제	배점
11	평가문제 [거래처등록 조회] (주)닥터스킨의 [거래처등록] 관련 내용으로 옳지 않은 것은? ① 카드거래처의 [구분:매출] 관련 거래처는 1개이다. ② 일반거래처 '(주)수려한'의 대표자는 김희애이다. ③ 일반거래처 '(주)수려한'의 담당자메일주소는 han24@bill36524.com이다. ④ 금융거래처 중 [3.예금종류]가 '차입금'인 거래처는 3개이다.	4
12	평가문제 [계정과목및적요등록 조회] '173.온라인몰상품' 계정과 관련된 내용으로 옳지 않은 것은? ① '온라인몰상품'의 구분은 '일반재고'이다. ② 표준코드는 '045.상품'이다. ③ '온라인몰상품'의 현금적요는 사용하지 않고 있다. ④ '온라인몰상품'의 대체적요는 2개를 사용하고 있다.	4
13	평가문제 [일/월계표 조회] 4월에 발생한 '판매비와관리비' 중 지출금액이 올바르게 연결된 것은? ① 급여 30,000,000원 ② 복리후생비 1,374,500원 ③ 여비교통비 201,000원 ④ 접대비(기업업무추진비) 105,200원	3
14	평가문제 [일/월계표 조회] 6월에 발생한 '보험료' 금액은 얼마인가? ( )원	2
15	평가문제 [일/월계표 조회] 7월(7/1 ~ 7/31)한달 동안 '외상매출금' 증가액은 얼마인가? ( )원	3
16	평가문제 [일/월계표 조회] 7월 ~ 9월에 현금으로 지출한 '판매관리비'는 얼마인가? ( )원	3
17	평가문제 [합계잔액시산표 조회] 9월 말 '가지급금의 잔액은 얼마인가? ( )원	3
18	평가문제 [합계잔액시산표 조회] 9월 말 '미지급세금' 잔액으로 옳은 것은? ① 0원 ② 2,273,000원 ③ 2,929,050원 ④ 5,202,050원	3
19	평가문제 [거래처원장 조회] 9월 말 미지급금 잔액으로 옳지 않은 것은? ① 01500.(주)케이티서대문 126,720원 ② 04008.한진화장품 15,500,000원 ③ 05030.(주)대림화장품 26,000,000원 ④ 31113.(주)알소프트 2,200,000원	3
20	평가문제 [재무상태표 조회] 12월 말 '당좌예금' 잔액은 얼마인가? ( )원	3

번호	평가문제	배점
21	평가문제 [재무상태표 조회] 12월 말 유동부채 계정별 잔액으로 옳지 않은 것은? ① 지급어음 11,100,000원 ② 미지급금 417,289,900원 ③ 예수금 747,130원 ④ 선수금 4,450,000원	4
22	평가문제 [재무상태표 조회] 12월 말 '이월이익잉여금(미처분이익잉여금)' 잔액은 얼마인가? ① 455,093,690원 ② 459,214,020원 ③ 462,158,910원 ④ 582,444,210원	2
23	평가문제 [손익계산서 조회] 당기에 발생한 '영업외비용' 금액은 얼마인가? ( )원	3
24	평가문제 [영수증수취명세서 조회] '영수증수취명세서(2)'의 명세서제출 대상 개별 거래 중 금액이 가장 큰 계정과목의 코드번호 3자리를 입력하시오. ( )	3
25	평가문제 [예적금현황 조회] 6월 말 은행별 예금 잔액으로 옳지 않은 것은? ① 국민은행(당좌) 53,800,000원 ② 국민은행(보통) 408,362,600원 ③ 기업은행(보통) 32,589,000원 ④ 신한은행(보통) 97,591,710원	3
26	평가문제 [지급어음현황 조회] 2024년에 만기가 도래하는 '지급어음'의 미결제액은 얼마인가? ( )원	3
27	평가문제 [부가가치세신고서 조회] 제2기 예정 신고기간 부가가치세신고서의 '세금계산서수취분-고정자산매입(11란)'의 금액은 얼마인가? ( )원	3
28	평가문제 [세금계산서합계표 조회] 제2기 예정 신고기간의 매출 전자세금계산서 공급가액은 얼마인가? ( )원	4
29	평가문제 [계산서합계표 조회] 제2기 예정 신고기간의 매입계산서 공급가액 합계는 얼마인가? ( )원	4
30	평가문제 [고정자산등록 조회] [계정과목:240.소프트웨어-자산명: 오피스365]의 [19.당기상각범위액]은 얼마인가? ( )원	2
총 점		62

> **평가문제** • • • 회계정보분석 (8점)

회계정보를 조회하여 [회계정보분석]의 답안을 입력하시오.

31.
재무상태표 조회 (4점)

유동비율이란 기업의 단기 지급능력을 평가하는 지표이다. (주)닥터스킨의 전기 유동비율을 계산하면?(단, 소숫점 이하는 버림 할 것.)

$$유동비율 = \frac{유동자산}{유동부채} \times 100$$

① 529% ② 584%
③ 634% ④ 683%

32.
손익계산서 조회 (4점)

영업이익률은 기업경영활동 성과를 총괄적으로 보여주는 대표적인 지표이다. (주)닥터스킨의 전기 영업이익률을 계산하면 얼마인가?(단, 소숫점 이하는 버림 할 것.)

$$영업이익률 = \frac{영업이익}{매출액} \times 100$$

① 15% ② 17%
③ 19% ④ 21%

기출문제 (주)대우전자 (회사코드 3174) 74회

홈페이지 자료실에서 '2025 FAT1grade DB'를 다운받아 설치한 후 풀이할 것

실무 이론 평가

아래 문제에서 특별한 언급이 없으면 기업의 보고기간(회계기간)은 매년 1월 1일부터 12월 31일까지입니다. 또한 기업은 일반기업회계기준 및 관련 세법을 계속적으로 적용하고 있다고 가정하고 물음에 가장 합당한 답을 고르시기 바랍니다.

01
다음 중 도매업을 영위하는 (주)한공의 손익계산서와 관련된 설명으로 옳지 않은 것은?
① 영업외수익은 배당금수익, 임대료, 접대비 등을 포함한다.
② 판매비와관리비는 상품 등의 판매활동과 기업의 관리활동에서 발생하는 비용으로서 복리후생비, 급여, 통신비 등을 포함한다.
③ 매출액은 총매출액에서 매출할인, 매출환입, 매출에누리를 차감한 금액으로 한다.
④ 상품매출원가는 '기초상품재고액+당기상품매입액-기말상품재고액'이다.

02
다음 중 손익계산서상 영업이익에 영향을 미치지 않는 계정과목은?
① 본사 건물의 감가상각비
② 영업팀에서 사용하는 업무용 핸드폰에 대한 통신비
③ 단기대여금의 기타의대손상각비
④ 본사 직원의 복리후생비

03

다음은 (주)한공의 특허권 취득 관련 자료이다. 이를 토대로 2024년도 무형자산상각비를 계산하면 얼마인가?

- 특허권 취득일: 2024. 1. 1.
- 상각방법: 정액법(내용연수: 5년)
- 특허권 등록비: 2,000,000원
- 특허권 취득부대비용: 100,000원

① 200,000원   ② 220,000원
③ 400,000원   ④ 420,000원

04

다음과 같은 결산 회계처리 누락이 2024년도 손익계산서에 미치는 영향으로 옳은 것은?

(주)한공은 2024년 11월 1일에 가입한 1년 만기 정기예금 15,000,000원(연이율 3%, 월할계산)에 대한 이자 경과분(미수분)을 계상하지 않았다.

① 당기순이익 75,000원 과대계상
② 당기순이익 75,000원 과소계상
③ 당기순이익 450,000원 과대계상
④ 당기순이익 450,000원 과소계상

05

다음 자료를 토대로 (주)한공의 2024년 12월 31일 결산 시 회계 처리로 옳은 것은?

- 2024년 5월 1일 소모품 2,000,000원을 구입하고 대금은 현금으로 지급하였으며, 구입한 소모품은 전액 자산처리하였다.
- 2024년 12월 31일 소모품 미사용액은 450,000원이다.

① (차) 소모품   450,000원   (대) 소모품비   450,000원
② (차) 소모품   1,550,000원   (대) 소모품비 1,550,000원
③ (차) 소모품비   450,000원   (대) 소모품   450,000원
④ (차) 소모품비 1,550,000원   (대) 소모품   1,550,000원

06

다음 결산정리사항 중 비용의 이연에 해당하는 거래는?
① 임대료수익 미수분을 계상하다.
② 보험료 선급분을 계상하다.
③ 이자수익 선수분을 계상하다.
④ 이자비용 미지급분을 계상하다.

07

도매업을 영위하고 있는 (주)한공은 2024년 3월 10일 (주)서울의 파산으로 단기대여금 3,000,000원의 회수가 불가능하게 되었다. 이 거래로 인하여 (주)한공이 손익계산서에 계상해야 하는 계정과목과 그 금액은 얼마인가?(단, 3월 10일 이전에 설정된 단기대여금에 대한 대손충당금 잔액은 1,100,000원이다.)

① 대손상각비   1,100,000원
② 대손상각비   1,900,000원
③ 기타의대손상각비   1,100,000원
④ 기타의대손상각비   1,900,000원

08

다음 중 우리나라 부가가치세의 특징에 대해 잘못 설명하는 사람은?

① 승현
② 주희
③ 희수
④ 성한

09

다음 중 부가가치세 과세거래에 해당하는 것을 모두 고르면?

> 가. 소형승용차를 중고차 매매상에게 유상으로 처분하는 경우
> 나. 세금을 사업용 자산으로 물납하는 경우
> 다. 상표권을 유상으로 양도하는 경우
> 라. 양도담보의 목적으로 부동산을 제공하는 경우

① 가, 다 ② 가, 라
③ 나, 다 ④ 나, 라

10

컴퓨터 부품을 제조하는 (주)한공의 다음 자료를 토대로 2024년 제2기 예정신고기간(2024.7.1.~2024.9.30.)의 부가가치세 납부세액을 계산하면 얼마인가? 단, 세금계산서는 적법하게 수수하였고 주어진 자료 외에는 고려하지 않는다.

> • 세금계산서 발급분: 공급가액 6,000,000원(과세매출)
> • 세금계산서 수취분: 공급가액 1,200,000원(과세매입)
> • 세금계산서 수취분: 공급가액 1,000,000원[대표이사 업무용 승용차(2,000cc) 수리비]

① 380,000원 ② 480,000원
③ 500,000원 ④ 600,000원

• 실무 수행 평가

(주)대우전자(회사코드 3174)는 전자제품을 도소매하는 법인으로 회계기간은 제8기(2024.1.1. ~ 2024.12.31.)이다. 제시된 자료와 [자료설명]을 참고하여 [수행과제]를 완료하고 [수행과제]의 물음에 답하시오.

실무수행 유의사항	1. 부가가치세 관련거래는 [매입매출전표입력]메뉴에 입력하고, 부가가치세 관련 없는 거래는 [일반전표입력]메뉴에 입력한다. 2. 타계정 대체액과 관련된 적요는 반드시 코드를 입력하여야 한다. 3. 채권·채무, 예금거래 등 관리대상 거래자료에 대하여는 반드시 거래처코드를 입력한다. 4. 자금관리 등 추가 작업이 필요한 경우 문제의 요구에 따라 추가 작업하여야 한다. 5. 판매비와관리비는 800번대 계정코드를 사용한다. 6. 등록된 계정과목 중 가장 적절한 계정과목을 선택한다.

실무수행 ••• 기초정보관리의 이해

회계관련 기초정보는 입력되어 있다. [자료설명]을 참고하여 [수행과제]를 수행하시오.

① 계정과목 및 적요등록 수정

자료설명	디자인권의 취득과 매각 거래가 자주 발생하여 무형자산 계정과목으로 등록하여 사용하려고 한다.
수행과제	'235.의장권'을 '235.디자인권'으로 정정등록하고, 현금적요와 대체적요를 등록하시오. 　- 현금적요: 1.디자인권 취득대금 현금지급 　- 대체적요: 1.디자인권 상각액

② 전기분재무제표의 입력수정

재 무 상 태 표
제7(당)기 2023. 12. 31. 현재
제6(전)기 2022. 12. 31. 현재

(주)대우전자 (단위: 원)

과 목	제 7 기 (2023.12.31.)		제 6 기 (2022.12.31.)	
자 산				
Ⅰ. 유 동 자 산		257,458,000		116,640,000
(1) 당 좌 자 산		197,458,000		91,640,000
현 금		46,894,000		22,800,000
당 좌 예 금		41,000,000		20,850,000
보 통 예 금		67,034,000		34,496,000
단 기 매 매 증 권		10,500,000		3,000,000
외 상 매 출 금	27,000,000		8,200,000	
대 손 충 당 금	270,000	26,730,000	82,000	8,118,000
받 을 어 음		5,300,000		2,376,000
(2) 재 고 자 산		60,000,000		25,000,000
상 품		60,000,000		25,000,000
Ⅱ. 비 유 동 자 산		121,165,000		50,000,000
(1) 투 자 자 산		18,000,000		0
장 기 대 여 금		18,000,000		0
(2) 유 형 자 산		93,165,000		7,300,000
토 지		30,000,000		0
건 물		40,000,000		
차 량 운 반 구	35,330,000		16,500,000	
감 가 상 각 누 계 액	15,000,000	20,330,000	12,300,000	4,200,000
비 품	6,000,000		9,400,000	
감 가 상 각 누 계 액	3,165,000	2,835,000	6,300,000	3,100,000
(3) 무 형 자 산		0		0
(4) 기 타 비 유 동 자 산		10,000,000		42,700,000
임 차 보 증 금		10,000,000		42,700,000
자 산 총 계		378,623,000		166,640,000
부 채				
Ⅰ. 유 동 부 채		81,844,000		93,640,000
외 상 매 입 금		48,609,000		43,640,000
지 급 어 음		7,800,000		
미 지 급 금		22,500,000		50,000,000
예 수 금		2,935,000		0
Ⅱ. 비 유 동 부 채		20,000,000		0
장 기 차 입 금		20,000,000		0
부 채 총 계		101,844,000		93,640,000
자 본				
Ⅰ. 자 본 금		157,259,000		50,000,000
자 본 금		157,259,000		50,000,000
Ⅱ. 자 본 잉 여 금		0		0
Ⅲ. 자 본 조 정		0		0
Ⅳ. 기타포괄손익누계액		0		0
Ⅴ. 이 익 잉 여 금		119,520,000		23,000,000
미 처 분 이 익 잉 여 금		119,520,000		23,000,000
(당기순이익 96,520,000)				
자 본 총 계		276,779,000		73,000,000
부 채 와 자 본 총 계		378,623,000		166,640,000

자료설명	(주)대우전자의 전기(제7기)분 재무제표는 입력되어 있다.
수행과제	입력이 누락되었거나 잘못된 부분을 찾아 수정하시오.

실무수행 ··· 거래자료 입력

실무프로세스 자료이다. [자료설명]을 참고하여 [수행과제]를 수행하시오.

1 계약금 지급

■ 보통예금(우리은행) 거래내역

번호	거래일	내용	찾으신금액	맡기신금액	잔액	거래점
		계좌번호 501-111923-02-123 (주)대우전자				
1	2024-8-18	(주)수정전자	300,000		***	***

자료설명	(주)수정전자에서 상품을 매입하기로 하고, 계약금을 우리은행 보통예금 계좌에서 이체하여 지급하였다.
수행과제	거래자료를 입력하시오.

2 증빙에 의한 전표입력

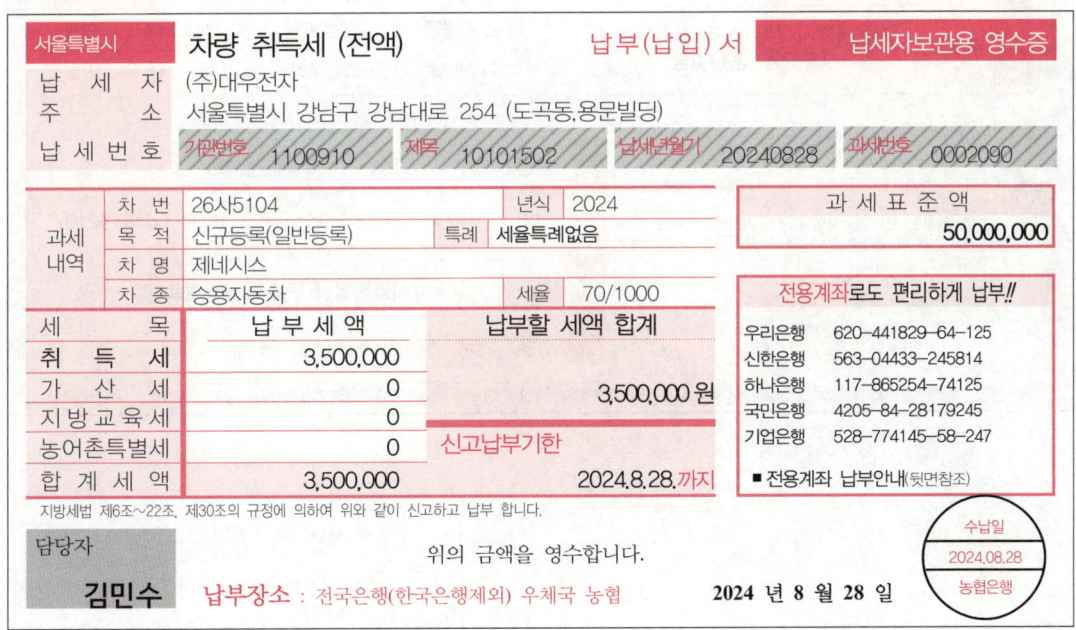

자료설명	[8월 28일] 영업부에서 사용할 목적으로 구입한 승용차와 관련된 취득세를 신고납부기한일에 현금으로 납부하였다.
수행과제	거래자료를 입력하시오.

③ 대손의 발생과 설정

자료설명	[8월 30일] (주)정진상사의 파산으로 단기대여금 20,000,000원의 회수가 불가능하게 되어 대손처리하기로 하였다.
수행과제	대손처리시점의 거래자료를 입력하시오. (단, '단기대여금'에 대한 대손충당금 잔액은 없다.)

④ 증빙에 의한 전표입력

자료 1. 우체국택배 송장

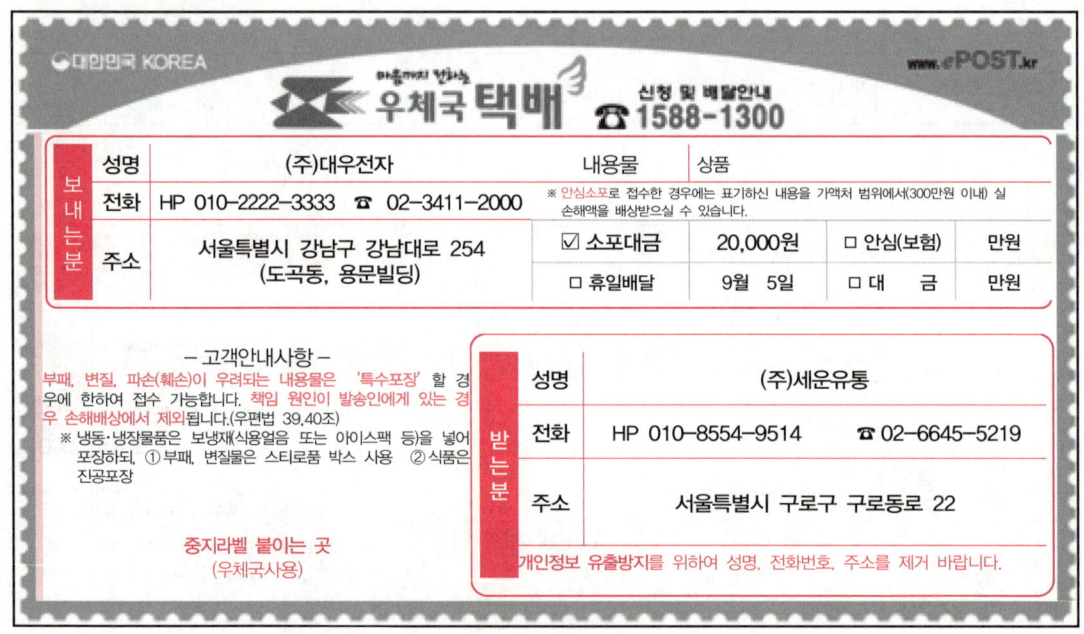

자료 2. 신용카드매출전표

신용카드매출전표

가 맹 점 명　우체국 1588-1300
사 업 자 번 호　214-81-22354
대 표 자 명　이 상 훈
주　　　　소　서울 강남구 강남대로 272

농 협 카 드　　　　　　　　　　　　신용승인
거 래 일 시　　　　2024-09-05 오전 10:05:36
카 드 번 호　　　　　　8844-2211-****-49**
가맹점번호　　　　　　　　　　　　15888585
매 입 사　　　　　　　　농협카드(전자서명전표)
품　　　　명　　　　　　　　　　　　　　　택배

판 매 금 액	20,000원
합　　　계	20,000원

자료설명	자료 1. 판매상품을 발송하고 발급받은 우체국택배 송장이다. 자료 2. 택배비를 결제한 신용카드 매출전표이다.
수행과제	거래자료를 입력하시오.

5 기타일반거래

자료 1. 건강보험료 영수증

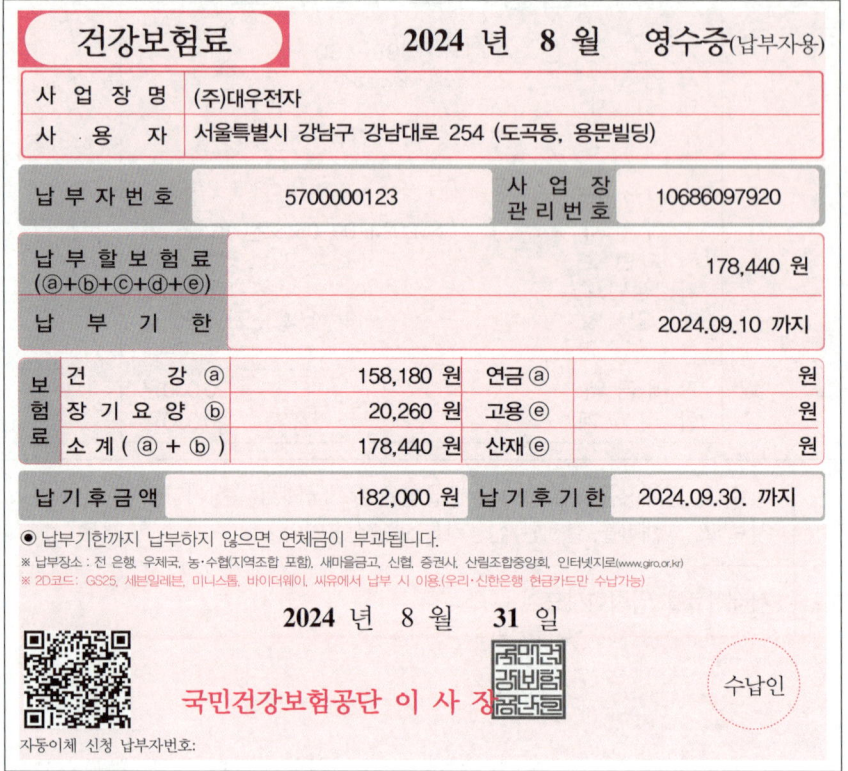

자료 2. 보통예금(국민은행) 거래내역

번호	거래일	내용	찾으신금액	맡기신금액	잔액	거래점
		계좌번호 096-24-0094-123 (주)대우전자				
1	2024-09-10	건강보험료	178,440		***	***

자료설명	8월 급여지급분에 대한 건강보험료(장기요양보험료 포함)를 납부기한일에 국민은행 보통예금 계좌에서 이체하여 납부하였다. 보험료의 50%는 급여 지급 시 원천징수한 금액이며, 나머지 50%는 회사부담분이다.
수행과제	거래자료를 입력하시오.(회사부담분 건강보험료는 '복리후생비'로 처리할 것.)

실무수행 ••• 부가가치세

부가가치세 신고 관련 자료이다. [자료설명]을 참고하여 [수행과제]를 수행하시오.

1 과세매출자료의 전자세금계산서 발행

거래명세서 (공급자 보관용)

공급자	등록번호	106-86-09792			공급받는자	등록번호	106-81-44120		
	상호	(주)대우전자	성명	김대우		상호	(주)세운유통	성명	위대한
	사업장주소	서울특별시 강남구 강남대로 254 (도곡동, 용문빌딩)				사업장주소	서울 구로구 구로동로 22		
	업태	도소매업	종사업장번호			업태	도소매업	종사업장번호	
	종목	전자제품외				종목	전자제품		

거래일자	미수금액	공급가액	세액	총 합계금액
2024.10.2.		10,000,000	1,000,000	11,000,000

NO	월	일	품목명	규격	수량	단가	공급가액	세액	합계
1	10	2	세탁건조기		5	2,000,000	10,000,000	1,000,000	11,000,000

자료설명	1. 상품을 공급하고 발급한 거래명세서이다. 2. 대금 중 3,000,000원은 우리은행 보통예금계좌로 입금 받고, 잔액은 다음달 10일에 받기로 하였다.
수행과제	1. 거래명세서에 의해 매입매출자료를 입력하시오. 2. 전자세금계산서 발행 및 내역관리 를 통하여 발급 및 전송하시오. (전자세금계산서 발급 시 결제내역 및 전송일자는 고려하지 말 것.)

2 매출거래

전자계산서 (공급자 보관용)						승인번호			
공급자	등록번호	106-86-09792			공급받는자	등록번호	113-81-13872		
	상호	(주)대우전자	성명(대표자)	김대우		상호	(주)한라전자	성명(대표자)	김우정
	사업장 주소	서울특별시 강남구 강남대로 254 (도곡동, 용문빌딩)				사업장 주소	서울특별시 서대문구 통일로 131 (충정로2가, 공화당빌딩)		
	업태	도소매업	종사업장번호			업태	도소매업	종사업장번호	
	종목	전자제품외				종목	가전제품외		
	E-Mail	meta@bill36524.com				E-Mail	engel@bill36524.com		
작성일자		2024.10.7.	공급가액		10,000,000		비 고		

월	일	품목명	규격	수량	단가	공급가액	비고
10	7	토지				10,000,000	

합계금액	현금	수표	어음	외상미수금	이 금액을	● 영수 ○ 청구	함
10,000,000							

자료설명	토지(장부금액 10,000,000원)를 매각하고 대금은 기업은행 보통예금 계좌로 입금 받았다.(단, 본 거래에 한하여 과세사업과 면세사업을 겸영한다고 가정할 것.)
수행과제	매입매출자료를 입력하시오.(전자계산서 거래는 '전자입력'으로 입력할 것.)

3 매입거래

2024년 10월 청구분 도시가스요금 지로영수증(고객용)

고객번호	3154892							납부마감일	2024.11.30.
지로번호	1	3	4	0	5	2	8	미납금액	0 원
고지금액	275,000 원								0 원

주소/성명 서울특별시 강남구 강남대로 254 (도곡동,용문빌딩) / (주)대우전자

사용기간	2024.10.1.~2024.10.31.	기 본 요 금	25,000 원
당월사용량 - 금월지침	8,416 m³	사 용 요 금	250,000 원
당월사용량 - 전월지침	6,104 m³	계 량 기 교 체 비 용	원
당월사용량 - 사용량	2,312 m³	공 급 가 액	250,000 원
사용량비교 - 전월	1,535 m³	부 가 세	25,000 원
사용량비교 - 전년동월	2,931 m³	가 산 금	원
계량기번호	CD011	정 산 금 액	원
검 침 원 명		고 지 금 액	275,000 원
		공급받는자 등록번호	106-86-09792
		공급자 등록번호	101-81-25259

작성일자 2024년 11월 7일
입금전용계좌

※ 본 영수증은 부가가치세법 시행령 53조 3항에 따라 발행하는 <u>전자세금계산서</u>입니다.

한국도시가스(주)

자료설명	1. 회사의 10월분 도시가스요금명세서이다. 2. 작성일자를 기준으로 입력하고 납부마감일에 보통예금계좌에서 자동이체 되는 거래의 입력은 생략한다.
수행과제	매입매출자료를 입력하시오. (전자세금계산서의 발급 및 전송업무는 생략하고 '전자입력'으로 입력할 것.)

4 매입거래

신용카드매출전표

가 맹 점 명 일품한식당 (02)3412-4451
사업자번호 316-01-17397
대 표 자 명 이 일 품
주   소 서울특별시 광진구 중곡동 211

농 협 카 드   신용승인
거 래 일 시   2024-11-13 20:08:04
카 드 번 호   8844-2211-****-49**
가맹점번호   45451124
매 입 사   농협카드(전자서명전표)
품   명   한정식 5인

공 급 가 액   150,000원
부가가치세   15,000원
합   계   165,000원

자료설명	영업부 직원의 회식 후 법인카드로 결제하고 수령한 신용카드 매출전표이다. (일품한식당은 일반과세사업자이다.)
수행과제	매입매출자료를 입력하시오.

5 매입거래

전자세금계산서 (공급받는자 보관용)   승인번호

공급자	등록번호	127-05-17529			공급받는자	등록번호	106-86-09792		
	상호	우정골프	성명(대표자)	조우정		상호	(주)대우전자	성명(대표자)	김대우
	사업장 주소	서울특별시 서대문구 충정로7길 12 (충정로2가)				사업장 주소	서울특별시 강남구 강남대로 254 (도곡동, 용문빌딩)		
	업태	도소매업	종사업장번호			업태	도소매업	종사업장번호	
	종목	골프용품외				종목	전자제품외		
	E-Mail	golf@nate.com				E-Mail	meta@bill36524.com		

작성일자	2024.11.15.	공급가액	3,000,000	세 액	300,000
비고					

월	일	품목명	규격	수량	단가	공급가액	세액	비고
11	15	골프용품				3,000,000	300,000	

합계금액	현금	수표	어음	외상미수금	이 금액을	● 영수 / ○ 청구	함
3,300,000	3,300,000						

자료설명	대표이사(김대우) 개인 취미생활을 위하여 골프용품을 구입하고, 발급받은 전자세금계산서이다.
수행과제	매입매출자료를 입력하시오.

6 부가가치세신고서 조회 및 입력자료 조회

수행과제	1. 제1기 부가가치세 확정과세기간의 부가가치세신고서를 조회하시오. 2. 전자신고세액공제 10,000원을 반영하여 6월 30일 부가가치세 납부세액(환급세액)에 대한 회계처리를 하시오. (단, 저장된 자료를 이용하여 납부세액은 '미지급세금', 환급세액은 '미수금', 전자신고세액공제는 '잡이익'으로 회계처리하고 거래처코드도 입력할 것.)

실무수행 ••• 결산

[결산자료]를 참고하여 결산을 수행하시오.(단, 제시된 자료 이외의 자료는 없다고 가정함.)

1 수동결산 및 자동결산

결산자료	1. 단기매매증권의 기말 내역은 다음과 같다.(하나의 전표로 처리할 것.) | 회사명 | 주식수 | 주당 장부금액 | 주당 기말평가금액 | |---|---|---|---| | (주)명품 | 100주 | 25,000원 | 26,000원 | | (주)삼현 | 200주 | 40,000원 | 42,000원 | | 합 계 | 300주 | | | 2. 기말상품재고액은 30,000,000원이다. 3. 이익잉여금처분계산서 처분 예정(확정)일 - 당기분: 2025년 2월 23일 - 전기분: 2024년 2월 23일
평가문제	1. 수동결산 또는 자동결산 메뉴를 이용하여 결산을 완료하시오. 2. 12월 31일을 기준으로 '손익계산서 → 이익잉여금처분계산서 → 재무상태표'를 순서대로 조회 작성하시오. (단, 이익잉여금처분계산서 조회 작성 시 '저장된 데이터 불러오기' → '아니오 선택' → 상단부의 '전표추가'를 이용하여 '손익대체분개'를 수행할 것.)

평가문제 • • • 실무수행평가 (62점)

입력자료 및 회계정보를 조회하여 [평가문제]의 답안을 입력하시오.

<table>
<tr><td colspan="3" align="center">평가문제 답안입력 유의사항</td></tr>
<tr><td colspan="3">❶ 답안은 지정된 단위의 숫자로만 입력해 주십시오.
* 한글 등 문자 금지</td></tr>
<tr><td></td><td align="center">정답</td><td align="center">오답(예)</td></tr>
<tr><td>(1) 금액은 원 단위로 숫자를 입력하되, 천 단위 콤마(,)는 생략 가능합니다.

(1-1) 답이 0원인 경우 반드시 "0" 입력
(1-2) 답이 음수(-)인 경우 숫자 앞에 " - " 입력
(1-3) 답이 소수인 경우 반드시 " . " 입력</td><td>1,245,000
1245000</td><td>1.245.000
1,245,000원
1,245,0000
12,45,000
1,245천원</td></tr>
<tr><td>(2) 질문에 대한 답안은 숫자로만 입력하세요.</td><td>4</td><td>04
4건, 4매, 4명
04건, 04매, 04명</td></tr>
<tr><td>(3) 거래처 코드번호는 5자리 숫자로 입력하세요.</td><td>00101</td><td>101
00101번</td></tr>
<tr><td colspan="3">❷ 더존 프로그램에서 조회되는 자료를 복사하여 붙여넣기가 가능합니다.
❸ 수행과제를 올바르게 입력하지 않고 작성한 답과 모범답안이 다른 경우 오답처리됩니다.</td></tr>
</table>

번호	평가문제	배점
11	평가문제 [계정과목및적요등록 조회] '235.디자인권' 계정과 관련된 내용으로 옳지 않은 것은? ① '비유동자산 중 무형자산'에 해당하는 계정이다. ② 표준재무제표항목은 '175.의장권'이다. ③ '디자인권'의 현금적요는 '디자인권 취득대금 현금지급'을 사용하고 있다. ④ '디자인권'의 대체적요는 사용하지 않고 있다.	4
12	평가문제 [거래처원장 조회] 10월 말 '01025.(주)세운유통'의 '108.외상매출금' 잔액은 얼마인가? ( )원	3
13	평가문제 [거래처원장 조회] 11월 말 '134.가지급금' 잔액이 가장 많은 거래처의 코드 5자리를 입력하시오. ( )	3
14	평가문제 [거래처원장 조회] 12월 말 '253.미지급금' 거래처 중 잔액이 옳지 않은 것은? ① 07117.(주)엔소프트 15,000,000원 ② 06005.한국도시가스(주) 440,000원 ③ 99605.농협카드 4,365,000원 ④ 99800.하나카드 1,320,000원	2
15	평가문제 [합계잔액시산표 조회] 6월 말 '미지급세금' 잔액은 얼마인가? ( )원	3
16	평가문제 [합계잔액시산표 조회] 12월 말 '당좌자산'의 계정별 잔액으로 옳지 않은 것은? ① 단기대여금 30,000,000원 ② 받을어음 2,000,000원 ③ 선급비용 300,000원 ④ 선납세금 1,200,000원	3
17	평가문제 [재무상태표 조회] 12월 말 '단기매매증권' 잔액은 얼마인가? ( )원	3
18	평가문제 [재무상태표 조회] 12월 말 '선급금' 잔액은 얼마인가? ( )원	3
19	평가문제 [재무상태표 조회] 12월 말 '유형자산'의 장부금액(취득원가-감가상각누계액)으로 옳지 않은 것은? ① 토지 20,000,000원 ② 건물 50,000,000원 ③ 차량운반구 47,930,000원 ④ 비품 33,285,000원	3
20	평가문제 [재무상태표 조회] 12월 말 '이월이익잉여금(미처분이익잉여금)' 잔액은 얼마인가? ① 267,508,870원 ② 273,550,050원 ③ 279,550,050원 ④ 297,508,870원	3

번호	평가문제	배점
21	평가문제 [손익계산서 조회] 당기에 발생한 '상품매출원가'는 얼마인가? ( )원	4
22	평가문제 [손익계산서 조회] 당기에 발생한 '판매비와관리비' 계정별 금액으로 옳지 않은 것은? ① 복리후생비 12,401,420원 ② 수도광열비 6,284,520원 ③ 운반비 639,000원 ④ 도서인쇄비 340,000원	2
23	평가문제 [손익계산서 조회] 당기에 발생한 '영업외수익' 금액은 얼마인가? ( )원	3
24	평가문제 [손익계산서 조회] 당기에 발생한 '영업외비용' 금액은 얼마인가? ( )원	3
25	평가문제 [부가가치세신고서 조회] 제2기 확정 신고기간 부가가치세신고서 '과세_세금계산서발급분(1란)'의 세액은 얼마인가? ( )원	4
26	평가문제 [부가가치세신고서 조회] 제2기 확정 신고기간의 부가가치세신고서 '매입세액_그밖의공제매입세액(14란)'의 세 액은 얼마인가? ( )원	4
27	평가문제 [부가가치세신고서 조회] 제2기 확정 신고기간의 부가가치세신고서 '매입세액_공제받지못할매입세액(16란)'의 세 액은 얼마인가? ( )원	3
28	평가문제 [세금계산서합계표 조회] 제2기 확정 신고기간의 전자매입세금계산서 공급가액 합계는 얼마인가? ( )원	3
29	평가문제 [계산서합계표 조회] 제2기 확정 신고기간의 전자매출계산서의 공급가액은 얼마인가? ( )원	3
30	평가문제 [예적금현황 조회] 12월 말 은행별(계좌명) 보통예금 잔액으로 옳은 것은? ① 국민은행(당좌) 38,800,000원 ② 국민은행(보통) 231,740,000원 ③ 신한은행(보통) 8,282,000원 ④ 우리은행(보통) 6,834,000원	3
총 점		62

평가문제 • • • 회계정보분석(8점)

회계정보를 조회하여 [회계정보분석] 답안을 입력하시오.

31.

손익계산서 조회 (4점)

주당순이익은 1주당 이익을 얼마나 창출하느냐를 나타내는 지표이다. 전기 주당순이익을 계산하면 얼마인가?

$$주당순이익 = \frac{당기순이익}{주식수}$$

※ 발행주식수 10,000주

① 9,000원 ② 9,252원
③ 9,400원 ④ 9,652원

32.

재무상태표 조회 (4점)

당좌비율이란 유동부채에 대한 당좌자산의 비율로 재고자산을 제외시킴으로써 단기채무에 대한 기업의 지급능력을 파악하는데 유동비율 보다 더욱 정확한 지표로 사용되고 있다. 전기 당좌비율을 계산하면 얼마인가?(단, 소숫점 이하는 버림 할 것.)

$$당좌비율(\%) = \frac{당좌자산}{유동부채} \times 100$$

① 41%   ② 83%
③ 241% ④ 462%

기출문제 (주)이루테크 (회사코드 3175)

Financial Accounting Technicians

75회

홈페이지 자료실에서 '2025 FAT1grade DB'를 다운받아 설치한 후 풀이할 것

● 실무 이론 평가

> 아래 문제에서 특별한 언급이 없으면 기업의 보고기간(회계기간)은 매년 1월 1일부터 12월 31일까지입니다. 또한 기업은 일반기업회계기준 및 관련 세법을 계속적으로 적용하고 있다고 가정하고 물음에 가장 합당한 답을 고르시기 바랍니다.

01

다음 중 재고자산에 관한 설명으로 옳지 <u>않은</u> 것은?
① 선적지인도조건 상품 판매시 선적이 완료된 재고는 판매자의 재고자산에 포함한다.
② 차입금 담보로 제공된 재고자산의 경우 기말 재고자산에 포함한다.
③ 시송품은 매입자가 매입의사표시를 하기 전까지는 판매자의 재고자산에 포함한다.
④ 적송품은 수탁자가 제3자에게 판매하기 전까지 위탁자의 재고자산에 포함한다.

02

다음 (가)에 대한 설명으로 적합한 것은?

> (가)는 기업을 소유주와 독립적으로 존재하는 회계단위로 간주하고, 이 단위의 관점에서 그 경제활동에 대한 재무정보를 측정, 보고한다고 가정한다.

① 기간별 보고의 가정
② 발생주의의 가정
③ 기업실체의 가정
④ 계속기업의 가정

03

다음은 도매업을 영위하는 (주)한공의 손익 분석에 대한 대화이다. (가)에 들어갈 수 있는 계정과목은?

① 대손상각비
② 기타의대손상각비
③ 기부금
④ 이자비용

04

(주)한공의 2024년 결산정리사항 반영 전 당기순이익은 300,000원이다. 다음 결산정리사항을 반영한 후 당기순이익은 얼마인가?

- 12월 급여 미지급분 40,000원을 인식하지 아니함.
- 당기 발생분 임대료 15,000원에 대한 미수수익을 인식하지 아니함.

① 240,000원
② 260,000원
③ 275,000원
④ 285,000원

05

(주)한공은 2023년 12월 1일에 2,000,000원에 매입한 단기매매증권을 2024년 8월 31일 1,700,000원에 처분하였다. 이 경우 단기매매증권처분손익은 얼마인가?
(단, 2023년 12월 31일 공정가치는 1,900,000원이다.)

① 단기매매증권처분손실 100,000원　　② 단기매매증권처분이익 100,000원
③ 단기매매증권처분손실 200,000원　　④ 단기매매증권처분이익 200,000원

06

(주)한공은 2024년 1월 1일 기계장치를 5,000,000원에 현금으로 구입하여 즉시 사용하였다. 2024년 12월 31일 결산시 감가상각비는 얼마인가?
(단, 내용연수 5년, 잔존가액 500,000원, 정액법 적용)

① 500,000원　　　　　　② 600,000원
③ 900,000원　　　　　　④ 1,000,000원

07

(주)한공은 이사회의 결의로 발행주식수 600주, 액면금액 @10,000원, 발행금액 @16,000원에 신주를 발행하고 주식발행 대금을 전액 당좌예금계좌로 납입 받았다. 이에 대한 분개로 옳은 것은?
(신주 발행전 주식발행차금이 없다고 가정한다.)

(가)	(차) 당좌예금 5,000,000원	(대) 자본금		5,000,000원
(나)	(차) 당좌예금 9,600,000원	(대) 자본금		6,000,000원
		주식발행초과금		3,600,000원
(다)	(차) 당좌예금 9,600,000원	(대) 자본금		9,600,000원
(라)	(차) 당좌예금 9,600,000원	(대) 자본금		6,000,000원
		주식할인발행차금		3,600,000원

① (가)　　　　　　② (나)
③ (다)　　　　　　④ (라)

08

다음 중 부가가치세법상 세금계산서에 대하여 바르게 설명하고 있는 사람은 누구인가?

① 다솜
② 성진
③ 미현
④ 정욱

09

다음 중 부가가치세법상 재화의 공급시기로 옳은 것은?
① 기한부 판매: 기한이 지나 판매가 확정되는 때
② 재화의 공급으로 보는 가공의 경우: 재화의 가공이 완료된 때
③ 장기할부판매: 최종 할부금 지급기일
④ 외상판매의 경우: 대가를 받을 때

10

다음 자료를 토대로 (주)한공(제조업)의 2024년 제2기 예정신고기간 부가가치세 납부세액을 계산하면 얼마인가? 단, 세금계산서는 적법하게 수수하였고 주어진 자료 외에는 고려하지 않는다.

> 가. 국내매출액(공급가액): 110,000,000원
> 나. 수출액(공급가액): 30,000,000원
> 다. 원재료 매입세액: 4,000,000원
> 라. 5인승 승용차(2,000cc) 구입 관련 매입세액: 2,000,000원

① 5,000,000원 ② 6,000,000원
③ 7,000,000원 ④ 10,000,000원

실무 수행 평가

(주)이루테크(회사코드 3175)는 냉·난방기를 도·소매하는 법인으로 회계기간은 제6기(2024.1.1. ~ 2024.12.31.)이다. 제시된 자료와 [자료설명]을 참고하여 [수행과제]를 완료하고 [평가문제]의 물음에 답하시오.

실무수행 유의사항	1. 부가가치세 관련거래는 [매입매출전표입력]메뉴에 입력하고, 부가가치세 관련 없는 거래는 [일반전표입력]메뉴에 입력한다. 2. 타계정 대체액과 관련된 적요는 반드시 코드를 입력하여야 한다. 3. 채권·채무, 예금거래 등 관리대상 거래자료에 대하여는 반드시 거래처코드를 입력한다. 4. 자금관리 등 추가 작업이 필요한 경우 문제의 요구에 따라 추가 작업하여야 한다. 5. 판매비와관리비는 800번대 계정코드를 사용한다. 6. 등록된 계정과목 중 가장 적절한 계정과목을 선택한다.

실무수행 ● ● ● 기초정보관리의 이해

회계관련 기초정보는 입력되어 있다. [자료설명]을 참고하여 [수행과제]를 수행하시오.

① 사업자등록증에 의한 거래처등록 수정

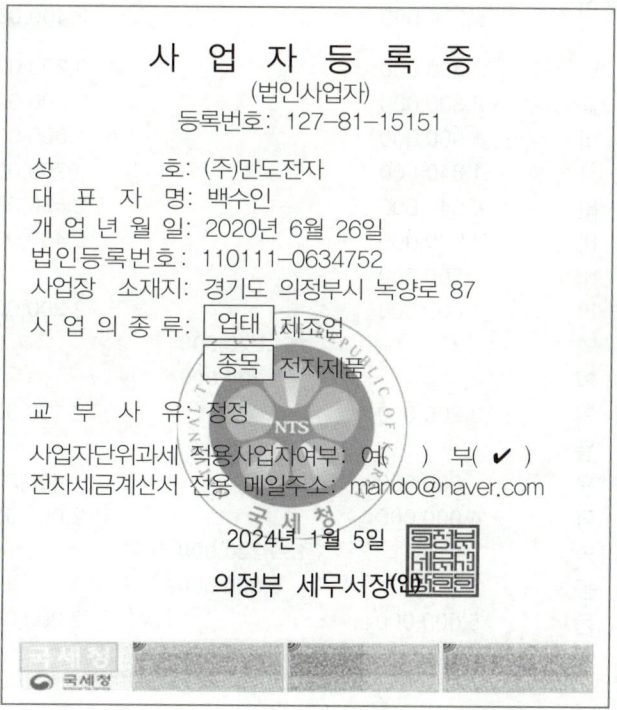

자료설명	(주)만도전자(00185)의 '대표자'와 '업태'가 변경된 사업자등록증 사본을 받았다.
수행과제	사업자등록증의 변경내용을 확인하여 수정하시오.

2 전기분 손익계산서의 입력수정

손 익 계 산 서
제5(당)기 2023년 1월 1일부터 2023년 12월 31일까지
제4(전)기 2022년 1월 1일부터 2022년 12월 31일까지

(주)이루테크 (단위: 원)

과 목	제5(당)기		제4(전)기	
	금	액	금	액
Ⅰ. 매 출 액		600,000,000		280,000,000
상 품 매 출	600,000,000		280,000,000	
Ⅱ. 매 출 원 가		320,000,000		165,000,000
상 품 매 출 원 가		320,000,000		165,000,000
기 초 상 품 재 고 액	25,000,000		5,000,000	
당 기 상 품 매 입 액	385,000,000		185,000,000	
기 말 상 품 재 고 액	90,000,000		25,000,000	
Ⅲ. 매 출 총 이 익		280,000,000		115,000,000
Ⅳ. 판 매 비 와 관 리 비		128,180,000		57,730,000
급 여	82,300,000		30,800,000	
복 리 후 생 비	10,100,000		2,100,000	
여 비 교 통 비	3,500,000		1,500,000	
접대비(기업업무추진비)	5,200,000		2,400,000	
통 신 비	2,300,000		3,200,000	
세 금 과 공 과 금	2,300,000		2,800,000	
감 가 상 각 비	5,900,000		4,000,000	
보 험 료	1,840,000		700,000	
차 량 유 지 비	8,540,000		2,530,000	
교 육 훈 련 비	4,900,000		5,400,000	
소 모 품 비	500,000			
광 고 선 전 비	800,000		2,300,000	
Ⅴ. 영 업 이 익		151,820,000		57,270,000
Ⅵ. 영 업 외 수 익		3,200,000		2,100,000
이 자 수 익	3,200,000		2,100,000	
Ⅶ. 영 업 외 비 용		4,800,000		2,400,000
이 자 비 용	800,000		400,000	
기 부 금	4,000,000		2,000,000	
Ⅷ. 법인세차감전순이익		150,220,000		56,970,000
Ⅸ. 법 인 세 등		5,000,000		2,000,000
법 인 세 등	5,000,000		2,000,000	
Ⅹ. 당 기 순 이 익		145,220,000		54,970,000

자료설명	(주)이루테크의 전기(제5기)분 재무제표는 입력되어 있다.
수행과제	1. [전기분 손익계산서]의 입력이 누락되었거나 잘못된 부분을 찾아 수정하시오. 2. [전기분 이익잉여금처분계산서]의 처분 확정일(2024년 2월 27일)을 수정하시오.

실무수행 ••• 거래자료 입력

실무프로세스 자료이다. [자료설명]을 참고하여 [수행과제]를 수행하시오.

① 기타 일반거래

자료 1. 주식발행 사항

```
                        이사회 의사록

      회사의 유상증자와 관련하여 다음과 같이 주식발행을 결정함.

                         - 다  음 -
         1. 주식의 종류와 수
            - 보통주식 10,000주(액면금액 주당 5,000원)
         2. 주식의 발행금액
            - 1주의 금액 10,000원
```

자료 2. 보통예금(신한은행) 거래내역

		내용	찾으신금액	맡기신금액	잔액	거래점
번호	거래일	계좌번호 096-25-0096-751 (주)이루테크					
1	2024-1-25	주식납입금		100,000,000	***	***

자료설명	당사는 운전자금 조달을 위해 이사회에서 유상증자를 결의하였으며, 신주발행 대금은 신한은행 보통예금 계좌에 입금되었다.
수행과제	거래자료를 입력하시오.

2 약속어음 수취거래

전 자 어 음

(주)이루테크 귀하 00420240515123456789

금 일천팔백만원정 18,000,000원

위의 금액을 귀하 또는 귀하의 지시인에게 지급하겠습니다.

지급기일 2024년 5월 13일 발행일 2024년 2월 13일
지 급 지 국민은행 발행지 서울특별시 구로구 구로동로 24
지급장소 강남지점 주 소 (가리봉동)
  발행인 (주)동화인쇄

자료설명	[2월 13일] (주)동화인쇄에 대한 상품 외상대금 중 일부를 전자어음으로 수취하였다.
수행과제	1. 거래자료를 입력하시오. 2. 자금관련정보를 입력하여 받을어음 현황에 반영하시오.

3 기타 일반거래

자료 1.

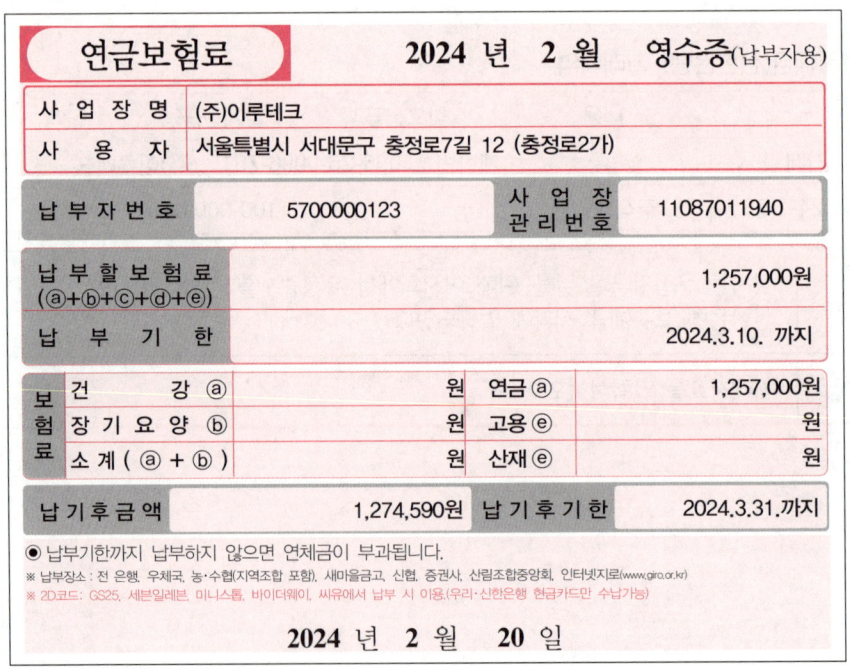

자료 2. 보통예금(신한은행) 거래내역

번호	거래일	내용	찾으신금액	맡기신금액	잔액	거래점
		계좌번호 096-25-0096-751　　(주)이루테크				
1	2024-3-10	연금보험료	1,257,000		***	***

자료설명	[3월 10일] 1. 2월 급여 지급분에 대한 연금보험료가 납부기한일에 신한은행 보통예금 계좌에서 출금되었다. 2. 납부액 중 628,500원은 급여 지급 시 원천징수한 금액이며, 628,500원은 회사부담분이다. 3. 당사는 회사부담분을 '세금과공과금'으로 처리하고 있다.
수행과제	거래자료를 입력하시오.

④ 통장사본에 의한 거래입력

자료 1. 카드 이용대금 명세서

3월 이용대금 명세서

작성기준일: 2024.3.31.
결제일: 2024.4.15. / 실제출금일: 2024.4.15.　　결제계좌: 기업은행

입금하실 금액	이달의 할인혜택	포인트 및 마일리지
1,800,000원	원	포인트리 8,400원
	할인 서비스　　　원 무이자 혜택금액　원	

우리카드

자료 2. 보통예금(기업은행) 거래내역

번호	거래일	내용	찾으신금액	맡기신금액	잔액	거래점
		계좌번호 204-24-0648-1007　　(주)이루테크				
1	2024-4-15	우리카드	1,800,000		***	***

자료설명	우리카드의 3월분 이용대금을 기업은행 보통예금 계좌에서 이체하여 지급하였다.
수행과제	거래자료를 입력하시오.

5 증빙에 의한 전표입력

```
            ** 현금영수증 **
              (지출증빙용)

사업자등록번호  : 119-81-02126  장유림
사업자명       : 유림광고(주)
단말기ID       : 73453259(tel:02-345-4546)
가맹점주소     : 서울특별시 금천구 가산로 153

현금영수증 회원번호
110-87-01194   (주)이루테크
승인번호       :    83746302     (PK)
거래일시       : 2024년 4월 24일
-----------------------------------------
공급금액                         540,000원
부가세금액                         54,000원
총합계                            594,000원
-----------------------------------------

영업팀에서 우수 매출 거래처 방문 시 제공할 시상품을
현금으로 구입하고 수취한 현금영수증이다.
```

자료설명	우리카드의 3월분 이용대금을 기업은행 보통예금 계좌에서 이체하여 지급하였다.
수행과제	거래자료를 입력하시오.

> **실무수행** ••• 부가가치세

부가가치세 신고 관련 자료이다. [자료설명]을 참고하여 [수행과제]를 수행하시오.

1 과세매출자료의 전자세금계산서 발행

거래명세서 (공급자 보관용)

공급자	등록번호	110-87-01194			공급받는자	등록번호	113-86-35018		
	상호	(주)이루테크	성명	배장석		상호	(주)제이산업	성명	우정아
	사업장주소	서울특별시 서대문구 충정로7길 12 (충정로2가)				사업장주소	서울특별시 서대문구 경기대로 62		
	업태	도소매업	종사업장번호			업태	도소매업	종사업장번호	
	종목	전자제품외				종목	전자부품		

거래일자	미수금액	공급가액	세액	총 합계금액
2024.7.10.		6,000,000	600,000	6,600,000

NO	월	일	품목명	규격	수량	단가	공급가액	세액	합계
1	7	10	냉난방기		5	1,200,000	6,000,000	600,000	6,600,000

자료설명	1. 상품을 판매하면서 발급한 거래명세서이다. 2. 7월 5일에 계약금(660,000원)을 받았으며, 계약금을 제외한 잔액은 농협은행 보통예금 계좌로 입금받았다.
수행과제	1. 7월 5일 거래를 참고하여 매입매출자료를 입력하시오. 2. 전자세금계산서 발행 및 내역관리 를 통하여 발급 및 전송하시오. (전자세금계산서 발급 시 결제내역 및 전송일자는 고려하지 말 것.)

2 매출거래

수정전자세금계산서
(공급자 보관용)

승인번호

공급자
등록번호	110-87-01194		
상호	(주)이루테크	성명(대표자)	배장석
사업장주소	서울특별시 서대문구 충정로7길 12 (충정로2가)		
업태	도소매업	종사업장번호	
종목	전자제품외		
E-Mail	sucess@bill36524.com		

공급받는자
등록번호	121-81-36236		
상호	(주)영인유통	성명(대표자)	임영인
사업장주소	서울특별시 서대문구 가좌로 19		
업태	도소매업	종사업장번호	
종목	전자제품외		
E-Mail	yeongin@naver.com		

작성일자	2024.8.3.	공급가액	-750,000	세액	-75,000

비고

월	일	품목명	규격	수량	단가	공급가액	세액	비고
8	3	선풍기		-15	50,000	-750,000	-75,000	

합계금액	현금	수표	어음	외상미수금	이 금액을	○ 영수 / ● 청구	함
-825,000				-825,000			

자료설명	[8월 3일] 1. 7월 13일에 판매한 상품 중 일부가 불량으로 반품되어 전자세금계산서를 발급하였다. 2. 거래대금은 전액 외상매출금과 상계처리하기로 하였다.
수행과제	매입매출자료를 입력하시오. (전자세금계산서의 발급 및 전송업무는 생략하고 '전자입력'으로 입력할 것.)

3 매입거래

카드매출전표

카드종류: 삼성카드
회원번호: 2112-3535-****-67*7
거래일시: 2024. 9. 7. 13:22:05
거래유형: 신용승인
매   출: 12,000원
부 가 세: 1,200원
합   계: 13,200원
결제방법: 일시불
승인번호: 25135582

가맹점명: (주)조선카페(211-87-24113)
- 이 하 생 략 -

자료설명	영업팀 과장이 신상품 홍보를 위해 출장지에서 음료를 구매하고 받은 신용카드매출전표이다.
수행과제	매입매출자료를 입력하시오.(여비교통비로 처리할 것.)

④ 매입거래

전자세금계산서			(공급받는자 보관용)		승인번호			
공급자	등록번호	212-81-16327			공급받는자	등록번호	110-87-01194		
	상호	(주)법무법인 정률	성명(대표자)	김석배		상호	(주)이루테크	성명(대표자)	배장석
	사업장주소	서울특별시 강남구 강남대로 255 (도곡동)				사업장주소	서울특별시 서대문구 충정로7길 12 (충정로2가)		
	업태	서비스업	종사업장번호			업태	도소매업	종사업장번호	
	종목	법률자문				종목	전자제품외		
	E-Mail	lawkim@naver.com				E-Mail	sucess@bill36524.com		
작성일자	2024.9.14.		공급가액	560,000		세 액	56,000		
비고									

월	일	품목명	규격	수량	단가	공급가액	세액	비고
9	14	소유권보존 등기료				560,000	56,000	

합계금액	현금	수표	어음	외상미수금	이 금액을	● 영수 / ○ 청구	함
616,000	616,000						

자료설명	물류창고 신축을 위해 취득한 토지의 소유권 이전 등기대행 수수료에 대한 전자 세금계산서를 수취하고 대금은 현금으로 지급하였다.
수행과제	매입매출자료를 입력하시오. ('자본적지출'로 처리하고, 전자세금계산서 거래는 '전자입력'으로 입력할 것.)

5 매입거래

전자세금계산서 (공급받는자 보관용)

승인번호

공급자	등록번호	112-02-34108			공급받는자	등록번호	110-87-01194		
	상호	대신북클럽	성명(대표자)	박성진		상호	(주)이루테크	성명(대표자)	배장석
	사업장 주소	서울특별시 서대문구 독립문공원길 99 (현저동)				사업장 주소	서울특별시 서대문구 충정로7길 12 (충정로2가)		
	업태	도소매업	종사업장번호			업태	도소매업	종사업장번호	
	종목	서적				종목	전자제품외		
	E-Mail	bookclub@naver.com				E-Mail	sucess@bill36524.com		

| 작성일자 | 2024.9.24. | 공급가액 | 75,000 | 비 고 | |

월	일	품목명	규격	수량	단가	공급가액	비고	비고
9	24	영업왕의 비밀		3	15,000	45,000		
9	24	마케팅 전략		2	15,000	30,000		

합계금액	현금	수표	어음	외상미수금	이 금액을	○ 영수	함
75,000				75,000		● 청구	

자료설명	영업팀 업무관련 도서를 외상으로 구입하고 발급받은 전자계산서이다.
수행과제	매입매출자료를 입력하시오.(복수거래 키를 이용하여 입력하고, 전자계산서 거래는 '전자입력'으로 입력할 것.)

6 부가가치세신고서에 의한 회계처리

■ 보통예금(하나은행) 거래내역

번호	거래일	내용	찾으신금액	맡기신금액	잔액	거래점
		계좌번호 524-55-215457 (주)이루테크				
1	2024-7-25	서대문세무서	61,000		***	***

자료설명	제1기 부가가치세 확정신고 납부세액이 하나은행 보통예금 계좌에서 출금되었다.
수행과제	6월 30일에 입력된 일반전표를 참고하여 납부세액에 대한 회계처리를 하시오.

실무수행 ••• 결산

[결산자료]를 참고하여 결산을 수행하시오.(단, 제시된 자료 이외의 자료는 없다고 가정함.)

① 수동결산 및 자동결산

자료설명	1. 구입 시 자산으로 처리한 소모품의 기말 현재 미사용 내역은 다음과 같다. | 품목명	단위	수량	단가	총액
---	---	---	---	---
상품 포장박스	개	250	2,800원	700,000원
스크레치 필름	롤	20	20,000원	400,000원

계				1,100,000원	
					
					2. 기말상품재고액은 32,000,000원이다.
					3. 이익잉여금처분계산서 처분 예정(확정)일
					  - 당기분: 2025년 2월 27일
					  - 전기분: 2024년 2월 27일

수행과제	1. 수동결산 또는 자동결산 메뉴를 이용하여 결산을 완료하시오. 2. 12월 31일을 기준으로 '손익계산서 → 이익잉여금처분계산서 → 재무상태표'를 순서대로 조회 작성하시오. (단, 이익잉여금처분계산서 조회 작성 시 '저장된 데이터 불러오기' → '아니오 선택' → 상단부의 '전표추가'를 이용하여 '손익대체분개'를 수행할 것.)

평가문제 ••• 실무수행평가 (62점)

입력자료 및 회계정보를 조회하여 [평가문제]의 답안을 입력하시오.

평가문제 답안입력 유의사항		
❶ 답안은 지정된 단위의 숫자로만 입력해 주십시오. * 한글 등 문자 금지		
	정답	오답(예)
(1) 금액은 원 단위로 숫자를 입력하되, 천 단위 콤마(,)는 생략 가능합니다. (1-1) 답이 0원인 경우 반드시 "0" 입력 (1-2) 답이 음수(-)인 경우 숫자 앞에 " - " 입력 (1-3) 답이 소수인 경우 반드시 " . " 입력	1,245,000 1245000	1.245.000 1,245,000원 1,245,0000 12,45,000 1,245천원
(2) 질문에 대한 답안은 숫자로만 입력하세요.	4	04 4건, 4매, 4명 04건, 04매, 04명
(3) 거래처 코드번호는 5자리 숫자로 입력하세요.	00101	101 00101번
❷ 더존 프로그램에서 조회되는 자료를 복사하여 붙여넣기가 가능합니다. ❸ 수행과제를 올바르게 입력하지 않고 작성한 답과 모범답안이 다른 경우 오답처리됩니다.		

번호	평가문제	배점
11	평가문제 [거래처등록 조회] [거래처등록] 관련 내용으로 옳지 않은 것은? ① 카드거래처의 매출 관련 카드는 1개이다. ② 금융거래처 중 '3.예금종류'가 '차입금'인 거래처는 2개이다. ③ 일반거래처 '(주)만도전자(00185)'의 대표자명은 백수인이다. ④ 일반거래처 '대신북클럽(04912)'의 담당자메일주소는 book@naver.com이다.	4
12	평가문제 [일/월계표 조회] 7월 한달 동안 발생한 '상품매출' 금액은 얼마인가? ( )원	3
13	평가문제 [일/월계표 조회] 상반기(1월~6월)에 발생한 '접대비(기업업무추진비)' 금액은 얼마인가? ( )원	3
14	평가문제 [일/월계표 조회] 하반기(7월~12월)에 발생한 '판매관리비' 중 계정별 금액이 옳지 않은 것은? ① 복리후생비 4,570,800원 ② 여비교통비 360,000원 ③ 임차료 1,500,000원 ④ 도서인쇄비 625,000원	4
15	평가문제 [합계잔액시산표 조회] 9월 말 '보통예금'의 잔액은 얼마인가? ( )원	4
16	평가문제 [계정별원장 조회] 1분기(1월~3월) 동안의 '외상매출금' 회수액은 얼마인가? ( )원	3
17	평가문제 [거래처원장 조회] 9월 말 거래처 '서대문세무서'의 '미지급세금' 잔액은 얼마인가? ① 0원 ② 61,000원 ③ 135,000원 ④ 243,000원	3
18	평가문제 [거래처원장 조회] 상반기(1월~6월) 동안의 '미지급금' 잔액이 존재하지 않는 거래처는 무엇인가? ① 00109.홍보세상 ② 30121.대한자동차 ③ 99602.우리카드 ④ 99605.모두카드	3
19	평가문제 [현금출납장 조회] 4월 한달 동안의 '현금' 입금액은 얼마인가? ( )원	3
20	평가문제 [재무상태표 조회] 9월 말 '토지' 금액은 얼마인가? ( )원	4

번호	평가문제	배점
21	평가문제 [재무상태표 조회] 12월 말 '주식발행초과금' 금액은 얼마인가? ( )원	4
22	평가문제 [재무상태표 조회] 12월 말 계정과목별 금액으로 옳지 않은 것은? ① 미수금 27,940,000원 ② 선급금 200,000원 ③ 예수금 2,626,630원 ④ 선수금 6,565,000원	2
23	평가문제 [재무상태표 조회] 12월 말 '이월이익잉여금(미처분이익잉여금)' 잔액은 얼마인가? ① 166,142,000원 ② 306,668,256원 ③ 675,142,000원 ④ 929,168,506원	2
24	평가문제 [손익계산서 조회] 전기대비 '소모품비'의 증가 또는 감소 내용으로 옳은 것은? ① 300,000원 감소 ② 300,000원 증가 ③ 400,000원 감소 ④ 400,000원 증가	2
25	평가문제 [손익계산서 조회] 당기에 발생한 '상품매출원가' 금액은 얼마인가? ( )원	2
26	평가문제 [손익계산서 조회] 상반기(1월~6월) 손익계산서의 계정과목별 금액으로 옳은 것은? ① 세금과공과금 922,500원 ② 복리후생비 979,100원 ③ 운반비 3,621,300원 ④ 수수료비용 90,000원	4
27	평가문제 [부가가치세신고서 조회] 제2기 예정 신고기간 부가가치세신고서의 '그밖의공제매입세액(14번란)'의 세액은 얼마인가? ( )원	3
28	평가문제 [세금계산서합계표 조회] 제2기 예정 신고기간 전자매출세금계산서의 매출처 수는 몇 곳인가? ( )곳	3
29	평가문제 [계산서합계표 조회] 제2기 예정 신고기간의 전자매입계산서의 공급가액은 얼마인가? ( )원	3
30	평가문제 [받을어음현황 조회] '받을어음(조회구분: 1.일별, 1.만기일 2024.1.1. ~ 2024.12.31.)'의 보유금액 합계는 얼마인가? ( )원	3
	총 점	62

평가문제 ••• 회계정보분석 (8점)

회계정보를 조회하여 [회계정보분석] 답안을 입력하시오.

31.

재무상태표 조회 (4점)

당좌비율이란 유동부채에 대한 당좌자산의 비율로 재고자산을 제외시킴으로써 단기채무에 대한 기업의 지급능력을 파악하는데 유동비율 보다 더욱 정확한 지표로 사용되고 있다. 전기 당좌비율을 계산하면 얼마인가?(단, 소숫점 이하는 버림 할 것.)

$$당좌비율(\%) = \frac{당좌자산}{유동부채} \times 100$$

① 13% ② 16%
③ 749% ④ 751%

32.

재무상태표 조회 (4점)

부채비율은 타인자본의 의존도를 표시하며, 기업의 건전성 정도를 나타내는 지표이다. 전기 부채비율을 계산하면 얼마인가?(단, 소숫점 이하는 버림 할 것.)

$$부채비율(\%) = \frac{부채총계}{자본총계} \times 100$$

① 28% ② 30%
③ 355% ④ 362%

기출문제 (주)단발머리(회사코드 3176) 76회

홈페이지 자료실에서 '2025 FAT1grade DB'를 다운받아 설치한 후 풀이할 것

● 실무 이론 평가

아래 문제에서 특별한 언급이 없으면 기업의 보고기간(회계기간)은 매년 1월 1일부터 12월 31일까지입니다. 또한 기업은 일반기업회계기준 및 관련 세법을 계속적으로 적용하고 있다고 가정하고 물음에 가장 합당한 답을 고르시기 바랍니다.

01
이 과장의 답변에서 알 수 있는 거래 요소의 결합관계를 나타낸 것으로 옳은 것은?

① (차) 부채의 감소   (대) 부채의 증가
② (차) 부채의 감소   (대) 자산의 감소
③ (차) 자산의 감소   (대) 자산의 증가
④ (차) 자산의 증가   (대) 자산의 감소

02

다음에 해당하는 재무제표는?

- 영업활동, 투자활동, 재무활동에 대한 정보를 제공한다.
- 일정기간 기업의 현금흐름과 현금유출에 대한 정보를 제공한다.

① 재무상태표 ② 손익계산서
③ 현금흐름표 ④ 자본변동표

03

다음 중 도매업을 영위하는 기업의 손익계산서상 영업이익에 영향을 미치지 <u>않는</u> 거래는?
① 직원들에게 지급할 명절선물을 현금으로 구입하였다.
② 회수불능 매출채권에 대해 대손처리하였다.
③ 단기차입금에 대한 이자비용을 보통예금 계좌에서 이체하였다.
④ 본사 건물에 대한 보험료를 비용으로 계상하였다.

04

다음 재무상태표상 계정과목을 유동성배열법에 의해 배열한 것으로 옳은 것은?

| 가. 제품 | 나. 당좌예금 | 다. 개발비 | 라. 임차보증금 |

① 가 - 나 - 라 - 다 ② 나 - 가 - 다 - 라
③ 가 - 라 - 다 - 나 ④ 나 - 다 - 가 - 라

05

다음의 거래에 대한 분개로 옳은 것은?

매출 거래처의 파산으로 받을어음 700,000원이 회수불능하게 되었다.
(단, 파산일 전에 설정된 대손충당금 잔액은 410,000원이다.)

가.	(차) 대손충당금	410,000원	(대) 받을어음	410,000원
나.	(차) 대손충당금 　　　대손상각비	410,000원 290,000원	(대) 받을어음	700,000원
다.	(차) 대손충당금	290,000원	(대) 대손충당금환입	290,000원
라.	(차) 대손충당금 　　　대손충당금환입	410,000원 290,000원	(대) 받을어음	700,000원

① 가 ② 나
③ 다 ④ 라

06

다음 자료를 토대로 회계처리 시 차변 계정과목으로 옳은 것은?

- 본사 업무용 건물에 중앙집중식 냉난방장치를 설치하였다.
- 위 설치로 인하여 건물의 가치가 증대되었다.

① 건설중인자산 ② 투자부동산
③ 수선비 ④ 건물

07

(주)한공은 종업원 김한공 씨가 퇴사하여 퇴직금 17,000,000원을 보통예금계좌에서 지급하였다. 김한공 씨의 퇴사 직전 (주)한공의 퇴직급여충당부채는 20,000,000원이다. 김한공 씨 퇴직금지급에 대한 분개로 옳은 것은?

	차 변		대 변	
가.	(차) 퇴직급여	17,000,000원	(대) 보통예금	17,000,000원
나.	(차) 퇴직급여충당부채	3,000,000원	(대) 보통예금	3,000,000원
다.	(차) 퇴직급여충당부채	17,000,000원	(대) 보통예금	17,000,000원
라.	(차) 퇴직급여 　　　퇴직급여충당부채	17,000,000원 3,000,000원	(대) 보통예금	20,000,000원

① 가 ② 나
③ 다 ④ 라

08

다음 중 부가가치세법상 납세지 및 사업장에 대한 설명으로 옳지 않은 것은?
① 사업자의 납세지는 각 사업장의 소재지로 한다.
② 임시사업장은 사업장으로 보지 않는다.
③ 부동산 임대업의 사업장은 부동산의 등기부상 소재지이다.
④ 직매장과 하치장은 사업장으로 본다.

09

다음 중 부가가치세법상 세금계산서에 대한 설명으로 옳지 <u>않은</u> 것은?

① 사업자가 과세대상 재화 또는 용역을 공급하는 경우에는 공급받는 자에게 세금계산서를 발급하여야 하며, 해당 세액을 공급받는 자로부터 징수하여야 한다.
② 영세율 적용 대상 재화 또는 용역을 공급하는 경우에는 세금계산서 발급 의무가 없다.
③ 과세사업자는 세금계산서의 발급 여부와 관계없이 부가가치세를 거래징수 하여야 한다.
④ 공급가액과 부가가치세액은 세금계산서의 필요적 기재사항이다.

10

다음 자료를 토대로 과세사업자인 (주)한공의 2024년 제2기 부가가치세 예정 신고기간의 과세표준을 계산하면?

> 가. 상품외상매출액: 15,000,000원 (매출할인 1,000,000원 차감 전)
> 나. 거래처에 증정한 상품: 1,000,000원 (시가 2,000,000원으로 매입 시 매입세액공제를 받음)
> 다. 광고선전용으로 무상 제공한 견본품: 500,000원(시가 1,000,000원)

① 15,000,000원　　　　　　　　② 16,000,000원
③ 19,000,000원　　　　　　　　④ 20,000,000원

실무 수행 평가

(주)단발머리(회사코드 3176)는 기능성 샴푸를 도·소매하는 법인으로 회계기간은 제5기(2024.1.1. ~ 2024.12.31.)이다. 제시된 자료와 [자료설명]을 참고하여 [수행과제]를 완료하고 [평가문제]의 물음에 답하시오.

실무수행 유의사항	1. 부가가치세 관련거래는 [매입매출전표입력]메뉴에 입력하고, 부가가치세 관련 없는 거래는 [일반전표입력]메뉴에 입력한다. 2. 타계정 대체액과 관련된 적요는 반드시 코드를 입력하여야 한다. 3. 채권·채무, 예금거래 등 관리대상 거래자료에 대하여는 반드시 거래처코드를 입력한다. 4. 자금관리 등 추가 작업이 필요한 경우 문제의 요구에 따라 추가 작업하여야 한다. 5. 판매비와관리비는 800번대 계정코드를 사용한다. 6. 등록된 계정과목 중 가장 적절한 계정과목을 선택한다.

실무수행 ··· 기초정보관리의 이해

회계관련 기초정보는 입력되어 있다. [자료설명]을 참고하여 [수행과제]를 수행하시오.

1 계정과목추가 및 적요등록 수정

자료설명	(주)단발머리는 프랜차이즈 계약에 따른 독점 판매권을 관리하기 위해 무형자산코드 범위에 계정과목과 적요를 등록하려고 한다.
수행과제	'237.광업권' 계정과목을 '237.프랜차이즈'로 수정하고, 표준코드와 적요를 등록하시오.(계정구분: 3.일반) - 표준코드: 189.기타무형자산 - 현금적요: 01.프랜차이즈 대금 현금지급 - 대체적요: 01.프랜차이즈 대금 보통예금지급

② 전기분 재무상태표의 입력수정

재 무 상 태 표

제4(당)기 2023.12.31. 현재
제3(전)기 2022.12.31. 현재

(주)단발머리 (단위: 원)

과 목	제 4 기 (2023.12.31.)		제 3 기 (2022.12.31.)	
자 산				
Ⅰ. 유 동 자 산		704,476,800		429,340,000
(1) 당 좌 자 산		691,476,800		404,340,000
현 금		9,000,000		21,000,000
당 좌 예 금		119,700,000		201,000,000
보 통 예 금		393,611,800		21,640,000
정 기 예 적 금		15,000,000		14,000,000
단 기 매 매 증 권		3,000,000		1,000,000
외 상 매 출 금	135,000,000		130,000,000	
대 손 충 당 금	1,350,000	133,650,000	300,000	129,700,000
받 을 어 음		15,000,000		16,000,000
미 수 금		2,515,000		0
(2) 재 고 자 산		13,000,000		25,000,000
상 품		13,000,000		25,000,000
Ⅱ. 비 유 동 자 산		84,113,200		37,300,000
(1) 투 자 자 산		8,000,000		0
장 기 대 여 금		8,000,000		0
(2) 유 형 자 산		46,113,200		7,300,000
차 량 운 반 구	56,500,000		16,500,000	
감 가 상 각 누 계 액	21,018,000	35,482,000	12,300,000	4,200,000
비 품	19,400,000		9,400,000	
감 가 상 각 누 계 액	8,768,800	10,631,200	6,300,000	3,100,000
(3) 무 형 자 산		0		0
(4) 기 타 비 유 동 자 산		30,000,000		30,000,000
임 차 보 증 금		30,000,000		30,000,000
자 산 총 계		788,590,000		466,640,000
부 채				
Ⅰ. 유 동 부 채		90,000,000		81,061,266
외 상 매 입 금		37,670,000		31,061,266
지 급 어 음		26,900,000		30,000,000
미 지 급 금		22,500,000		20,000,000
예 수 금		2,930,000		0
Ⅱ. 비 유 동 부 채		50,000,000		0
장 기 차 입 금		50,000,000		0
부 채 총 계		140,000,000		81,061,266
자 본				
Ⅰ. 자 본 금		600,000,000		350,000,000
자 본 금		600,000,000		350,000,000
Ⅱ. 자 본 잉 여 금		0		0
Ⅲ. 자 본 조 정		0		0
Ⅳ. 기타포괄손익누계액		0		0
Ⅴ. 이 익 잉 여 금		48,590,000		35,578,734
미 처 분 이 익 잉 여 금		48,590,000		35,578,734
(당기순이익 27,668,000원)				
자 본 총 계		648,590,000		385,578,734
부 채 와 자 본 총 계		788,590,000		466,640,000

자료설명	전기(제4기)분 재무제표는 입력되어 있으며, 재무제표 검토결과 입력오류를 발견하였다.
수행과제	입력이 누락되었거나 잘못된 부분을 찾아 수정하시오.

실무수행 ••• 거래자료 입력

실무프로세스 자료이다. [자료설명]을 참고하여 [수행과제]를 수행하시오.

1 3만원 초과 거래자료에 대한 영수증수취명세서 작성

세차 영수증

2024/01/20

상 호: 백련손세차장 (T.02-3149-2610)
성 명: 이일용
사업장: 서울특별시 서대문구 증가로 113
사업자등록번호: 119-15-50400

세차코스	구분	단가	금액
프리워시	준중형	35,000	35,000

합계: 35,000원

감사합니다.

자료설명	영업부 업무용 승용차의 세차비를 현금으로 지급하고 받은 영수증이다. 회사는 이 거래가 지출증명서류미수취가산세대상인지를 검토하려고 한다.
수행과제	1. 거래자료를 입력하시오.('차량유지비'계정으로 회계처리할 것.) 2. 영수증수취명세서 (1)과 (2)서식을 작성하시오.

2 약속어음 수취거래

전 자 어 음

(주)단발머리 귀하　　　　　　　　00420240210123456789

금　일천만원정　　　　　　　　　　　　　　　　10,000,000원

위의 금액을 귀하 또는 귀하의 지시인에게 지급하겠습니다.

지급기일	2024년 4월 10일	발행일	2024년 2월 10일
지 급 지	국민은행	발행지 주　소	서울특별시 구로구 구로동로 24 (가리봉동)
지급장소	서대문지점	발행인	(주)고도헤어

자료설명	[2월 10일] (주)고도헤어에 대한 상품 판매 외상대금을 전자어음으로 수취하였다.
수행과제	1. 거래자료를 입력하시오. 2. 자금관련정보를 입력하여 받을어음 현황에 반영하시오.

3 증빙에 의한 거래입력

자료설명	[3월 25일] 거래처 직원의 생일기념으로 상품권 100,000원을 카카오톡으로 선물하고 대금은 법인신용카드(현대카드)로 결제하였다.
수행과제	거래자료를 입력하시오.

4 기타 일반거래

자료 1. 건강보험료 영수증

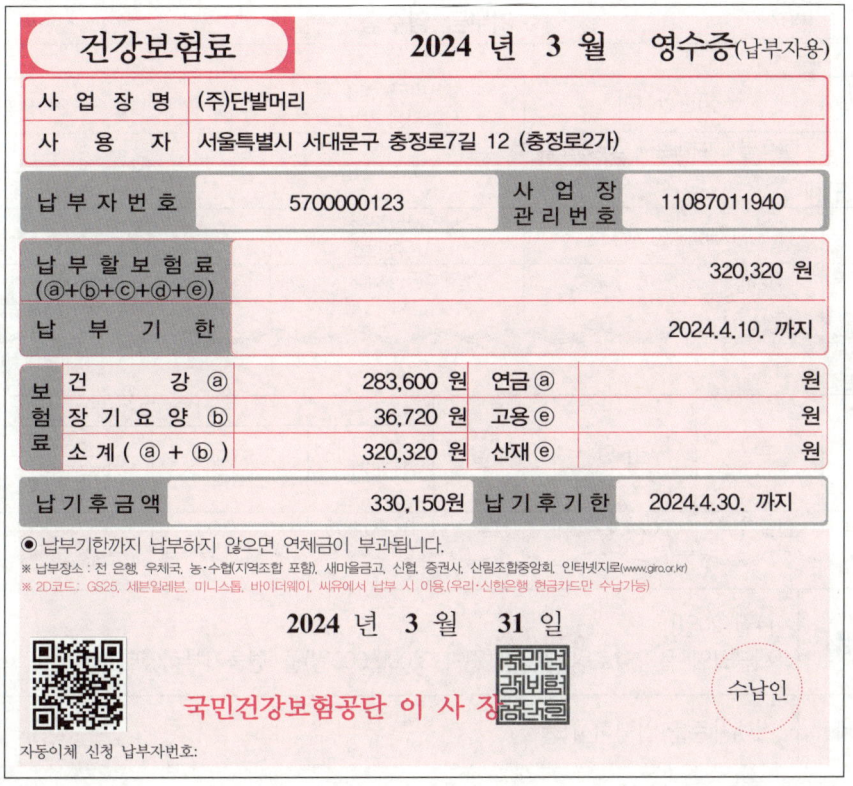

자료 2. 보통예금(신한은행) 거래내역

번호	거래일	내용	찾으신금액	맡기신금액	잔액	거래점
		계좌번호 011202-04-012368　(주)단발머리				
1	2024-04-10	건강보험료	320,320		***	***

자료설명	[4월 10일] 3월 급여지급분에 대한 건강보험료(장기요양보험료 포함)를 납부기한일에 신한은행 보통예금 계좌에서 이체하여 납부하였다. 보험료의 50%는 급여 지급 시 원천징수한 금액이며, 나머지 50%는 회사부담분이다.
수행과제	거래자료를 입력하시오.(회사부담분 건강보험료는 '복리후생비'로 처리 할 것.)

5 증빙에 의한 전표입력

일련번호	087	기부금 영수증		

1. 기부자

성명(법인명)	(주)단발머리	주민등록번호 (사업자등록번호)	110-87-01194
주소(소재지)	서울특별시 서대문구 충정로7길 12		

2. 기부금 단체

단체명	(재)목양양로원	사업자등록번호 (고유번호)	201-82-06995
소재지	서울 중구 명동길 74, 5층	기부금공제대상 기부금단체 근거법령	소득세법 제34조제1항

4. 기부내용

유형	구분	연월일	내용	기부금액		공제제외 기부금	
				합계	공제대상 기부금액	기부장려금 신청금액	기타
일반기부금	현물기부	2024.4.20	상품	3,000,000	3,000,000		

자료설명	[4월 20일] 재단법인 목양양로원에 상품(원가 3,000,000원)을 현물기부하였다.
수행과제	거래자료를 입력하시오.

실무수행 ••• 부가가치세

부가가치세 신고 관련 자료이다. [자료설명]을 참고하여 [수행과제]를 수행하시오.

① 과세매출자료의 전자세금계산서발급

거래명세서 (공급자 보관용)

	공급자				공급받는자		
등록번호	110-87-01194			등록번호	211-88-27626		
상호	(주)단발머리	성명	조용필	상호	(주)갈색머리	성명	김한상
사업장주소	서울특별시 서대문구 충정로7길 12 (충정로2가)			사업장주소	서울특별시 금천구 독산로 324		
업태	도소매업	종사업장번호		업태	도소매업	종사업장번호	
종목	샴푸외			종목	샴푸외		

거래일자	미수금액	공급가액	세액	총 합계금액
2024.7.10.		1,200,000	120,000	1,320,000

NO	월	일	품목명	규격	수량	단가	공급가액	세액	합계
1	7	10	탈모방지샴푸		40	30,000	1,200,000	120,000	

자료설명	상품을 판매하고 발급한 거래명세서이며, 대금은 월말에 받기로 하였다.
수행과제	1. 거래명세서에 의해 매입매출자료를 입력하시오. 2. 전자세금계산서 발행 및 내역관리 를 통하여 발급 및 전송하시오. (전자세금계산서 발급 시 결제내역 및 전송일자는 고려하지 말 것.)

② 매출거래

수정전자세금계산서
(공급자 보관용) 승인번호

	등록번호	110-87-01194				등록번호	113-81-32864		
공급자	상호	(주)단발머리	성명(대표자)	조용필	공급받는자	상호	(주)반코르	성명(대표자)	엄동식
	사업장주소	서울특별시 서대문구 충정로7길 12 (충정로2가)				사업장주소	서울특별시 서대문구 북아현로 1		
	업태	도소매업	종사업장번호			업태	도소매업	종사업장번호	
	종목	샴푸외				종목	샴푸외		
	E-Mail	hair24@bill36524.com				E-Mail	vancor@bill36524.com		

작성일자	2024.7.25.	공급가액	-500,000	세액	-50,000
비고					

월	일	품목명	규격	수량	단가	공급가액	세액	비고
7	25	새치샴푸		-10	50,000	-500,000	-50,000	

합계금액	현금	수표	어음	외상미수금	이 금액을	○ 영수 ● 청구	함
-550,000				-550,000			

자료설명	[7월 25일] 1. 7월 22일에 판매한 상품 중 일부가 불량으로 반품되어 수정전자세금계산서를 발급하였다. 2. 거래대금은 전액 외상매출금과 상계처리하기로 하였다.
수행과제	매입매출자료를 입력하시오. (전자세금계산서의 발급 및 전송업무는 생략하고 '전자입력'으로 입력할 것.)

3 매입거래

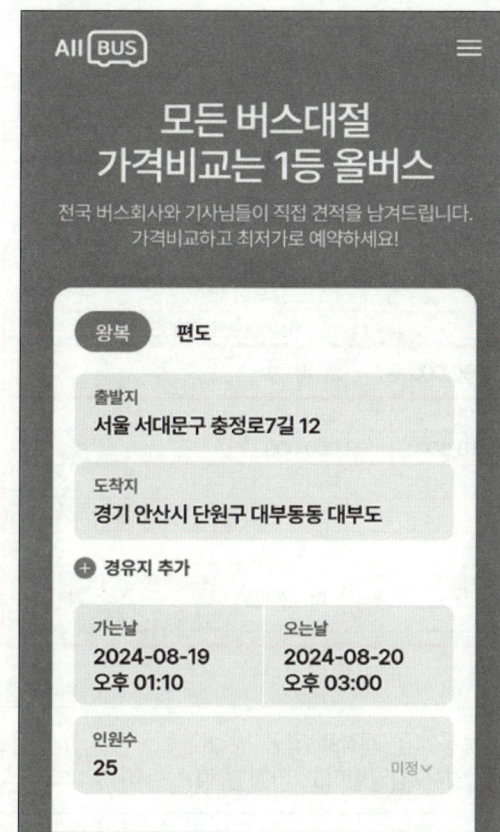

삼성카드 승인전표	
카드번호	4123-5555-4780-5263
거래유형	국내일반
결제방법	일시불
거래일시	2024.08.19.09:42
취소일시	
승인번호	7154584
공급가액	600,000원
부가세	60,000원
봉사료	
승인금액	660,000원
가맹점명	올버스(주)
가맹점번호	12512115006
가맹점 전화번호	1599-6162
가맹점 주소	서울특별시 마포구 동교로 38길
사업자등록번호	740-86-00403
대표자명	박해정

Samsung Card

자료설명	[8월 19일] 직원 단체 워크샵 진행을 위해 미니버스(25인승)를 렌트하고 대금은 법인신용카드(삼성카드)로 결제하였다.
수행과제	매입매출자료를 입력하시오.(단, '복리후생비'로 처리할 것.)

4 매출거래

	전자계산서			(공급자 보관용)		승인번호		
공급자	등록번호	110-87-01194			공급받는자	등록번호	211-86-08979	
	상호	(주)단발머리	성명(대표자)	조용필		상호	(주)파마사랑	성명(대표자) 임지훈
	사업장주소	서울특별시 서대문구 충정로7길 12 (충정로2가)				사업장주소	서울특별시 강남구 강남대로 262	
	업태	도소매업	종사업장번호			업태	도소매업	종사업장번호
	종목	샴푸외				종목	샴푸외	
	E-Mail	hair24@bill36524.com				E-Mail	hairlove@bill36524.com	
작성일자		2024.9.12.	공급가액	2,000,000		비고		

월	일	품목명	규격	수량	단가	공급가액	비고
9	12	도서(슬기로운 모발관리)		200	10,000	2,000,000	

합계금액	현금	수표	어음	외상미수금	이 금액을	● 영수 ○ 청구	함
2,000,000							

자료설명	면세 상품을 판매하고 대금은 신한은행 보통예금 계좌로 입금 받았다. (단, 본 거래에 한하여 과세사업과 면세사업을 겸영한다고 가정할 것.)
수행과제	매입매출자료를 입력하시오.(전자계산서 거래는 '전자입력'으로 입력할 것.)

5 매입거래

2024년 9월 청구서

작성일자: 2024.09.30.
납부기한: 2024.10.15.

금 액	44,000원
고객명	(주)단발머리
상품명	인터넷요금
이용기간	9월 1일 ~ 9월 30일
9월 이용요금	44,000원
공급자 등록번호	135-81-92483
공급받는자 등록번호	110-87-01194
기본료	30,000원
추가단말기	10,000원
공급가액	40,000원
부가가치세(VAT)	4,000원
10원미만 할인요금	0원
입금전용계좌	기업은행

이 청구서는 부가가치세법 시행령 53조 제4항에 따라 발행하는 전자세금계산서입니다.

(주)엘지유플러스

자료설명	영업부의 9월분 인터넷요금청구서이다. 회사는 작성일자로 미지급금을 계상하고, 납부기한일에 자동이체하여 지급 처리하고 있다.
수행과제	작성일자를 기준으로 매입매출자료를 입력하시오. ('51.과세매입'으로 처리하고, '전자입력'으로 입력할 것.)

6 부가가치세신고서에 의한 회계처리

■ 보통예금(신한은행) 거래내역

번호	거래일	내용	찾으신금액	맡기신금액	잔액	거래점
		계좌번호 011202-04-012368 (주)단발머리				
1	2024-07-25	서대문세무서	2,589,000		***	***

자료설명	제1기 부가가치세 확정신고 납부세액을 신한은행 보통예금 계좌에서 이체하여 납부하였다.
수행과제	6월 30일에 입력된 일반전표를 참고하여 납부세액에 대한 회계처리를 하시오. (저장된 부가가치세신고서를 이용하고 거래처코드를 입력할 것.)

실무수행 ··· 결산

[결산자료]를 참고하여 결산을 수행하시오.(단, 제시된 자료 이외의 자료는 없다고 가정함.)

① 수동결산 및 자동결산

자료설명	1. 기말 상품재고액은 26,000,000원이다. 2. [당기감가상각비 내역] | 구 분	계정과목	금 액
유형자산	차량운반구	15,240,000원
	비 품	2,150,000원

합 계		17,390,000원 |
		
		3. 이익잉여금처분계산서 처분 확정(예정)일
		  - 당기분: 2025년 3월 31일
		  - 전기분: 2024년 3월 31일

---	---
수행과제	1. 수동결산 또는 자동결산 메뉴를 이용하여 결산을 완료하시오. 2. 12월 31일을 기준으로 '손익계산서 ➡ 이익잉여금처분계산서 ➡ 재무상태표'를 순서대로 조회 작성하시오. (단, 이익잉여금처분계산서 조회 작성 시 '저장된 데이터 불러오기' ➡ '아니오' 선택 ➡ 상단부의 '전표추가'를 이용하여 '손익대체분개'를 수행할 것.)

평가문제 ••• 실무수행평가 (62점)

입력자료 및 회계정보를 조회하여 [평가문제]의 답안을 입력하시오.

평가문제 답안입력 유의사항		
❶ 답안은 지정된 단위의 숫자로만 입력해 주십시오. * 한글 등 문자 금지		
	정답	오답(예)
(1) 금액은 원 단위로 숫자를 입력하되, 천 단위 콤마(,)는 생략 가능합니다.	1,245,000 1245000	1.245.000 1,245,000원 1,245,0000 12,45,000 1,245천원
(1-1) 답이 0원인 경우 반드시 "0" 입력 (1-2) 답이 음수(-)인 경우 숫자 앞에 " - " 입력 (1-3) 답이 소수인 경우 반드시 " . " 입력		
(2) 질문에 대한 답안은 숫자로만 입력하세요.	4	04 4건, 4매, 4명 04건, 04매, 04명
(3) 거래처 코드번호는 5자리 숫자로 입력하세요.	00101	101 00101번
❷ 더존 프로그램에서 조회되는 자료를 복사하여 붙여넣기가 가능합니다. ❸ 수행과제를 올바르게 입력하지 않고 작성한 답과 모범답안이 다른 경우 오답처리됩니다.		

번호	평가문제	배점
11	평가문제 [계정과목및적요등록 조회] '237.프랜차이즈' 계정과 관련된 내용으로 옳지 않은 것은? ① '비유동자산 중 무형자산'에 해당하는 계정이다. ② 표준재무제표항목은 '189.기타무형자산'이다. ③ 현금적요는 '01.프랜차이즈 대금 현금지급'을 사용하고 있다. ④ '프랜차이즈'의 대체적요는 사용하지 않고 있다.	4
12	평가문제 [일/월계표 조회] 상반기(1월~6월) 동안 발생한 비용 중 계정별 금액으로 옳지 않은 것은? ① 복리후생비 12,679,560원 ② 접대비(기업업무추진비) 1,389,000원 ③ 차량유지비 3,764,000원 ④ 기부금 4,200,000원	4
13	평가문제 [일/월계표 조회] 8월에 발생한 '복리후생비' 금액은 얼마인가? ( )원	2
14	평가문제 [일/월계표 조회] 3/4분기(7월~9월) 동안 발생한 '상품매출' 금액은 얼마인가? ( )원	3
15	평가문제 [계정별원장 조회] 9월 말 '108.외상매출금' 잔액은 얼마인가? ( )원	3
16	평가문제 [합계잔액시산표 조회] 4월 말 '예수금' 잔액은 얼마인가? ( )원	3
17	평가문제 [합계잔액시산표 조회] 7월 말 '미지급세금' 잔액은 얼마인가? ① 0원 ② 2,589,000원 ③ 5,000,000원 ④ 800,000원	3
18	평가문제 [거래처원장 조회] 9월 말 신한은행(거래처코드 98002)의 '103.보통예금' 잔액은 얼마인가? ( )원	4
19	평가문제 [거래처원장 조회] 9월 말 '253.미지급금' 잔액이 있는 거래처 중 금액이 가장 작은 거래처 코드번호 5자리를 입력하시오. ( )	3
20	평가문제 [영수증수취명세서 조회] [영수증수취명세서(1)]에 작성된 '12.명세서제출 대상' 금액은 얼마인가? ( )원	3

번호	평가문제	배점
21	평가문제 [매입매출장 조회] 제2기 예정 신고기간의 매입 유형 '카드과세(57.카과)' 분기누계 공급가액은 얼마인가? ( )원	2
22	평가문제 [합계잔액시산표 조회] 1월 말 계정과목별 금액으로 옳지 않은 것은? ① 단기매매증권 3,000,000원 ② 받을어음 16,500,000원 ③ 미수금 2,515,000원 ④ 장기차입금 10,000,000원	4
23	평가문제 [재무상태표 조회] 12월 말 '유형자산'의 장부금액(취득원가-감가상각누계액)은 얼마인가? ( )원	4
24	평가문제 [재무상태표 조회] 12월 말 '이월이익잉여금(미처분이익잉여금)' 잔액은 얼마인가? ① 702,150,428원 ② 705,423,600원 ③ 709,022,620원 ④ 710,255,900원	2
25	평가문제 [손익계산서 조회] 당기에 발생한 '상품매출원가' 금액은 얼마인가? ( )원	2
26	평가문제 [손익계산서 조회] 전기대비 '통신비'의 증감액은 얼마인가? ( )원	4
27	평가문제 [부가가치세신고서 조회] 제2기 예정 신고기간 부가가치세신고서의 '세금계산서수취부분_일반매입(10란)'의 세액은 얼마인가? ( )원	4
28	평가문제 [세금계산서합계표 조회] 제2기 예정 신고기간의 전자매출세금계산서의 매수는 몇 매인가?? ( )매	3
29	평가문제 [예적금현황 조회] 4월 말 은행별 예금 잔액으로 옳은 것은? ① 국민은행(당좌) 41,250,000원 ② 농협은행(보통) 16,573,000원 ③ 신한은행(보통) 76,713,680원 ④ 기업은행(보통) 27,203,000원	3
30	평가문제 [받을어음현황 조회] '받을어음(조회구분: 1.일별, 1.만기일 2024.1.1. ~ 2024.12.31.)'의 보유금액 합계는 얼마인가? ( )원	2
총 점		62

평가문제 ・・・ 회계정보분석 (8점)

회계정보를 조회하여 [회계정보분석] 답안을 입력하시오.

31.
손익계산서 조회 (4점)
주당순이익은 1주당 이익을 얼마나 창출하느냐를 나타내는 지표이다. 전기 주당순이익을 계산하면 얼마인가?

$$주당순이익 = \frac{당기순이익}{주식수}$$

※ 발행주식수 1,000주

① 49,900원　　　　　　　　② 30,980원
③ 33,180원　　　　　　　　④ 27,668원

32.
손익계산서 조회 (4점)
매출원가율이란 매출액 중 매출원가가 차지하는 비중을 나타내는 비율로 기업의 원가율 혹은 마진율을 측정하는 지표이다. 전기 매출원가율을 계산하면 얼마인가?(단, 소숫점 이하는 버림 할 것.)

$$매출원가율(\%) = \frac{매출원가}{매출액} \times 100$$

① 18%　　　　　　　　② 25%
③ 74%　　　　　　　　④ 395%

기출문제 (주)운동하자(회사코드 3177) 77회

Financial Accounting Technicians

홈페이지 자료실에서 '2025 FAT1grade DB'를 다운받아 설치한 후 풀이할 것

실무 이론 평가

아래 문제에서 특별한 언급이 없으면 기업의 보고기간(회계기간)은 매년 1월 1일부터 12월 31일까지입니다. 또한 기업은 일반기업회계기준 및 관련 세법을 계속적으로 적용하고 있다고 가정하고 물음에 가장 합당한 답을 고르시기 바랍니다.

01
다음 중 회계의 주요 질적특성 중에서 신뢰성의 하부개념이 아닌 것은?
① 중립성
② 예측가치
③ 검증가능성
④ 표현의 충실성

02
다음 중 손익계산서에 대한 설명으로 옳지 않은 것은?
① 손익계산서는 일정기간의 경영성과에 대한 유용한 정보를 제공한다.
② 매출액은 총매출액에서 매출할인, 매출환입, 매출에누리를 차감한 금액으로 한다.
③ 상품매출원가는 기초상품재고액 + 당기상품매입액 - 기말상품재고액으로 계산한다.
④ 당기상품매입액에는 매입에누리와 매입환출, 매입운반비를 차감하여 순매입액을 계산한다.

03
다음은 (주)한공이 취득한 기계장치에 대한 자료이다. 기계장치의 취득원가는 얼마인가?

• 기계장치 구입대금	15,000,000원	• 기계장치 설치비	500,000원
• 기계장치 운송비용	450,000원	• 기계장치 시운전비	350,000원

① 15,000,000원
② 15,850,000원
③ 15,950,000원
④ 16,300,000원

04

다음 중 현금및현금성자산에 해당하지 <u>않는</u> 것은?
① 보통예금 ② 당좌예금
③ 취득당시 만기가 4개월인 금융상품 ④ 타인발행수표

05

(주)한공의 2024년 손익계산서상 이자비용은 500,000원이다. (주)한공의 2023년말과 2024년말 재무상태표 관련계정이 다음과 같을 때 2024년 현금으로 지급한 이자비용은?

계정과목	2023년말	2024년말
미지급이자	150,000원	130,000원

① 130,000원 ② 150,000원
③ 520,000원 ④ 650,000원

06

다음은 (주)한공의 업무일지의 일부이다. (가)와 (나)를 회계처리할 때 계정과목으로 옳은 것은?

업무일지

구분	2024년 8월 25일
업무내용	1. 정기간행물 구독료 지출 　① 시간: 10시 　② 업체: 서울도서 　③ 비용: 100,000원 (가) 2. 영업부 직원 서비스능력 향상 교육 　① 시간: 14시 ~ 16시 　② 업체: 하람서비스 　③ 비용: 1,000,000원 (나)

	(가)	(나)
①	광고선전비	교육훈련비
②	기부금	기업업무추진비(접대비)
③	도서인쇄비	교육훈련비
④	도서인쇄비	복리후생비

07

다음 자료를 토대로 (주)한공의 2024년 12월 31일 결산 시 회계 처리로 옳은 것은?

- 2024년 5월 1일 소모품 1,000,000원을 구입하고 대금은 현금으로 지급하였으며, 구입한 소모품은 전액 자산처리하였다.
- 2024년 12월 31일 소모품 미사용액은 200,000원이다.

① (차) 소모품   200,000원   (대) 소모품비 200,000원
② (차) 소모품   800,000원   (대) 소모품비 800,000원
③ (차) 소모품비 200,000원   (대) 소모품   200,000원
④ (차) 소모품비 800,000원   (대) 소모품   800,000원

08

다음 중 우리나라 부가가치세의 특징에 대하여 잘못 설명하는 사람은 누구인가?

① 혜서
② 현진
③ 동연
④ 수진

09

다음 중 부가가치세 신고·납부 및 환급에 대한 설명으로 옳지 않은 것은?

① 각 예정 신고기간 또는 과세기간 종료 후 25일 이내 신고·납부함을 원칙으로 한다.
② 총괄납부사업자의 경우 주사업장에서 총괄하여 신고·납부하여야 한다.
③ 영세율이 적용되는 경우에는 조기환급을 받을 수 있다.
④ 예정신고를 하는 경우 가산세는 적용하지 않는다.

10

다음은 자동차 부품제조업을 영위하는 (주)한공의 2024년 제2기 예정 신고기간(2024.7.1.~2024.9.30.)의 공급가액 내역이다. 부가가치세 과세표준은 얼마인가?

- 국외매출액(수출)   20,000,000원
- 국내매출액   50,000,000원
- 공장처분액   40,000,000원(토지분 10,000,000원, 건물분 30,000,000원)

① 50,000,000원　　　　　　　　② 80,000,000원
③ 100,000,000원　　　　　　　　④ 110,000,000원

실무 수행 평가

(주)운동하자(회사코드 3177)는 운동용품 등을 도·소매하는 법인으로 회계기간은 제6기(2024.1.1. ~ 2024.12.31.)이다. 제시된 자료와 [자료설명]을 참고하여 [평가문제]의 물음에 답하시오.

실무수행 유의사항	1. 부가가치세 관련거래는 [매입매출전표입력]메뉴에 입력하고, 부가가치세 관련 없는 거래는 [일반전표입력]메뉴에 입력한다. 2. 타계정 대체액과 관련된 적요는 반드시 코드를 입력하여야 한다. 3. 채권·채무, 예금거래 등 관리대상 거래자료에 대하여는 반드시 거래처코드를 입력한다. 4. 자금관리 등 추가 작업이 필요한 경우 문제의 요구에 따라 추가 작업하여야 한다. 5. 판매비와관리비는 800번대 계정코드를 사용한다. 6. 등록된 계정과목 중 가장 적절한 계정과목을 선택한다.

실무수행 ••• 기초정보관리의 이해

회계관련 기초정보는 입력되어 있다. [자료설명]을 참고하여 [수행과제]를 수행하시오.

1 사업자등록증에 의한 회사등록 수정

자료설명	(주)운동하자는 대표자변경으로 역삼세무서로부터 사업자등록증을 정정하여 발급받았다.
수행과제	사업자등록증을 참고하여 대표자명과 주민등록번호(770202-2045769)를 변경하고 업종코드(523931)도 등록하시오.

② 거래처별초기이월 등록 및 수정

미지급금 명세서

코드	거래처명	금액	비고
00109	(주)대전광고	2,800,000원	신제품 광고
33000	회계법인 참길	3,000,000원	회계세무 자문
99602	우리카드	6,200,000원	카드이용대금
	합계	12,000,000원	

자료설명	(주)운동하자의 전기분 재무제표는 이월 받아 등록되어 있다.
수행과제	거래처별 초기이월사항을 입력하시오.

실무수행 ・・・ 거래자료 입력

실무프로세스 자료이다. [자료설명]을 참고하여 [수행과제]를 수행하시오.

① 증빙에 의한 거래자료 입력

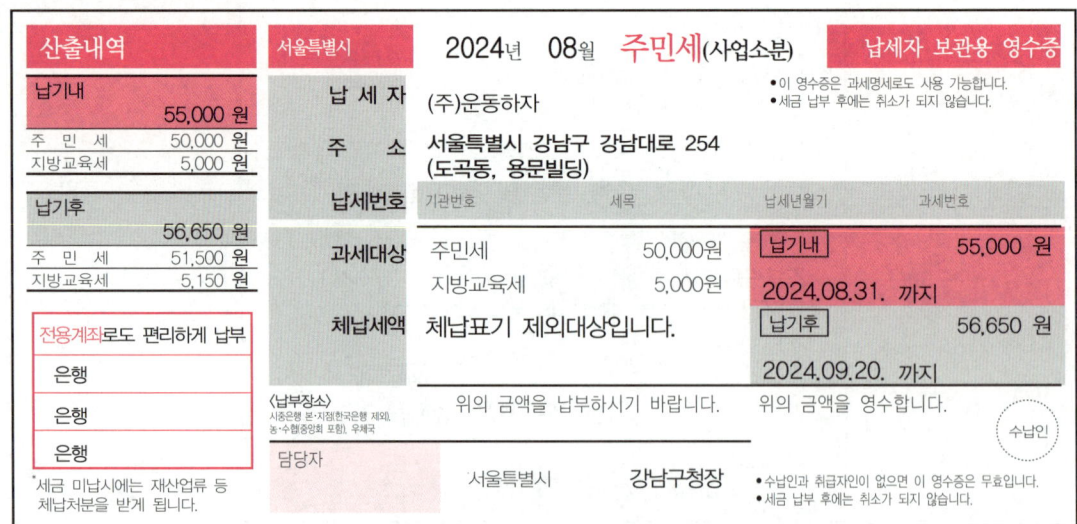

Chapter 4. 기출문제 풀어보기

자료설명	[8월 31일] 법인 사업소분 주민세를 국민은행 보통예금 계좌에서 이체하여 납부하였다.
수행과제	거래자료를 입력하시오.

② 약속어음 발행거래

전 자 어 음

(주)헬스케어 귀하　　　　　　　　　　00320241017123456789

금　일천만원정　　　　　　　　　　　　　　　10,000,000원

위의 금액을 귀하 또는 귀하의 지시인에게 지급하겠습니다.

지급기일	2024년 12월 17일	발행일	2024년 10월 17일
지 급 지	기업은행	발행지	서울특별시 강남구 강남대로
지급장소	강남지점	주 소	254(도곡동, 용문빌딩)
		발행인	(주)운동하자

자료설명	[10월 17일] (주)헬스케어의 외상대금 17,700,000원 중 일부는 전자어음으로 발행하여 지급하고, 나머지는 자기앞수표로 지급하였다.
수행과제	1. 거래자료를 입력하시오. 2. 자금관련 정보를 입력하여 지급어음현황에 반영하시오. 　　(단, 등록된 어음을 사용할 것.)

③ 대손의 발생과 설정

■ 보통예금(국민은행) 거래내역

번호	거래일	내용	찾으신금액	맡기신금액	잔액	거래점
		계좌번호 096-25-0096-751　(주)운동하자				
1	2024-10-21	(주)대한무역		3,000,000	***	***

자료설명	(주)대한무역의 파산으로 전기에 대손처리 하였던 외상매출금 금액 중 일부가 회수되어 국민은행 보통예금계좌에 입금되었다.
수행과제	거래자료를 입력하시오.

4 기타 일반거래

여비 정산서

소 속	영업부	직 위	사원	성 명	김하성
출장내역	일 시	2024년 10월 24일 ~ 2024년 10월 26일				
	출 장 지	부산				
	출장목적	신규 거래처 상담				
출장비	지급받은 금액	500,000원	실제지출액	600,000원	출장비차액	100,000원
지출내역	숙박비	250,000원	식 비	150,000원	교 통 비	200,000원

2024년 10월 28일
신청인 성명 김 하 성 (인)

자료설명	[10월 28일] 출장을 마친 영업부 직원의 여비를 정산하고 차액은 현금으로 지급하였다.
수행과제	10월 24일의 거래를 참고하여 거래자료를 입력하시오.

5 증빙에 의한 전표입력

영 수 증 (공급받는자용)

NO (주)운동하자 귀하

공급자	사업자 등록번호	113-81-54719		
	상 호	(주)최강서비스	성명	이최강
	사 업 장 소 재 지	서울특별시 구로구 구로동로 22		
	업 태	서비스업	종목	종합수리
작성일자	공급대가총액		비고	
2024.10.31.	20,000			

공 급 내 역			
월/일	품명	수량	단가	금액
10/31	복사기수리			20,000
합 계			20,000
위 금액을 영수(청구)함			

자료설명	사무실 복사기를 수리하고 대금은 현금으로 지급하였다.
수행과제	거래자료를 입력하시오. (단, '수익적지출'로 처리 할 것.)

 부가가치세

부가가치세 신고 관련 자료이다. [자료설명]을 참고하여 [수행과제]를 수행하시오.

1 과세매출자료의 전자세금계산서 발행

거래명세서 (공급자 보관용)

공급자	등록번호	220-81-03217			공급받는자	등록번호	211-81-44121		
	상호	(주)운동하자	성명	김진선		상호	(주)사랑스포츠	성명	이사랑
	사업장주소	서울특별시 강남구 강남대로 254 (도곡동, 용문빌딩)				사업장주소	서울특별시 강남구 논현로145길 18 (논현동)		
	업태	도매 및 소매업	종사업장번호			업태	도소매업	종사업장번호	
	종목	운동 및 경기용품				종목	스포츠용품		

거래일자	미수금액	공급가액	세액	총 합계금액
2024.7.12.		5,400,000	540,000	5,940,000

NO	월	일	품목명	규격	수량	단가	공급가액	세액	합계
1	7	12	헬스자전거		6	500,000	3,000,000	300,000	3,300,000
2	7	12	스마트워킹머신		3	800,000	2,400,000	240,000	2,640,000

자료설명	1. 상품을 판매하고 발급한 거래명세서이다. 2. 미리 받은 계약금(선수금) 300,000원을 제외한 잔액은 이번 달 말일에 받기로 하였다.
수행과제	1. 거래명세서에 의해 매입매출자료를 입력하시오. (복수거래 키를 이용하여 입력할 것.) 2. 전자세금계산서 발행 및 내역관리 를 통하여 발급 및 전송하시오. (전자세금계산서 발급 시 결제내역 및 전송일자는 고려하지 말 것.)

2 매입거래

전자세금계산서				(공급받는자 보관용)		승인번호			
공급자	등록번호	119-81-02126			공급받는자	등록번호	220-81-03217		
	상호	(주)한수건강	성명(대표자)	나한수		상호	(주)운동하자	성명(대표자)	김진선
	사업장주소	서울특별시 금천구 가산로 153				사업장주소	서울특별시 강남구 강남대로 254 (도곡동, 용문빌딩)		
	업태	도소매업	종사업장번호			업태	도매 및 소매업	종사업장번호	
	종목	스포츠용품				종목	운동 및 경기용품		
	E-Mail	market@naver.com				E-Mail	sun@naver.com		
작성일자	2024.7.20.		공급가액	5,000,000		세액	500,000		
비고									

월	일	품목명	규격	수량	단가	공급가액	세액	비고
7	20	트리플 덤벨세트		10	500,000	5,000,000	500,000	

합계금액	현금	수표	어음	외상미수금	이 금액을	○ 영수 ● 청구	함
5,500,000				5,500,000			

자료설명	판매용 상품을 외상으로 구입하고 받은 전자세금계산서이다.
수행과제	매입매출자료를 입력하시오.(전자세금계산서 거래는 '전자입력'으로 입력할 것.)

3 매출거래

신용카드매출전표

카 드 종 류: 삼성카드
회 원 번 호: 8471-2356-**15-5**3
거 래 일 시: 2024.08.13. 15:05:16
거 래 유 형: 신용승인
매   출: 800,000원
부 가 세: 80,000원
합   계: 880,000원
결 제 방 법: 일시불
가맹점번호: 55721112

가맹점명: (주)운동하자

-이 하 생 략-

자료설명	(주)요가야에 상품(요가매트)를 판매하고 발급한 신용카드매출전표이다.
수행과제	매입매출자료를 입력하시오.

4 매입거래

전자계산서 (공급받는자 보관용)				승인번호		
공급자	등록번호	108-91-31256		공급받는자	등록번호	220-81-03217
	상호	수협중앙회	성명(대표자) 정민주		상호	(주)운동하자 / 성명(대표자) 김진선
	사업장 주소	서울특별시 강남구 개포로21길 7			사업장 주소	서울특별시 강남구 강남대로 254 (도곡동, 용문빌딩)
	업태	도소매업	종사업장번호		업태	도매 및 소매업 / 종사업장번호
	종목	농,축,수,임산물			종목	운동 및 경기용품
	E-Mail	min@naver.com			E-Mail	sun@naver.com
작성일자	2024.8.30.	공급가액	500,000	비고		

월	일	품목명	규격	수량	단가	공급가액	비고	비고
8	30	굴비세트		10	50,000	500,000		

합계금액	현금	수표	어음	외상미수금	이 금액을	○ 영수 / ● 청구	함
500,000				500,000			

자료설명	매출거래처 선물용 굴비세트를 외상으로 구입하고 발급받은 전자계산서이다.
수행과제	매입매출자료를 입력하시오.(전자계산서 거래는 '전자입력'으로 입력할 것.)

5 매입거래

전자세금계산서 (공급받는자 보관용)					승인번호			
공급자	등록번호	314-81-11803			공급받는자	등록번호	220-81-03217	
	상호	(주)미래전자	성명(대표자)	이미래		상호	(주)운동하자	성명(대표자)	김진선
	사업장주소	서울특별시 서대문구 경기대로 62				사업장주소	서울특별시 강남구 강남대로 254 (도곡동, 용문빌딩)	
	업태	도소매업	종사업장번호			업태	도매 및 소매업	종사업장번호
	종목	전자제품				종목	운동 및 경기용품	
	E-Mail	dream@hanmail.net				E-Mail	sun@naver.com	
작성일자	2024.9.21.	공급가액	6,000,000	세 액	600,000			

월	일	품목명	규격	수량	단가	공급가액	세액	비고
9	21	에어컨		1	6,000,000	6,000,000	600,000	

합계금액	현금	수표	어음	외상미수금	이 금액을 ○ 영수 ● 청구 함
6,600,000				6,600,000	

자료설명	면세사업에 사용할 에어컨을 구입하고 대금은 다음달 말일에 지급하기로 하였다.(단, 본거래에 한하여 과세사업과 면세사업을 겸영한다고 가정할 것.)
수행과제	1. 매입매출자료를 입력하시오.(전자세금계산서 거래는 '전자입력'으로 입력할 것.) 2. [고정자산등록]에 고정자산을 등록(코드: 1001, 방법: 정액법, 내용연수 5년, 경비구분: 800번대)하시오.

6 부가가치세신고서에 의한 회계처리

■ 보통예금(신한은행) 거래내역

번호	거래일	내용	찾으신금액	맡기신금액	잔액	거래점
		계좌번호 112-088-654321 (주)운동하자				
1	2024-7-25	역삼세무서	2,026,050		***	***

자료설명	제1기 부가가치세 확정신고 납부세액을 신한은행 보통예금 계좌에서 이체하였다.
수행과제	6월 30일에 입력된 일반전표를 참고하여 납부세액에 대한 회계처리를 하시오. (거래처코드를 입력할 것.)

실무수행 ••• 결산

[결산자료]를 참고하여 결산을 수행하시오.(단, 제시된 자료 이외의 자료는 없다고 가정함.)

① 수동결산 및 자동결산

자료설명	1. 장기차입금에 대한 기간경과분 이자 1,200,000원을 계상하다.
	2. [고정자산등록]에 등록된 비품의 감가상각비를 계상하다.
	3. 기말 상품재고액은 50,000,000원이다.
	4. 이익잉여금처분계산서 처분 예정(확정)일
	  - 당기분: 2025년 2월 26일
	  - 전기분: 2024년 2월 26일

수행과제	1. 수동결산 또는 자동결산 메뉴를 이용하여 결산을 완료하시오. 2. 12월 31일을 기준으로 '손익계산서 → 이익잉여금처분계산서 → 재무상태표'를 순서대로 조회 작성하시오.(단, 이익잉여금처분계산서 조회 작성 시 '저장된 데이터 불러오기' → '아니오' 선택 → '전표추가'를 이용하여 '손익대체분개'를 수행할 것.)

평가문제 ••• 실무수행평가 (62점)

입력자료 및 회계정보를 조회하여 [평가문제]의 답안을 입력하시오.

<table>
<tr><td colspan="3" align="center">평가문제 답안입력 유의사항</td></tr>
<tr><td colspan="3">❶ 답안은 지정된 단위의 숫자로만 입력해 주십시오.
* 한글 등 문자 금지</td></tr>
<tr><td></td><td>정답</td><td>오답(예)</td></tr>
<tr><td>(1) 금액은 원 단위로 숫자를 입력하되, 천 단위 콤마(,)는 생략 가능합니다.

(1-1) 답이 0원인 경우 반드시 "0" 입력
(1-2) 답이 음수(-)인 경우 숫자 앞에 "-" 입력
(1-3) 답이 소수인 경우 반드시 "." 입력</td><td>1,245,000
1245000</td><td>1.245.000
1,245,000원
1,245,0000
12,45,000
1,245천원</td></tr>
<tr><td>(2) 질문에 대한 답안은 숫자로만 입력하세요.</td><td>4</td><td>04
4건, 4매, 4명
04건, 04매, 04명</td></tr>
<tr><td>(3) 거래처 코드번호는 5자리 숫자로 입력하세요.</td><td>00101</td><td>101
00101번</td></tr>
<tr><td colspan="3">❷ 더존 프로그램에서 조회되는 자료를 복사하여 붙여넣기가 가능합니다.
❸ 수행과제를 올바르게 입력하지 않고 작성한 답과 모범답안이 다른 경우 오답처리됩니다.</td></tr>
</table>

번호	평가문제	배점
11	평가문제 [회사등록 조회] [회사등록] 관련 내용으로 옳지 않은 것은? ① 대표자명은 '김진선'이다. ② 사업장 세무서는 '역삼'이다. ③ 표준산업코드는 'G40'이다. ④ 국세환급금계좌 은행은 '기업은행'이다.	4
12	평가문제 [거래처원장 조회] 6월 말 '253.미지급금' 계정의 거래처별 잔액으로 옳지 않은 것은? ① 00109.(주)대전광고 15,120,640원 ② 00131.(주)월드건강 17,600,000원 ③ 33000.회계법인 참길 3,000,000원 ④ 99602.우리카드 2,800,000원	4
13	평가문제 [거래처원장 조회] 12월 말 '251.외상매입금' 계정의 거래처별 잔액으로 옳은 것은? ① 02180.(주)한수건강 11,000,000원 ② 04007.(주)필라테스 3,000,000원 ③ 07002.(주)헬스케어 17,700,000원 ④ 30011.(주)행복건강 5,000,000원	4
14	평가문제 [거래처원장 조회] 12월 말 '108.외상매출금' 잔액이 있는 거래처 중 금액이 가장 적은 거래처코드 5자리를 입력하시오. ( )	3
15	평가문제 [총계정원장 조회] '253.미지급금'의 월별 증가 금액(대변)으로 옳은 것은? ① 8월 12,870,000원 ② 9월 9,900,000원 ③ 10월 7,900,000원 ④ 11월 4,000,000원	3
16	평가문제 [계정별원장 조회] 10월 말 '109.대손충당금' 잔액은 얼마인가? ( )원	3
17	평가문제 [현금출납장 조회] 10월 중 '현금' 출금 금액이 가장 큰 전표일자의 금액은 얼마인가? ( )원	3
18	평가문제 [고정자산관리대장 조회] 당기말상각누계액 총계는 얼마인가? ( )원	2
19	평가문제 [재무상태표 조회] 12월 말 '당좌자산'계정 중 잔액이 가장 적은 계정과목 코드번호 3자리를 입력하시오. ( )	3
20	평가문제 [재무상태표 조회] 12월 말 '선수금' 잔액은 얼마인가? ( )원	2

번호	평가문제	배점
21	평가문제 [재무상태표 조회] 12월 말 '미지급비용' 잔액은 얼마인가? ( )원	3
22	평가문제 [재무상태표 조회] 12월 말 '이월이익잉여금(미처분이익잉여금)' 잔액은 얼마인가? ① 806,948,259원 ② 808,877,259원 ③ 812,248,259원 ④ 813,748,259원	1
23	평가문제 [손익계산서 조회] 당기에 발생한 '판매비와관리비'의 계정별 금액으로 옳지 않은 것은? ① 여비교통비 1,934,600원 ② 수선비 7,386,000원 ③ 세금과공과금 1,254,000원 ④ 접대비(기업업무추진비) 29,557,900원	4
24	평가문제 [부가가치세신고서 조회] 제2기 예정 신고기간 부가가치세신고서의 '과세_신용카드.현금영수증(3란)'의 금액은 얼마인가? ( )원	3
25	평가문제 [부가가치세신고서 조회] 제2기 예정 신고기간 부가가치세신고서의 '세금계산서수취부분_일반매입(10란)'의 금액은 얼마인가? ( )원	3
26	평가문제 [부가가치세신고서 조회] 제2기 예정 신고기간 부가가치세신고서의 '공제받지못할매입세액(16란)'의 세액은 얼마인가? ( )원	3
27	평가문제 [세금계산서합계표 조회] 제2기 예정 신고기간의 전자매출세금계산서의 매수는 몇 매인가? ( )매	3
28	평가문제 [계산서합계표 조회] 제2기 예정 신고기간의 전자매입계산서의 공급가액은 얼마인가? ( )원	4
29	평가문제 [예적금현황 조회] 12월 말 은행별(계좌명) 예금 잔액으로 옳지 않은 것은? ① 기업은행(당좌) 30,980,000원 ② 신한은행(보통) 527,053,000원 ③ 우리은행(보통) 20,000,000원 ④ 국민은행(보통) 44,850,000원	4
30	평가문제 [지급어음현황 조회] 만기일이 2024년에 도래하는 '지급어음' 금액이 가장 큰 거래처 코드번호 5자리를 입력하시오. ( )	3
총 점		62

평가문제 ··· 회계정보분석 (8점)

회계정보를 조회하여 [회계정보분석] 답안을 입력하시오.

31.
재무상태표 조회 (4점)

부채비율은 타인자본의 의존도를 표시하며, 기업의 건전성 정도를 나타내는 지표이다. 전기분 부채비율은 얼마인가?(단, 소숫점 이하는 버림 할 것.)

$$부채비율(\%) = \frac{부채총계}{자본총계} \times 100$$

① 21% ② 43%
③ 57% ④ 66%

32.
손익계산서 조회 (4점)

영업이익률은 기업의 주된 영업활동에 의한 성과를 판단하는 비율이다. 전기분 영업이익률을 계산하면 얼마인가?(단, 소숫점 이하는 버림 할 것.)

$$영업이익률(\%) = \frac{영업이익}{매출액} \times 100$$

① 12% ② 17%
③ 20% ④ 33%

기출문제 (주)오르막길(회사코드 3178) 78회

Financial Accounting Technicians

홈페이지 자료실에서 '2025 FAT1grade DB'를 다운받아 설치한 후 풀이할 것

● 실무 이론 평가

아래 문제에서 특별한 언급이 없으면 기업의 보고기간(회계기간)은 매년 1월 1일부터 12월 31일까지입니다. 또한 기업은 일반기업회계기준 및 관련 세법을 계속적으로 적용하고 있다고 가정하고 물음에 가장 합당한 답을 고르시기 바랍니다.

01
다음 중 선생님의 질문에 옳지 <u>않은</u> 답변을 한 사람은 누구인가?

① 철수
② 영희
③ 혜주
④ 상철

02
다음에서 설명하고 있는 회계정보의 질적특성은 무엇인가?

> • 두 개의 서로 다른 경제적 현상에 대하여 정보이용자가 항목 간의 유사점과 차이점을 식별하고 이해할 수 있게 하는 특성이다.

① 목적적합성 ② 신뢰성
③ 비교가능성 ④ 효익과 비용의 균형

03
다음 중 (주)한공의 재무상태표에 대한 설명으로 옳지 <u>않은</u> 것은?

재무상태표

(주)한공   2024년 12월 31일 현재   (단위: 원)

현금및현금성자산	500,000	매 입 채 무	1,100,000
외 상 매 출 금	600,000	장 기 차 입 금	500,000
상 품	400,000	임 대 보 증 금	300,000
장 기 대 여 금	200,000	자 본 금	100,000
임 차 보 증 금	500,000	이 익 잉 여 금	200,000
	2,200,000		2,200,000

① 비유동자산은 700,000원이다. ② 유동자산은 1,500,000원이다.
③ 자본은 300,000원이다. ④ 비유동부채는 1,900,000원이다.

04
다음 자료를 토대로 회계처리 시 옳은 것은?

> • 12월 1일 가수금으로 회계처리했던 200,000원이 상품매출 주문에 대한 계약금으로 판명되었다.

① (차) 미수금 200,000원   (대) 가수금 200,000원
② (차) 가수금 200,000원   (대) 미수금 200,000원
③ (차) 선수금 200,000원   (대) 가수금 200,000원
④ (차) 가수금 200,000원   (대) 선수금 200,000원

05

다음 중 무형자산에 해당하는 것만을 고른 것은?

| (가) 영업권 | (나) 매출채권 | (다) 임차보증금 |
| (라) 산업재산권 | (마) 건설중인자산 | (바) 개발비 |

① 가, 나, 바 ② 가, 라, 바
③ 나, 라, 마 ④ 라, 마, 바

06

다음 중 비용과 수익의 예상(발생)과 관련된 계정과목으로 옳은 것은?
① 선급보험료, 선수수수료
② 미지급급여, 미수이자
③ 선급임차료, 미수임대료
④ 미지급급여, 선수이자

07

다음은 (주)한공의 매출채권 관련 자료이다. [기말정리사항]을 반영한 후 2024년 재무상태표상의 대손충당금과 손익계산서상의 대손상각비는 얼마인가?
(단, 기중에 계상된 대손상각비는 없다.)

수정 전 잔액시산표

(주)한공   2024년 12월 31일   (단위: 원)

차변	계정과목	대변
⋮	⋮	⋮
1,500,000	매출채권	
	대손충당금	10,000
⋮	⋮	⋮

[기말정리사항]
· 매출채권 잔액에 대하여 2%의 대손충당금을 설정하다.

	대손충당금	대손상각비
①	20,000원	10,000원
②	30,000원	20,000원
③	20,000원	30,000원
④	30,000원	10,000원

08
다음 중 부가가치세법상 사업장에 대한 설명으로 옳지 않은 것은?
① 사업장이 둘 이상인 경우 주사업장에서 총괄하여 부가가치세를 신고·납부하는 것이 원칙이다.
② 부동산 임대업의 경우 부동산 등기부상의 소재지가 사업장이다.
③ 제조업의 경우 최종 제품을 완성하는 장소가 사업장이다.
④ 직매장은 사업장에 해당하나 하치장은 사업장에 해당하지 않는다.

09
다음 중 부가가치세 신고에 대한 설명으로 옳은 것은?
① 폐업한 경우 폐업일이 속하는 날의 다음 달 말일까지 신고하여야 한다.
② 확정신고를 하는 경우 예정신고시 신고한 과세표준도 포함하여 신고하여야 한다.
③ 신고기한까지 과세표준 및 세액을 신고하지 않는 경우 과소신고 가산세가 부과된다.
④ 직전 과세기간의 공급가액 합계액이 1억 5천만원 이상인 법인사업자는 예정 신고기간이 끝난 후 25일 이내에 예정 신고기간에 대한 과세표준을 신고하는 것이 원칙이다.

10
다음은 제조업을 영위하는 (주)한공의 2024년 제2기 부가가치세 예정 신고기간의 매입내역이다. 매입세액공제액은 얼마인가? 단, 필요한 거래증빙은 적법하게 수령하였다.

내 역	매입세액
• 원재료의 구입	1,000,000원
• 개별소비세 과세대상 자동차의 구입	1,600,000원
• 기계장치의 구입	2,000,000원
• 거래처 증정용 선물의 구입	200,000원

① 2,000,000원　　　　　　② 3,000,000원
③ 3,200,000원　　　　　　④ 4,800,000원

● 실무 수행 평가

(주)오르막길(회사코드 3178)은 자전거를 도소매하는 법인으로 회계기간은 제8기(2024.1.1. ~ 2024.12.31.)이다. 제시된 자료와 [자료설명]을 참고하여 [수행과제]를 완료하고 [수행과제]의 물음에 답하시오.

실무수행 유의사항	1. 부가가치세 관련거래는 [매입매출전표입력]메뉴에 입력하고, 부가가치세 관련 없는 거래는 [일반전표입력]메뉴에 입력한다. 2. 타계정 대체액과 관련된 적요는 반드시 코드를 입력하여야 한다. 3. 채권·채무, 예금거래 등 관리대상 거래자료에 대하여는 반드시 거래처코드를 입력한다. 4. 자금관리 등 추가 작업이 필요한 경우 문제의 요구에 따라 추가 작업하여야 한다. 5. 판매비와관리비는 800번대 계정코드를 사용한다. 6. 등록된 계정과목 중 가장 적절한 계정과목을 선택한다.

실무수행 ••• 기초정보관리의 이해

회계관련 기초정보는 입력되어 있다. [자료설명]을 참고하여 [수행과제]를 수행하시오.

① 계정과목추가 및 적요등록 수정

자료설명	회사는 중소벤처기업부 주최의 창업성장지원사업에 선정되어 정부보조금의 계정과목을 등록하려고 한다.
수행과제	1. '923.회사설정계정과목'을 '923.정부보조금' 계정으로 수정하시오. 2. '구분: 3.일반', '표준코드: 170.정부보조금'으로 수정하시오.

② 전기분재무제표의 입력수정

재 무 상 태 표
제7(당)기 2023. 12. 31. 현재
제6(전)기 2022. 12. 31. 현재

(주)오르막길 (단위: 원)

과 목	제 7 기 (2023.12.31.)		제 6 기 (2022.12.31.)	
자　　　　　　　산				
Ⅰ. 유　동　자　산		257,458,000		116,640,000
(1) 당　좌　자　산		197,458,000		91,640,000
현　　　　　금		44,964,000		22,800,000
당　좌　예　금		41,000,000		20,850,000
보　통　예　금		67,034,000		34,496,000
단 기 매 매 증 권		12,430,000		3,000,000
외　상　매　출　금	27,000,000		8,200,000	
대　손　충　당　금	270,000	26,730,000	82,000	8,118,000
받　을　어　음		5,300,000		2,376,000
(2) 재　고　자　산		60,000,000		25,000,000
상　　　　　품		60,000,000		25,000,000
Ⅱ. 비　유　동　자　산		121,165,000		50,000,000
(1) 투　자　자　산		18,000,000		0
장　기　대　여　금		18,000,000		0
(2) 유　형　자　산		93,165,000		7,300,000
토　　　　　지		30,000,000		0
건　　　　　물		40,000,000		
차　량　운　반　구	35,330,000		16,500,000	
감가상각누계액	15,000,000	20,330,000	12,300,000	4,200,000
비　　　　　품	6,000,000		9,400,000	
감가상각누계액	3,165,000	2,835,000	6,300,000	3,100,000
(3) 무　형　자　산		0		0
(4) 기 타 비 유 동 자 산		10,000,000		42,700,000
임　차　보　증　금		10,000,000		42,700,000
자　산　총　계		378,623,000		166,640,000
부　　　　　　　채				
Ⅰ. 유　동　부　채		81,844,000		97,072,266
외　상　매　입　금		48,609,000		47,072,266
지　급　어　음		7,800,000		
미　지　급　금		22,500,000		50,000,000
예　수　금		2,935,000		0
Ⅱ. 비　유　동　부　채		20,000,000		0
장　기　차　입　금		20,000,000		0
부　채　총　계		101,844,000		97,072,266
자　　　　　　　본				
Ⅰ. 자　본　금		157,259,000		50,000,000
자　본　금		157,259,000		50,000,000
Ⅱ. 자　본　잉　여　금		0		0
Ⅲ. 자　본　조　정		0		0
Ⅳ. 기타포괄손익누계액		0		0
Ⅴ. 이　익　잉　여　금		119,520,000		19,567,734
미처분이익잉여금		119,520,000		19,567,734
(당기순이익96,520,000)				
자　본　총　계		276,779,000		69,567,734
부　채　와　자　본　총　계		378,623,000		166,640,000

자료설명	(주)오르막길의 전기(제7기)분 재무제표는 입력되어 있다.
수행과제	입력이 누락되었거나 잘못된 부분을 찾아 수정하시오.

실무수행 ··· 거래자료 입력

실무프로세스 자료이다. [자료설명]을 참고하여 [수행과제]를 수행하시오.

1 증빙에 의한 전표입력

자료 1. 자동차보험증권

보험증권 애니카다이렉트_법인용

발행기준일 : 2024.01.02

기본정보

계약번호	123W0131290000	계약일	2024.01.02
보험기간	2024.01.02 24:00 부터 2025.01.02 24:00 까지	납입보험료 (총보험료)	514,430원 (514,430원)
계약자	(주)오르막길/106-86-09792 서울특별시 강남구 강남대로 254	피보험자	(주)오르막길/106-86-09792 서울특별시 강남구 강남대로 254

자동차사항

차량번호	324보2794 (KPBPH3AT1RP077850)	연령한정 특약	만43세이상~만49세이하
차명	스포티지 1.6		

운전자정보

우리회사는 보험계약자와 해당 보험약관에 의하여
보험계약을 체결하고 그 증거로서 이 증권을 드립니다.
이 증권은 다이렉트 고객센터 에서 발급하였습니다.

대한민국정부
인지세 100원
서초세무서장
후 납 승 인
2016년 34017호

삼성화재해상보험주식회사
서울특별시 서초구 서초대로74길 14
www.samsungfire.com
대표이사 사 장 이문화

자료 2.

■ 보통예금(국민은행) 거래내역

번호	거래일	내용	찾으신금액	맡기신금액	잔액	거래점
		계좌번호 096-24-0094-123 (주)오르막길				
1	2024-1-2	삼성화재	514,430원		***	***

자료설명	1. 자료 1은 영업부 업무용 승용차의 자동차보험증권이다. 2. 자료 2는 자동차 보험료를 국민은행 보통예금 계좌에서 이체한 내역이다.
수행과제	거래자료를 입력하시오.(단, '비용'으로 회계처리할 것.)

② 약속어음 발행거래
자료 1. 전자어음

전 자 어 음

(주)바로타 귀하   00420240205123456789

금 이천만원정   20,000,000원

위의 금액을 귀하 또는 귀하의 지시인에게 지급하겠습니다.

지급기일	2024년 3월 5일	발행일	2024년 2월 5일
지 급 지	국민은행	발행지	서울특별시 강남구 강남대로 254
지급장소	강남지점	주 소	(도곡동, 용문빌딩)
		발행인	(주)오르막길

자료 2. 당좌예금(국민은행) 거래내역

번호	거래일	내 용	찾으신금액	맡기신금액	잔 액	거래점
		계좌번호 096-24-0094-789 (주)오르막길				
1	2024-3-5	(주)바로타	20,000,000		***	***

자료설명	[3월 5일] (주)바로타에 지급한 어음이 만기가 되어 국민은행 당좌예금 계좌에서 결제되었다.
수행과제	1. 거래자료를 입력하시오. 2. 자금관련 정보를 입력하여 지급어음현황에 반영하시오.(등록된 어음을 사용할 것.)

③ 계약금 지급
■ 보통예금(기업은행) 거래내역

번호	거래일	내 용	찾으신금액	맡기신금액	잔 액	거래점
		계좌번호 110-531133-64-77124 (주)오르막길				
1	2024-3-15	(주)다모아자전거	2,000,000		***	***

자료설명	(주)다모아자전거에서 상품을 매입하기로 하고, 계약금은 기업은행 보통예금 계좌에서 이체하여 지급하였다.
수행과제	거래자료를 입력하시오.

4 증빙에 의한 전표입력

자료 1. 금융기관조회서 수수료비용 결제내역

 금융결제원 기업 회계감사자료 온라인 발급

수수료 결제 확인

NO	회사명	은행명	조회기준일	결제일	결제금액
1	(주)오르막길	신한은행	2023-12-31	2024-03-20	20,000원
	PG수수료				-
	결제금액합계				20,000원

자료 2. 보통예금(신한은행) 거래내역

번호	거래일	내 용	찾으신금액	맡기신금액	잔 액	거래점
		계좌번호 308-12-374123 (주)오르막길				
1	2024-3-20	조회서발급 수수료	20,000		***	***

자료설명	[3월 20일] 회계감사 진행을 위한 금융기관 조회서를 발급받고 수수료비용을 신한은행 보통예금 계좌에서 이체하여 지급하였다.
수행과제	거래자료를 입력하시오.

5 기타일반거래

■ 보통예금(우리은행) 거래내역

번호	거래일	내 용	찾으신금액	맡기신금액	잔 액	거래점
		계좌번호 501-111923-02-123 (주)오르막길				
1	2024-4-18	(주)자전거무역		4,000,000	***	***

자료설명	[4월 18일] (주)자전거무역의 외상매출금 7,000,000원 중 4,000,000원은 우리은행 보통예금으로 입금되었으며, 잔액 3,000,000원은 합의에 따라 단기대여금(대여기간 6개월, 이자율 5%)으로 전환되었다.
수행과제	거래자료를 입력하시오.

 부가가치세

부가가치세 신고 관련 자료이다. [자료설명]을 참고하여 [수행과제]를 수행하시오.

1 과세매출자료의 전자세금계산서 발행

거래명세서 (공급자 보관용)

공급자	등록번호	106-86-09792			공급받는자	등록번호	113-81-13872		
	상호	(주)오르막길	성명	윤종신		상호	(주)한라자전거	성명	김우정
	사업장주소	서울특별시 강남구 강남대로 254 (도곡동, 용문빌딩)				사업장주소	서울 구로구 구로동로 22		
	업태	도소매업	종사업장번호			업태	도소매업	종사업장번호	
	종목	자전거외				종목	자전거외		

거래일자	미수금액	공급가액	세액	총 합계금액
2024.4.2.		8,500,000	850,000	9,350,000

NO	월	일	품목명	규격	수량	단가	공급가액	세액	합계
1	4	2	산악자전거		5	1,700,000	8,500,000	850,000	9,350,000

자료설명	1. 상품을 공급하고 발급한 거래명세서이다. 2. 대금은 다음달 10일에 받기로 하였다.
수행과제	1. 거래명세서에 의해 매입매출자료를 입력하시오. 2. 전자세금계산서 발행 및 내역관리 를 통하여 발급 및 전송하시오. (전자세금계산서 발급 시 결제내역 및 전송일자는 고려하지 말 것.)

② 매입거래

전자계산서				(공급받는자 보관용)		승인번호		

공급자	등록번호	145-86-03298			공급받는자	등록번호	106-86-09792		
	상호	(주)더존에듀캠	성명(대표자)	김도훈		상호	(주)오르막길	성명(대표자)	윤종신
	사업장 주소	강원도 춘천시 남산면 버들1길 130				사업장 주소	서울특별시 강남구 강남대로 254 (도곡동, 용문빌딩)		
	업태	서비스	종사업장번호			업태	도소매업	종사업장번호	
	종목	교육				종목	자전거외		
	E-Mail	edu@naver.com				E-Mail	bicycle@bill36524.com		

작성일자	2024.5.6.	공급가액	300,000	비고	

월	일	품목명	규격	수량	단가	공급가액	비고	비고
5	6	신입사원 직무교육훈련비				300,000		

합계금액	현금	수표	어음	외상미수금	이 금액을	● 영수 ○ 청구	함
300,000	300,000						

자료설명	업무능력 향상을 위하여 회계팀 사원 온라인교육과정을 수강하고 전자계산서를 발급받았다.
수행과제	매입매출자료를 입력하시오.(전자계산서 거래는 '전자입력'으로 입력할 것.)

3 매입거래

	2024년 5월 청구서	
작성일자: 2024.06.07.		
납부기한: 2024.06.25.		
금 액		90,200원
고객명		(주)오르막길
이용번호		02-569-8282
명세서번호		15751449
이용기간		5월1일 ~ 5월31일
10월 이용요금		90,200원
공급자등록번호		113-81-11739
공급받는자 등록번호		106-86-09792
공급가액		82,000원
부가가치세(VAT)		8,200원
10원미만 할인요금		0원
입금전용계좌		농협은행
		851-11-073757

이 청구서는 부가가치세법 시행령 53조 제4항에 따라 발행하는 전자세금계산서입니다.

(주)케이티 강남지점(전화국)장

자료설명	1. 관리부의 전화요금청구서이다. 2. 작성일자(6월 7일)를 기준으로 입력하고, 납기일(6월 25일)에 보통예금통장에서 자동이체 되는 거래의 '입력은 생략한다.
수행과제	작성일자 기준으로 매입매출자료를 입력하시오. (전자세금계산서 거래는 '전자입력'으로 입력할 것.)

4 매입거래

자료 1. 쿠팡이츠 주문내역

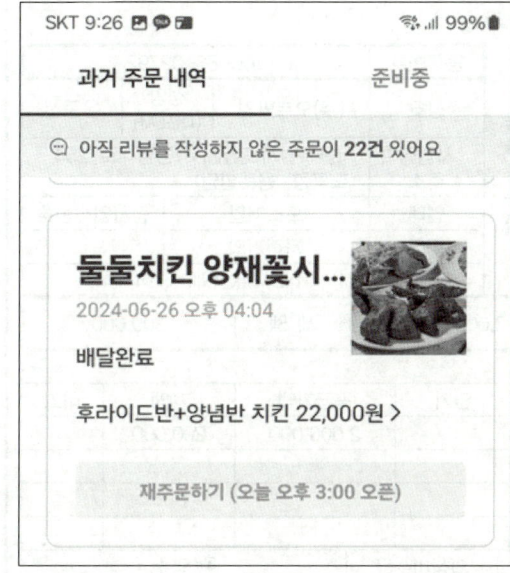

자료 2. 신용카드매출전표

삼성카드 승인전표	
카드번호	8844-2211-1234-4912
거래유형	국내일반
결제방법	일시불
거래일시	2024.06.26.16:04:12
승인번호	7154584
공급가액	20,000원
부가세	2,000원
봉사료	
승인금액	22,000원
가맹점명	둘둘치킨
과세구분	일반과세사업자
가맹점번호	12512115006
전화번호	02-567-4218
가맹점 주소	서울 서초구 강남대로10길 5
사업자번호	740-10-04030
대표자명	이복남

Samsung Card

자료설명	[6월 26일] 직원 간식을 쿠팡이츠에서 주문하고 발급받은 법인신용카드매출전표이다.
수행과제	매입매출자료를 입력하시오.(단, '복리후생비'로 처리할 것.)

5 매입거래

전자세금계산서			(공급받는자 보관용)			승인번호		
공급자	등록번호	104-81-25980			공급받는자	등록번호	106-86-09792	
	상호	(주)호텔롯데	성명(대표자)	김태홍		상호	(주)오르막길	성명(대표자)	윤종신
	사업장주소	서울특별시 중구 을지로 30				사업장주소	서울특별시 강남구 강남대로 254 (도곡동, 용문빌딩)	
	업태	서비스	종사업장번호			업태	도소매업	종사업장번호
	종목	호텔				종목	자전거외	
	E-Mail	lottehotel@nate.com				E-Mail	bicycle@bill36524.com	

작성일자	2024.11.15.	공급가액	3,000,000	세 액	300,000
비고					

월	일	품목명	규격	수량	단가	공급가액	세액	비고
06	30	다이아몬드 홀 대관료				2,000,000	200,000	

합계금액	현금	수표	어음	외상미수금	이 금액을	● 영수 / ○ 청구	함
2,200,000							

자료설명	대표이사 윤종신(거래처코드: 30126)의 자녀 돌잔치 호텔대관료(업무와 관련없는 가지급금에 해당함)를 당사의 신한은행 보통예금 계좌에서 이체하고 전자세금계산서를 발급받았다.
수행과제	매입매출자료를 입력하시오.(전자세금계산서 거래는 '전자입력'으로 입력할 것.)

6 부가가치세신고서 조회 및 입력자료 조회

수행과제	1. 제2기 부가가치세 예정신고기간의 부가가치세신고서를 조회하시오. 2. 9월 30일 부가가치세 납부세액(환급세액)에 대한 회계처리를 하시오. 　(단, 저장된 자료를 이용하여 납부세액은 '미지급세금', 환급세액은 '미수금'으로 회계처리하고 거래처코드 '6000.역삼세무서'도 입력할 것.)

 ••• 결산

[결산자료]를 참고하여 결산을 수행하시오.(단, 제시된 자료 이외의 자료는 없다고 가정함.)

1 수동결산 및 자동결산

결산자료	1. 단기매매증권의 기말 내역은 다음과 같다. | 회사명	주식수	장부(단위당)금액	기말평가(단위당)금액
---	---	---	---
(주)올라	1,000주	@12,430원	@12,730원	 2. 기말상품재고액은 28,000,000원이다. 3. 이익잉여금처분계산서 처분 확정(예정)일 　- 당기분: 2025년 3월 31일 　- 전기분: 2024년 3월 31일
평가문제	1. 수동결산 또는 자동결산 메뉴를 이용하여 결산을 완료하시오. 2. 12월 31일을 기준으로 '손익계산서 ➡ 이익잉여금처분계산서 ➡ 재무상태표'를 순서대로 조회 작성하시오. 　(단, 이익잉여금처분계산서 조회 작성 시 '저장된 데이터 불러오기' ➡ '아니오' 선택 ➡ 상단부의 '전표추가'를 이용하여 '손익대체분개'를 수행할 것.)

평가문제 • • • 실무수행평가 (62점)

입력자료 및 회계정보를 조회하여 [평가문제]의 답안을 입력하시오.

평가문제 답안입력 유의사항

❶ 답안은 지정된 단위의 숫자로만 입력해 주십시오.
* 한글 등 문자 금지

	정답	오답(예)
(1) 금액은 원 단위로 숫자를 입력하되, 천 단위 콤마(,)는 생략 가능합니다.	1,245,000 1245000	1.245.000 1,245,000원 1,245,0000 12,45,000 1,245천원
(1-1) 답이 0원인 경우 반드시 "0" 입력 (1-2) 답이 음수(-)인 경우 숫자 앞에 " - " 입력 (1-3) 답이 소수인 경우 반드시 " . " 입력		
(2) 질문에 대한 답안은 숫자로만 입력하세요.	4	04 4건, 4매, 4명 04건, 04매, 04명
(3) 거래처 코드번호는 5자리 숫자로 입력하세요.	00101	101 00101번

❷ 더존 프로그램에서 조회되는 자료를 복사하여 붙여넣기가 가능합니다.
❸ 수행과제를 올바르게 입력하지 않고 작성한 답과 모범답안이 다른 경우 오답처리됩니다.

번호	평가문제	배점
11	평가문제 [계정과목및적요등록 조회] '923.정부보조금'의 표준코드 번호 3자리를 입력하시오. ( )	4
12	평가문제 [거래처원장 조회] 4월 말 '00111.(주)한라자전거'의 '108.외상매출금' 잔액은 얼마인가? ( )원	3
13	평가문제 [거래처원장 조회] 6월 말 '134.가지급금' 잔액이 가장 많은 거래처 코드 5자리를 입력하시오. ( )	2
14	평가문제 [거래처원장 조회] 6월 말 '253.미지급금' 거래처 잔액으로 옳지 않은 것은? ① 07117.(주)엔소프트 15,000,000원 ② 07801.(주)케이티 132,000원 ③ 99605.삼성카드 77,000원 ④ 99800.하나카드 1,320,000원	3
15	평가문제 [합계잔액시산표 조회] 8월 말 '선급금' 잔액은 얼마인가? ( )원	3
16	평가문제 [합계잔액시산표 조회] 6월 말 '당좌예금' 잔액은 얼마인가? ( )원	3
17	평가문제 [합계잔액시산표 조회] 6월 말 '당좌자산'의 계정별 잔액으로 옳지 않은 것은? ① 단기대여금 20,000,000원 ② 선급비용 3,600,000원 ③ 가지급금 3,700,000원 ④ 부가세대급금 3,272,200원	3
18	평가문제 [합계잔액시산표 조회] 9월 말 '미수금' 잔액은 얼마인가? ( )원	3
19	평가문제 [일/월계표 조회] 4월 한 달 동안 발생한 '상품매출' 금액은 얼마인가? ( )원	3
20	평가문제 [재무상태표 조회] 12월 말 '단기매매증권' 잔액은 얼마인가? ( )원	3

번호	평가문제	배점
21	평가문제 [재무상태표 조회] 12월 말 '유형자산'의 장부금액(취득원가-감가상각누계액)으로 옳지 않은 것은? ① 토지 28,000,000원 ② 건물 50,000,000원 ③ 차량운반구 62,930,000원 ④ 비품 33,285,000원	4
22	평가문제 [재무상태표 조회] 12월 말 '이월이익잉여금(미처분이익잉여금)' 잔액은 얼마인가? ① 288,412,960원 ② 289,135,950원 ③ 291,545,420원 ④ 292,600,870원	2
23	평가문제 [손익계산서 조회] 당기에 발생한 '상품매출원가'는 얼마인가? ( )원	3
24	평가문제 [손익계산서 조회] 당기에 발생한 '판매비와관리비' 계정별 금액으로 옳지 않은 것은? ① 통신비 1,457,610원 ② 보험료 8,480,430원 ③ 수수료비용 1,820,000원 ④ 교육훈련비 120,000원	3
25	평가문제 [부가가치세신고서 조회] 제1기 확정신고기간의 부가가치세신고서 '매입세액_합계(15란)'의 금액은 얼마인가? ( )원	4
26	평가문제 [부가가치세신고서 조회] 제1기 확정신고기간의 부가가치세신고서 '매입세액_공제받지못할매입세액(16란)'의 세액은 얼마인가? ( )원	4
27	평가문제 [전자세금계산서 발행 및 내역관리] 제1기 확정신고기간의 '국세청: 전송성공'한 전자세금계산서의 공급가액 합계는 얼마인가? ( )원	3
28	평가문제 [계산서합계표 조회] 제1기 확정신고기간의 전자매입계산서의 공급가액은 얼마인가? ( )원	3
29	평가문제 [예적금현황 조회] 12월 말 은행별(계좌명) 보통예금 잔액으로 옳지 않은 것은? ① 국민은행(보통) 231,225,570원 ② 신한은행(보통) 8,261,800원 ③ 기업은행(보통) 12,222,580원 ④ 우리은행(보통) 11,034,000원	3
30	평가문제 [지급어음현황 조회] 만기일 2024년 3월 1일~3월 31일에 도래하는 '지급어음' 중 결제된 금액의 합계는 얼마인가? ( )원	3
	총 점	62

평가문제 ••• 회계정보분석 (8점)

회계정보를 조회하여 [회계정보분석] 답안을 입력하시오.

31.

재무상태표 조회 (4점)

부채비율은 기업의 지급능력을 측정하는 비율로, 비율이 높을수록 채권자에 대한 위험이 증가한다. 전기 부채비율은 얼마인가?(단, 소숫점 이하는 버림 할 것.)

$$부채비율(\%) = \frac{부채총계}{자기자본(자본총계)} \times 100$$

① 36%   ② 38%
③ 198%   ④ 222%

32.

손익계산서 조회 (4점)

매출액순이익률이란 매출액에 대한 당기순이익의 비율을 보여주는 지표이다. 전기 매출액순이익률을 계산하면 얼마인가?(단, 소숫점 이하는 버림 할 것.)

$$매출액순이익률(\%) = \frac{당기순이익}{매출액} \times 100$$

① 14%   ② 17%
③ 19%   ④ 580%

Accounting Technicians
FAT 1급

Chapter 05

부록

제1장 _ 연습문제
　　　　회계 이론 풀이
　　　　부가가치세 이론 풀이
제2장 _ 기출 문제 풀이

FAT 1급
Accounting Technicians

PART 01 연습문제

제1절 회계 이론 풀이
제2절 부가가치세 이론 풀이

01 연습문제

제1절 _ 회계 이론 풀이

제1장 재무제표

1.	③	2.	④	3.	②	4.	②	5.	①
6.	③	7.	②	8.	③	9.	④	10.	③
11.	④	12.	④	13.	②	14.	②	15.	④
16.	①	17.	②	18.	④	19.	①	20.	④

1. 재무제표는 추정에 의한 측정치를 포함한다.
2. 단기차입금 및 유동성장기차입금 등은 보고기간종료일부터 1년 이내에 결제되어야 하므로 영업주기와 관계없이 유동부채로 분류한다.
3. 임대보증금은 비유동부채에 해당된다. 임차보증금이 비유동자산이다.
4. 자본잉여금은 주식발행초과금과 기타자본잉여금으로 구분하여 표시한다.
5. 개발비는 무형자산으로 재무상태표에 표시되는 계정과목이다.
6. 재무상태표의 자산은 유동성이 큰 순서에 따라 배열한다.

```
I 유동자산
    당좌자산       ➡ 예금(현금및현금성자산), 외상매출금(매출채권)
    재고자산       ➡ 상품
II 비유동자산
    투자자산
    유형자산
    무형자산
    기타비유동자산  ➡ 임차보증금
```

7. 발생주의 회계는 발생과 이연의 개념을 포함하며, 이연에는 수익과 비용의 기간별 배분이 수반된다.
8. 미지급배당금은 부채 항목이다.

9. 당기에 재무제표 항목의 분류를 변경했다면, 비교가능성을 제고하기 위하여 전기의 항목도 재분류하여 표시해야 한다.

10. 재무제표는 재무상태표, 손익계산서, 현금흐름표, 자본변동표 및 주석으로 구분하여 작성하며, 다음의 사항을 각 재무제표의 명칭과 함께 기재한다.
    (1) 회사명
    (2) 보고기간종료일 또는 회계기간
    (3) 보고통화 및 금액단위

11. ① 자본변동표에 대한 설명이다.
    ② 수익과 비용은 각각 총액으로 보고하는 것을 원칙으로 한다. 다만, 기준서에서 수익과 비용을 상계하도록 요구하는 경우에는 상계하여 표시하고, 허용하는 경우에는 상계하여 표시할 수 있다.
    ③ 현금흐름표에 대한 설명이다.

12. ① (차) 무형자산상각비 100,000원 (대) 특허권 100,000원
    ② (차) 외상매입금 5,000,000원 (대) 보통예금 5,000,000원
    ③ (차) 받을어음 5,000,000원 (대) 외상매출금 5,000,000원
    ④ (차) 소모품 100,000원 (대) 소모품비 100,000원

13. • 순매출액 = 총매출액 − 매출할인 − 매출에누리
             = 1,100,000원 − 55,000원 − 30,000원 = 1,015,000원
    • 매출원가 = 기초상품 + 순매입액* − 기말상품
             = 120,000원 + 700,000원 − 80,000원 = 740,000원
        * 순매입액 = 총매입액 − 매입할인 − 매입환출
                = 800,000원 − 80,000원 − 20,000원 = 700,000원
    • 매출총이익 = 순매출액 − 매출원가
              = 1,015,000원 − 740,000원 = 275,000원

14. 재무회계에는 상품별 원가 정보가 제공되지 않으며, 이는 관리회계(원가회계)를 통해 기업 내부이해관계자에게 제공된다.

15. 영업이익 = 매출액 − 매출원가 − 복리후생비 − 퇴직급여
           = 1,300,000원 − 800,000원 − 100,000원 − 80,000원 = 320,000원

16. 미래 재무정보를 예측하는데 활용되고, 이용자의 의사결정에 차이를 가져오는 회계정보의 질적 특성은 목적적합성이고, 목적적합성과 신뢰성은 서로 상충될 수 있다.

17. 목적적합성의 예측가치와 피드백가치에 대한 설명이다.

18. 수익과 비용은 각각 총액으로 보고하는 것을 원칙으로 한다.

19. 유동자산 1,150,000원
    = 현금및현금성자산 50,000원 + 매출채권 700,000원 + 상품 400,000원이다.

20. 기초자본: 2,500,000원(기초자산) − 1,200,000원(기초부채) = 1,300,000원
    당기순이익: 1,600,000원(기말자본) − 1,300,000원(기초자본) = 300,000원

비용총액: 800,000원(수익총액) - 300,000원(당기순이익) = 500,000원

제2장 자산

제1절 유동자산 - 당좌자산

1.	④	2.	②	3.	④	4.	②	5.	④
6.	④	7.	②	8.	②	9.	②	10.	①
11.	③	12.	③	13.	②	14.	②	15.	①
16.	③	17.	②						

1.

외상매출금			
전기이월	1,000,000원	대손상각	100,000원
매출액	3,000,000원	당기회수액	2,300,000원
		차기이월	1,600,000원
	4,000,000원		4,000,000원

2. 6월 18일 (차) 매출   200,000   (대) 외상매출금   200,000
   → 반품 등으로 인해 매출과 외상매출금이 모두 감소하는 경우이다.

3. 당좌차월은 부채 계정으로 재무상태표에 단기차입금으로 표시한다.

4. • 20x1.1.1. 기초미수금 300,000원
   • 20x1.3.1. 정수기 외상판매액 500,000원
   • 20x1.5.10. 사무실중고가구 외상판매액 100,000원
   기초미수금 300,000원+사무실중고가구 외상판매액 100,000원=400,000원

5. 20x1년 기말 대손충당금 잔액
   = 100,000원 × 1% + 200,000원 × 2% + 150,000원 × 10% = 20,000원
   결산 전 대손충당금 잔액 = 3,000원 + 10,000원 = 13,000원
   20x1년 대손상각비 = 20,000원 - 13,000원 = 7,000원

6. 자금을 대여하는 과정에서 어음을 수령하는 경우에 어음상의 채권은 매출채권이 아니라 단기대여금으로 기록하여야 한다.

7. 상품을 매출하기로 하고 계약금을 받았을 때 유동부채인 선수금으로 처리한다.

8. • 대손발생 시 회계처리(대손충당금 잔액 1,000,000원)
      (차) 대손충당금   500,000   (대) 외상매출금   500,000
   • 결산 전 대손충당금 잔액: 1,000,000원 - 500,000원 = 500,000원

- 결산 시 대손충당금 추가설정액: 70,000,000원 × 1% - 500,000원 = 200,000원
9. • 4월 5일 실제 대손처리시의 회계처리
   (차) 대손충당금   8,000원   (대) 받을어음   8,000원
   • 12월 31일 결산 시 대손충당금 설정액의 회계처리
   1,000,000원 × 3% - (20,000원 - 8,000원) = 18,000원
   (차) 대손상각비   18,000원   (대) 대손충당금   18,000원
10. 외상매출금 회수액 2,000,000원
    당기말 외상매출금 미회수액 7,800,000원
    전기말 외상매출금의 대손 예상액 90,000원이다.
11. 기초 대손충당금 잔액 60,000원 = 당기 외상매출금 회수불능액 20,000원
                                + 당기말 수정전시산표상 대손충당금 잔액 40,000원
12. 받을어음(2,000,000원)과 외상매출금(3,000,000원)의 합계인 매출채권은 5,000,000원이다.
    (차) 받 을 어 음   2,000,000원   (대) 상품매출   5,000,000원
        외상매출금   3,000,000원   현   금   50,000원
        운 반 비   50,000원
13. - 상거래에서 발생한 매출채권에 대한 대손상각비는 판매비와관리비로 처리하고, 기타
      채권에 대한 기타의대손상각비는 영업외비용으로 처리한다.
    - 단기대여금에 대한 기타의대손상각비 = 2,000,000원 - 800,000원 = 1,200,000원
14. 매출채권의 대손에 대비하여 대손충당금을 설정할 때 반영하는 비용 계정과목은 '대손상각비'
    이다.
    단기대여금의 대손에 대비하여 대손충당금을 설정할 때 반영하는 비용 계정과목은 '기타의대
    손상각비'이다.
15. (차) 대손충당금   600,000원   (대) 외상매출금   1,000,000원
        대손상각비   400,000원
16. 전기에 대손처리한 외상매출금을 당기에 현금으로 회수하는 경우, 대변에 대손충당금으로 회
    계처리한다.
17. 재고자산 이외의 자산을 처분한 경우에는 어음 수취 여부에 관계없이 미수금으로 처리한다.

제2절 유동자산 - 재고자산

1.	④	2.	③	3.	②	4.	③	5.	④
6.	③	7.	③	8.	④	9.	③	10.	①
11.	③	12.	④	13.	①	14.	②	15.	①
16.	①	17.	③	18.	②	19.	②	20.	④

1. 동일한 자산이라 하더라도 보유목적에 따라 판매목적인 경우에는 재고자산, 장기간 사용할 목적인 경우에는 유형자산으로 분류한다.

2. 9월 평균매입가: (20,000원 + 30,000원 + 70,000원)/400개 = 300원
   9월말 재고자산: 300원 x 200개 = 60,000원
   9월 매출원가: 300원 x 200개 = 60,000원

3. 3월말 재고자산: 100개 x 350원 + 50개 x 300원 = 50,000원
   3월 매출원가: 기초재고 100개 x 200원 = 20,000원
   　　　　　　　 (+) 매입 200개 x 300원 + 100개 x 350원 = 95,000원
   　　　　　　　 (-) 기말재고 50,000원
   　　　　　　　 (=) 매출원가 65,000원

4. 상품매출 = 100개 x 200원 = 20,000원
   상품매출원가 = (150개 x 100원 + 3,000원) x 100개/150개 = 12,000원
   매출총이익 = 매출액 - 상품매출원가 = 20,000원 - 12,000원 = 8,000원

5. 매입에누리는 매입한 상품에 하자나 파손이 있는 경우 가격을 할인 받는 것이고, 매입할인은 상품의 구매자가 판매대금을 조기에 지급하는 경우 약정에 의해 할인 받는 것이다.

6. 정상적 감모손실: 매출원가, 비정상적 감모손실: 영업외비용

7. 취득과정에서 발생한 하역료, 수입관세는 취득원가에 포함되나, 판매 시의 운송비용, 보유과정에서 발생한 보험료는 발생기간의 비용으로 처리한다.

8. 재고자산의 비정상적 원인으로 발생한 재고자산감모손실은 영업외비용으로 분류한다.

9. 정상적으로 발생한 감모손실은 매출원가에 가산한다.
   매출원가: 판매원가 + 정상 감모 손실
   = (1,000개 x 100원 + 1,500개 x 120원) + (100개 x 120원) = 292,000원

10. 감모수량은 20개(장부수량 - 실제수량)이며 기말재고자산 단위당 원가가 개당 100원이므로 재고자산감모손실액은 2,000원이다. 감모된 재고자산은 모두 정상적인 감모에 해당하므로 매출원가에 가산한다.

11. • 재고자산의 평가방법을 총평균법으로 적용한 경우 상품의 총평균단가:
    　　(월초상품재고액 + 당월 순매입액) ÷ (월초상품수량 + 당월 순매입수량)
    　　= (30,000원 + 100,000원 + 80,000원) ÷ (300개 + 500개 + 200개) = @210원

- 2월 말 상품재고액: 상품의 월말 잔고수량 × 총평균단가
  = (1,000개 - 400개) × @210원 = 126,000원
12. 선급금(100,000원) + 운반비(5,000원) + 운반보험료(1,000원) + 잔금(1,000,000원)
    = 1,106,000원
13. - 매출총이익 = 매출액 - 매출원가 = 3,000,000원 - 1,600,000원 = 1,400,000원
    - 매출원가 = 기초상품재고액 + 당기순매입액 - 기말상품재고액
              = 1,000,000원 + 2,100,000원 - 1,500,000원 = 1,600,000원
    - 당기순매입액 = 당기매입액 + 당기매입운임 - 매입할인
                = 2,000,000원 + 150,000원 - 50,000원 = 2,100,000원
14. 당기 순매입액 = 320,000원 + 28,000원 - 15,000원 = 333,000원
    기말상품 단가 = 333,000원 ÷ 1,000개 = 333원/개
    기말상품 재고액 = 115개 × 333원 = 38,295원
15. - 순매출액: 550,000원(총매출액 600,000원 - 매출환입 50,000원)
    - 매출원가: 400,000원(순매출액 550,000원 - 매출총이익 150,000원)
    - 기말재고액: 200,000원
      = 기초재고액 200,000원 + 당기순매입액 400,000원(당기매입액 400,000원 + 상품매입시운반비 20,000원 - 매입환출 10,000원 - 매입에누리 10,000원) - 매출원가 400,000원
16. 기말상품재고액 100,000원 - 순실현가능가치 72,000원 - 재고자산평가충당금 잔액 8,000원
    = 재고자산평가손실 20,000원
17. - 재고자산의 매입원가는 매입금액에 매입운임, 하역료 및 보험료 등 취득과정에서 정상적으로 발생한 부대비용을 가산한다.
    - 외상매입금을 제외한 나머지 잔액 500,000원은 (주)세무로부터 매출대금으로 수령한 어음을 배서양도하였으므로 대변에 받을어음으로 처리한다.
18. 매출액(5,000,000원) - 매출총이익(800,000원) = 매출원가(4,200,000원)
    기초상품재고액(500,000원) + 매입액(4,000,000원) - 매출원가(4,200,000원)
    = 기말상품재고액(300,000원)
19. 기말재고: 200개 × 1,400원 + 200개 × 1,300원 = 540,000원
20. 매출액(6,000,000원) - 매출총이익(1,000,000원) = 매출원가(5,000,000원)
    기초상품재고액(4,000,000원) + 매입액(2,000,000원) - 매출원가(5,000,000원)
    = 기말상품재고액(1,000,000원)

제3절 유가증권과 투자자산

1.	②	2.	①	3.	③	4.	③	5.	③
6.	②	7.	④	8.	①	9.	③	10.	④

1. 매도가능증권처분손실 = 처분가액 - 취득가액
   = (1,100원 x 100주) - (1,300원 x 100주) = (-)20,000원
2. 단기매매증권으로 분류한 경우: 100주 x (22,000원 - 18,000원) = 400,000원(단기매매증권평가손실)
   매도가능증권으로 분류한 경우: 매도가능증권평가손익은 기타포괄손익누계액이므로 당기손익에 미치는 영향은 없다.
3. 매도가능증권평가손익은 기타포괄손익누계액 항목으로 분류한다.
4. ① 단기매매증권은 유동자산에 해당한다.
   ② 단기매매증권의 취득 시 발생한 부대비용은 영업외비용(수수료비용)으로 처리한다.
   ④ 만기까지 보유할 적극적인 의도와 능력이 있는 경우에 만기보유증권으로 분류한다.
5. • 단기매매증권 구입 시 수수료는 취득금액에 포함하지 않고 당기비용으로 처리한다.
   • 20x1년 4월 1일
      (차) 단기매매증권   5,000,000원   (대) 현금   5,015,000원
           수수료비용   15,000원
   • 20x1년 12월 1일
      (차) 보통예금   5,500,000원   (대) 단기매매증권   5,000,000원
                                                  단기매매증권처분이익   500,000원
6. 장기보유목적으로 주식을 취득하는 경우 매도가능증권으로 분류한다. 매도가능증권 취득 시 거래수수료는 취득원가에 가산한다. 주식은 만기가 없으므로 만기보유증권으로 분류할 수 없다.
7. 주식을 단기매매증권으로 분류하기 위해서는 시장성과 단기 매매차익 실현 목적이라는 두 가지 조건을 모두 충족하여야 한다. 단기매매증권의 거래수수료는 당기비용으로 처리하고, 매도가능증권의 거래수수료는 취득원가에 가산한다.
8. 단기매매증권은 시장성이 있고, 단기 매매차익 실현을 목적으로 취득해야 한다.
9. 단기매매증권의 취득원가에는 취득수수료를 포함하지 않는다.
   단기매매증권의 취득원가: 100주 × 12,000원 = 1,200,000원
10. 매도가능증권의 거래수수료는 취득원가에 가산한다.

제4절 비유동자산 - 유형자산

1.	③	2.	②	3.	①	4.	①	5.	③
6.	③	7.	④	8.	②	9.	④	10.	①
11.	②	12.	③	13.	③	14.	①	15.	③
16.	④	17.	④	18.	①	19.	①	20.	②

1. (3,000,000원-500,000원) x (1/5) = 500,000원
2. 유형자산의 취득 또는 완성 후의 지출이 미래의 경제적효익(예: 생산능력 증대, 내용연수 연장, 상당한 원가 절감, 품질향상을 가져오는 경우)을 증가시키는 경우에는 자본적지출로 처리한다.
3. 유형자산처분손실 = 400,000원 - 440,000원 = (-)40,000원
   20x2년 9월 30일 장부금액: 650,000원(취득원가) - 210,000원(감가상각누계액) = 440,000원
   20x2년 9월 30일 감가상각누계액: 120,000원 + 90,000원 = 210,000원
   20x1년 감가상각비: (650,000원 - 50,000원) / 5년 = 120,000원
   20x2년 감가상각비: (650,000원 - 50,000원) / 5년 x (9월/12월) = 90,000원
4. (주)세무 (차변) 차량운반구   1,000,000   (대변) 미지급금   1,000,000
           (유형자산의 증가)   (미지급금의 증가)
   (주)성민 (차변) 매출채권   1,000,000   (대변) 매출   1,000,000
           (매출채권의 증가)   (매출의 발생)
5. 20x3년 감가상각비 = 1,000,000원/10년 = 100,000원
   20x3년 12월 31일 건물장부가액 = 취득가액 - 감가상각누계액
                          = 1,000,000원 - 400,000원 = 600,000원
   유형자산처분이익 = 800,000원 - 600,000원 = 200,000원
6. 20x1년 감가상각비: 20,000,000원 x 40% = 8,000,000원
   20x2년 감가상각비: (20,000,000원 - 8,000,000원) x 40% = 4,800,000원
   20x2년 말 건물 장부금액: 20,000,000원 - 8,000,000원 - 4,800,000원 = 7,200,000원
   처분시 (차) 미수금   5,000,000   (대) 건물   20,000,000
           감가상각누계액   12,800,000
           유형자산처분손실 2,200,000
7. 취득원가: 취득금액 10,000,000원 + 취득제비용 1,000,000원 = 11,000,000원
   20x1년 7월 1일 ~ 20x2년 12월 31일까지의 감가상각누계액
   11,000,000원 × 1/10 × (6/12 + 1) = 1,650,000원
8. 정률법 감가상각비 = 미상각잔액 × 상각률
   (20x1년) 10,000,000원 × 0.2 = 2,000,000원

(20x2년) 8,000,000원 × 0.2 = 1,600,000원

9. 투자부동산에 대한 설명이다.
10. 수익적지출을 자본적지출로 처리하면 비용을 감소시켜 해당 회계연도의 순이익이 과대계상된다.
11. (10,000,000원 – 10,000,000원 × 25%) × 25% = 1,875,000원
12. • 20x1년 12월 31일

    (차) 감가상각비   300,000원   (대) 감가상각누계액   300,000원

    감가상각비 = ((3,500,000원 – 500,000원) × 1/5) × 6/12 = 300,000원

    • 처분시 회계처리

    (차) 현금   3,300,000원   (대) 기계장치   3,500,000원
         감가상각누계액   300,000원   유형자산처분이익   100,000원

    • 처분손익 = 처분금액(3,300,000원) – 장부금액(3,500,000원 – 300,000원) = 100,000원

13. • 20x1년 결산 시 감가상각

    기계장치 장부가액 1,000,000원 × 0.45 = 450,000원

    (차) 감가상각비   450,000원   (대) 감가상각누계액   450,000원

    • 20x2년 결산 시 감가상각

    기계장치 장부가액 (1,000,000원 – 450,000원) × 0.45 = 247,500원

    (차) 감가상각비   247,500원   (대) 감가상각누계액   247,500원

14. 유형자산 취득원가는 구입대금에 그 자산이 본래의 기능을 수행할 때까지 발생한 부대비용을 가산하고, 현재 보유하여 사용 중인 유형자산에 대해 발생하는 세금, 보험료, 각종 공과금 등은 당기비용 처리한다.

15. • 연간 감가상각비 = (취득원가 – 잔존가치) ÷ 내용연수

                    = (1,000,000원 – 100,000원) ÷ 5년 = 180,000원

    • 2020년말 현재, 차량운반구 취득후 3년이 경과하였다.

    • 취득원가 – 감가상각누계액 = 장부금액

    1,000,000원 – 540,000원(180,000원 × 3) = 460,000원

16. • 20x1.30. 건물 처분 시 감가상각누계액: (100,000,000원 – 10,000,000원) × 1/30 = 3,000,000원

    • 20x1.6.30. 건물 처분 시 장부금액: 100,000,000원 – 3,000,000원 = 97,000,000원

    • 20x1.6.30. 처분 시 유형자산처분이익: 105,000,000원 – 97,000,000원 = 8,000,000원

17. 건물증축비, 엘리베이터 설치비는 자본적 지출에 해당하며, 화물트럭 엔진오일 교환, 사무실 형광등 교체비는 수익적 지출에 해당한다.

18. 감가상각비 = (취득원가 – 잔존가치) / 내용연수

    따라서, 잔존가치 = 취득원가 – 감가상각비 × 내용연수

    = 4,000,000원 – 720,000원 × 5 = 400,000원

    당기말 순장부금액: 4,000,000원 – 1,440,000원 = 2,560,000원

    당기와 전기의 감가상각비가 720,000원으로 동일하므로 적용된 감가상각방법은 정액법이다.

19. 20x2년 감가상각비: (5,000,000원 × 1년/5년) × 6개월/12개월 = 500,000원
    유형자산처분손익: 2,300,000원 - (5,000,000원 - 2,000,000원 - 500,000원)
    = -200,000원(손실)
20. 본사건물의 엘리베이터 설치로 가치가 증가된 경우에는 자본적 지출로 처리한다.

제5절 비유동자산 - 무형자산과 기타비유동자산

1.	④	2.	④	3.	③	4.	③	5.	①
6.	①	7.	①						

1. • 무형자산: 특허권, 영업권, 산업재산권   • 유형자산: 기계장치
   • 당좌자산: 매출채권   • 투자자산: 장기대여금
2. 무형자산의 합리적인 상각방법을 정할 수 없는 경우에는 정액법을 사용한다.
3. 무형자산상각비 = (2,000,000원/10년 × 6개월/12개월) = 100,000원
4. 무형자산의 상각방법은 합리적인 상각방법으로 하되, 합리적인 상각방법을 정할 수 없는 경우에는 정액법을 사용한다.
5. 20x4년도는 특허권을 상각하는 4차년도이고, 상각방법은 정액법으로서 매년 500,000원씩 균등하게 상각하고 있다. 따라서 총 2,000,000원의 상각액을 기말 장부금액에 가산하면 특허권의 취득원가는 5,000,000원이 된다.
6. ② 물리적 형체가 없는 판매용 자산은 재고자산으로 분류한다.
   ③ 소프트웨어를 구입하는데 지출한 금액은 소프트웨어 계정과목을 사용한다.
   ④ 내부적으로 창출한 영업권은 무형자산으로 기록하지 않는다.
7. 무형자산은 영업활동에 사용할 목적으로 보유하고 있는 자산으로 물리적 형체가 없지만 식별 가능하고, 기업이 통제하고 있으며, 미래 경제적 효익이 있는 자산이다.

제3장 부채

1.	①	2.	②	3.	③	4.	③	5.	②
6.	①	7.	②	8.	④	9.	③	10.	④
11.	①	12.	②						

1. 퇴직금을 보통예금계좌에서 지급할 때, 퇴직급여충당부채와 보통예금에서 차감한다.
2. (차변) 퇴직급여충당부채(부채의 감소) 7,000,000   (대변) 보통예금(자산의 감소)   10,000,000
   　　　퇴직급여(이익잉여금의 감소) 3,000,000
   자본금과는 무관하다.
3. 급여에 대한 근로소득세를 원천징수한 경우 "예수금"으로 회계처리하여야 한다.
4. 유동성장기부채, 부가세예수금 ➜ 유동부채
   퇴직급여충당부채, 사채   ➜ 비유동부채
5. (가) (차) 현금   200,000   (대) 선수금   200,000
   (나) (차) 퇴직급여충당부채 4,000,000 (대) 보통예금   4,000,000
   (다) (차) 외상매출금   5,000,000   (대) 상품매출   5,000,000
6. 매출 전에 수취한 계약금은 선수금으로 처리한다.
7. 20x1년 1월 1일 차입금액   24,000,000원
   20x1년 12월 31일 상환금액   (-) 8,000,000원
   20x2년 12월 31일 상환예정금액 (-) 8,000,000원   유동성장기차입금으로 대체
   20x1년 12월 31일 비유동부채   8,000,000원
8. 퇴직급여충당부채는 비유동부채로 분류한다.
9. 5월 18일 거래는 실제 퇴직하는 종업원에게 퇴직급여를 현금으로 지급하는 내용이다.
10. 퇴직급여충당부채는 비유동부채이다.
11. ① (차) 급여(비용)   XXX   (대) 예수금(유동부채)   XXX
    ② (차) 선급금(유동자산)   XXX   (대) 현금(유동자산)   XXX
    ③ (차) 외상매출금(유동자산) XXX   (대) 상품매출(수익)   XXX
    ④ (차) 퇴직급여(비용)   XXX   (대) 퇴직급여충당부채(비유동부채) XXX
12. (차) 선급금(유동자산)   XXX   (대) 현금(유동자산)   XXX

제4장 자본

1.	①	2.	②	3.	②	4.	③	5.	③
6.	④	7.	②	8.	④	9.	①		

1. 주식의 발행금액이 액면금액보다 크다면 그 차액을 주식발행초과금으로 회계처리한다.
2. 이익준비금에 대한 설명이다.
3. ① 자본(자본금-주식할인발행차금)은 400,000원 증가한다.
   ② (차) 주식할인발행차금　　　100,000　　　(대) 자본금　　　　　　　　　500,000
   　　　현금및현금성자산(자산의 증가) 400,000
   ③, ④ 수익과 비용의 변동은 없다.
4. 신주발행비는 주식발행초과금에서 차감한다.
5. 기타포괄손익누계액: 매도가능증권평가이익
   영업외수익: 단기매매증권처분이익, 외환차익, 자산수증이익
6. [주식 발행 분개]
   (차) 당좌예금　　4,980,000(유동자산 증가)　　(대) 자본금　　　　　2,500,000(자본금 증가)
   　　　　　　　　　　　　　　　　　　　　　　　　주식발행초과금 2,480,000(자본잉여금 증가)

   주식발행비용은 주식발행초과금에서 차감하여 회계처리한다.
7. 주식을 발행하는 경우에 주식의 발행금액이 액면금액보다 크다면 그 차액을 주식발행초과금으로하여 자본잉여금으로 회계처리한다.
   (차) 현금　　　　　　6,000,000원　　(대) 자본금　　　　　　　　5,000,000원
   　　　　　　　　　　　　　　　　　　　　주식발행초과금　　　　1,000,000원
8. 주식발행초과금은 자본잉여금에 해당하고, 주식할인발행차금은 자본조정에 해당한다.
9. (차) 현금　　　　　　6,000,000원　　(대) 자본금　　　　　　　　5,000,000원
   　　　　　　　　　　　　　　　　　　　　주식발행초과금　　　　1,000,000원

제5장 수익과 비용

1.	④	2.	④	3.	③	4.	④	5.	②
6.	③	7.	②	8.	③	9.	④	10.	②
11.	③	12.	②	13.	①				

1. 주식발행초과금: 자본잉여금
   매도가능증권평가손실: 기타포괄손익누계액
2. 이자비용은 영업외비용이다.
3. 매출총이익: 매출액 2,500,000원 - 매출원가 1,550,000원 = 950,000원
   영업손익: 매출총이익 950,000원 - 판매관리비(급여+광고선전비+복리후생비) 450,000원
   = 500,000원(영업이익)
4. 수정 전 당기순이익   4,000,000원
   임차료   (-) 300,000원
   단기매매증권평가손실   (-) 200,000원
   감가상각비   (+) 400,000원
   수정후 당기순이익   3,900,000원
5. 영업이익은 매출총이익에서 판매비와관리비를 차감하여 계산한다. 감가상각비, 복리후생비, 기업업무추진비는 모두 판매비와관리비로서 영업이익에 영향을 미치나 단기대여금에 대한 기타의 대손상각비는 영업외비용으로서 영업이익에 영향을 미치지 않는다.
6. 매도가능증권평가이익은 자본 중 기타포괄손익누계액 항목으로 분류되는 계정으로 재무상태표에 반영된다.
7. 건물의 임대차계약을 체결한 것은 회계상 거래가 아니므로 수익이 실현된 것으로 볼 수 없다.
8. 매도가능증권평가손익은 재무상태표의 자본항목 중 기타포괄손익누계액에 해당한다.
9. 기타의 대손상각비는 기타채권에 대한 대손상각비로, 영업외비용에 해당한다.
10. 판매비와관리비에 해당하는 금액은 상품 매출 시 운반비와 영업부서 회식으로 인한 복리후생비이다. 상품 매입 시 운반비는 상품원가에 가산하고, 은행 차입금에 대한 이자는 영업외비용이다.
11. 급여 1,000,000원 + 세금과공과금 800,000원 + 복리후생비 400,000원 = 2,200,000원
12. (가) 기부금, (나) 복리후생비
13. 판매비와관리비: 급여(8,000,000원) + 기업업무추진비(2,000,000원) + 수도광열비(200,000원)
    + 세금과공과(900,000원) = 11,100,000원

제6장 결산

1.	①	2.	②	3.	①	4.	③	5.	②
6.	④	7.	②	8.	④	9.	①	10.	④
11.	①	12.	③	13.	①	14.	③		

1. 보험료 차기이월액에 대한 회계처리를 한다.
   당기 귀속분: 9개월(20x1년 4월 ~ 12월) → 1,200,000원 × 9/12 = 900,000원(보험료)
   차기 이월분: 3개월(20x2년 1월 ~ 3월) → 1,200,000원 × 3/12 = 300,000원(선급비용)

2. 미수이자에 대한 회계처리를 한다. 4개월(20x1년 9월 ~ 12월) → 2,000,000원 × 12% × 4/12 = 80,000원

3. 비용과 수익의 이연과 관련된 계정과목은 선급비용과 선수수익이므로 선급보험료와 선수수수료가 이에 해당한다.

4. 결산조정 후 당기순이익 = 결산조정 전 당기순이익 + (선급비용) - (미지급비용)
   = 10,000,000원 + 1,000,000원 - 2,000,000원
   = 9,000,000원

5. 20x1년 3월 1일
   (차) 소모품비   200,000   (대) 현금   200,000
   20x1년 12월 31일
   (차) 소모품   100,000   (대) 소모품비   100,000

6. (가) (차) 이자수익   XXX   (대) 선수수익   XXX: 이익감소
   (나) (차) 소모품   XXX   (대) 소모품비   XXX: 이익증가
   (다) (차) 임차료   XXX   (대) 미지급임차료   XXX: 이익감소
   (라) (차) 선급보험료   XXX   (대) 보험료   XXX: 이익증가

7. ① 보험료 미경과분 계상 - 선급비용 증가
   ③ 임대료 미수분 계상 - 미수수익 증가
   ④ 이자비용 미지급액 계상 - 미지급비용 증가

8. 누락된 결산정리 분개:
   (차) 무형자산상각비   ×××   (대) 특허권   ×××
   판매비와관리비(무형자산상각비)가 과소계상되고, 무형자산(비유동자산-특허권)이 과대계상되며, 당기순이익이 과대계상된다.

9. 결산분개:
   (차) 미수수익   100,000원   (대) 이자수익   100,000원
       * 경과분 이자: 20,000,000원 × 3% × 2개월/12개월 = 100,000원
   따라서, 수익 100,000원이 과소 계상되어 당기순이익 100,000원이 과소 계상된다.

10. • 10월 1일 회계처리

    (차) 현금　　　　　　　3,600,000원　　　(대) 임대료　　　　　　　3,600,000원

• 12월 31일 결산 시, 기간 미경과분(9개월) 2,700,000원을 차기의 수익으로 인식해야 한다. 만약 이를 누락하면 당기순이익이 과대계상된다.

                              (차) 임대료　　2,700,000원　　　(대) 선수수익　2,700,000원

11. 소모품비 100,000원 - 사용액 70,000원 = 미사용액 30,000원

    (차) 소모품　　　　　　　30,000원　　　(대) 소모품비　　　　　　30,000원이다.

12. 미지급금에 대한 대금 지급은 자산, 부채에는 영향을 주지만, 자본에 영향을 주지 않는다.

13. 7,000,000원 - 3,000,000원 - 2,000,000원 = 2,000,000원

14. (차) 선급비용　　　　　1,200,000원　　　(대) 임차료　　　　　　1,200,000원

       * 선급비용: 3,600,000원 × 4개월/12개월 = 1,200,000원

제2절 _ 부가가치세 이론 풀이

제1장 부가가치세 총론

1.	③	2.	④	3.	③	4.	①	5.	②
6.	③	7.	②	8.	④	9.	②	10.	②

1. 가. 법률에 따라 조세를 물납하는 것은 재화의 공급으로 보지 아니한다.
   다. 담보의 제공은 재화의 공급으로 보지 아니한다.
2. ① 외상판매의 경우에는 재화가 인도되거나 이용가능하게 되는 때를 공급시기로 한다.
   ② 재화의 공급으로 보는 가공의 경우에는 가공된 재화를 인도하는 때를 공급시기로 한다.
   ③ 무인판매기를 이용하여 재화를 공급하는 경우 해당 사업자가 무인판매기에서 현금을 꺼내는 때를 재화의 공급시기로 본다.
3. ① 면세사업자는 소득세법 또는 법인세법에 의한 사업자등록을 하여야 한다.
   ② 신규로 사업을 시작하려는 자는 사업 개시일 이전이라도 사업자등록을 신청할 수 있다.
   ④ 사업장에 종업원 수가 변경되는 경우는 사업자등록 정정사항이 아니다.
4. 상품권은 유가증권으로서 부가가치세 과세대상 재화의 범위에서 제외된다.
5. 영리목적유무에 불구하고 인적, 물적설비를 갖추고 사업을 영위하는 자는 부가가치세 납세의무자이므로 비영리법인도 납세의무자가 될 수 있다.
6. ① 부가가치세 납세의무와 사업자등록 여부는 무관하다.
   ② 법인세법과 달리 국가나 지방자치단체도 부가차치세법상 납세의무가 있다.
   ④ 사업자는 영리 목적에 관계없이 사업상 독립적으로 재화 또는 용역을 공급하는 자를 말한다.
7. ① 담보의 제공은 부가가치세 과세대상에 해당하지 않는다.
   ③ 매출채권의 양도는 부가가치세 과세대상에 해당하지 않는다.
   ④ 상품권의 양도는 유가증권의 양도에 해당하는 바, 부가가치세 과세대상에 해당하지 않는다.
8. ① 외상판매: 재화가 인도되거나 이용가능하게 되는 때
   ② 무인판매기를 이용한 재화의 공급: 무인판매기에서 현금을 꺼내는 때
   ③ 재화의 공급으로 보는 가공: 가공된 재화를 인도하는 때
9. 재화를 보관하고 관리할 수 있는 시설만 갖춘 장소인 하치장은 사업장으로 보지 아니한다.
10. 외상판매: 재화가 인도되는 때

제2장 영세율과 면세

| 1. | ③ | 2. | ③ | 3. | ③ | 4. | ④ |

1. 미가공 농산물(상추)은 면세가 적용된다.
2. 수집용 우표는 부가가치세 과세대상이다.
3. • 여객운송용역 중 항공기, 우등고속버스, 전세버스, 택시, 특수자동차, 특종선박 또는 고속철도에 의한 여객운송 용역은 과세한다.
   • 수돗물은 면세이나 생수는 과세이다.
4. 여객운송용역 중 고속철도에 의한 여객운송 용역, 화물운송 용역은 과세대상이다.

제3장 (전자)세금계산서

| 1. | ② | 2. | ④ | 3. | ① | 4. | ④ | 5. | ④ |
| 6. | ② | | | | | | | | |

1. 세금계산서 기재사항 중 공급단가와 수량은 필요적 기재사항에 해당하지 않는다.
2. 내국신용장에 의하여 공급하는 재화는 영세율 세금계산서를 발급하여야 한다.
3. ② 직전 연도의 사업장별 재화 및 용역의 공급가액의 합계액이 8천만원 이상인 개인사업자는 전자세금계산서를 발급해야 한다.
   ③ 전자세금계산서를 발급하였을 때에는 전자세금계산서 발급일의 다음 날까지 전자세금계산서 발급명세를 국세청장에게 전송해야 한다.
   ④ 전자세금계산서 발급명세를 전송한 경우에는 세금계산서 보관의무가 면제된다.
4. 내국신용장에 의해 수출업자에게 재화를 공급하는 것은 영세율 적용대상이지만 국내 거래에 해당하므로 세금계산서를 발급해야 한다.
5. 직수출의 경우 세금계산서를 발급하지 않는다.
6. 전자세금계산서의 의무발급대상자는 법인대상자와 직전연도 과세분과 면세분 공급가액의 합계액이 8,000만원 이상인 개인사업자도 전자세금계산서 발급 의무 대상이다.

제4장 과세표준과 납부세액

1.	③	2.	③	3.	②	4.	①	5.	③
6.	③	7.	③	8.	②	9.	③	10.	②

1. • 1,000,000원 + 2,500,000원 + 4,500,000원 = 8,000,000원
   • 재화 또는 용역의 공급과 직접 관련되지 아니하는 국고보조금은 과세표준에 포함하지 않는다.
2. (11,000,000원 × 10/110) - (700,000원 - 200,000원) = 500,000원
3. 1,500,000원(대표이사 주택 수리) + 5,000,000원(공장부지 조성을 위한 자본적 지출)
   = 6,500,000원
4. • 20,000,000원(외상판매액)은 인도하는 때인 2020년 제2기 예정신고의 과세표준임.
   • 담보의 제공은 재화의 공급에 해당하지 않는다.
     주식은 재화의 범위에 해당하지 않는다.
5. • 9,000,000원(사업상 증여 시가) + 1,000,000원(화물트럭의 매각) = 10,000,000원
   • 조세의 물납은 부가가치세 과세대상에 포함하지 아니한다.
6. • 2,000,000원(접대용 선물 구입비용) + 6,000,000원(토지 조성을 위한 공사비용) = 8,000,000원
   • 제품 운반용 화물트럭 구입비용은 매입세액을 공제받을 수 있다.
7. 할부판매의 이자상당액은 과세표준에 포함한다.
8. • (80,000,000원 × 10% + 20,000,000 × 0%) - 4,000,000원 = 4,000,000원
   • 해외 직수출액은 영세율을 적용한다.
   • 기업업무추진비 관련 매입세액은 불공제한다.
9. (450,000,000원 × 10% + 100,000,000원 × 0%) - (21,000,000원 - 1,000,000원 - 2,000,000원)
   = 27,000,000원
10. 폐업의 경우 폐업일이 속하는 날의 다음 달 25일까지 신고하여야 한다.

FAT 1급
Accounting Technicians

PART

02

기출문제풀이

02 기출 문제 풀이

기출문제 (주)닥터스킨 (회사코드 3173) 73회
Financial Accounting Technicians

실무 이론 평가

| 1. | ③ | 2. | ③ | 3. | ① | 4. | ④ | 5. | ③ |
| 6. | ② | 7. | ③ | 8. | ② | 9. | ① | 10. | ② |

1. 손익계산서는 일정 기간 동안 기업의 경영성과에 대한 정보를 제공하는 재무보고서이다.
2. • 2023년 12월 31일 감가상각비: (15,000,000원 − 0원) × 25% = 3,750,000원
   • 2024년 12월 31일 감가상각비: (15,000,000원 − 3,750,000원) × 25% = 2,812,500원
3. 매입에누리는 매입한 상품에 하자나 파손이 있는 경우 가격을 할인 받는 것이고, 매입할인은 상품의 구매자가 판매대금을 조기에 지급하는 경우 약정에 의해 할인 받는 것이다.
4. 유형자산의 취득 후 지출이 발생하였을 때 내용연수가 연장되거나 가치가 증대되었다면 자본적지출로 보아 해당자산의 계정과목으로 처리한다.
5. • 매출채권: 외상매출금 + 받을어음 = 1,000,000원 + 2,000,000원 = 3,000,000원
   • 대손충당금: 대손 설정액 = 매출채권 잔액(3,000,000원) × 대손율(2%) = 60,000원
6. (차) 여비교통비   250,000원   (대) 가지급금   300,000원
       현   금   50,000원
7. ①, ②, ④는 재무상태표에 반영할 내용이다.
8. 직전연도의 사업장별 재화 및 용역의 공급가액의 합계액이 1억원(2024년 7월 1일부터 8천만원) 이상인 개인사업자는 전자세금계산서를 발급하여야 한다.
9. ② 견본품의 인도는 재화의 공급으로 보지 아니한다.
   ③ 담보제공은 재화의 공급으로 보지 아니한다.

④ 상품권의 양도는 재화의 공급으로 보지 아니한다.
10. • 20,000,000원(원재료 매입세액) + 3,000,000원(업무용 승합차 매입세액) = 23,000,000원
 • 토지의 자본적 지출에 해당하는 매입세액과 접대비 관련 매입세액은 매입세액 공제를 받지 못한다.

실무 수행 평가

실무수행 ・・・ 기초정보관리의 이해

① 사업자등록증에 의한 거래처등록 수정

[거래처등록]
- 대표자성명: '이영애'로 수정
- 메일주소: 'han24@bill36524.com'으로 수정

② 계정과목및적요등록 수정

[계정과목및적요등록]
- '173.회사설정계정과목' → '173.온라인몰상품' 으로 수정
- 구분 및 표준코드 입력

실무수행 ・・・ 거래자료 입력

① 3만원초과 거래에 대한 영수증수취명세서 작성

[일반전표입력] 4월 10일
(차) 827.회의비   92,000원   (대) 101.현금   92,000원
또는 (출) 827.회의비   92,000원

[영수증수취명세서] 작성

② 기타 일반거래

[일반전표입력] 4월 20일
(차) 801.급여   4,000,000원   (대) 254.예수금   591,710원
                                                  137.주.임.종단기채권   1,000,000원
                                                  (00101.김지선)
                                                  103.보통예금   2,408,290원
                                                  (98005.신한은행(보통))

3 기타 일반거래

[일반전표입력] 4월 30일
(차) 812.여비교통비   460,000원   (대) 134.가지급금   500,000원
    101.현금   40,000원   (00112.이승수)

4 기타 일반거래

[일반전표입력] 6월 9일
(차) 821.보험료   138,000원   (대) 103.보통예금   138,000원
                                        (98002.기업은행(보통))

5 약속어음의 만기결제

[일반전표입력] 7월 15일
(차) 252.지급어음   11,000,000원   (대) 102.당좌예금   11,000,000원
    (00321.(주)설화수)   (98000.국민은행(당좌))

[지급어음관리]

어음상태	3 결제	어음번호	00420240515123456789	어음종류	4 전자	발행일	2024-05-15
만기일	2024-07-15	지급은행	98000 국민은행(당좌)	지점	서대문		

실무수행 ••• 부가가치세

1 과세매출자료의 전자세금계산서 발행

1. [매입매출전표입력] 7월 20일

거래유형	품명	공급가액	부가세	거래처	전자세금
11.과세	화장품 에센스	15,000,000	1,500,000	01121.(주)황금화장품	전자발행
분개유형 3.혼합	(차) 103.보통예금 3,000,000원 (98002.기업은행(보통)) 108.외상매출금 13,500,000원			(대) 401.상품매출 15,000,000원 255.부가세예수금 1,500,000원	

2. [전자세금계산서 발행 및 내역관리]
① 미전송된 내역이 조회되면, 미전송내역을 체크한 후 전자발행을 클릭하여 표시되는 로그인 화면에서 확인(Tab) 클릭
② '전자세금계산서 발행'화면이 조회되면 발행(F3) 버튼을 클릭한 다음 확인클릭
③ 국세청란에 '발행대상'으로 표시되면 ACADEMY 전자세금계산서 를 클릭
④ [Bill36524 교육용전자세금계산서] 화면에서 [로그인]을 클릭
⑤ 좌측화면: [세금계산서 리스트]에서 [미전송]으로 체크후 [매출조회]를 클릭
　 우측화면: [전자세금계산서]에서 [발행]을 클릭
⑥ [발행완료되었습니다.] 메시지가 표시되면 확인(Tab) 클릭

2 매출거래

[매입매출전표입력] 7월 31일

거래유형	품명	공급가액	부가세	거래처	전자세금
13.면세	도서	3,600,000		02334.(주)참존화장품	전자입력
분개유형　2.외상	(차) 108.외상매출금　3,600,000원			(대) 401.상품매출　3,600,000원	

3 매입거래

[매입매출전표입력] 8월 15일

거래유형	품명	공급가액	부가세	거래처	전자세금
51.과세	오피스365	2,000,000	200,000	31113.(주)알소프트	전자입력
분개유형　3.혼합	(차) 240.소프트웨어　2,000,000원　　　135.부가세대급금　200,000원			(대) 253.미지급금　2,200,000원	

[고정자산등록]

4 매입거래

[매입매출전표입력] 8월 22일

거래유형	품명	공급가액	부가세	거래처	전자세금
53.면세	위하고 교육	280,000		31112.더존평생교육원	전자입력
분개유형 1.현금	(차) 825.교육훈련비 280,000원			(대) 101.현금	280,000원

5 매입거래

[매입매출전표입력] 9월 10일

거래유형	품명	공급가액	부가세	거래처	전자세금
51.과세	전화요금	115,200	11,520	01500.(주)케이티서대문	전자입력
분개유형 3.혼합	(차) 814.통신비 115,200원 135.부가세대급금 11,520원			(대) 253.미지급금	126,720원

6 부가가치세신고서에 의한 회계처리

[일반전표입력] 7월 25일
(차) 261.미지급세금   2,929,050원   (대) 103.보통예금   2,929,050원
    (03100.서대문세무서)   (98001.국민은행(보통))

* [일반전표입력] 6월 30일 조회
(차) 255.부가세예수금   8,842,350원   (대) 135.부가세대급금   5,913,300원
    261.미지급세금   2,929,050원
    (03100.서대문세무서)

실무수행 • • • 결산

1 수동결산 및 자동결산

1. 수동결산 및 자동결산
[일반전표입력] 12월 31일
(차) 931.이자비용   620,000원   (대) 262.미지급비용   620,000원
+
[결산자료입력] 1월 ~ 12월
- 기말상품재고액 32,000,000원을 입력한다.
- 상단부 전표추가(F3) 를 클릭하면 [일반전표입력] 메뉴에 분개가 생성된다.
  (차) 451.상품매출원가   257,120,000원   (대) 146.상품   257,120,000원

[기초재고액 70,000,000원 + 당기매입액 219,120,000원 - 기말재고액 32,000,000원 = 257,120,000원]

2. [재무제표 등 작성]
- 손익계산서 → 이익잉여금처분계산서(처분일 입력 후 '전표추가' 클릭) → 재무상태표를 조회 작성한다.

평가문제 ••• 실무수행평가 (62점)

번호	평가문제	배점
11	평가문제 [거래처등록 조회] (주)닥터스킨의 [거래처등록] 관련 내용으로 옳지 않은 것은? ① 카드거래처의 [구분:매출] 관련 거래처는 1개이다. ② 일반거래처 '(주)수려한'의 대표자는 김희애이다. ③ 일반거래처 '(주)수려한'의 담당자메일주소는 han24@bill36524.com이다. ④ 금융거래처 중 [3.예금종류]가 '차입금'인 거래처는 3개이다.	4
12	평가문제 [계정과목및적요등록 조회] '173.온라인몰상품' 계정과 관련된 내용으로 옳지 않은 것은? ① '온라인몰상품'의 구분은 '일반재고'이다. ② 표준코드는 '045.상품'이다. ③ '온라인몰상품'의 현금적요는 사용하지 않고 있다. ④ '온라인몰상품'의 대체적요는 2개를 사용하고 있다.	4
13	평가문제 [일/월계표 조회] 4월에 발생한 '판매비와관리비' 중 지출금액이 올바르게 연결된 것은? ① 급여 30,000,000원 ② 복리후생비 1,374,500원 ③ 여비교통비 201,000원 ④ 접대비(기업업무추진비) 105,200원	3
14	평가문제 [일/월계표 조회] 6월에 발생한 '보험료' 금액은 얼마인가? (208,000)원	2
15	평가문제 [일/월계표 조회] 7월(7/1 ~ 7/31)한달 동안 '외상매출금' 증가액은 얼마인가? (140,300,000)원	3
16	평가문제 [일/월계표 조회] 7월 ~ 9월에 현금으로 지출한 '판매관리비'는 얼마인가? (7,356,300)원	3
17	평가문제 [합계잔액시산표 조회] 9월 말 '가지급금'의 잔액은 얼마인가? (500,000)원	3
18	평가문제 [합계잔액시산표 조회] 9월 말 '미지급세금' 잔액으로 옳은 것은? ① 0원 ② 2,273,000원 ③ 2,929,050원 ④ 5,202,050원	3
19	평가문제 [거래처원장 조회] 9월 말 미지급금 잔액으로 옳지 않은 것은? ① 01500.(주)케이티서대문 126,720원 ② 04008.한진화장품 15,500,000원 ③ 05030.(주)대림화장품 26,000,000원 ④ 31113.(주)알소프트 2,200,000원	3
20	평가문제 [재무상태표 조회] 12월 말 '당좌예금' 잔액은 얼마인가? (42,800,000)원	3

번호	평가문제	배점
21	평가문제 [재무상태표 조회] 12월 말 유동부채 계정별 잔액으로 옳지 않은 것은? ① 지급어음　11,100,000원　　② 미지급금　417,289,900원 ③ 예수금　　　747,130원　　④ 선수금　　4,450,000원	4
22	평가문제 [재무상태표 조회] 12월 말 '이월이익잉여금(미처분이익잉여금)' 잔액은 얼마인가? ① 455,093,690원　　　　　　② 459,214,020원 ③ 462,158,910원　　　　　　④ 582,444,210원	2
23	평가문제 [손익계산서 조회] 당기에 발생한 '영업외비용' 금액은 얼마인가?　　　　(10,281,000)원	3
24	평가문제 [영수증수취명세서 조회] '영수증수취명세서(2)'의 명세서제출 대상 개별 거래 중 금액이 가장 큰 계정과목의 코드번호 3자리를 입력하시오.　　　　　　　　　　　　　　(827)	3
25	평가문제 [예적금현황 조회] 6월 말 은행별 예금 잔액으로 옳지 않은 것은? ① 국민은행(당좌)　53,800,000원　② 국민은행(보통)　408,362,600원 ③ 기업은행(보통)　32,589,000원　④ 신한은행(보통)　97,591,710원	3
26	평가문제 [지급어음현황 조회] 2024년에 만기가 도래하는 '지급어음'의 미결제액은 얼마인가?　(11,100,000)원	3
27	평가문제 [부가가치세신고서 조회] 제2기 예정 신고기간 부가가치세신고서의 '세금계산서수취분-고정자산매입(11란)'의 금액은 얼마인가?　　　　　　　　　　　　　　(2,000,000)원	3
28	평가문제 [세금계산서합계표 조회] 제2기 예정 신고기간의 매출 전자세금계산서 공급가액은 얼마인가? 　　　　　　　　　　　　　　　　　　　　　　　(200,000,000)원	4
29	평가문제 [계산서합계표 조회] 제2기 예정 신고기간의 매입계산서 공급가액 합계는 얼마인가?　(530,000)원	4
30	평가문제 [고정자산등록 조회] [계정과목:240.소프트웨어-자산명: 오피스365]의 [19.당기상각범위액]은 얼마인가? 　　　　　　　　　　　　　　　　　　　　　　　(166,666)원	2
	총 점	62

평가문제 ··· 회계정보분석 (8점)

31. 재무상태표 조회 (4점)

③ (456,780,000원 / 72,000,000원) × 100 ≒ 634%

32. 손익계산서 조회 (4점)

① (39,800,000원 / 254,800,000원) × 100 ≒ 15%

기출문제 (주)대우전자 (회사코드 3174) 74회

실무 이론 평가

1.	①	2.	③	3.	④	4.	②	5.	④
6.	②	7.	④	8.	④	9.	①	10.	②

1. 접대비는 판매비와관리비로 분류된다.
2. ③ 은 영업외비용으로 분류된다. ① ② ④ 는 판매비와관리비로 분류된다.
   판매비와관리비는 영업이익에 영향을 미치며, 영업외비용은 영업이익에 영향을 미치지 않는다.
3. 무형자산상각비(정액법): 취득원가 ÷ 내용연수
   2,100,000원(취득부대비용 포함) ÷ 5년 = 420,000원
4. 결산분개: (차) 미수수익   75,000원   (대) 이자수익   75,000원
   * 경과분 이자: 15,000,000원 × 3% × 2개월/12개월 = 75,000원
   따라서, 이자수익 75,000원이 과소 계상되어 당기순이익 75,000원이 과소 계상된다.
5. 소모품 처리액 2,000,000원 – 미사용액 450,000원 = 사용액 1,550,000원
   따라서 (차) 소모품비   1,550,000원   (대) 소모품   1,550,000원 이다.
6. ① 수익의 발생, ② 비용의 이연, ③ 수익의 이연, ④ 비용의 발생
7. • 상거래에서 발생한 매출채권에 대한 대손상각비는 판매비와관리비로 처리하고, 기타 채권에 대한 기타의대손상각비는 영업외비용으로 처리한다.
   • 단기대여금에 대한 기타의대손상각비 = 3,000,000원 – 1,100,000원 = 1,900,000원
8. 우리나라 부가가치세는 납세의무자의 인적사항을 고려하지 않는 물세이다.
9. 나. 법률에 따라 조세를 물납하는 것은 재화의 공급으로 보지 아니한다.
   라. 담보의 제공은 재화의 공급으로 보지 아니한다.
10. 6,000,000원 × 10% – 1,200,000원 × 10% = 480,000원.
    대표이사 업무용 승용차 수리비에 대한 매입세액은 공제되지 아니한다.

실무 수행 평가

실무수행 ··· 기초정보관리의 이해

① 계정과목 및 적요등록 수정

[계정과목및적요등록]
- '235.의장권' 계정과목을 선택하고 Ctrl+F1을 누른 후 '디자인권'으로 수정
- 현금적요 입력: 1.디자인권 취득대금 현금지급
  대체적요 입력: 1.디자인권 상각액

② 전기분재무제표의 입력수정

[전기분 재무상태표]
- 202.건물 4,000,000원을 40,000,000원으로 수정 입력
- 213.감가상각누계액 3,165,000원 추가 입력

실무수행 ··· 거래자료 입력

① 계약금 지급

[일반전표입력] 8월 18일
(차) 131.선급금   300,000원   (대) 103.보통예금   300,000원
    (05003.(주)수정전자)   (98006.우리은행(보통))

② 증빙에 의한 전표입력

[일반전표입력] 8월 28일
(차) 208.차량운반구   3,500,000원   (대) 101.현금   3,500,000원
또는 (출) 208.차량운반구   3,500,000원

③ 대손의 발생과 설정

[일반전표입력] 8월 30일
(차) 934.기타의대손상각비   20,000,000원   (대) 114.단기대여금   20,000,000원
                                                (00107.(주)정진상사)

4 증빙에 의한 전표입력

[일반전표입력] 9월 5일
(차) 824.운반비　　　　　　　20,000원　　（대) 253.미지급금　　　　　　　　20,000원
　　　　　　　　　　　　　　　　　　　　　　　(99605.농협카드)

5 기타일반거래

[일반전표입력] 9월 10일
(차) 811.복리후생비　　　　　89,220원　　（대) 103.보통예금　　　　　　　178,440원
　　 254.예수금　　　　　　　89,220원　　　　 (98001.국민은행(보통))

실무수행 ・・・ 부가가치세

1 과세매출자료의 전자세금계산서 발행

1. [매입매출전표입력] 10월 2일

거래유형	품명	공급가액	부가세	거래처	전자세금
11.과세	세탁건조기	10,000,000	1,000,000	01025.(주)세운유통	전자발행
분개유형　　3.혼합	(차) 108.외상매출금　　8,000,000원　　103.보통예금　　3,000,000원　　(98006.우리은행(보통))			(대) 401.상품매출　　10,000,000원　　255.부가세예수금　1,000,000원	

2. [전자세금계산서 발행 및 내역관리]
① 미전송된 내역이 조회되면, 미전송내역을 체크한 후 전자발행▼ 을 클릭하여 표시되는 로그인 화면에서 확인(Tab) 클릭
② '전자세금계산서 발행'화면이 조회되면 발행(F3) 버튼을 클릭한 다음 확인(Tab) 클릭
③ 국세청란에 '발행대상'으로 표시되면 ACADEMY 전자세금계산서 를 클릭
④ [Bill36524 교육용전자세금계산서] 화면에서 [로그인]을 클릭
⑤ 좌측화면: [세금계산서 리스트]에서 [미전송]으로 체크 후 [매출조회]를 클릭 우측화면: [전자세금계산서]에서 [발행]을 클릭
⑥ [발행완료되었습니다.] 메시지가 표시되면 확인(Tab) 클릭

2 매출거래

[매입매출전표입력] 10월 7일					
거래유형	품명	공급가액	부가세	거래처	전자세금
13.면세	토지	10,000,000		00111.(주)한라전자	전자입력
분개유형 3.혼합	(차) 103.보통예금　　　　　10,000,000원 　　　 (98005.기업은행(보통))		(대) 201.토지　　　　　　10,000,000원		

3 매입거래

[매입매출전표입력] 11월 7일					
거래유형	품명	공급가액	부가세	거래처	전자세금
51.과세	도시가스요금	250,000	25,000	06005.한국도시가스(주)	전자입력
분개유형 3.혼합	(차) 815.수도광열비　　　250,000원 　　　135.부가세대급금　25,000원		(대) 253.미지급금　　　　275,000원		

4 매입거래

[매입매출전표입력] 11월 13일					
거래유형	품명	공급가액	부가세	거래처	전자세금
57.카과	영업부 직원 회식	150,000	15,000	05122.일품한식당	
분개유형 4.카드 또는 3.혼합	(차) 811.복리후생비　　　150,000원 　　　135.부가세대급금　15,000원		(대) 253.미지급금　　　　165,000원 　　　(99605.농협카드)		

5 매입거래

[매입매출전표입력] 11월 15일					
거래유형	품명	공급가액	부가세	거래처	전자세금
54.불공	골프용품	3,000,000	300,000	30123.우정골프	전자입력
불공제사유	2. 사업과 관련 없는 지출				
분개유형 1.현금	(차) 134.가지급금　　　3,300,000원 　　　(40001.김대우)		(대) 101.현금　　　　　3,300,000원		

6 부가가치세신고서 조회 및 입력자료 조회

[일반전표입력] 6월 30일
(차) 255.부가세예수금   4,510,000원   (대) 135.부가세대급금   3,250,000원
                                                930.잡이익   10,000원
                                                261.미지급세금   1,250,000원
                                                (60000.역삼세무서)

실무수행 ・・・ 결산

1 수동결산 및 자동결산

1. 수동결산 및 자동결산
[일반전표입력] 12월 31일
(차) 107.단기매매증권   500,000원   (대) 905.단기매매증권평가이익   500,000원
- (주)명품: 100주 × (26,000원 − 25,000원) = 100,000원 이익
- (주)삼현: 200주 × (42,000원 − 40,000원) = 400,000원 이익
                                    계 500,000원 이익

[결산자료입력] 1월 ~ 12월
- 기말상품재고액 30,000,000원을 입력한다.
- 상단부 전표추가(F3) 를 클릭하면 [일반전표입력] 메뉴에 분개가 생성된다.
   (차) 451.상품매출원가   289,687,000원   (대) 146.상품   289,687,000원

[기초재고액 60,000,000원 + 당기매입액 259,687,000원 − 기말재고액 30,000,000원]
= 상품매출원가 289,687,000원

2. [재무제표 등 작성]
- 손익계산서 ➡ 이익잉여금처분계산서(처분일 입력 후 '전표추가' 클릭 ➡ 재무상태표를 조회 작성한다.

평가문제 • • • 실무수행평가 (62점)

번호	평가문제	배점
11	**평가문제 [계정과목및적요등록 조회]** '235.디자인권' 계정과 관련된 내용으로 옳지 않은 것은? ① '비유동자산 중 무형자산'에 해당하는 계정이다. ② 표준재무제표항목은 '175.의장권'이다. ③ '디자인권'의 현금적요는 '디자인권 취득대금 현금지급'을 사용하고 있다. ④ '디자인권'의 대체적요는 사용하지 않고 있다.	4
12	**평가문제 [거래처원장 조회]** 10월 말 '01025.(주)세운유통'의 '108.외상매출금' 잔액은 얼마인가? (11,500,000)원	3
13	**평가문제 [거래처원장 조회]** 11월 말 '134.가지급금' 잔액이 가장 많은 거래처의 코드 5자리를 입력하시오. (40001)	3
14	**평가문제 [거래처원장 조회]** 12월 말 '253.미지급금' 거래처 중 잔액이 옳지 않은 것은? ① 07117.(주)엔소프트 15,000,000원 ② 06005.한국도시가스(주) 440,000원 ③ 99605.농협카드 4,365,000원 ④ 99800.하나카드 1,320,000원	2
15	**평가문제 [합계잔액시산표 조회]** 6월 말 '미지급세금' 잔액은 얼마인가? (1,250,000)원	3
16	**평가문제 [합계잔액시산표 조회]** 12월 말 '당좌자산'의 계정별 잔액으로 옳지 않은 것은? ① 단기대여금 30,000,000원 ② 받을어음 2,000,000원 ③ 선급비용 300,000원 ④ 선납세금 1,200,000원	3
17	**평가문제 [재무상태표 조회]** 12월 말 '단기매매증권' 잔액은 얼마인가? (11,000,000)원	3
18	**평가문제 [재무상태표 조회]** 12월 말 '선급금' 잔액은 얼마인가? (500,000)원	3
19	**평가문제 [재무상태표 조회]** 12월 말 '유형자산'의 장부금액(취득원가-감가상각누계액)으로 옳지 않은 것은? ① 토지 20,000,000원 ② 건물 50,000,000원 ③ 차량운반구 47,930,000원 ④ 비품 33,285,000원	3
20	**평가문제 [재무상태표 조회]** 12월 말 '이월이익잉여금(미처분이익잉여금)' 잔액은 얼마인가? ① 267,508,870원 ② 273,550,050원 ③ 279,550,050원 ④ 297,508,870원	3

번호	평가문제	배점
21	평가문제 [손익계산서 조회] 당기에 발생한 '상품매출원가'는 얼마인가?　　　　　　　　　　(289,687,000)원	4
22	평가문제 [손익계산서 조회] 당기에 발생한 '판매비와관리비' 계정별 금액으로 옳지 않은 것은? ① 복리후생비　12,401,420원　　② 수도광열비　6,284,520원 ③ 운반비　　　　639,000원　　④ 도서인쇄비　340,000원	2
23	평가문제 [손익계산서 조회] 당기에 발생한 '영업외수익' 금액은 얼마인가?　　　　　　　　　(6,045,860)원	3
24	평가문제 [손익계산서 조회] 당기에 발생한 '영업외비용' 금액은 얼마인가?　　　　　　　　(29,661,000)원	3
25	평가문제 [부가가치세신고서 조회] 제2기 확정 신고기간 부가가치세신고서 '과세_세금계산서발급분(1란)'의 세액은 얼마인가?　　　　　　　　　　　　　　　　　　　　(14,930,000)원	4
26	평가문제 [부가가치세신고서 조회] 제2기 확정 신고기간의 부가가치세신고서 '매입세액_그밖의공제매입세액(14란)'의 세 액은 얼마인가?　　　　　　　　　　　　　　　　　　　　　　(60,000)원	4
27	평가문제 [부가가치세신고서 조회] 제2기 확정 신고기간의 부가가치세신고서 '매입세액_공제받지못할매입세액(16란)'의 세액 은 얼마인가?　　　　　　　　　　　　　　　　　　　　　　　(600,000)원	3
28	평가문제 [세금계산서합계표 조회] 제2기 확정 신고기간의 전자매입세금계산서 공급가액 합계는 얼마인가? 　　　　　　　　　　　　　　　　　　　　　　　　　　　(44,770,000)원	3
29	평가문제 [계산서합계표 조회] 제2기 확정 신고기간의 전자매출계산서의 공급가액은 얼마인가?　(15,000,000)원	3
30	평가문제 [예적금현황 조회] 12월 말 은행별(계좌명) 보통예금 잔액으로 옳은 것은? ① 국민은행(당좌)　38,800,000원　　② 국민은행(보통)　231,740,000원 ③ 신한은행(보통)　8,282,000원　　④ 우리은행(보통)　6,834,000원	3
총 점		62

> **평가문제** ••• 회계정보분석 (8점)

31. 손익계산서 조회 (4점)

④ 96,520,000원 ÷ 10,000주 = 9,652원

32. 재무상태표 조회 (4점)

③ (197,458,000원 / 81,844,000원) × 100 ≒ 241%

기출문제 (주)이루테크 (회사코드 3175)

실무 이론 평가

| 1. | ① | 2. | ③ | 3. | ① | 4. | ③ | 5. | ③ |
| 6. | ③ | 7. | ② | 8. | ③ | 9. | ① | 10. | ③ |

1. 선적지인도조건인 경우에는 상품이 선적된 시점에 소유권이 매입자에게 이전되기 때문에 미착상품은 매입자의 재고자산에 포함된다.
2. 기업실체의 가정이다.
3. • 영업이익의 감소는 판매비와관리비가 증가해야 한다.
   • 대손상각비는 판매비와관리비이다.
4. 수정 후 당기순이익: 300,000원 − 40,000원 + 15,000원 = 275,000원
5. • 2023년 12월 31일 단기매매증권 장부금액
     취득금액 − 평가손실 = 2,000,000원 − 100,000원 = 1,900,000원
   • 2024년 8월 31일 단기매매증권처분이익(손실)
     처분금액 − 장부금액 = 1,700,000원 − 1,900,000원 = (−)200,000원
6. (5,000,000원 − 500,000원) × 1/5 = 900,000원
7. 액면금액을 초과하여 발행한 금액은 주식발행초과금으로 처리한다. 단, 주식할인발행차금 잔액이 있는 경우에는 먼저 상계처리한 후 잔액을 주식발행초과금으로 처리한다.
8. ① 세금계산서 작성연월일은 필요적 기재사항이다.
   ② 면세사업자는 세금계산서를 발급할 수 없다.
   ④ 재화를 직수출하는 경우에는 세금계산서 발급의무가 면제된다.
9. ② 재화의 공급으로 보는 가공의 경우: 가공된 재화를 인도하는 때
   ③ 장기할부판매: 대가의 각 부분을 받기로 한 때
   ④ 외상판매의 경우: 재화를 인도하는 때
10. 110,000,000원 × 10% − 4,000,000원 = 7,000,000원
    수출액은 영세율을 적용한다. 비영업용 승용자동차의 매입세액은 불공제한다.

실무 수행 평가

실무수행 ••• 기초정보관리의 이해

① 사업자등록증에 의한 거래처등록 수정

[거래처등록]
- 대표자명을 '홍종오'에서 '백수인'으로 수정
- 업태를 '도소매업'에서 '제조업'으로 수정

② 전기분 손익계산서의 입력수정

1. [전기분 손익계산서]
- 전기분 재무상태표 146.상품 70,000,000원을 90,000,000원으로 수정하여, 전기분 손익계산서의 상품매출원가에 반영
- 817.세금과공과금 2,300,000원 추가입력
- 당기순이익 145,220,000원 확인

2. [전기분 이익잉여금처분계산서]
- 처분확정일 2024년 2월 27일 수정입력

실무수행 ••• 거래자료 입력

① 기타 일반거래

[일반전표입력] 1월 25일
(차) 103.보통예금　　　　　　　　　100,000,000원　　(대) 331.자본금　　　　　　　50,000,000원
　　　(98002.신한은행(보통))　　　　　　　　　　　　　　　341.주식발행초과금　　50,000,000원

② 약속어음 수취거래

[일반전표입력] 2월 13일
(차) 110.받을어음　　　　　　　　　18,000,000원　　(대) 108.외상매출금　　　　　18,000,000원
　　　(00102.(주)동화인쇄)　　　　　　　　　　　　　　　(00102.(주)동화인쇄)

[받을어음 관리]

어음상태	1	보관	어음종류	6	전자	어음번호	00420240213123456789		수취구분	1	자수
발행인	00102	(주)동화인쇄		발행일		2024-02-13	만기일	2024-05-13	배서인		
지급은행	100	국민은행	지점	강남		할인기관		지점	할인율(%)		
지급거래처						* 수령된 어음을 타거래처에 지급하는 경우에 입력합니다.					

3 기타 일반거래

[일반전표입력] 3월 10일
(차) 817.세금과공과금   628,500원   (대) 103.보통예금   1,257,000원
    254.예수금   628,500원   (98002.신한은행(보통))

4 통장사본에 의한 거래입력

[일반전표입력] 4월 15일
(차) 253.미지급금   1,800,000원   (대) 103.보통예금   1,800,000원
    (99602.우리카드)   (98007.기업은행(보통))

5 증빙에 의한 전표입력

[일반전표입력] 4월 24일
(차) 813.접대비(기업업무추진비) 594,000원   (대) 101.현금   594,000원
또는 (출) 813.접대비(기업업무추진비) 594,000원

실무수행 ••• 부가가치세

1 과세매출자료의 전자세금계산서 발행

1. [매입매출전표입력] 7월 10일

거래유형	품명	공급가액	부가세	거래처	전자세금
11.과세	냉난방기	6,000,000	600,000	00107.(주)제이산업	전자발행
분개유형 3.혼합	(차) 103.보통예금 5,940,000원 (98001.농협은행(보통)) 259.선수금 660,000원			(대) 401.상품매출 6,000,000원 255.부가세예수금 600,000원	

2. [전자세금계산서 발행 및 내역관리]
  ① 미전송된 내역이 조회되면, 미전송내역을 체크한 후 [전자발행▼]을 클릭하여 표시되는 로그인 화면에서 [확인(Tab)] 클릭
  ② '전자세금계산서 발행'화면이 조회되면 [발행(F3)] 버튼을 클릭한 다음 [확인(Tab)] 클릭
  ③ 국세청란에 '발행대상'으로 표시되면 [ACADEMY 전자세금계산서]를 클릭
  ④ [Bill36524 교육용전자세금계산서] 화면에서 [로그인]을 클릭
  ⑤ 좌측화면: [세금계산서 리스트]에서 [미전송]으로 체크 후 [매출조회]를 클릭
     우측화면: [전자세금계산서]에서 [발행]을 클릭
  ⑥ [발행완료되었습니다.] 메시지가 표시되면 [확인(Tab)] 클릭

② 매출거래

[매입매출전표입력] 8월 3일

거래유형	품명	공급가액	부가세	거래처	전자세금
11.과세	선풍기	-750,000원	-75,000원	01006.(주)영인유통	전자입력
분개유형 2.외상	(차) 108.외상매출금 -825,000원			(대) 401.상품매출 -750,000원 255.부가세예수금 -75,000원	

③ 매입거래

[매입매출전표입력] 9월 7일

거래유형	품명	공급가액	부가세	거래처	전자세금
57.카과	음료	12,000	1,200	03101.(주)조선카페	
분개유형 4.카드 또는 3.혼합	(차) 812.여비교통비 12,000원 135.부가세대급금 1,200원			(대) 253.미지급금 (99601.삼성카드)	13,200원

④ 매입거래

[매입매출전표입력] 9월 14일

거래유형	품명	공급가액	부가세	거래처	전자세금
54.불공	소유권보존 등기료	560,000	56,000	50003.(주)법무법인 정률	전자입력
불공제 사유	0.토지의 자본적 지출관련				
분개유형 1.현금	(차) 201.토지 616,000원			(대) 101.현금 616,000원	

⑤ 매입거래

[매입매출전표입력] 9월 24일

거래유형	품명	공급가액	부가세	거래처	전자세금
53.면세	영업왕의 비밀외	75,000		04912.대신북클럽	전자입력
분개유형 3.혼합	(차) 826.도서인쇄비 75,000원			(대) 253.미지급금 75,000원	

6 부가가치세신고서 조회 및 입력자료 조회

[일반전표입력] 7월 25일
(차) 261.미지급세금　　　　　　　61,000원　　(대) 103.보통예금　　　　　　　61,000원
　　　(00600.서대문세무서)　　　　　　　　　　　　　(98003.하나은행(보통))

[일반전표입력] 6월 30일 조회
(차) 255.부가세예수금　　　　10,632,400원　　(대) 135.부가세대급금　　　　10,561,400원
　　　　　　　　　　　　　　　　　　　　　　　　　　930.잡이익　　　　　　　　10,000원
　　　　　　　　　　　　　　　　　　　　　　　　　　261.미지급세금　　　　　　61,000원
　　　　　　　　　　　　　　　　　　　　　　　　　　(00600.서대문세무서)

실무수행 ••• 결산

1 수동결산 및 자동결산

1. 수동결산 및 자동결산
[일반전표입력] 12월 31일
(차) 830.소모품비　　　　　　　900,000원　　(대) 172.소모품　　　　　　　900,000원
- 합계잔액시산표(12월31일) 조회하여 소모품 잔액 확인 후 결산분개
  [소모품 잔액 2,000,000원 - 미사용액 1,100,000원 = 당기사용액 900,000원]

[결산자료입력] 1월 ~ 12월
- 기말상품재고액 32,000,000원을 입력한다.
- 상단부 전표추가(F3) 를 클릭하면 [일반전표입력] 메뉴에 분개가 생성된다.
(차) 451.상품매출원가　　　230,748,500원　　(대) 146.상품　　　　　　230,748,500원

[기초재고액 90,000,000원 + 당기매입액 172,748,500원 - 기말재고액 32,000,000원]
= 상품매출원가 230,748,500원

2. [재무제표 등 작성]
- 손익계산서 ➡ 이익잉여금처분계산서(처분일 입력 후 '전표추가' 클릭 ➡ 재무상태표를 조회 작성한다.

평가문제 ••• 실무수행평가 (62점)

번호	평가문제	배점
11	평가문제 [거래처등록 조회] [거래처등록] 관련 내용으로 옳지 않은 것은? ① 카드거래처의 매출 관련 카드는 1개이다. ② 금융거래처 중 '3.예금종류'가 '차입금'인 거래처는 2개이다. ③ 일반거래처 '(주)만도전자(00185)'의 대표자명은 백수인이다. ④ 일반거래처 '대신북클럽(04912)'의 담당자메일주소는 　　book@naver.com이다.	4
12	평가문제 [일/월계표 조회] 7월 한달 동안 발생한 '상품매출' 금액은 얼마인가?　　　　(26,960,000)원	3
13	평가문제 [일/월계표 조회] 상반기(1월~6월)에 발생한 '접대비(기업업무추진비)' 금액은 얼마인가? 　　　　　　　　　　　　　　　　　　　　　　　　　　　　(2,168,500)원	3
14	평가문제 [일/월계표 조회] 하반기(7월~12월)에 발생한 '판매관리비' 중 계정별 금액이 옳지 않은 것은? ① 복리후생비　4,570,800원　　② 여비교통비　360,000원 ③ 임차료　　　1,500,000원　　④ 도서인쇄비　625,000원	4
15	평가문제 [합계잔액시산표 조회] 9월 말 '보통예금'의 잔액은 얼마인가?　　　　　　(635,604,700)원	4
16	평가문제 [계정별원장 조회] 1분기(1월~3월) 동안의 '외상매출금' 회수액은 얼마인가?　(56,500,000)원	3
17	평가문제 [거래처원장 조회] 9월 말 거래처 '서대문세무서'의 '미지급세금' 잔액은 얼마인가? ①　　　0원　　　　　　　　② 　61,000원 ③ 135,000원　　　　　　　④ 243,000원	3
18	평가문제 [거래처원장 조회] 상반기(1월~6월) 동안의 '미지급금' 잔액이 존재하지 않는 거래처는 무엇인가? ① 00109.홍보세상　　　　　② 30121.대한자동차 ③ 99602.우리카드　　　　　④ 99605.모두카드	3
19	평가문제 [현금출납장 조회] 4월 한달 동안의 '현금' 입금액은 얼마인가?　　　　(16,000,000)원	3
20	평가문제 [재무상태표 조회] 9월 말 '토지' 금액은 얼마인가?　　　　　　　　　　(616,000)원	4

번호	평가문제	배점
21	평가문제 [재무상태표 조회] 12월 말 '주식발행초과금' 금액은 얼마인가? (60,000,000)원	4
22	평가문제 [재무상태표 조회] 12월 말 계정과목별 금액으로 옳지 않은 것은? ① 미수금 27,940,000원 ② 선급금 200,000원 ③ 예수금 2,626,630원 ④ 선수금 6,565,000원	2
23	평가문제 [재무상태표 조회] 12월 말 '이월이익잉여금(미처분이익잉여금)' 잔액은 얼마인가? ① 166,142,000원 ② 306,668,256원 ③ 675,142,000원 ④ 929,168,506원	2
24	평가문제 [손익계산서 조회] 전기대비 '소모품비'의 증가 또는 감소 내용으로 옳은 것은? ① 300,000원 감소 ② 300,000원 증가 ③ 400,000원 감소 ④ 400,000원 증가	2
25	평가문제 [손익계산서 조회] 당기에 발생한 '상품매출원가' 금액은 얼마인가? (230,748,500)원	2
26	평가문제 [손익계산서 조회] 상반기(1월~6월) 손익계산서의 계정과목별 금액으로 옳은 것은? ① 세금과공과금 922,500원 ② 복리후생비 979,100원 ③ 운반비 3,621,300원 ④ 수수료비용 90,000원	4
27	평가문제 [부가가치세신고서 조회] 제2기 예정 신고기간 부가가치세신고서의 '그밖의공제매입세액(14번란)'의 세액은 얼마인가? (201,200)원	3
28	평가문제 [세금계산서합계표 조회] 제2기 예정 신고기간 전자매출세금계산서의 매출처 수는 몇 곳인가? (8)곳	3
29	평가문제 [계산서합계표 조회] 제2기 예정 신고기간의 전자매입계산서의 공급가액은 얼마인가? (1,075,000)원	3
30	평가문제 [받을어음현황 조회] '받을어음(조회구분: 1.일별, 1.만기일 2024.1.1. ~ 2024.12.31.)'의 보유금액 합계는 얼마인가? (21,850,000)원	3
	총 점	62

> 평가문제 ••• 회계정보분석 (8점)

31. 재무상태표 조회 (4점)

③ (693,528,800원 / 92,500,000원) × 100 ≒ 749%

32. 재무상태표 조회 (4점)

① (192,500,000원 / 685,142,000원) × 100 ≒ 28%

기출문제 (주)단발머리 (회사코드 3176) 76회

Financial Accounting Technicians

실무 이론 평가

1.	④	2.	③	3.	③	4.	②	5.	②
6.	④	7.	③	8.	④	9.	②	10.	②

1. (차) 가지급금   XXX(자산의 증가)   (대) 현금   XXX(자산의 감소)
2. 현금흐름표는 일정기간 기업의 현금흐름과 현금유출에 대한 정보를 제공하며, 영업활동, 투자활동, 재무활동에 대한 정보를 제공한다.
3. 영업이익은 매출총이익에서 판매비와관리비를 차감하여 계산한다. 복리후생비, 대손상각비, 보험료는 판매비와관리비로서 영업이익에 영향을 미치나 단기차입금에 대한 이자비용은 영업외비용으로서 영업이익에 영향을 미치지 않는다.
4. 재무상태표의 자산은 유동성이 큰 순서에 따라 배열한다.

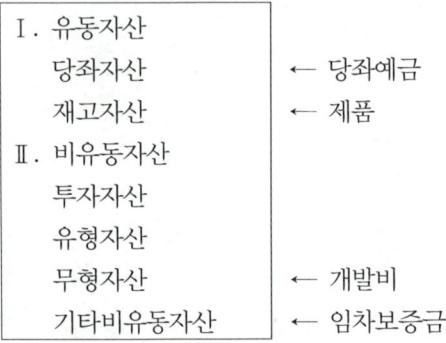

5. 매출채권에 대해 대손이 발생하면 대손충당금과 우선 상계하고 대손충당금이 부족하면 대손상각비로 당기 비용 처리한다.
   (차) 대손충당금   410,000원   (대) 받을어음   700,000원
        대손상각비   290,000원
6. 유형자산의 취득 후 지출이 발생하였을 때 내용연수가 연장되거나 가치가 증대되었다면 자본적지출로 보아 해당자산의 계정과목으로 처리한다.
7. 퇴직금을 보통예금계좌에서 지급할 때, 퇴직급여충당부채와 보통예금에서 차감한다.
8. 하치장은 재화를 보관하고 관리할 수 있는 시설만 갖춘 장소이므로 거래의 전부 또는 일부를 수행하는 장소가 아니다. 따라서 하치장은 사업장으로 보지 아니한다.

9. 영세율 적용대상은 매출세액이 없으나 세금계산서 발급면제 규정이 없는 한 세금계산서를 발급해야 한다.
10. 과세표준 = 15,000,000원 - 1,000,000원 + 2,000,000원 = 16,000,000원
    매출할인은 매출액에서 차감하고 상품증정액은 시가를 공급가액으로 한다. 광고선전용으로 무상 제공한 견본품은 과세대상이 아니다.

실무 수행 평가

실무수행 ••• 기초정보관리의 이해

① 계정과목추가 및 적요등록 수정

[계정과목및적요등록]
- 계정과목: 'Ctrl+F1'을 클릭한 후 수정
- 적요내용 등록

② 전기분 재무상태표의 입력수정

[전기분 재무상태표]
- 107.단기매매증권   3,000,000원 추가 입력
- 293.장기차입금   5,000,000원 ➔ 50,000,000원으로 수정

실무수행 ••• 거래자료 입력

① 3만원 초과 거래자료에 대한 영수증수취명세서 작성

[일반전표입력] 1월 20일
(차) 822.차량유지비   35,000원   (대) 101.현금   35,000원
또는 (출) 822.차량유지비   35,000원

[영수증수취명세서 작성]

영수증수취명세서

거래일자	상호	성명	사업장	사업자등록번호	거래금액	구분	계정코드	계정과목	적요
2024-01-13	대한자동차	윤우리	서울특별시 서대문구 통일	110-37-12342	200,000		822	차량유지비	차량수리비
2024-01-31	하나은행	이종남	서울특별시 서대문구 수색로	514-81-35782	120,000	16	931	이자비용	이자지급
2024-01-20	백련손세차장	이일용	서울특별시 서대문구 증가로	119-15-50700	35,000		822	차량유지비	세차비

1. 세금계산서, 계산서, 신용카드 등 미사용내역

9. 구분	10. 총계	3만원 초과 거래분	
		11. 명세서제출 제외대상	12. 명세서제출 대상(10-11)
13. 건수	3	1	2
14. 금액	355,000	120,000	235,000

② 약속어음 수취거래

[일반전표입력] 2월 10일
(차) 110.받을어음   10,000,000원   (대) 108.외상매출금   10,000,000원
    (00220.(주)고도헤어)   (00220.(주)고도헤어)

[받을어음 관리]
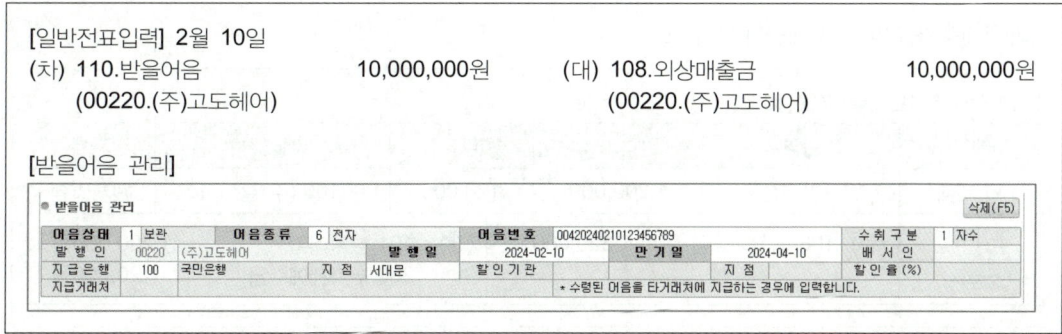

③ 증빙에 의한 거래입력

[일반전표입력] 3월 25일
(차) 813.접대비(기업업무추진비)   100,000원   (대) 253.미지급금   100,000원
                                                      (99601.현대카드)

④ 기타 일반거래

[일반전표입력] 4월 10일
(차) 811.복리후생비   160,160원   (대) 103.보통예금   320,320원
    254.예수금   160,160원   (98002.신한은행(보통))

⑤ 증빙에 의한 전표입력

[일반전표입력] 4월 20일
(차) 933.기부금   3,000,000원   (대) 146.상품   3,000,000원
                                                      (적요8.타계정으로 대체액)

> **실무수행** • • • 부가가치세

① 과세매출자료의 전자세금계산서 발행

1. [매입매출전표입력] 7월 10일

거래유형	품명	공급가액	부가세	거래처	전자세금
11.과세	탈모방지샴푸	1,200,000	120,000	00105.(주)갈색머리	전자발행
분개유형 2.외상	(차) 108.외상매출금 1,320,000원			(대) 401.상품매출 1,200,000원 255.부가세예수금 120,000원		

2. [전자세금계산서 발행 및 내역관리]
① 미전송된 내역이 조회되면, 미전송내역을 체크한 후 전자발행▼을 클릭하여 표시되는 로그인 화면에서 확인(Tab) 클릭
② '전자세금계산서 발행'화면이 조회되면 발행(F3) 버튼을 클릭한 다음 확인(Tab) 클릭
③ 국세청란에 '발행대상'으로 표시되면 ACADEMY 전자세금계산서 를 클릭
④ [Bill36524 교육용전자세금계산서] 화면에서 [로그인]을 클릭
⑤ 좌측화면: [세금계산서 리스트]에서 [미전송]으로 체크 후 [매출조회]를 클릭
   우측화면: [전자세금계산서]에서 [발행]을 클릭
⑥ [발행완료되었습니다.] 메시지가 표시되면 확인(Tab) 클릭

② 매출거래

[매입매출전표입력] 7월 25일

거래유형	품명	공급가액	부가세	거래처	전자세금
11.과세	새치샴푸	-500,000원	-50,000원	00102.(주)반코르	전자입력
분개유형 2.외상	(차) 108.외상매출금 -550,000원			(대) 401.상품매출 -500,000원 255.부가세예수금 -50,000원		

③ 매입거래

[매입매출전표입력] 8월 19일

거래유형	품명	공급가액	부가세	거래처	전자세금
57.카과	미니버스렌트	600,000	60,000	00112.올버스(주)	
분개유형 4.카드 또는 3.혼합	(차) 811.복리후생비 600,000원 135.부가세대급금 60,000원			(대) 253.미지급금 660,000원 (99603.삼성카드)		

④ 매출거래

[매입매출전표입력] 9월 12일

거래유형	품명	공급가액	부가세	거래처	전자세금
13.면세	도서(슬기로운 모발관리)	2,000,000		01002.(주)파마사랑	전자입력
분개유형 3.혼합	(차) 103.보통예금 (98002.신한은행(보통))		2,000,000원	(대) 401.상품매출	2,000,000원

⑤ 매입거래

[매입매출전표입력] 9월 30일

거래유형	품명	공급가액	부가세	거래처	전자세금
51.과세	인터넷요금	40,000	4,000	01500.(주)엘지유플러스	전자입력
분개유형 3.혼합	(차) 814.통신비 135.부가세대급금	40,000원 4,000원		(대) 253.미지급금	44,000원

⑥ 부가가치세신고서에 의한 회계처리

[일반전표입력] 7월 25일
(차) 261.미지급세금   2,589,000원   (대) 103.보통예금   2,589,000원
    (00600.서대문세무서)   (98002.신한은행(보통))

[일반전표입력] 6월 30일 조회
(차) 255.부가세예수금   10,741,000원   (대) 135.부가세대급금   8,142,000원
                                           930.잡이익   10,000원
                                           261.미지급세금   2,589,000원
                                           (00600.서대문세무서)

실무수행 ··· 결산

1 수동결산 및 자동결산

1. 수동결산 및 자동결산
[결산자료입력] 1월 ~ 12월
- 기말상품재고액 26,000,000원을 입력한다.
- 감가상각비의 차량운반구 15,240,000원, 비품 2,150,000원을 입력한다.
- 상단부 전표추가(F3) 를 클릭하면 [일반전표입력] 메뉴에 분개가 생성된다.

  (차) 451.상품매출원가   178,007,000원   (대) 146.상품   178,007,000원

  [기초재고액 13,000,000원 + 당기매입액 194,007,000원 - 타계정대체액 3,000,000원 - 기말재고액 26,000,000원] = 상품매출원가 178,007,000원

  (차) 818.감가상각비   17,390,000원   (대) 209.감가상각누계액   15,240,000원
       213.감가상각누계액   2,150,000원

2. [재무제표 등 작성]
- 손익계산서 → 이익잉여금처분계산서(처분일 입력 후 '전표추가' 클릭) → 재무상태표를 조회 작성한다.

평가문제 • • • 실무수행평가 (62점)

번호	평가문제	배점
11	평가문제 [계정과목및적요등록 조회] '237.프랜차이즈' 계정과 관련된 내용으로 옳지 않은 것은? ① '비유동자산 중 무형자산'에 해당하는 계정이다. ② 표준재무제표항목은 '189.기타무형자산'이다. ③ 현금적요는 '01.프랜차이즈 대금 현금지급'을 사용하고 있다. ④ '프랜차이즈'의 대체적요는 사용하지 않고 있다.	4
12	평가문제 [일/월계표 조회] 상반기(1월~6월) 동안 발생한 비용 중 계정별 금액으로 옳지 않은 것은? ① 복리후생비 12,679,560원 ② 접대비(기업업무추진비) 1,389,000원 ③ 차량유지비 3,764,000원 ④ 기부금 4,200,000원	4
13	평가문제 [일/월계표 조회] 8월에 발생한 '복리후생비' 금액은 얼마인가? (600,000)원	2
14	평가문제 [일/월계표 조회] 3/4분기(7월~9월) 동안 발생한 '상품매출' 금액은 얼마인가? (725,560,000)원	3
15	평가문제 [계정별원장 조회] 9월 말 '108.외상매출금' 잔액은 얼마인가? (230,041,000)원	3
16	평가문제 [합계잔액시산표 조회] 4월 말 '예수금' 잔액은 얼마인가? (3,505,440)원	3
17	평가문제 [합계잔액시산표 조회] 7월 말 '미지급세금' 잔액은 얼마인가? ① 0원 ② 2,589,000원 ③ 5,000,000원 ④ 800,000원	3
18	평가문제 [거래처원장 조회] 9월 말 신한은행(거래처코드 98002)의 '103.보통예금' 잔액은 얼마인가? (76,124,680)원	4
19	평가문제 [거래처원장 조회] 9월 말 '253.미지급금' 잔액이 있는 거래처 중 금액이 가장 작은 거래처 코드번호 5자리를 입력하시오. (99601)	3
20	평가문제 [영수증수취명세서 조회] [영수증수취명세서(1)]에 작성된 '12.명세서제출 대상' 금액은 얼마인가? (235,000)원	3

번호	평가문제	배점
21	평가문제 [매입매출장 조회] 제2기 예정 신고기간의 매입 유형 '카드과세(57.카과)' 분기누계 공급가액은 얼마인가? (2,100,000)원	2
22	평가문제 [합계잔액시산표 조회] 1월 말 계정과목별 금액으로 옳지 않은 것은? ① 단기매매증권 3,000,000원 ② 받을어음 16,500,000원 ③ 미수금 2,515,000원 ④ 장기차입금 10,000,000원	4
23	평가문제 [재무상태표 조회] 12월 말 '유형자산'의 장부금액(취득원가-감가상각누계액)은 얼마인가? (79,523,200)원	4
24	평가문제 [재무상태표 조회] 12월 말 '이월이익잉여금(미처분이익잉여금)' 잔액은 얼마인가? ① 702,150,428원 ② 705,423,600원 ③ 709,022,620원 ④ 710,255,900원	2
25	평가문제 [손익계산서 조회] 당기에 발생한 '상품매출원가' 금액은 얼마인가? (178,007,000)원	2
26	평가문제 [손익계산서 조회] 전기대비 '통신비'의 증감액은 얼마인가? (327,000)원	4
27	평가문제 [부가가치세신고서 조회] 제2기 예정 신고기간 부가가치세신고서의 '세금계산서수취부분_일반매입(10란)'의 세액은 얼마인가? (2,937,000)원	4
28	평가문제 [세금계산서합계표 조회] 제2기 예정 신고기간의 전자매출세금계산서의 매수는 몇 매인가?? (13)매	3
29	평가문제 [예적금현황 조회] 4월 말 은행별 예금 잔액으로 옳은 것은? ① 국민은행(당좌) 41,250,000원 ② 농협은행(보통) 16,573,000원 ③ 신한은행(보통) 76,713,680원 ④ 기업은행(보통) 27,203,000원	3
30	평가문제 [받을어음현황 조회] '받을어음(조회구분: 1.일별, 1.만기일 2024.1.1. ~ 2024.12.31.)'의 보유금액 합계는 얼마인가? (11,500,000)원	2
	총 점	62

평가문제 • • • 회계정보분석 (8점)

31. 재무상태표 조회 (4점)

④ 27,668,000원 / 1,000주 = 27,668원

32. 재무상태표 조회 (4점)

② (49,900,000원 / 197,500,000원) × 100 ≒ 25%

기출문제 (주)운동하자 (회사코드 3177)

77회

실무 이론 평가

1.	②	2.	④	3.	④	4.	③	5.	③
6.	③	7.	④	8.	②	9.	②	10.	③

1. 목적적합성의 하부개념은 예측가치, 피드백 가치, 적시성이며, 신뢰성의 하부개념은 검증가능성, 중립성, 표현의 충실성이다.
2. 당기상품매입액에는 매입에누리와 매입환출은 차감하고, 매입운반비는 가산해서 순매입액을 계산한다.
3. 기계장치의 취득원가 = 15,000,000원 + 500,000원 + 450,000원 + 350,000원
   = 16,300,000원
4. 현금및현금성자산의 범위는 다음과 같다.
    1) 통화: 지폐, 주화
    2) 통화대용증권: 타인발행수표, 송금수표 및 우편환증서 등
    3) 요구불예금: 보통예금, 당좌예금
    4) 현금전환이 용이하고, 가치변동 위험이 중요하지 않으며, 취득당시 만기가 3개월 이내인 금융상품
5. 현금지급 이자비용 = 기초미지급 이자비용 + 당기 이자비용 - 기말미지급 이자비용
   = 150,000원 + 500,000원 - 130,000원 = 520,000원
6. (가) : 도서인쇄비 (나) : 교육훈련비
7. 소모품비 처리액 1,000,000원 - 미사용액 200,000원 = 사용액 800,000원
   따라서 (차) 소모품비   800,000원   (대) 소모품   800,000원이다.
8. 우리나라 부가가치세는 납세의무자와 담세자가 일치하지 않는 간접세에 해당한다.
9. 주사업장 총괄납부의 경우에도 신고는 각 사업장별로 하여야 한다.
10. 토지는 면세 대상이며, 다른 항목은 부가가치세 과세대상(수출재화는 영세율과세대상)이다.
    20,000,000원 + 50,000,000원 + 30,000,000원 = 100,000,000원

실무 수행 평가

실무수행 ••• 기초정보관리의 이해

① 사업자등록증에 의한 회사등록 수정

[회사등록]
- 대표자명: 김진선으로 수정
- 주민등록번호: 770202-2045769로 수정
- 업종코드: 523931 입력

② 거래처별초기이월 등록 및 수정

[거래처별초기이월]
- 253.미지급금 계정: 거래처별 금액 입력

실무수행 ••• 거래자료 입력

① 증빙에 의한 거래자료 입력

[일반전표입력] 8월 31일
(차) 817.세금과공과금   55,000원   (대) 103.보통예금   55,000원
                                         (98005.국민은행(보통))

② 약속어음 발행거래

[일반전표입력] 10월 17일
(차) 251.외상매입금   17,700,000원   (대) 252.지급어음   10,000,000원
    (07002.(주)헬스케어)   (07002.(주)헬스케어)
                                         101.현금   7,700,000원

[지급어음관리]

지급어음 관리							삭제(F5)
어음상태	2 발행	어음번호	00320241017123456789	어음종류	4 전자	발 행 일	2024-10-17
만 기 일	2024-12-17	지급은행	98000 기업은행(당좌)		지 점	강남	

③ 대손의 발생과 설정

[일반전표입력] 10월 21일
(차) 103.보통예금   3,000,000원   (대) 109.대손충당금   3,000,000원
    (98005.국민은행(보통))

4 기타 일반거래

[일반전표입력] 10월 28일
(차) 812.여비교통비   600,000원   (대) 134.가지급금   500,000원
                                                  (11001.김하성)
                                              101.현금   100,000원

5 증빙에 의한 전표입력

[일반전표입력] 10월 31일
(차) 820.수선비   20,000원   (대) 101.현금   20,000원
또는 (출) 820.수선비   20,000원

실무수행 • • • 부가가치세

1 과세매출자료의 전자세금계산서 발행

1. [매입매출전표입력] 7월 12일 (복수거래)

거래유형	품명	공급가액	부가세	거래처	전자세금
11.과세	헬스자전거외	5,400,000	540,000	00107.(주)사랑스포츠	전자발행
분개유형	(차) 108.외상매출금		5,640,000원	(대) 401.상품매출	5,400,000원
3.혼합	259.선수금		300,000원	255.부가세예수금	540,000원

2. [전자세금계산서 발행 및 내역관리]
① 미전송된 내역이 조회되면, 미전송내역을 체크한 후 전자발행▼ 을 클릭하여 표시되는 로그인 화면에서 확인(Tab) 클릭
② '전자세금계산서 발행'화면이 조회되면 발행(F3) 버튼을 클릭한 다음 확인(Tab) 클릭
③ 국세청란에 '발행대상'으로 표시되면 ACADEMY 전자세금계산서 를 클릭
④ [Bill36524 교육용전자세금계산서] 화면에서 [로그인]을 클릭
⑤ 좌측화면: [세금계산서 리스트]에서 [미전송]으로 체크 후 [매출조회]를 클릭
   우측화면: [전자세금계산서]에서 [발행]을 클릭
⑥ [발행완료되었습니다.] 메시지가 표시되면 확인(Tab) 클릭

② 매입거래

[매입매출전표입력] 7월 20일

거래유형	품명	공급가액	부가세	거래처	전자세금
51.과세	트리플 덤벨세트	5,000,000	500,000	02180.(주)한수건강	전자입력
분개유형 2.외상	(차) 146.상품　　　　　5,000,000원　　135.부가세대급금　　500,000원			(대) 251.외상매입금　　　　5,500,000원	

③ 매출거래

[매입매출전표입력] 8월 13일

거래유형	품명	공급가액	부가세	거래처	전자세금
17.카과	요가매트	800,000	80,000	02007.(주)요가야	
분개유형 4.카드 또는 3.혼합	(차) 108.외상매출금　　　　880,000원　　(99606.삼성카드)			(대) 401.상품매출　　　　　800,000원　　255.부가세예수금　　　80,000원	

④ 매입거래

[매입매출전표입력] 8월 30일

거래유형	품명	공급가액	부가세	거래처	전자세금
53.면세	굴비세트	500,000		01104.수협중앙회	전자입력
분개유형 3.혼합	(차) 813.접대비　　　　　500,000원　　(기업업무추진비)			(대) 253.미지급금　　　　　500,000원	

⑤ 매입거래

[매입매출전표입력] 9월 21일

거래유형	품명	공급가액	부가세	거래처	전자세금
54.불공	에어컨	6,000,000	600,000	00227.(주)미래전자	전자입력
불공제사유	4. 면세사업과 관련된 분				
분개유형 3.혼합	(차) 212.비품　　　　　6,600,000원			(대) 253.미지급금　　　　6,600,000원	

[고정자산등록]

6 부가가치세신고서에 의한 회계처리

[일반전표입력] 7월 25일
(차) 261.미지급세금　　　　　2,026,050원　　(대) 103.보통예금　　　　　2,026,050원
　　　(05900.역삼세무서)　　　　　　　　　　　　　(98001.신한은행(보통))

[일반전표입력] 6월 30일 조회
(차) 255.부가세예수금　　　　12,928,323원　　(대) 135.부가세대급금　　　10,892,273원
　　　　　　　　　　　　　　　　　　　　　　　　　930.잡이익　　　　　　　10,000원
　　　　　　　　　　　　　　　　　　　　　　　　　261.미지급세금　　　　2,026,050원
　　　　　　　　　　　　　　　　　　　　　　　　　(05900.역삼세무서)

실무수행 ••• 결산

① 수동결산 및 자동결산

1. 수동결산 및 자동결산
[일반전표입력] 12월 31일
(차) 931.이자비용　　　　　　1,200,000원　　(대) 262.미지급비용　　　　1,200,000원

[결산자료입력] 1월 ~ 12월
- 기말상품재고액 50,000,000원을 입력한다.
- 감가상각비 비품 440,000원을 입력한다.
- 상단부 전표추가(F3) 를 클릭하면 [일반전표입력] 메뉴에 분개가 생성된다.
　(차) 451.상품매출원가　　　267,082,454원　　(대) 146.상품　　　　　　267,082,454원

　[기초상품재고액 90,000,000원 + 당기상품매입액 227,082,454원 − 기말상품재고액 50,000,000원]
　= 상품매출원가 267,082,454원

2. [재무제표 등 작성]
- 손익계산서 ➡ 이익잉여금처분계산서(처분일 입력 후 '전표추가' 클릭) ➡ 재무상태표를 조회 작성한다.

평가문제 •••• 실무수행평가 (62점)

번호	평가문제	배점
11	평가문제 [회사등록 조회] [회사등록] 관련 내용으로 옳지 않은 것은? ① 대표자명은 '김진선'이다. ② 사업장 세무서는 '역삼'이다. ③ 표준산업코드는 'G40'이다. ④ 국세환급금계좌 은행은 '기업은행'이다.	4
12	평가문제 [거래처원장 조회] 6월 말 '253.미지급금' 계정의 거래처별 잔액으로 옳지 않은 것은? ① 00109.(주)대전광고 15,120,640원 ② 00131.(주)월드건강 17,600,000원 ③ 33000.회계법인 참길 3,000,000원 ④ 99602.우리카드 2,800,000원	4
13	평가문제 [거래처원장 조회] 12월 말 '251.외상매입금' 계정의 거래처별 잔액으로 옳은 것은? ① 02180.(주)한수건강 11,000,000원 ② 04007.(주)필라테스 3,000,000원 ③ 07002.(주)헬스케어 17,700,000원 ④ 30011.(주)행복건강 5,000,000원	4
14	평가문제 [거래처원장 조회] 12월 말 '108.외상매출금' 잔액이 있는 거래처 중 금액이 가장 적은 거래처코드 5자리를 입력하시오. (99606)	3
15	평가문제 [총계정원장 조회] '253.미지급금'의 월별 증가 금액(대변)으로 옳은 것은? ① 8월 12,870,000원 ② 9월 9,900,000원 ③ 10월 7,900,000원 ④ 11월 4,000,000원	3
16	평가문제 [계정별원장 조회] 10월 말 '109.대손충당금' 잔액은 얼마인가? (3,103,000)원	3
17	평가문제 [현금출납장 조회] 10월 중 '현금' 출금 금액이 가장 큰 전표일자의 금액은 얼마인가? (7,700,000)원	3
18	평가문제 [고정자산관리대장 조회] 당기말상각누계액 총계는 얼마인가? (13,440,000)원	2
19	평가문제 [재무상태표 조회] 12월 말 '당좌자산'계정 중 잔액이 가장 적은 계정과목 코드번호 3자리를 입력하시오. (134)	3
20	평가문제 [재무상태표 조회] 12월 말 '선수금' 잔액은 얼마인가? (6,565,000)원	2

번호	평가문제	배점
21	평가문제 [재무상태표 조회] 12월 말 '미지급비용' 잔액은 얼마인가?　　　(1,450,000)원	3
22	평가문제 [재무상태표 조회] 12월 말 '이월이익잉여금(미처분이익잉여금)' 잔액은 얼마인가? ① 806,948,259원　　　　② 808,877,259원 ③ 812,248,259원　　　　④ 813,748,259원	1
23	평가문제 [손익계산서 조회] 당기에 발생한 '판매비와관리비'의 계정별 금액으로 옳지 않은 것은? ① 여비교통비　1,934,600원　　② 수선비　　　　　7,386,000원 ③ 세금과공과금　1,254,000원　　④ 접대비(기업업무추진비)　29,557,900원	4
24	평가문제 [부가가치세신고서 조회] 제2기 예정 신고기간 부가가치세신고서의 '과세_신용카드.현금영수증(3란)'의 금액은 얼마인가?　　　(800,000)원	3
25	평가문제 [부가가치세신고서 조회] 제2기 예정 신고기간 부가가치세신고서의 '세금계산서수취부분_일반매입(10란)'의 금액은 얼마인가?　　　(49,522,727)원	3
26	평가문제 [부가가치세신고서 조회] 제2기 예정 신고기간 부가가치세신고서의 '공제받지못할매입세액(16란)'의 세액은 얼마인가?　　　(900,000)원	3
27	평가문제 [세금계산서합계표 조회] 제2기 예정 신고기간의 전자매출세금계산서의 매수는 몇 매인가?　　　(16)매	3
28	평가문제 [계산서합계표 조회] 제2기 예정 신고기간의 전자매입계산서의 공급가액은 얼마인가?　　　(770,000)원	4
29	평가문제 [예적금현황 조회] 12월 말 은행별(계좌명) 예금 잔액으로 옳지 않은 것은? ① 기업은행(당좌)　30,980,000원　　② 신한은행(보통)　527,053,000원 ③ 우리은행(보통)　20,000,000원　　④ 국민은행(보통)　44,850,000원	4
30	평가문제 [지급어음현황 조회] 만기일이 2024년에 도래하는 '지급어음' 금액이 가장 큰 거래처 코드번호 5자리를 입력하시오.　　　(07002)	3
	총 점	62

평가문제 • • • 회계정보분석 (8점)

31. 재무상태표 조회 (4점)

④ (165,630,000원 / 250,495,000원) × 100 ≒ 66%

32. 손익계산서 조회 (4점)

③ (117,920,000원 / 566,000,000원) × 100 ≒ 20%

기출문제 (주)오르막길(회사코드 3178) 78회

● 실무 이론 평가

| 1. | ④ | 2. | ③ | 3. | ④ | 4. | ④ | 5. | ② |
| 6. | ② | 7. | ② | 8. | ① | 9. | ④ | 10. | ② |

1. 내부통제제도가 잘 구성되어 있더라도 제도를 운영하는 경영진의 실제적인 업무능력을 합리적으로 측정할 수는 없다.
2. 비교가능성에 대한 설명이다.
3. 비유동부채는 800,000원이다. (장기차입금 500,000원 + 임대보증금 300,000원)
4. 매출 전에 수취한 계약금은 선수금으로 처리한다.
   (차) 가수금　　　　　　　　200,000원　　(대) 선수금　　　　　　　　200,000원
5. • 무형자산 : 영업권, 산업재산권, 개발비　　• 유형자산 : 건설중인자산
   • 당좌자산 : 매출채권　　　　　　　　　　• 기타비유동자산 : 임차보증금
6. 비용과 수익의 예상(발생)과 관련된 계정과목은 미지급비용과 미수수익이므로 미지급급여와 미수이자가 여기에 해당된다.
   비용과 수익의 이연과 관련된 계정과목은 선급비용과 선수수익이며, 선급보험료와 선수수수료가 이에 해당한다.
7. • 대손충당금 = 매출채권(1,500,000원) × 대손율(2%) = 30,000원
   • 대손상각비 = 30,000원 − 10,000원 = 20,000원
8. 부가가치세는 사업장별로 신고·납부하는 것이 원칙이며, 주사업장 총괄납부를 신청한 경우는 주된 사업장에서 총괄하여 납부할 수 있다.
9. ① 폐업의 경우 폐업일이 속하는 날의 다음 달 25일까지 신고하여야 한다.
   ② 확정신고를 하는 경우 예정신고시 신고한 과세표준은 제외하고 신고한다.
   ③ 신고기한까지 과세표준 및 세액을 신고하지 않는 경우 무신고 가산세가 부과된다.
10. • 매입세액 공제액: 1,000,000원 + 2,000,000원 = 3,000,000원
    • 원재료와 기계장치의 구입과 관련한 매입세액은 공제받을 수 있다.

실무 수행 평가

실무수행 ··· 기초정보관리의 이해

① 계정과목추가 및 적요등록 수정

[계정과목및적요등록]
- '923.회사설정계정과목' ➡ '923.정부보조금'으로 수정
- 구분 및 표준코드 입력

② 전기분재무제표의 입력수정

[전기분 재무상태표]
- 179.장기대여금 1,800,000원을 18,000,000원으로 수정 입력
- 209.감가상각누계액 15,000,000원 추가 입력

실무수행 ··· 거래자료 입력

① 증빙에 의한 전표입력

[일반전표입력] 1월 2일
(차) 821.보험료　　　　514,430원　　(대) 103.보통예금　　　　514,430원
　　　　　　　　　　　　　　　　　　　　　(98001.국민은행(보통))

② 약속어음 발행거래

[일반전표입력] 3월 5일
(차) 252.지급어음　　　20,000,000원　(대) 102.당좌예금　　　20,000,000원
　　　(00325.(주)바로타)　　　　　　　　　(98000.국민은행(당좌))

[지급어음관리]

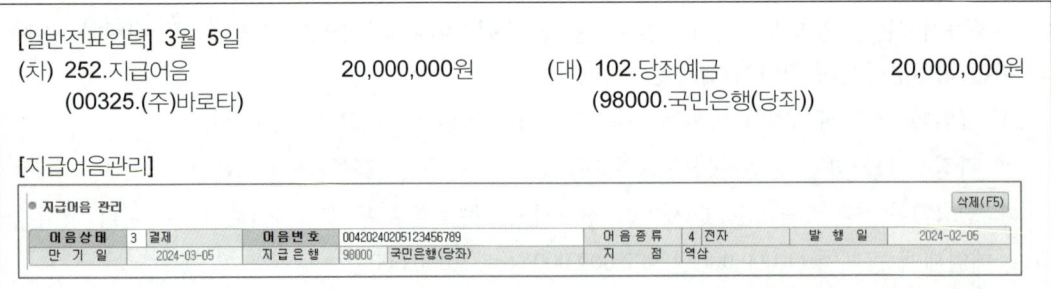

③ 계약금 지급

[일반전표입력] 3월 15일
(차) 131.선급금　　　　2,000,000원　　(대) 103.보통예금　　　　2,000,000원
　　(00102.(주)다모아자전거)　　　　　　　　(98005.기업은행(보통))

④ 증빙에 의한 전표입력

[일반전표입력] 3월 20일
(차) 831.수수료비용　　　20,000원　　(대) 103.보통예금　　　　　20,000원
　　　　　　　　　　　　　　　　　　　　　(98002.신한은행(보통))

⑤ 기타일반거래

[일반전표입력] 4월 18일
(차) 103.보통예금　　　　4,000,000원　　(대) 108.외상매출금　　　7,000,000원
　　(98006.우리은행(보통))　　　　　　　　　　(00104.(주)자전거무역)
　　114.단기대여금　　　3,000,000원
　　(00104.(주)자전거무역)

실무수행 ••• 부가가치세

① 과세매출자료의 전자세금계산서 발행

1. [매입매출전표입력] 4월 2일

거래유형	품명	공급가액	부가세	거래처	전자세금
11.과세	산악자전거	8,500,000	850,000	00111.(주)한라자전거	전자발행
분개유형 2.외상	(차) 108.외상매출금　　9,350,000원			(대) 401.상품매출　　　　8,500,000원 　　255.부가세예수금　　　850,000원	

2. [전자세금계산서 발행 및 내역관리]
① 미전송된 내역이 조회되면, 미전송내역을 체크한 후 전자발행▼을 클릭하여 표시되는 로그인 화면에서 확인(Tab) 클릭
② '전자세금계산서 발행' 화면이 조회되면 발행(F3) 버튼을 클릭한 다음 확인(Tab) 클릭
③ 국세청란에 '발행대상'으로 표시되면 ACADEMY 전자세금계산서 를 클릭
④ [Bill36524 교육용전자세금계산서] 화면에서 [로그인]을 클릭
⑤ 좌측화면: [세금계산서 리스트]에서 [미전송]으로 체크 후 [매출조회]를 클릭
　 우측화면: [전자세금계산서]에서 [발행]을 클릭
⑥ [발행완료되었습니다.] 메시지가 표시되면 확인(Tab) 클릭

② 매입거래

[매입매출전표입력] 5월 6일

거래유형	품명	공급가액	부가세	거래처	전자세금
53.면세	신입사원 직무교육훈련비	300,000원		02005.(주)더존에듀캠	전자입력
분개유형 1.현금	(차) 825.교육훈련비	300,000원	(대) 101.현금		300,000원

③ 매입거래

[매입매출전표입력] 6월 7일

거래유형	품명	공급가액	부가세	거래처	전자세금
51.과세	5월 전화요금	82,000	8,200	07801.(주)케이티	전자입력
분개유형 3.혼합	(차) 814.통신비 135.부가세대급금	82,000원 8,200원	(대) 253.미지급금		90,200원

④ 매입거래

[매입매출전표입력] 6월 26일

거래유형	품명	공급가액	부가세	거래처	전자세금
57.카과	직원 간식	20,000원	2,000원	30125.둘둘치킨	
분개유형 4.카드	(차) 811.복리후생비 135.부가세대급금	20,000원 2,000원	(대) 253.미지급금 (99605.삼성카드)		22,000원

⑤ 매입거래

[매입매출전표입력] 6월 30일

거래유형	품명	공급가액	부가세	거래처	전자세금
54.불공	다이아몬드 홀 대관료	2,000,000	200,000	40002.(주)호텔롯데	전자입력
불공제사유	2. 사업과 관련 없는 지출				
분개유형 3.혼합	(차) 134.가지급금 　　(30126.윤종신)	2,200,000원	(대) 103.보통예금 　　(98002.신한은행(보통))		2,200,000원

6 부가가치세신고서 조회 및 입력자료 조회

[일반전표입력] 9월 30일
(차) 255.부가세예수금　　　　　8,002,000원　　　(대) 135.부가세대급금　　　9,125,000원
　　 120.미수금　　　　　　　　1,123,000원
　　 (60000.역삼세무서)

실무수행 ••• 결산

1 수동결산 및 자동결산

1. 수동결산 및 자동결산
[일반전표입력] 12월 31일
(차) 107.단기매매증권　　　　　　300,000원　　　(대) 905.단기매매증권평가이익　　300,000원
- (주)올라: 1,000주 × (12,730원 - 12,430원) = 300,000원 이익

[결산자료입력] 1월 ~ 12월
- 기말상품재고액 28,000,000원을 입력한다.
- 상단부 전표추가(F3) 를 클릭하면 [일반전표입력] 메뉴에 분개가 생성된다.
　(차) 451.상품매출원가　　　　291,687,000원　　(대) 146.상품　　　　　291,687,000원
　[기초재고액 60,000,000원 + 당기매입액 259,687,000원 - 기말재고액 28,000,000원]
　= 상품매출원가 291,687,000원

2. [재무제표 등 작성]
- 손익계산서 ➡ 이익잉여금처분계산서(처분일 입력 후 '전표추가' 클릭) ➡ 재무상태표를 조회 작성한다.

평가문제 ••• 실무수행평가 (62점)

번호	평가문제	배점
11	평가문제 [계정과목및적요등록 조회] '923.정부보조금'의 표준코드 번호 3자리를 입력하시오. (170)	4
12	평가문제 [거래처원장 조회] 4월 말 '00111.(주)한라자전거'의 '108.외상매출금' 잔액은 얼마인가? (20,350,000)원	3
13	평가문제 [거래처원장 조회] 6월 말 '134.가지급금' 잔액이 가장 많은 거래처 코드 5자리를 입력하시오. (30126)	2
14	평가문제 [거래처원장 조회] 6월 말 '253.미지급금' 거래처 잔액으로 옳지 않은 것은? ① 07117.(주)엔소프트 15,000,000원 ② 07801.(주)케이티 132,000원 ③ 99605.삼성카드 77,000원 ④ 99800.하나카드 1,320,000원	3
15	평가문제 [합계잔액시산표 조회] 8월 말 '선급금' 잔액은 얼마인가? (4,700,000)원	3
16	평가문제 [합계잔액시산표 조회] 6월 말 '당좌예금' 잔액은 얼마인가? (9,300,000)원	3
17	평가문제 [합계잔액시산표 조회] 6월 말 '당좌자산'의 계정별 잔액으로 옳지 않은 것은? ① 단기대여금 20,000,000원 ② 선급비용 3,600,000원 ③ 가지급금 3,700,000원 ④ 부가세대급금 3,272,200원	3
18	평가문제 [합계잔액시산표 조회] 9월 말 '미수금' 잔액은 얼마인가? (3,123,000)원	3
19	평가문제 [일/월계표 조회] 4월 한 달 동안 발생한 '상품매출' 금액은 얼마인가? (19,030,000)원	3
20	평가문제 [재무상태표 조회] 12월 말 '단기매매증권' 잔액은 얼마인가? (12,730,000)원	3

번호	평가문제	배점
21	평가문제 [재무상태표 조회] 12월 말 '유형자산'의 장부금액(취득원가-감가상각누계액)으로 옳지 않은 것은? ① 토지 28,000,000원 ② 건물 50,000,000원 ③ 차량운반구 62,930,000원 ④ 비품 33,285,000원	4
22	평가문제 [재무상태표 조회] 12월 말 '이월이익잉여금(미처분이익잉여금)' 잔액은 얼마인가? ① 288,412,960원 ② 289,135,950원 ③ 291,545,420원 ④ 292,600,870원	2
23	평가문제 [손익계산서 조회] 당기에 발생한 '상품매출원가'는 얼마인가? (291,687,000)원	3
24	평가문제 [손익계산서 조회] 당기에 발생한 '판매비와관리비' 계정별 금액으로 옳지 않은 것은? ① 통신비 1,457,610원 ② 보험료 8,480,430원 ③ 수수료비용 1,820,000원 ④ 교육훈련비 120,000원	3
25	평가문제 [부가가치세신고서 조회] 제1기 확정신고기간의 부가가치세신고서 '매입세액_합계(15란)'의 금액은 얼마인가? (34,722,000)원	4
26	평가문제 [부가가치세신고서 조회] 제1기 확정신고기간의 부가가치세신고서 '매입세액_공제받지못할매입세액(16란)'의 세액은 얼마인가? (200,000)원	4
27	평가문제 [전자세금계산서 발행 및 내역관리] 제1기 확정신고기간의 '국세청: 전송성공'한 전자세금계산서의 공급가액 합계는 얼마인가? (12,860,000)원	3
28	평가문제 [계산서합계표 조회] 제1기 확정신고기간의 전자매입계산서의 공급가액은 얼마인가? (1,300,000)원	3
29	평가문제 [예적금현황 조회] 12월 말 은행별(계좌명) 보통예금 잔액으로 옳지 않은 것은? ① 국민은행(보통) 231,225,570원 ② 신한은행(보통) 8,261,800원 ③ 기업은행(보통) 12,222,580원 ④ 우리은행(보통) 11,034,000원	3
30	평가문제 [지급어음현황 조회] 만기일 2024년 3월 1일~3월 31일에 도래하는 '지급어음' 중 결제된 금액의 합계는 얼마인가? (34,800,000)원	3
	총 점	62

평가문제 ••• 회계정보분석 (8점)

31. 재무상태표 조회 (4점)

① (101,844,000원 / 276,779,000원) × 100 ≒ 36%

32. 손익계산서 조회 (4점)

② (96,520,000원 / 560,000,000원) × 100 ≒ 17%

❖ 저자약력

■ **김재준**
(현) 안산대학교 세무회계과 교수
한국세무사회 전산세무회계자격시험 출제위원
대학수학능력시험 출제위원(직업탐구영역 회계원리)
교육인적자원부 한국회계기준제정 자문위원
더존경영연구소 연구위원
안산세무서 이의신청위원회 위원
한국세무회계학회 부회장, 한국관리회계학회 이사

■ **김성중**
(현) 안산대학교 세무회계과 교수
안산시 중기재정운영계획 평가위원
(주)드림익스큐션 경영자문위원
안산세무서 고충처리위원
부가가치세법(2002, 탑21) 공저
국세청도 가르쳐주지 않는 급여세금과 연말정산실무
(2012, 지식만들기) 공저
K-IFRS 회계원리의 이해(2023, 삼영사) 공저

■ **조문기**
(현) 안산대학교 세무회계과 조교수
(전) 시흥세무서 국세심사위원
한국능률협회경영인증원 경영평가 전문위원
경인지방노동청 직업능력개발훈련 사전실무심사위원
지식경제부 지식경제 기술혁신 평가단 평가위원
경영지도사 출제위원
한국회계학회 국가회계분과위원회 이사
한국회계학회 경영분석분과위원회 이사
한국국제경상교육학회 부회장
한국정부회계학회 편집위원
한국세무회계학회 편집위원
2022 안산대 강의향상평가분야 우수상 수상

■ **안형태**
(현) 대림대학교 경영학과 조교수
제주연구원 비상임 연구위원
(재)안양산업진흥원 중소벤처기업 육성 및
지역 경제발전 전문가
국가미래기술경영연구소 기술경영 편집위원
피터드러커 소사이어티 창조와혁신 편집위원
(사)한국회계정책학회 이사

■ **이정이**
(현) 안산대학교 경영학과 겸임교수
숭실대학교 대학원 회계학과 박사
한국공학대학교 경영학과 겸임교수
연성대학교 유통물류과 겸임교수
정부회계학회 섭외이사
광명세무서 국세심사위원회 위원
안산시 계약심의위원회 위원
한국지식경영교육협회 교육이사
한국지식경영교육협회 회계세무경진대회 출제위원
부천시 소상공인 산학협력 위원
(전) 부천대학교 경영과 겸임교수
숭실대학교 회계학과 겸임교수
한국방송통신대학교 프라임칼리지 재직자기초과정 교수
더존TV AT 자격시험 인터넷강의
한국회계정책학회 이사
(전) 한국폴리텍2대학 실업자 대상 회계실무 강사
2021 숭실대 베스트티쳐상 수상
2021 안산대 강의향상평가분야 우수상 수상

■ **이유선**
(현) 안산대학교 경영학과 겸임교수
숭실대학교 대학원 회계학과 박사
숭실대학교 회계학과 겸임교수
부천대학교 경영과 겸임교수
대림대학교 경영과 시간강사
배화여자대학교 경영과 외래교수

■ **김민희**
(현) 안산대학교 사무행정학과 겸임교수
숭실대학교 대학원 회계학과 박사
숭실대학교 회계학과 겸임교수
부천대학교 경영과 겸임교수

2025 스터디 FAT 1급

2판발행일 2025년 02월 24일

지은이 김재준 · 김성중 · 조문기 · 안형태 · 이정이 · 이유선 · 김민희
발행처 도서출판 배움 | **발행인** 박성준 | **등록번호** 제2017-000124호
주소 경기도 성남시 분당구 성남대로 2번길 6 LG트윈하우스 120호
대표전화 031-712-9750 | **팩스** 031-712-9751 | **홈페이지** www.BOBOOK.co.kr
ISBN 979-11-89986-57-5 13320

가격 27,000원

도서출판 배움의 발행도서는 정확하고 권위있는 해설을 제공하고자 노력을 다하고 있습니다. 그럼에도 불구하고 본서가 모든 경우에 그 완전성을 항상 보장하는 것은 아니므로 실제 적용에 있어서는 최대한 주의를 기울이시고 필요한 경우 전문가와 사전논의를 거치시길 바랍니다. 또한 본서의 수록 내용은 특정사안에 대한 구체적인 의견제시가 될 수 없으므로 본서의 적용결과에 대하여 당사는 책임지지 아니합니다.

◆ 파본은 구입하신 서점이나 출판사에서 교환해 드립니다.